# Mein Leben mit Asperger- Syndrom und Anorexia nervosa

Autobiografischer Roman

Tibor Lorenz

Inhaltsverzeichnis:

Vorwort..................................................................................8-9

Zum Geleit............................................................................10-11

Meine Kindheit

Die frühen Jahre....................................................................12-16

Meine ersten Schuljahre........................................................17-18

Der erster Chemie - Experimentierkasten............................19-21

Das erste Kinderferienlager (zusammen mit
meinem Bruder)....................................................................22-25

Die ausgefallene 1. Schulstunde..........................................26

Die Kinderkur in Schöneck...................................................27-29

Der Wasserzersetzungsapparat...........................................30-31

Die Kinderferiengestaltung von der 2.- 5. Klasse................32

Die (alleinige) Zugfahrt nach Leipzig...................................33-34

Die Mülldeponie „Reinhild" / Brandis..................................35-38

Ein Freundschaftstreffen wird vorbereitet...........................39-40

Das Freundschaftstreffen mit sowjetischen Komsomolzen........41-43

Der gestohlene Grabstein………,,,,,,………………………………44-45

Das Kinderferienlager in Königs-Wusterhausen 1982……..…..46-48


Meine Jugendjahre

Das Wettrennen in der 8. Klasse……………………………………49

Das missglückte Experiment…………………………………..…50-51

Ein Experiment im Steinbruch……………………………….……52-53

Der Besuch des Magazins………………………..…..…………….54

Ein kleiner Diebstahl in der Kaufhalle………………………….55-57

Die gemeinsame Freizeitgestaltung
mit meinem Bruder 1/2 …………………………………….…..58-71

Die gemeinsame Freizeitgestaltung
mit meinem Bruder 2/2 ……………………………………..…..72-83

Die korrigierte Klassenarbeit……………………………………….84

Versuche mit Elektronenröhren……………………………......85-86

Unsere Schulabschlussreise 1986……………………………..87-90

Meine Lehrjahre 1986 - 1988………………………..……......91-101

Die Brieffreundschaft mit einer sowjetischen Schülerin….....….102

KDP-ISBN: 9798865560005

## Mein Erwachsenenalter

1989 - 1991: Landwirtschaftliche Anwendungsforschung
ZAF Cunnersdorf (bei Taucha)..........................................103-107

Pflege- und Feierabendheim Brandis (1991 - 1992)..............108-115

NOVA-Möbel / Kleinpösna (10/92 - 03/94).........................116-123

Leipziger Sanitärhandel Trebsen (04/95 - 03/97)......................124

Fa. Mühle Sicherheit GmbH Leipzig (06/97).......................125-126

Dienstleistungsservice Leipzig,
Frau Eva Dressler / DLS (12/97-12/98)..............................127-150

Feststellungsmaßnahme zur Weiterbildung
„Geprüfte Werkschutzfachkraft" (02/99)...................................151

Weiterbildung zur „Geprüften Werkschutzfachkraft"
(03/99 - 02/2000)..............................................................152-153

Praktikum (und spätere Arbeit) bei Fa. ADS-
Sicherheit in Leipzig (03/2000-02/2003)............................154-164

kurzfristige Beschäftigung im Bildermuseum in Leipzig
als Wachmann bei Fa. Securitas (12/2004 - 02/2005)...........165-174

Der Recyclinghof in Wurzen, ab Juli 2006.........................175-190

Daten- Verarbeitungsfirma Syntela / Leipzig
(10/2007 - 09/2008).........................................................191-208

Mein erster Klinikaufenthalt in der Psychiatrie
(Zschadraß, 11/2009 - 2/2010).........................................209-225

Besuch der Tagesklinik Grimma (02/2010 - 04/2010).............226-257

Klinikaufenthalt im FKH Hubertusburg /
Wermsdorf (08/2010 - 11/2010)...................................258-289

Aufenthalt in der psychiatrischen Klinik Altscherbitz
(bei Schkeuditz, 12/2010 - 01/2011)............................290-296

Psychiatrische Tagesklinik Eilenburg (01/2011 – 02/2011).....297-299

Geringfügige Beschäftigung als Zusteller für Prospekte
bei MPV Leipzig, 03/2011 - 11/2016.............................300-334

Fahrt in die Charité / Berlin am 02.07.2013....................335-337

Erneuter Krankenhaus Aufenthalt in
Wermsdorf (07/2013)............................................338-366

Der versuchte Diebstahl auf dem Recyclinghof
in Brandis (um 2015)...........................................367-372

Ein Fehler, der mir fast das Leben
gekostet hätte (09/2015).......................................373-382

Mein Schicksalsjahr 2016.......................................383-397

Die darauffolgenden Jahre 2017 - 2019,
und die Sache mit meiner Hand..................................398-406

2020-2022: 2 x Uni - Klinik Aufenthalt / Leipzig
+ 1 x in Wermsdorf (vorläufiger Schluss).......................407-426

Ein Kapitel über meinen Hausarzt...............................427-428

Mein Lebenslauf in Kurzform aus Sicht
der Magersucht ................................................429-447

Schlussworte und Ausblick……………………………………….448-450

Über den Autor…………………………………………………...451-461

Lebenslauf………………………………………………………….462

Buchrückseite……………………………………………………...463

# **VORWORT**

Schicksal

…ich der Asperger Autist

um gleich an den Titel meiner Zeilen anzuschließen:
ja: DAS bin ich. Was eigentlich gar nicht sooo schlimm wäre, wenn da nicht noch so vieles anders sein würde, was so zusammenkommt! Momentan ist meine Rente auf 3 Jahre erweitert wurden, was mir zumindest viele Demütigungen auf dem Arbeitsmarkt erspart. Der „normale" Mensch kann sich sicher gar nicht in mein Schicksal hineinversetzen. Ich bin also ein von dem Dr. Röpgen / Charitee Berlin bestätigter „Asperger".

Und ich meine: das ist so mit allen positiven und auch negativen Merkmalen dieses „Zustandes", denn „Krankheit" wird's nicht genannt. Hände geben zur Begrüßung geht gerade noch, aber Umarmungen sind nicht, oder sehr schwer zu realisieren. Obwohl meine Eltern (in deren Haus ich, 53, lebe, allerdings vollkommen separat) mich bei Anlässen doch fragen, ob sie mich `mal in den Arm nehmen dürfen. Das überstehe ich dann eben und ist ja nicht so oft.

Mein Bruder, mit dem ich eine schöne- und auch lange Zeit eine unbeschwerte Kindheit verbrachte, lebt seit ca. 18 Jahren in Australien. Er hat dort geheiratet. Wir halten ab und zu Mail- Kontakt, wobei ich von mir sage, dass ich mich sehr für beide interessiere. Sie aber leider nicht für mich. Gerechtigkeitshalber muss ich erwähnen, dass sie mir schon 2x eine Einladung + Zusage alles zu finanzieren, schickten. Leider ist das aber aufgrund meines so schlechten Gesundheitszustandes nicht möglich. Denn mein Akku ist im null - Komma - nix leer und die größte Zeit des Tages liege ich im Bett und versuche mich kräftemäßig zu erholen. Leider, mein Wille sterben zu wollen, hat mich sosehr an den Abgrund, sowohl seelisch + körperlich geführt, dass es kaum zu beschreiben ist.

Es kamen Folgen wie die Essstörung und Ritzen hinzu. Leider hatte ich mich gegen Tabletten - Einnahme jahrelang immer geweigert, konnte nicht, wollte nicht. So nahm + nimmt das Schicksal immer weiter seinen Lauf. Nach vielen stationären und langen Therapien bin ich nun auch breit und nehme Tabletten. Was mir hilft, aber auch viele Nebenwirkungen hat. Mein Leben kann ich bisher allein bewerkstelligen, liebe meinen kleinen Nissan - Micra. Wobei bei allen Therapien auch immer wieder „Fahrtest - Eignungen" erstellt werden und bisher bestätigt wird: ich packe das noch.

Warum es Asperger - Patienten gibt? Man kann's nicht sagen, -einige behaupten es komme von allgemeinen Schutzimpfungen in der Kindheit, andere verfolgen die Theorie der Nachwirkungen einer Gehirnhautentzündung, -oder andere verfolgen die Gen- Vererbung. Also: ich kann's mir aussuchen, das Ergebnis bleibt. Die Forschung arbeitet weiter dran. Mir selbst geht es nicht wie „Rain Man" im Film, ich bin selbstständiger, aber Vergleiche gibt`s schon. Im Abschluss der 10. Klasse war ich der einzige Schüler mit Chemie „1"- Note. Mich interessieren alle wissenschaftlichen Dinge sehr. Ich las oder lese sehr viel. Wenn ich allerdings anderen Personen technische Sachverhalte erklären will, merke ich absolut nicht, wenn ich denen auf die Nerven gehe und Sie schon längst abgeschalten haben, weil es ihnen zu viele technisch - sachliche Infos sind. Was ich hier zu viel weiß + habe, fehlt mir halt im „Zwischen - Menschlichen". Und das heißt: Ausschluss aus der sogenannten Gesellschaft. Bei meiner letzten ¼ Jahr langen stationären Therapie in Wermsdorf baten oder empfahlen mir die Schwestern und auch meine Mitpatienten: ich solle doch versuchen, alles aufzuschreiben. Zum einen um den ganzen Ballast abzuwerfen und zum anderen: mehrere ebensolche Betroffenen vielleicht sagen zu können: sich beizeiten helfen zu lassen.

Und so habe ich`s mir überlegt und mein Leben aufgeschrieben. Seht`s mir nach, wenn ich ab und zu ins „Technische" komme, aber: das bin eben

„ich - der Asperger".

Von meiner frühen Kindheit kann ich noch sagen, dass ich - so sagt man mir - ein sehr lustiges Kind war, bis eben all die Ausgrenzungen + Demütigungen seinen Lauf nahmen.

**Zum Geleit:**

Wie fange ich an, zu schreiben? -Etwa damit, dass ich schon wieder urinieren muss, wegen meiner Reizblase? Oder, dass mir schon wieder meine rechte Hand wehtut?

Einen Anfang zu finden, bei einem Buch, das etwas aus dem eigenen Leben erzählt, ist schwer.

Zum Aufbau dieses Buches muss ich sagen, dass ich alles in kurzen Episoden erzählen werde, -ungefähr chronologisch. Es ist nicht notwendig, unbedingt beim ersten Kapitel anzufangen. Jedes Kapitel hat eine sinnvolle Überschrift, die schon einen kurzen Einblick in das jeweilige Kapitel gewährt. Will der Leser aber die Geschehnisse von meiner Kindheit bis zum Erwachsenensein miterleben, empfiehlt sich ein Lesen des Buches von Anfang an.

Weiteres kann ich, -weil das Buch erschöpfend ist, nicht alle Geschehnisse, die mir im Leben bis dato passiert sind, niederschreiben. Ganz einfach darum, weil sie mir im Moment des Schreibens nicht eingefallen sind. Ich versuche trotzdem einen „Abriss" vieler Erlebnisse aus meiner Kindheit und dem

Erwachsensein zu publizieren. Ich fange also bei meiner frühen Kindheit an, zu erzählen.

Hier kommt mir zur Hilfe, dass ich schon so viele Psychologengespräche hinter mir habe. Eine häufige Frage ist da immer: „Was sind die ersten Augenblicke, an dem Sie sich aus Ihrer Kindheit erinnern können?"

Also, wo der Mensch sein Bewusstsein erlangt.

Und das ist auch bei mir so. Man stellt sich die Frage, warum man auf der Welt ist, womit man die Welt mit seinem Dasein beglücken möchte.

Später, wenn man die „Spielregeln" des Zivil- Rechtsstaates begriffen hat, ändert sich das dann ab, in: womit man seinen Lebensunterhalt verdienen möchte.

In kindlicher Naivität ist dies meistens das Gleiche, doch gibt es auch Aufnahmen, -nämlich, alle diejenigen Menschen, die ihr Hobby zum Beruf machen konnten.

Diejenigen, die schöpferisch tätig sind, und die ihren Beruf nicht allein des „Broterwerbes" ausführen müssen. Meistens sind es Mischformen.

Ich interessiere mich von jeher für die Chemie. Warum, kann ich eigentlich gar nicht mehr heute genau sagen. -Waren es die verschiedenfarbigen Flaschen und Gläser, die meine Aufmerksamkeit weckten?

War es der erste, von meiner Großmutter geschenkte Chemie - Experimentierkasten?

Oder waren es die zahllosen Feuerwerks - Mischungen, die ich mit meinem Bruder zusammen ausprobiert habe?

Ich weiß es nicht mehr genau, nur, dass sich mein ganzes Leben irgendwie um die spannende Naturwissenschaft: Chemie gedreht hat.

## Meine Kindheit

### Die frühen Jahre

Im ungefähren Alter von 5 Jahren, -denn, mit 6 Jahren wurde ich bereits eingeschult, begann mein Interesse für die Chemie.

Ich erkannte sehr schnell, dass es in dem Staat (der ehemaligen DDR) Menschen gab, die, in welcher Form auch immer, zur Regierung des Staates gehörten, und denen es dadurch ein klein wenig besser ging, als den Rest der Bevölkerung.

Die „Regierungs-Menschen" waren zahlenmäßig geringer, als die „Nicht-Regierungs- Menschen".

Doch traf ich ab und zu mal einen, der sich in die Leitung des Staates hochgearbeitet hat.

Warum dies eine Rolle spielt, erkläre ich gleich.

Ich reflektierte auch, durch den Blickkontakt meinem Gegenüber, dass es für mich besser sein würde, dass ich ebenfalls zur Regierung gehören sollte. Also, durch möglichst wenig körperliche Arbeit mein Dasein fristen sollte.

Dies gefiel mir natürlich auf Anhieb. Denn der andere Fall ist: körperlich arbeiten, -und das könnte ich allemal. Und aus diesem Grund passte auch mein

Interesse für die Chemie so gut dort hinein: weil man bei der Chemie meistens nicht (schwer) körperlich arbeiten muss.

Im besten Fall in einem Labor, wo man nur ein paar Handgriffe täglich machen muss. Oder, -zur Not- auch als (Chemie-) Anlagenfahrer, der, -vereinfacht ausgedrückt-, nur ein paar Ventilräder pro Tag zu stellen hat.

Der geneigte Leser möchte nun, nach meinen Ausführungen der Auffassung sein, dass ich nur, wie ein gefräßiger Löwe meine Existenz durch meine Laufbahn in der Chemie sichern wollte, und mir so ein angenehmes Leben zu ermöglichen.

Hier kommt aber mein autistischer Anteil meiner Person ins Spiel.

Es ist nämlich so, dass ich mit dem Entwickeln meines Bewusstseins eine Beziehung zu den Stoffen, aus denen die Welt aufgebaut ist, herausgebildet habe.

Also, z.B. Plaste, oder Metalle.

Ob ich nun getrieben wurde, durch das Wissen, das sich jeder Mensch an der Lösung von noch offenen Fragen der Menschheit zu beteiligen hat, oder ob es mein eigener Antrieb war, von der Natur etwas herauszufinden, kann ich nicht mehr genau sagen.

Nun geht es etwas mehr, in die Tiefe der Chemie

2 Beispiele möchte ich gern hier dazu aufführen:

Das erste ist, -beim Betrachten von vielen geschnittenen oder gesägten Metallen sieht man neben dem Metallglanz auch so ganz kleine Kristalle, die sich im Licht in alle Richtungen spiegeln, z.B. bei Kupfer oder Blei ist das so. -

Ich dachte, das wären schon die Atome, oder jedenfalls sehr kleine Einheiten, aus denen das Metall aufgebaut ist. In Wirklichkeit sind die Atome sehr viel kleiner. Das 2. Beispiel bezieht sich darauf, wie ich als Kind eine Elektronenröhre, -so, wie sie früher in Radios oder Fernsehern zu finden war, auseinandergenommen habe.

Mich interessierte, wie sie funktioniert. Ich hatte nur die Elektronenröhre vor mir.

Ich wusste, dass alle Metalle den elektrischen Strom ungefähr gleich gut leiten. Warum dann also, der komplizierte Aufbau, mit den vielen Platten, und Gittern, in ihrem Inneren?

Ich wusste damals noch nicht, dass einzig und allein dort die Stromleitung im Vakuum eine Rolle spielt.

Statt dessen versuchte ich es mir so zu erklären, das die komplizierte Anordnung der Platten in ihrem Inneren, und der Verwendung von „besonderen" Metallen vielleicht doch andere, als die metalltypischen Leitungsvorgänge stattfanden, was man eben ausnutzte, damit die Elektronenröhre eine bestimmte Funktion erfüllte, also einen Sinn erhält.

Nur so konnte ich mir das erklären. Aus meiner „gängigen Chemie-Praxis" konnte ich es mir aber nicht erklären, denn die Leitungsunterschiede auf so kurzen Strecken, von z.B. Kupfer, oder Blei fallen nicht „ins Gewicht", sodass die Elektronenröhre eine Funktion in einem Radioapparat haben würde.

(Aus heutiger Sicht würde ich sagen, wie eine Glasröhre mit halbleitenden Metallen, -wenn ich es nicht besser wüsste)

Ich habe einen Bruder, Roman, der 3 Jahre älter ist, als ich. Wir haben oft als Kinder zusammen experimentiert.

An meine allerersten Experimente kann ich mich noch sehr gut erinnern. - Karg, mit nur wenigen Geräten der Chemie ausgestattet, habe ich meine Versuche ausgeführt. Ich habe da einen Jungen aus der Nachbarschaft, der 5 Jahre älter war, wie ich. Er hat einige Flaschen und Gläser aus dem Biologieunterricht der Schule „organisiert" (das heißt: entwendet).

Das waren Geräte der Chemie, die man Halbmikrotechnik nennt, die etwas kleiner, als die normalen Laborgeräte sind. Sie sind für zarte Kinderhände geschaffen. Objektiv ist es eine Arbeitstechnik im chemischen Laboratorium, die mit weniger Substanzmengen auskommt, sich damit aber trotzdem viele Versuche ausführen lassen.

Die Hausapotheke war der Ort, wo sich schon einmal viele „Chemikalien" finden ließen. Tabletten, und auch Glasröhren waren dabei. Dann waren da die Versuche mit den Kleinbatterien: Angeregt, -auch durch das Wissen von meinem Vater, hatten wir, durch das Erhitzen von dem Teer dieser Batterien, Knallgas hergestellt.

Das waren alles Versuche, die sehr gut im Kinderzimmer gelungen sind.

Ich kann mich an die Kindergartenzeit (oder im Neudeutsch: Kindertagesstätten Zeit) noch bruchstückhaft erinnern. Mir fiel auf, dass viele Kinder eigentlich schon ein abgeschlossenes Weltbild hatten. Also, eine Vorstellung von der Welt.

Ziemlich zum Schluss der Kindergartenzeit wurden wir ja mal gefragt, was wir für Berufswünsche später hätten.

Bei den Jungs kamen dann solche Aussagen, wie (klar, der „Klassiker"): Baggerfahrer. Bei den Mädchen weiß ich es gar nicht mal, was sie sich wünschten.

Hätte ich meinen wirklichen Berufswunsch gesagt, -ich glaube, die Kindergärtnerin (Betreuerin) wäre „aus allen Wolken gefallen". Hätte ich es sagen sollen, dass ich gern Chemiker (am liebsten Militärchemiker), oder Lehrer für Chemie werden möchte?

Das habe ich mir nicht getraut, zu sagen, -also habe ich als Berufsziel eben auch „Baggerfahrer" gesagt. Ja, auch Kinder können schon weit planen.

Eigentlich hatte ich dort vor 2 Dingen Angst: erstens hätte die Kindergärtnerin mich auslachen können, oder mich fragen, warum ich gerne Militärchemiker werden möchte. Das war mir peinlich, denn: hätte ich sagen sollen, dass ich gern selber Feuerwerksmischungen ausprobiere?

Das wäre doch wohl etwas zu vermessen gewesen. Und (Chemie-) Lehrer konnte ich nicht sagen, weil, so ein hohes „Amt", wo ein Studium vorausgesetzt wird, mir höchstwahrscheinlich nicht zugetraut worden wäre.

So, das war die von mir vermutete Reaktion der Kindergärtnerin. Und warum ich meinen wirklichen Berufswunsch nicht vor den anderen Kindern äußern konnte, hatte den folgenden Grund:

Etwas, was kein handwerklicher, solider Beruf war, wie, z.B. Schlosser, oder Dreher, war nicht gruppentauglich, -soll heißen: würde wahrscheinlich von den anderen Kindern nicht akzeptiert werden. Es muss schon etwas mit (körperlicher) Arbeit zu tun haben, um in die Rubrik der „erlaubten" Berufe aufgenommen zu werden.

Ich kann mich auch nicht entsinnen, dass bei dieser Frage der Kindergärtnerin ein Kind gesagt hat: Ich möchte Lehrer werden! Das wäre gar nicht gegangen (und im schlimmsten Fall mit „Kloppe" bestraft worden.

Das Geheimhalten von meinen Plänen, bis sie Früchte tragen, ist etwas, was ich bis in die Erwachsenenzeit beibehalten habe. Auch vor meinen Eltern habe ich nie, -die gesamte Schulzeit-, meine wahren Berufswünsche in Deutlichkeit mitgeteilt.

Etwas einfacher war da schon die Frage der Kindergärtnerin zum Schluss der Kindergartenzeit, ob ich denn gern in die Schule gehen werde. Dies konnte ich mit ruhigem Gewissen bejahen. Es stimmte ja auch: in die Schule bin ich sehr gern gegangen, -bis zum letzten Tag.

Ob die anderen Kinder ähnliche Probleme bei der Beantwortung des Berufswunsches hatten, weiß ich nicht. An die Zeit, in dem Kindergarten kann ich mich nur noch an ganz wenige Episoden erinnern. Zwei, davon möchte ich beispielhaft hier erzählen:

Einmal, wo wir eine Feuerwehrübung machten, und alle aus dem Gebäude herausmussten. Wir haben uns draußen, auf dem Vorplatz, alle in einer Gruppe aufgestellt. Und die 2. Episode ist, wo wir im Kindergarten Fasching gefeiert hatten (ich ging als Indianer). Ich sehe die Kinder immer noch vor mir. Einige, von denen habe ich in der auf dem Kindergarten folgenden Schule wiedergetroffen.

## Meine ersten Schuljahre

Für einen nicht chemieinteressierten Leser mag sich mein Buch beim Lesen als „staubtrocken" herausstellen. Denn vieles, was ich in diesem Buch beschreiben möchte, erzählt immer in irgendeiner Weise von chemischen Experimenten.

Das war (und ist!) nun einmal mein Leben. Das ist ja auch ganz klar, denn als Autist lebe ich in meiner eigenen Welt. Ich interessiere mich nun einmal für die spannende Naturwissenschaft Chemie, mit ihren Atomen und Molekülen, -und ein bisschen bin ich wahrscheinlich auch ein Pyromane.

Jedenfalls interagiere ich mit anderen Menschen nicht so viel sozial. Der Psychiater aus meinem Krankenhaus sagte, ich interessiere mich schon für die anderen Menschen, -und was sie denken. Nur traue ich mich oft nicht, ihnen in die Augen zu schauen.

Dies ist auch heute noch so. Ich habe da Angst, dass sie mir (körperlich) etwas antun können. Und wenn ich ihnen in die Augen schaue, kann ich eh` oft nicht die Botschaften lesen, die sie aussenden.

Und das ist auch so, bei meinem Interesse für die Armee: dass da Menschen sterben, habe ich eben ausgeblendet, -nur dass es dort eben knallt und das da oft sehr schnelle chemische Reaktionen ablaufen, hat mich interessiert, bzw. habe ich zur Kenntnis genommen.

Ich hatte eine schöne Kindheit und Jugend. Frei von Nöten und Sorgen. Ermöglicht haben dies zu allererst meine Eltern. Ich bin aber auch sehr stark von meinen Großeltern mütterlicherseits geprägt worden. Sie lebten im selben Haus, wie ich.

Die Großeltern väterlicherseits wohnten zwar in derselben Stadt, wie ich. Zu diesen hatte ich aber eher weniger Kontakt. Nur, wenn sie mich einmal übernehmen mussten, -meine Eltern keine Zeit für mich hatten, war ich mal bei ihnen.

Zwischen meinen Eltern und meinen Großeltern mütterlicherseits gab es aber eine klare Aufgabenteilung. –Aufgaben, die die Großeltern gegenüber einem Kind zu leisten haben, und diejenigen, welche den Eltern zukommen.

Ich möchte nun dazu übergehen, zu schildern, welche Erlebnisse ich während meiner Schulzeit hatte. Man mag mir bitte nachsehen, dass ich die Aufzählung der einzelnen Episoden nicht immer nach der Reihenfolge ihres Ablaufs erzählen werde, da es sonst zu schwer für mich wird.

## Der erste Chemie - Experimentierkasten

Es wird so, in der 5. Oder 6. Klasse gewesen sein, als ich meinen allerersten, und zugleich besten Chemie Experimentierkasten erhielt. Ich bin mit meiner Großmutter (mütterlicherseits) nach Leipzig zum „Abkauf" gefahren.

Sie war Filialleiterin für Textilien in einem Einzelhandelsgeschäft in unserer Stadt. Und, ich glaube 1-mal im Monat musste sie zum Textil – Großhandel nach Leipzig fahren, -zum „Abkauf". Sie suchte dort die Textilwaren heraus, die sie demnächst zu „Ihrer" Filiale in unserer Stadt geliefert bekommen sollte.

Sie fragte mich, ob ich mitkommen wolle (ich hatte zu dieser Zeit gerade Sommerferien). Ich habe natürlich sofort „ja" gesagt. Denn, -eine Fahrt mit dem Zug nach Leipzig, -da gab es sowieso „allerhand zu erleben". Nach dem „Abkauf" hatten wir hinterher noch etwas Zeit, oder, meine Großmutter hatte die Zeit extra dafür eingeräumt.

Jedenfalls gingen wir in ein großes Kaufhaus in Leipzig. In die Spielwarenabteilung. Ob meine Oma schon von der Existenz des Chemieexperimentierkastens wusste, oder ob wir ihn erst im Kaufhaus das erste Mal sahen, weiß ich nicht. Aber ich wollte ihn so gerne haben.

Auf der Vorderseite war ein Schüler abgebildet, der (mit diesen Kasten) gerade experimentiert. Und, dass der Kasten rund 30.- Mark (damals) gekostet hat, - daran kann ich mich noch erinnern. Das war auch ein Experimentierkasten, der in der Halbmikrotechnik (ich erklärte es weiter vorn) ausgeführt worden ist.

Zu Hause angekommen, war dann erst einmal ein intensives Studium des Handbuches „angesagt". Danach ging es noch am selben Tag an das (eigentliche) Experimentieren. Ein Experiment, nach dem anderen habe ich durchgeführt. Dem Wollen, nach mehr, vor Augen.

Ich kann mich noch genau erinnern, -es war so ein warmer Sommertag, wie heute. Ich war trotzdem in der Wohnung drin. Wie ich mit den kleinen Plast Trichter eine Aufschlämmung filtriert habe. Ich hatte ja auch von meinem Nachbarsjungen einige Laborgeräte, zur Ergänzung des käuflich erworbenen Experimentierkastens. Ja, das machte schon Spaß.

Genau denselben Experimentierkasten habe ich erst kürzlich, vor ein paar Monaten, bei eBay erstanden, und habe ihn noch einmal genau inspiziert. Ich kannte fast alle darin befindlichen Geräte und Chemikalien noch aus meiner Erinnerung. Lediglich das Kalialaun wusste ich nicht mehr (es interessierte mich aber umso mehr, was die, in meinem Gedächtnis, fehlende Chemikalie war).

Meine Großmutter (mütterlicherseits) hat mich öfter mit nach Leipzig genommen. Ich kann mich aber nicht mehr genau an die einzelnen Begebenheiten erinnern. Ich möchte es hier aber trotzdem erzählen, da es für mich wichtige Erinnerungen aus meiner Kindheit sind.

Einmal sind wir nach Leipzig gefahren, zum Besuch in den Zoo. Dort habe ich auf einem Pony geritten. Es existiert eine Photographie, heute noch, davon. Und das zweite Mal sind wir auch nach Leipzig gefahren, in das schon besagte Kaufhaus. Dort gab es eine Unmenge an Spielwaren. Hier hat sie mir so ein Mini- Kinetoskop aus Plast gekauft.

Das war so ein Quader aus Plast von ungefähr 12 x 5 x 2 cm Kantenlänge, mit einer Kurbel an der Seite. Wenn man durch das am Quader befindliche, Fenster geschaut, und an der Kurbel gedreht hat, konnte man im Inneren einen kleinen Film ablaufen sehen. Natürlich hat das als Kind mein Interesse geweckt.

Beim Menschen ist es so, dass er sich gerade an einzelne Episoden aus der Jugendzeit noch gut erinnern kann. Beim Niederschreiben meines Buches fällt mir gerade noch ein, dass ich mit meiner Oma (Großmutter) auch einmal in Leipzig in dem „Arabischen Kaffeebaum", -einem, der ältesten Kaffeeschänken in Europa, gewesen bin. Ich kann aber nicht mehr sagen, ob wir dort etwas gegessen, oder getrunken haben.

Oder, ob wir evtl. aus Platzmangen wieder gehen mussten. -Ich kann mich nicht mehr daran erinnern. Doch möchte ich meiner Leserschaft den Tipp geben, das, falls Sie einmal in Leipzig sind, Sie dieses Kaffeehaus einmal unbedingt besuchen sollten. Der Besuch lohnt sich, -es ist auf alle Fälle schon einmal eine Sehenswürdigkeit in der Fleischergasse in Leipzig.

Eine Psychologin in „meinem" Krankenhaus in Wermsdorf sagte mir einmal, dass die Schwermut und die starken Depressionen viele Autisten merken würden. Sie meinte die Schwermut in der Jugend, mit etwa 5 oder 7 Jahren. Ich hatte das zwar gemerkt, an einen regnerischen Tag (mit schlechtem Wetter).

Ich dachte aber, dass müsste so sein, und die schwermütigen Gedanken wären eben normal. Man hätte vielleicht damals schon eingreifen können, und meine Stimmung mit Tabletten aufhellen. Aber damals, Mitte der 70ger Jahre, war man sicher auch noch nicht soweit, meine leichte Form von Autismus zu diagnostizieren.

Mein Bruder hat bei meinen Experimenten immer mitgemacht, -oder, richtiger: wir haben gemeinsam experimentiert. Aber es war so, dass er durch meinen

Vater eher richtungslenkend in der Elektronik sein (zukünftiges) Hobby gesehen hat. Man muss es wohl so sehen: Inwieweit mein Bruder sein Interesse für die Elektronik „von Natur aus" war, oder inwieweit mein Vater ihn geprägt (im Sinne, von: gedrängt, zu diesem Hobby) hat, vermag ich nicht zu sagen.

Fest steht: mein Vater hat gesehen, dass bei unseren chemischen Versuchen oder Gokeleien nichts herauskommen kann (außer Unfälle). Und, wenn wir einmal wieder gegokelt haben, hat mein Bruder die Tracht Prügel bezogen, die eigentlich auch für mich bestimmt war. Ich durfte unterdessen dabei zusehen. Auch nicht gerade schön.

Ich habe auch etwas Interesse für die Elektronik. Wenn mein Bruder mit seinen Elektronik Experimentierkasten zum Beispiel ein Radio zusammengebaut hat, -na klar interessierte mich das auch. Da kann ich mich noch an eine Episode erinnern, wo mein Vater und mein Bruder so einen langen Draht in unseren Hof gespannt haben, und in der Wohnung wurde dann das selbst gebaute Radio ausprobiert.

**Das erste Kinderferienlager zusammen mit meinem Bruder**

Ich möchte gern berichten, was sich bei meinem Besuch des ersten Ferienlagers zugetragen hat. Voraus möchte ich schicken, dass ich nicht mehr weiß, wo das Ferienlager war. Irgendwo, wo auch ein bisschen Wald war. Ich mochte vielleicht in der 3. oder 4. Schulklasse gewesen sein.

Ein richtiges Kinderferienlager, wie es noch zu DDR- Zeiten üblich war. Also die Feriengestaltung der Kinder im Sommer, wenn die Sommerferien waren. Ich war dort zusammen mit meinem Bruder im Bus hingefahren worden.

Es gab in der ehemaligen DDR noch eine 2. (Geld-) Währung. Die sogenannten Forum Schecks. Dies war von der DDR umgetauschtes „Westgeld". Mit diesen konnte man in sog. Intershops Waren aus der ehemaligen BRD erwerben. Dies waren speziell eingerichtete Läden (Geschäfte). Von diesen Geschäften gab es nur sehr wenige. Meistens in einer Großstadt, unten, in einem Hotel mit drin.

Nun begab es sich, dass ich selbst auch ein paar von den Forum Schecks besaß. Na, vielleicht 25.- Mark. Freilich, dieses „Westgeld" wollte jeder haben. War es doch der Schlüssel zu den vielen, schönen Dingen, die in der DDR Mangelwirtschaft fehlten, und die es eben in diesen Geschäften gab.

Waren es nun technische Dinge, die es in diesen Läden gab, Musikkassetten, Walkmans, eine Stichsäge. Oder, auch Lebensmittel, Wasch- und Hygieneartikel gab es in diesen Läden. Oft Waren, aus dem Bereich: „High-Tech", die in ihrer Qualität höher waren, als die DDR- Artikel. Wie, auch immer, -ich hatte auch ein paar Forum Schecks.

Ich weiß nicht mehr, wo ich sie herhatte, -eventuell von meinem Onkel, der zu DDR- Zeiten in Afrika gearbeitet hat, oder von unseren „West-Besuch". „West-Besuch" -das war eine Bekanntschaft (Freundschaft) von meinem Großvater mütterlicherseits, den er noch aus den 2. Weltkrieg, her, kannte. Sie waren zusammen bei einer Fliegerstaffel „der Deutschen" stationiert. Nach dem Krieg wurden sie getrennt, -mein Großvater blieb im Ost-Sektor, und der Freund von meinen Opa blieb im West-Sektor, -also auf dem Gebiet der damaligen BDR.

So, und nun hatte ich diese Forum Schecks eben mitgenommen, in das Ferienlager. Und, es dauerte gar nicht lange, -vielleicht 2-3 Tage, bis sie mir gestohlen wurden. Natürlich, aus heutiger Sicht würde man sagen, es wäre besser gewesen, dass ich dieses Geld gar nicht mitgenommen hätte. (Ich würde eh nicht in so ein Geschäft kommen.) Aber damals war das eben so, dass ich das Geld mitnehmen wollte.

Das war natürlich ein herber Schlag für mich. Ich habe das meinen Bruder auch gleich mitgeteilt. Und er hat es daraufhin der Kinder-Betreuerin vom Ferienlager mitgeteilt. Wir haben daraufhin gleich eine „Durchsuchungsaktion" gestartet, -also die Kleiderschränke der anderen Kinder auf meinem Zimmer durchsucht. Jedoch ohne Erfolg. Der Dieb muss es zu gut versteckt gehabt haben. Oder, er war nicht aus meinem Zimmer.

Das Geld hat sich nie wieder angefunden. Ich war darüber sehr enttäuscht, und es war mir aber eine Lehre für das Leben, das man eben den Menschen in dieser Beziehung nicht vertrauen kann. Ich vermute aber, dass es jemand von meinem Zimmer war, weil ich das Geld nur dort den (Mit-) Kindern gezeigt habe.

In dem Kinderferienlager hat es mir aber (im Nachhinein) trotzdem noch dort gefallen. Mein Bruder war zwar in einer anderen Gruppe, dort, wie ich. Ich erinnere mich noch: einmal gab es dort nachts eine Brandübung. Wie zu DDR-Zeiten üblich war, wurden wir am Tag, vorher schon vorgewarnt. Naja, und nachts mussten wir dann heraus, und alle auf den Vorplatz in der Gruppe aufstellen.

Jemand hat die Sirene bedient (es war noch so eine handbetriebene Sirene, mit einer Kurbel dran). Abends, im Lager, wenn wir Freizeit hatten, bin ich immer mit einem anderen Jungen meiner Gruppe spazieren gegangen. Wir sind immer um das ganze Lager herumgegangen. Da war immer so eine Stelle, hinter einem Drahtzaun, wo wir nicht hindurften, weil dort ein Sumpf, oder Moorgebiet war.

Bis an den Zaun sind wir aber herangegangen. Und haben gesehen, das hinter dem Zaun auch noch ein Trampelpfad war, wo man noch hätte langlaufen

können. Die Kinderbetreuerin hat uns gefragt, was wir abends für Spaziergänge alleine machen, -wollte es uns gar nicht glauben. Weil die meisten der Kinder nur abends in der Baracke saßen, und Musik gehört haben.
Aber einen Spaziergang machen, war genauso OK. Überhaupt war die Jugend die schönste Zeit in meinem Leben. Es war (etwa) 1980, und im Radio liefen die Anfänge der Neuen deutschen Welle (ja, auch bei uns, im Osten) und die Welt war in Ordnung. Ich war (auch damals, schon) ein Einzelgänger. Ich merkte das, als ich den Küchenfrauen im Lager zugeschaut habe, bei ihrer Arbeit. Sie beteuerten, was ich für ein liebes Kind sei, und prophezeiten mir, dass, wenn ich erwachsen bin, bestimmt einmal etwas ganz Tolles werden würde.

Ich bewunderte die Küchenfrauen nicht für ihre Arbeit, sondern hatte damals schon so eine „aalglatte" Art, dass die Frauen eigentlich nur einfache Arbeit verrichten, wo „nichts dabei" ist. Im Sinne, von: Jeder Mensch müsse selber sehen, womit er sich sein Leben „versüßt". Ich fand da nichts dabei. Ich habe die Frauen wahrscheinlich angeschaut, wie ein Auto.

Nun wieder zurück zum „Lagerleben". Ja, diese Episode möchte ich noch aus dem Kinderferienlager noch erzählen: Zum Abschluss bekamen wir als Geschenke zum Mitnachhause nehmen Spielzeug geschenkt. Das waren so Modelle von Flugzeugen aus Plast zum Hinstellen, ungefähr 40 cm groß (sie konnten noch mit Silberfarbe nach dem Zusammenbauen angestrichen werden).

Ich (und meine Gruppe) bekamen die größten Modelle. Ein Junge, aus einer anderen Gruppe fragte mich, ob wir denn nicht tauschen können. Er hatte nur ein kleines Flugzeugmodell erhalten. Ich willigte den Tausch ein. Mir war es egal, ob ich nun ein kleineres, oder ein größeres Modell erhalten würde. Mein Bruder hat mir aber gesagt, dass dies nicht in Frage komme, und hat den Tausch wieder rückgängig gemacht. So hatte ich wieder mein größeres Flugzeugmodell.

Ich glaube, es war eine TU144, der sowjetische Pedant zur französisch / englischen Concorde. Damit war alles Erwähnenswerte aus diesem Kinderferienlager erzählt. Mit dem Bus fuhren wir wieder zurück nach Leipzig, wo wir von unseren Eltern abgeholt worden sind, auf die Fahrt nach Hause. Also nach Brandis, -den Ort wo ich (auch heute, noch) wohne.

## Die ausgefallene 1. Schulstunde

Ich war vielleicht in der 6. Klasse (und mein Bruder demzufolge in der 8. Klasse). So begab es sich, dass ich und mein Bruder wieder eine unserer „chemischen Versuchsmischungen" am Vortag vorbereitet haben. Es war eine Rauchmischung. Also, diese Mischung sollte nach ihrer Entzündung mit besonders starker Rauchentwicklung abbrennen. Sorgsam haben wir die Zutaten gesiebt und gemischt.

Durch einige Vorversuche hatten wir schon „den Dreh heraus", was man alles der Mischung hinzufügen muss, damit diese mit möglichst starker Rauch- bzw. Nebelentwicklung abbrennen würde. Ich darf hier keine Anleitung zur Herstellung solcher Mischungen geben, -es ist auch zur Schilderung der Geschehnisse nicht notwendig. Wir haben diese Mischung sorgfältig in eine kleine Dose gefüllt. Es war so eine Dose, wo man Luftgewehrkugeln darin kaufen konnte. Oben kamen für die Anzündung und zwecks Entweichen des Nebels ein paar Löcher hinein.

Ich weiß nicht mehr, welcher Wochentag es war. Auf alle Fälle wollten mein Bruder und ich dieses Experiment vor seiner Klasse vorführen. Der Zufall ergab es nun, dass ich am besagten Tag erst mit der 2. Stunde meine Schule zu beginnen hatte, da die erste Stunde ausgefallen war. Mein Bruder musste die Schule mit der ersten Stunde beginnen.

Um unseren Versuch nun seiner Klasse (oder wenigstens einen Großteil seiner Klasse) vorzuführen, bin ich früh, mit meinem Bruder zur Schule gegangen. Seine Klasse traf sich immer früh, vor der Schule noch, vor der alten Post. Um dann die restlichen 200 m gemeinsam noch bis zur Schule zu gehen. Dort wurden ein paar Zigaretten geraucht, und sich mental auf die Schule vorbereitet. Um dann die letzten Meter stressfrei in die Schule gehen zu können.

Und in diesen Kreis entzündeten wir nun die kleine Dose. Sie tat auch genau das, was sie tun sollte: Sie nebelte „ganz schön"! In der aufsteigenden Nebelsäule konnte man ab und zu so kleine, goldene Funken (wie eine ganz zarte Fontaine) sehen, was den Effekt noch verstärkte.

Da schaute sogar die Post Frau aus dem Fenster der Post und schimpfte. Wo wir Jugendliche schallend darüber gelacht haben. –Nicht auszudenken, wenn wir die kleine Nebeldose in der in der Ecke befindlichen, öffentlichen Telefonzelle entzündet hätten. Das wäre denn dann doch etwas zu dreist gewesen. Nach verbranntem Gummi hat es gestunken. Außerdem ist just in dem Moment, wo so eine starke Nebelentwicklung war, unserer Geschichtslehrer auf seinem Rad vorbei gekommen.

Er staunte nicht schlecht, was wir dort machten. Er hat aber nichts gesagt. Somit war dieses Experiment ein voller Erfolg gewesen. Sicher werden sich viele der ehemaligen Mitschüler aus meinem Bruder seiner Klasse sich noch an das gelungene Experiment von damals gern zurückerinnern.

**<u>Die Kinderkur in Schöneck</u>**

Ich muss bei diesem Kapitel einige Informationen vorausschicken, damit Sie die Zusammenhänge verstehen. Ich habe von Geburt an bei meinem rechten Auge eine (stark) gekrümmte Hornhaut (mein linkes Auge ist gesund). Dadurch hat sich eine Amblyopie entwickelt. Jetzt erkläre ich kurz die Amblyopie mit meinem einfachen Wissen:

Amblyopie tritt in frühem Kindesalter auf und ist eine schwere Augenerkrankung. Wenn aus irgendeinem Grund dem Gehirn auf einem Auge kein (einigermaßen) scharfes Bild angeboten wird, werden die Sehzellen im Gehirn nicht richtig ausgebildet, bzw. sterben ab. Weil kein Stereobild zustande kommt, wird das kranke Auge heruntergefahren, damit es nicht zu Wahnsinn im Gehirn kommt. Das kranke Auge nimmt fortan an der Sehtätigkeit so gut, wie nicht mehr teil. Ein räumliches Sehen (Stereosehen) ist ohnehin nicht möglich. Man versucht, wenn die Amblyopie bei Kleinkindern festgestellt worden ist, durch eine Brille, wo das gesunde Auge abgedeckt wird, das kranke Auge in seiner Sehtätigkeit zu fordern, damit sich die Sehzellen entsprechend ausbilden können. Bei mir wurde die Amblyopie nicht festgestellt, und mit 4-7 Jahren ist der ganze Prozess wohl unumkehrbar abgeschlossen. Das heißt, eine Korrektur ist dann nicht mehr möglich.

Somit sehe ich seit Geburt an nur auf meinem linken Auge. Auf meinem rechten Auge sehe ich alles nur schemenhaft. Ich habe die Sehschwäche als Kleinkind für mich behalten, -habe es niemanden gesagt. Und das war wohl ein Fehler von mir.

Festgestellt wurde die starke Sehschwäche erst in der 5. oder 6. Klasse. Bei einer Reihenuntersuchung, wie sie zu DDR- Zeiten so üblich war. Da wurde dann nochmal der Impfstatus überprüft, und ggf. noch einmal nachgeimpft. Aber auch für die spätere Berufsfindung, wegen möglicher gesundheitlicher Einschränkungen, wurde die Untersuchung durchgeführt. Ich erinnere mich noch genau an den Tag, als die Untersuchung stattfand. Ich war traurig und wütend, dass die Sehschwäche bei mir erkannt worden ist.

Ich erhielt einen Überweisungsschein zum Augenarzt. Mit diesen sollte ich zeitnah bei einem Augenarzt vorstellig werden. Vor lauter Aufregung (weil ich mich nicht getraut habe, nein zu sagen) gab ich während der Untersuchung auch noch mein „OK" zu der Teilnahme an einer Kinderkur. Ich wollte an dieser eigentlich gar nicht teilnehmen, -schon alleine aus dem Grund, weil ich so zu viel „Stoff" in der Schule versäume.

Die Kur wurde mir verordnet, weil ich an einem sogenannten „endogenen Ekzem" leide. -Einer Hauterkrankung, wo die betroffenen (Haut-) Stellen rot werden und beginnen, sich so abzuschälen.

Den Überweisungsschein zum Augenarzt habe ich zu Hause versteckt, sodass meine Eltern ihn nicht finden konnten. Erst, als eine Krankenschwester bei meiner Mutter auf Arbeit anrief, um nach meinem Besuch beim Augenarzt zu fragen, habe ich den Schein meinen Eltern gezeigt.

Daraufhin vereinbarten wir (tatsächlich) einen Termin beim Augenarzt in Wurzen, -meiner Kreisstadt. Beim Besuch dessen wurde dann der schlimme Verdacht zur Gewissheit: „unkorrigierbare Sehschwäche", auf meinem rechten Auge. Ich war unterdessen froh, keine Brille tragen zu müssen. Aber die Kehrseite von der Medaille war, dass ich eben nur über ein stark eingeschränktes Sehvermögen verfüge, und dass sich daran auch nichts ändern wird. Also wurde ich von dem Tage, an, im Berufsberatungszentrum in Wurzen als Rehabilitand (gesundheitlich beeinträchtigte Person) geführt, was Konsequenzen bei der Berufsauswahl haben sollte.

Ich erkläre es an späterer Stelle noch genauer. Kehre ich nun zurück zu der verordneten Kinderkur. Naja, da wurde ich zusammen mit meiner Mutter eingeladen, nach Wurzen zu kommen, und mir die richtige Kur, zusammen mit einer Ärztin, herauszusuchen. Also, den Ort, wo es hingeht. Nach Schöneck, im Vogtland war dann das Resultat. Im Nachhinein muss man sagen, dass es egal war: Soll heißen, dass die neuen Eindrücke, die ich bei der Kur erfahren habe, im Gegensatz zu dem, wenn ich zu Hause geblieben, und weiter in die Schule gegangen wäre, die Vor- und Nachteile sich wohl aufgewogen haben. In die Kur nahm ich 2 Fotochemikalien im Anorak mit (Es muss wohl Herbst gewesen sein). Wenn diese zusammengemischt werden, entsteht so eine Dampfentwicklung. Ich wollte es den anderen Kindern im Kurheim vorführen. Leider nahm mir der Kinderbetreuer sie mir bei meiner Ankunft im Kurheim weg. Er fragte noch, ob ich Fotograf sei. Aber die Fotochemikalien waren ja für einen ganz anderen Zweck.

Zur Kur, selber muss ich sagen, dass ich sie „so mitgenommen" habe. Ich meine, es waren ja auch schöne Eindrücke von dem Gebirge, der frischen Luft, usw. Einmal haben wir beispielsweise die tschechische Grenze besucht. Oder dass Klingentaler Musikinstrumente Museum. Was wir aber dort viel gemacht haben, waren zahlreiche Spaziergänge, rund, um das Kurheim. Ich lernte auch dort einen Jungen als Freund kennen, der aus meinen Nachbarort: Beucha kam. Das Ende meines Aufenthaltes in Schöneck war dann so, dass mich meine Eltern mit dem Auto abgeholt haben.

Dies, ein paar Tage vor dem offiziellen Ende der Kinderkur, dort. Meine Eltern machten zufällig gerade in der Nähe von Schöneck Urlaub. Und da nahmen sie mich gleich mit nach Hause. Übrigens war der Erholungseffekt meiner Haut dort nicht gegeben gewesen. -Meine Eltern sagten mir, als sie mich nach Hause mitnahmen, das meine Haut nach der Kur noch schlechter ausgesehen hätte, als vor der Kur. Also hatte die Kur auch nichts gebracht (von ein paar schönen Eindrücken abgesehen).

**Der Wasserzersetzungsapparat**

Ein Experiment, was ich in frühen Kindheitstagen mit meinem Bruder durchgeführt habe, war der Wasserzersetzungsapparat. Mein Bruder war für den elektrischen Teil der Anlage verantwortlich, und ich für den chemischen. Gebaut haben wir die Anlage jedoch gemeinsam.

Da gab es (zu DDR-Zeiten, -aber diese gibt es heute auch noch) in der Drogerie so feuerfeste Säuglings Milchflaschen (sog. Ilm Glas) zu kaufen. Und die Saugnippel, oben, dazu. Ich kann mich nicht mehr erinnern, ob der Versuchsaufbau aus 2 oder 4 von diesen Flaschen bestand. Auf alle Fälle waren die Flaschen in Reihe geschaltet, und zu ¾ mit Wasser gefüllt. Mein Bruder steuerte einen großen Transformator bei. Als Elektroden ragten oben gebogene Fahrradspeichen hinein. Sie eigneten sich sehr gut, weil das Chrom an den Speichen nicht so schnell korrodiert ist, wie „einfach es" Eisen.

In der Anlage entstand ein Gasgemisch aus Wasserstoff und Sauerstoff im Verhältnis 2:1. Es heißt auch Knallgas. Zur Abtrennung der elektrischen Zuleitungen und des Gasgemisches dienten T-Rohre aus Glas. Durch einen angeschlossenen Schlauch konnten wir nun das Gasgemisch pneumatisch auffangen. Also, durch Verdrängen von Wasser.

Nun gab es da auch noch so kleine Glasfläschchen beim Friseur, die ungefähr 10 ml Inhalt fassen konnten. Ich weiß nicht mehr, ob sich evtl. Haarfestiger darin ursprünglich befand, oder vielleicht Shampoo. Auf alle Fälle füllten wir diese kleinen Fläschchen mit diesem Gasgemisch. Schnell blubberten die Gasblasen aus dem an die Anlage angesteckten Gummischlauch. So dauerte es buchstäblich nur Sekunden, bis die kleinen Glasfläschchen mit Gas gefüllt waren. Mein Bruder baute, -einer Pistole ähnlich, so eine Abfeuer-Einrichtung, wo die kleinen Glasfläschchen aufgesteckt werden konnten.

Gezündet wurden die Fläschchen piezoelektrisch, -mit einem durch Kabel verbundenen piezoelektrischen Gasanzünder. Die Fläschchen knallten bei ihrer Zündung, und sind ca. 5m weit geflogen. Zum Erschrecken von Personen konnte man diese Vorrichtung auf alle Fälle nehmen. Nun begab es sich, dass wir den einen Tag eine komplette Weinflasche mit dem Gasgemisch gefüllt haben. Dies hat (fast) den ganzen Tag gedauert, soviel Gas zu erzeugen. Sie wurde auch mit einem Korken verschlossen, wo die 2 Zündelektroden hineinragten. Vorsichtig brachten wir die Weinflasche in unseren Hof.

Das Zündkabel war lang genug, sodass wir bei uns, im Hauseingang „in Deckung gehen" konnten. Ein kleiner Druck auf den Gasanzünder, und „WUUUM!" Mit einem lauten Knall zerbarst die Flasche in „1000 Einzelzeile". Diese lagen dann überall bei uns im Hof herum. Mein Vater stand gerade im Garten und hat sich mit der Nachbarsfrau unterhalten. Diese bestellte gerade ihren Garten. Bestimmt waren beide tüchtig erschrocken. Die Nachbarsfrau ist schon seit vielen Jahren verstorben. Nach dieser Aktion waren dann erst einmal die Scherben im Hof aufkehren „angesagt".

## **Die Kinderferiengestaltung von der 2. - 5. Klasse**

Jeden Sommer, in der 2.-5. Klasse nahm ich auch an der örtlichen Kinderferienbetreuung teil. Nicht die ganzen Ferien hinweg, aber immer so 2 Wochen von 6 Wochen Sommerferien insgesamt. Also immer 1 Belegung (= 2 Wochen). Da fuhren wir dann jeden Tag mit dem Rädern an das städtische Waldbad. Von da ab wurden wir Kinder dann ganztags von Lehrern betreut. Wir hatten ja alles mit, -von der Trinkflasche bis zum Pausenbrot.

Die Mittagsverpflegung gab es aber dort, -vor Ort. Ich kann mich noch erinnern: da war ein extra Speiseraum, wo wir unsere Mittagsspeise einnahmen. Gemacht haben wir an dem Waldbad nicht viel, außer uns erholt von der Schule. Wir haben dort in der Sonne gelegen und sind ab und zu ins Wasser gegangen. Man konnte, glaube ich auch in dieser Zeit sein Schwimmabzeichen dort ablegen. Viele Jahre später war dann das Baden am Waldbad - See verboten worden: das Wasser war mit zu viel Coli- Bakterien verseucht.

Den Rest der Ferienzeit verbrachte ich auch immer sehr gern zu Hause. Ich konnte da besser entspannen. Ob nun die Großeltern auf mich und meinen Bruder aufgepasst haben, oder ob wir ganz ohne Betreuung waren. Meine Eltern waren ja auf Arbeit. Meistens merkte man von der großelterlichen Betreuung nicht viel, -was mir sehr gut gefiel. Sie haben „die Zügel bei uns Kindern locker gelassen", -und so konnten wir manchen Schabernack machen. Am besten haben mir die Filme gefallen, die da immer in der (Sommer-) Ferienzeit im Fernsehen gezeigt worden sind. Das waren so alte „Schinken", - Nachkriegs Filme, und so weiter. Die habe ich geliebt. Weil da eine Handlung war, wo ich „mitten dabei" war. Auch, wenn von meinem Vater schon einmal der Einwand kam, die ganze Ferienzeit nicht nur Filme zu schauen. Er interpretierte es sicher mit: ich hätte den ganzen Tag nichts gemacht. Ich sah es aber so, dass ich mit „Feuereifer" Fernsehen geschaut habe.

## Die (alleinige) Zugfahrt nach Leipzig

Ich war vielleicht in der 3. oder 4, Klasse und wir hatten (wieder einmal) gerade Sommerferien. Mein Bruder und ich hatten ausgemacht, an dem Tag mit den Zug nach Leipzig zu fahren. Wir waren von unseren Eltern unter die Aufsicht von unseren Großeltern gestellt worden (sie lebten im selben Haus, wie wir). Also sind mein Bruder und ich früh mit unseren Rädern zum Brandiser Bahnhof gefahren.

Mein Bruder hatte aber kurz vor der Abfahrt des Zuges Bedenken, wollte nicht mitfahren. Er hat mir ins Gewissen geredet, ich solle auch nicht mit dem Zug alleine nach Leipzig fahren. Und wir sollten es auf einen späteren Tag verschieben. Mir gefiel der Tag zu meinem Vorhaben aber sehr gut, -es war so ein lauer Sommertag. Also bin ich dann ohne meinen Bruder nach Leipzig gefahren. Die Hinfahrt gelang mir ja noch gut. Der Hauptbahnhof Leipzig war ohne Umsteigen zu erreichen. Der Zug ist also „durchgefahren", wie wir hier sagen.

In Leipzig angekommen erkundete ich das Bahnhofsgebäude ein wenig. Ich kannte es ja schon von meinen Mitfahrten mit meiner Oma. Zuerst habe ich den Innenbereich des Bahnhofs erkundet. Dort fielen mir die Selbstbedienungsautomaten für Speisen und Getränke von der MITROPA auf. Dann erkundete ich den Außenbereich des Bahnhofs. An der Längsseite des Ostteils des Bahnhofs sah ich durch das Fenster ein paar Küchenfrauen ihren Dienst verrichten. Räumlich war es ja richtig, denn auf der Innenseite des Bahnhofs war dort eine Lebensmittelverkaufsstelle.

Die Küchenfrauen sprachen mich an: „Na, Kleiner, wo willst Du denn hin?" Ich, überzeugt von mir, lächelte nur, und ging weiter. Danach wollte ich gern wieder nach Hause fahren, denn ich hatte für heute genug gesehen. Weiter, - z.B. in den Leipziger Zoo, oder so etwas, traute ich mich nicht, weil ich den Weg nicht genau genug kannte. Oder vielleicht wäre noch notwendig gewesen, mit der Straßenbahn zu fahren. Den Zug habe ich noch richtig herausgesucht: „Borsdorf / Sachs.". Also bin ich eingestiegen, der Zug fuhr los.

Was ich nur nicht wusste, war, wo das Umsteigen notwendig gewesen wäre. Bis Borsdorf war es noch richtig gewesen, -so viel wusste ich. Dann kamen aber lauter Bahnstationen, die ich nicht kannte. Heute weiß ich, dass es entweder Richtung Dresden, oder Richtung Grimma weiterging, mit mir. Ich bekam Angst. Es werden etwa 7 oder 8 Stationen gewesen sein, wo es nach Borsdorf falsch war. Verlegen sprach ich einen Fahrgast an, sagte zu ihn, dass ich gern nach Brandis möchte. Dieser verneinte nur, und sagte, dass ich völlig falsch gefahren bin. Weil er merkte, dass ich noch zu klein war, um alleine zu reisen, lieferte er mich aber bei dem nächsten Bahnhof bei dem dortigen

Bahnhofsvorsteher ab. Die Bahnhofsvorsteherin, in ihrer Behausung, wirkte beruhigend auf mich ein. Sie wollte meinen Namen wissen, und wo ich hinfahren möchte. So saß ich dann in dem Bahnhofsraum fest. Es mochte Riesa gewesen sein, oder ein anderer Ort.

Die Bahnhofsvorsteherin hatte aber sofort eine Lösung für meine vertrackte Situation: sie schickte mich mit dem nächsten Zug zurück bis nach Borsdorf. Und hernach nach Brandis. Dies immer in Begleitung von Erwachsenen Mitreisenden, die mich dann vom richtigen Bahnhof zum nächsten richtigen Bahnhof begleitet haben. Zum Schluss hat mich (durch Zufall) noch der Stiefsohn meines Onkels mich bis nach Brandis, -meiner Heimatstadt begleitet.

Zuhause angekommen habe ich natürlich nichts von meiner verkehrten Zugfahrt erzählt. Für meine Angehörigen habe ich eben nur eine Zugfahrt nach Leipzig durchgeführt. Niemand hat etwas davon bemerkt.

## Die Mülldeponie „Reinhild" / Brandis

Ein Ort, wo ich als Kind und Jugendlicher immer gern gewesen bin, war unsere städtische Mülldeponie. Ich meine damit die Deponie zu DDR-Zeiten, sowie zur „Wendezeit" (1990). Genau genommen hatten wir sogar mehrere solche Deponien, -denn in Richtung Beucha war auch noch eine. Die Qualität des Mülls und abgeladenen Unrats war zu DDR- Zeiten höher. Weil die Leute nach der Wiedervereinigung nicht mehr so schnell etwas weggeworfen haben. Also aus Sparsamkeitsgründen.

2 Dinge kommen noch dazu: Zum einen hatten auch Betriebe zu DDR- Zeiten ihre Abfälle auf die normale Müllkippe gefahren. Und zum anderen gelangten viele Dinge, die früher auf der Müllkippe „gelandet" sind, heute auf die Wertstoffhöfe (Recyclinghöfe). So, z.B. Radios und Fernsehapparate. Ich war,

wie schon gesagt, oft mit meinem Kleinroller: „Schwalbe" auf dieser Deponie. Ich habe bei der Deponie auch dazugelernt: Zum Beispiel, dass ich nie wieder ein Buch liegenlasse, wenn es mich auch nur halbwegs interessieren könnte.

Seit dem Tag, als ich dort einmal ein Buch fand, das ich nicht mitgenommen habe, tue ich mich auch mit dem Wegwerfen von Büchern generell, sehr schwer. Es war ein Buch aus der NS- Zeit. Es war aber auch ein populärwissenschaftliches, naturwissenschaftliches Buch. Z.B. war da die 3- etagige U- Bahn von London beschrieben. Man fand auf Deponien immer etwas, was man noch gebrauchen kann, z.B. Kunstleder- Verschnitte, die man noch als Einband für Bücher verwenden konnte. Einmal fand ich eine Flasche für mein Heim - Labor.

Besonders in der Wendezeit (um 1990) waren die Funde auf der Deponie ertragreich. Einmal kam ich z.B. dazu, wie ein ganzer Schwung Bücher von einem Betrieb abgekippt worden ist. Da habe ich mir viele für meine häusliche Bibliothek mit zu mir nach Hause genommen. Es waren auch populärwissenschaftliche Bücher aus den Bereichen Physik und Chemie darunter. Viele politische Bücher, ansonsten eines von der Buchkunstausstellung 1989 in Leipzig, waren darunter. Viele Betriebe aus der Umgebung von Brandis nutzten die Möglichkeit, noch schnell kostenlos irgendetwas, was von der Honecker - Diktatur „eingefärbt" war, loszuwerden. Dies waren zumeist politische Bücher, und alles, was bei dem Parteisekretär des Betriebes zu finden war, z.B. Banner, Stempel und Bilder. Da war bei so manchen Betrieb „Großreinemachen" „angesagt". Aber auch sonst war es keine schlechte Idee, einmal in einem Betrieb eine Inventur durchzuführen, was noch an Dingen gebraucht wird, -nicht bloß, wegen der politischen Dinge.

Ich hatte mir dort einen Einschub eines Teils von einem Röhrensender der GUS- Streitkräfte mitgebracht. Wir hatten ja bei uns, in Brandis / Waldpolenz eine Kaserne der ehemaligen russischen Streitkräfte, wo eine Fliegerstaffel stationiert war. Ich komme an anderen Stellen des Buches, noch einmal darauf zurück. Diese hatten defekte Teile ihrer Sendeanlagen auch auf dieser Deponie entsorgt. So war es auf der anderen Seite „ein gefundenes Fressen" für mich, denn man konnte aus diesen Teilen immer etwas basteln. Ob es nun die Sockel von den Röhren waren, die ich als besonders wertvoll erachtet habe, oder die Kondensatoren (ich habe auch elektrische / elektronische Basteleien durchgeführt).

...so sieht die Mülldeponie "Rheinbild" heute aus

## Ein Freundschaftstreffen wird vorbereitet

In der Schule war ich ab der 5. Klasse im sog. „Klub der internationalen Freundschaft". In diesem waren ausgewählte Schulkinder, die sich dafür interessierten, mit internationalen Kindern im etwa gleichen Alter in Kontakt zu treten. Beginnend, mit einer Brieffreundschaft. An sich, eine schöne Sache. Jedoch gab es hier ein paar kleine Einschränkungen.

1. propagiert wurde vorwiegend, Brieffreundschaften in die Staaten der ehemaligen Sowjetunion einzugehen. Oder zumindest aus dem „Ostblock", - also die ehemaligen RGW- Staaten.
2. war das mit dem Beitritt in den Klub der internationalen Freundschaft so eine Sache: Ich wurde von einer Lehrerin gefragt, ob ich mit an den „Klub der internationalen Freundschaft" teilnehmen möchte.

Ich wusste nicht, was es war. Doch bei solchen Aufgaben, die zwar von der Schule ausgingen, die aber mit dem direkten Lernstoff nichts zu tun hatten, konnte man bloß profitieren. Es galt sozusagen als besondere Auszeichnung, in so ein „Amt" delegiert worden zu sein.

Ich kann mir vorstellen, dass solche Jugendfreundschaften auch heute noch, eine willkommene Abwechslung zu dem normalen Schulalltag darstellen können.
Durchgeführt wurde der Klub der internationalen Freundschaft immer an Nachmittagen, -nach Beendigung der regulären Schulzeit. Wir trafen uns dort oft im Sekretariat der Schule und haben uns ausgetauscht und über Klassenstufen hinweg diskutiert.

Angeleitet wurde der Klub der internationalen Freundschaft von der Werken - Lehrerin aus den unteren Klassenstufen. Aber manchmal wurden die

Nachmittage auch moderiert von einer Schülerin aus einer der oberen Klassenstufen. Oftmals diskutierten wir ja auch gar nicht über Brieffreundschaften mit anderen Kindern (so sie denn existierten). Meistens diskutierten wir über schul- organisatorische Fragen.

Bei uns an der Stadtgrenze (ich erwähnte es bereits in einem anderen Kapitel) befand sich eine Garnison (Kaserne) der ehemaligen sowjetischen Streitkräfte. So, wie über das gesamte Gebiet der ehemaligen DDR sich verteilt Garnisonen befanden. Als „Überbleibsel" des 2. Weltkrieges, als Besatzermacht „Sowjetunion", in unseren Teil Deutschlands bis 1990. Und bei uns war es da eben eine Fliegerstaffel, die in Brandis / Waldpolenz stationiert war. Mit Düsenflugzeugen, Hubschraubern, etc. Ich habe noch einige Bilder davon.

Der Klub der internationalen Freundschaft in Brandis lud auch oft die Kinder ein, von den Sowjetbürgern, die in dieser Garnison stationiert waren. Das sah dann so aus, dass eine Russischlehrerin in unserer Schule ein Einladungsschreiben für die sowjetischen Kinder verfasst hat. Das nannte sich dann so: „Ein Freundschaftstreffen mit sowjetischen Komsomolzen".

Für alle diejenigen unter Ihnen, die, -wie ich-, die auf ihrem sowjetischen Wissen etwas unbedarft sind, gebe ich zu, das ich bei den Wort „Komsomolzen" selbst bei Google habe eben nachschlagen müssen: -Ich wusste bis dato nicht, das der Komsomol in dem GUS- Staaten so etwas, wie die Massenbewegung „FDJ" in der ehemaligen DDR, war. Jedenfalls war nun das Einladungsschreiben fertig, und musste nur noch zu einer Lehrerin der Kinder, in die Garnison gebracht werden.

Einmal wurde auch ich ausgewählt, der Überbringer der Nachricht sein zu dürfen. Dies war schon aus dem Grund interessant, weil man so einmal die Möglichkeit hatte, als Kind in die Garnison zu kommen, was auf „normalen Wegen" verwehrt geblieben wäre. Ich kann mich noch genau erinnern: Ich wurde mit einem Mitschüler einer Klasse unter mir losgeschickt, auf den Weg in die Garnison. Es war an einem Wintertag, wo Schnee lag. Wir sind mit unseren Fahrrädern dorthin gefahren. An der Wache der Garnison angekommen, sahen wir schon die Soldaten stehen. In der Wache (in der Pforte) sah ich 2-3 Soldaten mit Ihren Gewehren, wo man als Kind schon Angst bekommen konnte.

Wir gaben unser Einladungsschreiben dort ab. Der Wachhabende hat es sich durchgelesen, ein Telefonat geführt und uns danach bis zu der in der Garnison befindlichen Schule begleitet. Dort angekommen übergab der Wachhabende Soldat das Schreiben einer Lehrerin oder Sekretärin. Sie las sich das Schreiben durch, -und, zu unserem Erstaunen „korrigierte" sie den Brief. Sie strich die Fehler in selbigen an. Auf alle Fälle hatten wir (2 Kinder) unsere Botschaft übermittelt, das Einladungsschreiben überreicht.

Wir führen dann wieder zurück, nach Hause. Am nächsten Tag berichteten wir unseren Lehrern von der erfolgten Übergabe der Einladung.

## Das Freundschaftstreffen mit sowjetischen Komsomolzen

Diese Freundschaftstreffen sind immer anders abgelaufen. Mal waren sie im Speisesaal der Schule, mal in einem großen Klassenzimmer. Oftmals kamen die sowjetischen Kinder aus der Garnison gar nicht zum Treffen (trotz Einladung). Ich kann mich eigentlich nur an 1 oder maximal 2 Treffen erinnern, wo die sowjetischen Kinder (tatsächlich) kamen. Immer war der „Aufbau" der Treffen so, dass sie am Nachmittag eingeladen worden sind.

Da war ein gemeinsames Kaffee- oder Teetrinken geplant, und Kuchen essen (meistens Pfannkuchen). Wenn die sowjetischen Kinder nicht kamen, ließen wir deutschen Kinder uns es aber trotzdem gutgehen. Ich kann mich noch erinnern, wie ich in Vorbereitung den Samowar falsch befüllt habe, und die

Lehrerin mit mir geschimpft hat. Ich wollte den Tee schon gleich unten, mit in den Samowar hereingeben. So wird es aber nicht gemacht. Unten befindet sich nur heißes Wasser im Samowar. Aber woher sollte ich wissen, wie es richtig gemacht wird? -Mir hatte es ja noch keiner gezeigt.

Richtig ist es so: Oben, auf den Samowar kommt eine kleine Kanne aus Porzellan. In dieser wird ein Teekonzentrat hergestellt. Aus vielen Teeblättern, und relativ wenig Wasser. Dadurch, dass die Kanne oben, auf den Samowar steht, bleibt sie lange heiß. Den trinkfertigen Tee erhält man durch Mischen des Konzentrates von „oben", mit dem heißen Wasser aus dem Samowar.

Ein Programm, -einen Ablaufplan, wie der gemeinsame Nachmittag gestaltet werden sollte, gab es immer. Einmal war es zum Beispiel „nur" ein Kinofilm schauen. Das war der Trickfilm: „Hase und Wolf". Klar, -der Klassiker des sowjetischen Fernsehens. Manchmal wurde bei Freundschaftstreffen aber ein komplettes Bühnenprogramm einstudiert. Also wir deutsche Kinder hatten russische Gedichte vorzutragen. Ich war bei einem Gedicht vortragen zwar auch vorgesehen, jedoch wurde ich nicht genommen. Weil ich den Mitmenschen während meines Vortrags nicht auch nur 1mal in die Augen geschaut habe. Und da war ich wohl nicht so publikumswirksam, wie ein anderes Kind, was dem Publikum wenigstens ein paar Mal in die Augen schauen konnte.

Das, mit den „in die Augen schauen" ist übrigens auch heute noch ein Problem für mich. Weil ich ein Autist bin. Und die können den anderen Menschen nicht, -oder so gut, wie gar nicht in die Augen schauen. Wir denken da immer, dass unser Gegenüber uns etwas körperlich antun (im Sinne, von: körperlich verletzen) könnte. Mit der Weile habe ich zwar gelernt den Menschen im „Extremfall" auch in die Augen zu schauen, aber gerne mache ich es bis heute nicht. Wir denken da immer, dass unser Gegenüber uns etwas körperlich antun kann (im Sinne, von: körperlich verletzen). Mit der Weile habe ich zwar gelernt, den Menschen im Extremfall auch in die Augen zu schauen, -aber gerne mache ich es bis heute nicht. Und selbst wenn, dann kann ich oftmals nicht die Botschaft lesen, die mein Gegenüber mir gerade nonverbal übermitteln will.

Zu einem Treffen sah es bei uns im Speiseraum aus, wie im „Werken" - Klassenzimmer: es waren Plätze eingerichtet worden, wo Holzbrennarbeiten stattfanden. Interessierte Kinder konnten dort platznehmen und sich in dieser Holzbearbeitung üben. Wenn mich nicht alles täuscht war dort auch das Arbeiten mit Wolle (Häkeln) möglich.

Natürlich machten wir Kinder auch allerlei Schabernack: Ein anderes Mal, z.B. waren wir in einem Klassenzimmer. Da schossen einige Schüler von uns den Zucker unter den Schulbänken durch den Raum. Die Reinigungsfrau wird sich bestimmt gefreut haben. Aber auch ich war nicht ganz frei von Schabernack: Ich sagte zu meinen Mitschülern, sie mögen mal zu einem sowjetischen Mädchen den russischen Satz: „ya lyublyu tebya " sagen, -was so viel heißt, wie „Ich liebe dich". Ich wes aber unterdessen heute nicht mehr, ob sie es wahr gemacht haben… (denn, sonst wäre das sowjetische Mädchen vor Scham errötet worden).

Zu den sowjetischen Kindern muss ich sagen, dass, wo sie da waren, wir sie erst einmal angeschaut haben, wie „Wesen von einer anderen Welt". In ihren blauen Schuluniformen, die wir ja so nicht kannten. Und sie waren auch so ungleichmäßig groß: der eine Schüler ganz groß gewachsen, der andere ganz klein. Ich hatte den Eindruck, dass die deutschen Schüler so ungefähr eine Körpergröße hatten. Aber es kann auch sein, dass sie aus ganz unterschiedlichen Klassenstufen kamen, -das wussten wir ja nicht.

Alles, in Allem war der Klub der internationalen Freundschaft eine schöne Bereicherung meiner Schulzeit. Eine Brieffreundschaft hatte ich bis noch weit in meine Lehre hinein. Eine sowjetische Schülerin aus Nowgorod. Leider schlief mit der Wendezeit auch diese Brieffreundschaft ein, weil da andere Ereignisse wichtiger waren, als dieser Briefkontakt.

## Der gestohlene Grabstein

Wir waren in der 8. Klasse (jedenfalls in eine der höheren Klassen) und ich habe mit einem Schulfreund aus meiner Klasse so manchen Schabernack gemacht. Viele (feste) Schulfreunde hatte ich nicht, und ein „Herumtreiben" nach der Schulzeit, -am Nachmittag, kenne ich nicht. Bei mir war nach Schulschluss gleich das Nachhause gehen „angesagt". So, wie mache, die dann gleich nach der Schule spielen gegangen sind, -das gab es bei mir nicht. Schließlich hatte ich ja noch Hausaufgaben zu machen, und meine Eltern warteten ja auch schon.

Umso schöner waren die Begebenheiten, wo ich denn dann doch am Nachmittag eine aktive Freizeitgestaltung draußen, im Freien mit meinem Fahrrade und einem Schulfreund unternommen habe. Es war an einem Samstag oder einem Sonntag im Sommer. Natürlich wussten wir alles schon vorher: wo die Zinkplatte ist, wie wir sie mit unseren (Fahr-) Rädern transportieren, und wo wir sie verstecken würden. Aber lassen Sie mich bitte von Anfang an erzählen. Also:

Ich brauchte für mein Heim Labor eine größere Menge an Zinkspänen. Da Zink ein einigermaßen reaktives Metall ist. Man kann mit Zink einige sehr schöne bengalische Feuerwerksmischungen herstellen. Die alle mit grüner Flamme abbrennen. Ich glaube aber einmal irgendwo gelesen zu haben, dass die grüne Flammenfärbung des Zinks nur durch Spurenelemente die im technischen Zink enthalten sind, zustande kommt. Sie können mich gern verbessern, wenn sie es besser wissen, -ich würde mich darüber freuen.

In Brandis gibt es einen alten und einen neuen Friedhof. Auf dem alten finden schon seit vielen Jahren keine Beerdigungen mehr statt (auf dem neuen, schon). Der alte Friedhof ist ziemlich im Zentrum der Stadt und einer Parkanlage sehr ähnlich. Jedes Jahr fand (zu DDR- Zeiten) auf dem alten Friedhof eine Kranzniederlegung statt. Es ging dabei um die gefallenen Soldaten des 2. Weltkrieges. Teilgenommen hatten daran sowjetische Soldaten aus unserer Garnison in Brandis / Waldpolenz. Aber auch einige Schulkinder (darunter ich) und Lehrer unserer Schule waren dazu eingeladen.

Darum wusste ich, dass auf dem alten Friedhof auf einem Grab so eine große Grabtafel aus Zinkmetall sich bestand. Wir hatten ja als Lausbuben vor nichts Respekt, -und was lag da näher, als die Grabtafel von dort zu stehlen? Die Tat, selber war „kein großes Ding". Wir sind von niemanden erwischt worden.

Bis auf, dass wir Schwierigkeiten hatten, die große Platte auf unseren Rädern zu transportieren. Wir haben sie bis zum Waldrand unserer Stadt transportiert, und dort versteckt. Dort, wo auch der Weg in die Garnison lang ging. Ich kann mich heute nicht mehr erinnern, wie es uns gelang, schon gleich ein erstes Stück aus der Platte herauszubrechen. Es muss uns aber gelungen sein, sonst hätte mein Schulfreund, und ich zu Hause nicht gleich anfangen können, an ihr mit einer groben Feile zu feilen. Mit so einer groben Feile hat man schon einen „ganz schönen Berg" an Zinkspänen erzeugen können.

Jedenfalls den, oder die Tage darauf konnte ich früh, vor der Schule im Stadtpark meine Mitschüler mit einen grünen Bengal Feuer überraschen. Eigentlich wollte ich darüber ein eigenes Kapitel schreiben. Ganz einfach aus dem Grund, weil meine Eindrücke (wieder einmal!) dort, wie in Zeitlupe abgelaufen sind. Die Kinder, -das Feuerwerk, -der frühe Morgen, -das passte alles irgendwie zusammen. Einige von denen rauchten ja schon als Kinder bzw. Jugendliche. Und die meisten Schüler trafen sich eben, -vor dem Unterricht, noch früh, -dort, im Park. „Im Kreis", -wie sie es nannten. Das war so ein Ring von Bäumen, -bei uns, im Stadtpark. Zum Versuch, selber, war zu sagen, dass es eine Mischung aus Schwefel und Zink war. Bei dieser Reaktion entsteht Zinksulfid. Es ist so ein gelbliches Pulver. So, -wie wir es einige Zeit, vorher im Chemieunterricht gezeigt bekommen haben. Abbrennten tut das Ganze mit so einer schönen, grünen Flamme!

Ich glaube, dass ich bei vielen Mitschülern in diesen Moment ihrer Gedanken habe in eine ganz bestimmte Richtung lenken können. Nämlich die, dass sie einmal sinnieren konnten, und an gar nichts denken brauchten. So, Tagträumen, -sagt man da auch dazu. Das ist etwas sehr Wichtiges, im Leben. Sich erfreuen, an dem „bengalischen Feuer". (Und sonst, -an nichts). Der Unterricht würde noch früh genug (nämlich in einer halben Stunde!) beginnen, -wo wieder etwas von ihnen gefordert wurde. Auch ich profitierte von dem Experiment. Das war ganz komisch: Ich verwendete so eine kleine Pappröhre (für die Feuerwerksmischung). Diese, -wiederum, hatte ich von der Schuttgrube „Rheinhild" (ich berichtete!). Es war so eine leere Spindel vom Faden, wie sie in der Textilindustrie verwendet wurde. So eine dünne Pappröhre, -halt. Ich weiß heute leider nicht mehr, ob ich sie noch etwas zugeschnitten hatte, -oder nicht. Aber ich sah einen Sinn darin: 1. Das sie weggeschmissen worden ist, und 2., dass ich sie wiederverwenden konnte, -kostenlos! Ja, -so war das. Ich kann es ja selber schlecht beschreiben, -hier. Was ich meine. Schade, dass wir damals noch keinen Camcorder hatten, wo wir alles, dies, hätten filmen können.


**Das Kinderferienlager in Königs - Wusterhausen 1982**

Ich hatte meine 6. Klasse beendet, und vor mir lag eine entspannende Ferienzeit. Freute ich mich doch schon auf die Zeit, nach den Ferien. In dieser sollte mein schon lang ersehnter Chemieunterricht mit der 7. Klasse beginnen. Aber erst noch die Ferien im Ferienlager machen… Die Zeit im Ferienlager war nicht weniger interessant. Bei der Anreise habe ich mich gewundert: Wir mussten mit dem Zug dort angereist sein, denn ich sehe noch vor meinem

geistigen Auge, wie wir auf einer großen Brücke langgegangen sind, wo darunter alles Gleise waren. Eine fremde Frau half mir, meinen schweren Koffer ein Stück zu tragen. Sie hatte einen Anzug an.
Als Kind macht man sich da Gedanken, wie es sein kann, dass jemand „wild fremdes" einem hilft. Es kann sein, dass diese Frau (tatsächlich) uneigennützig gehandelt hat. Das sie mir einen Gefallen tun wollte. Aber ich hatte da eine andere Vermutung: dass die Frau von der Staatssicherheit war, und im Auftrag des Staates Erkundungen unternahm. Da ich meine Stasi Akte aber noch nicht gelesen habe, werden wir den spannenden Fall aber heute nicht lösen können. Jedenfalls kam mir das damals irgendwie komisch vor.

Ich kann mich noch genau erinnern: Es war ein schöner, warmer Sommer. Dieses Ferienlager war direkt in einem Wald und an einem See gelegen. Das waren alles so Baracken, wo die Betten drin waren, für die Kinder. Natürlich haben wir auch dort manchen Streich gemacht. Wir haben uns z.B. gegenseitig mit Feuerwehrschläuchen bespritzt. Bis wir ganz nass waren. Oder wir haben ein anderes Kind dort gemobbt: Wir sind immer vom Waschtrakt losgerannt, in Richtung auf unsere (Wohn-) Baracke zu. Er ist hinterhergekommen, war aber zu langsam, uns einzuholen. Schnell verschlossen wir die Tür von unserer Baracke, sodass er nicht hereinkam. So haben wir ihn ausgesperrt. Dass sich das auch einmal gegen einem selber wenden könnte, beschreibe ich am Schluss dieses Kapitels.

Mir gefiel in diesem Lager besonders der stets gleiche Ablauf des Lebens. Früh aufstehen, Körperpflege, ein bisschen Morgengymnastik, danach das Frühstück. Ich weiß es nicht mehr genau, -so Malzkaffee und Milch gab es, aber auch jede Menge Tee.

Darauf war oft Zeit für eigene Aktivitäten. Aber es gab auch ausgedehnte Spaziergänge durch den Wald. Immer den Wanderpfaden entlang. Danach war Mittagessen „angesagt". Dann konnte man sich etwas ausruhen. Am Nachmittag war meistens noch eine kleine Aktivität am See „angesetzt". Also, schwimmen gehen, oder einfach nur in der Sonne liegen. Danach war Vesper. Und dann war der Tag auch fast schon wieder zu Ende.

Das „Highlight" des Ferienlagers war aber an dem einen Tag die Fahrt nach Berlin. Unserer alten und neuen Hauptstadt. An dem Tag haben wir von (Ost-) Berlin nahezu alle Sehenswürdigkeiten besucht. Den Palast der Republik, die ewige Flamme, usw. An dem Tag sollte uns der Staat seinen ganzen Reichtum zeigen. Zuerst waren wir im Palast der Republik. Dort musste sich drin ein Kaffee befunden haben,- ich sehe heute noch den Barkeeper in seiner Uniform drinstehen (und wir saßen in den davor befindlichen Sesseln).

Auf dem Fernsehturm waren wir aber, glaube an dem Tag nicht gegangen, - dazu waren wir sicher zu viele Kinder gewesen. Dann waren wir in ein großes Kaufhaus gegangen. In die Fernseh- oder Kinderspielabteilung. In dem Raum war alles, rund herum mit Farbfernsehern ausgefüllt. Sie waren synchron mit einer Telespielkonsole geschaltet. Ich kann heute leider nicht mehr sagen, ob es Pac Man, oder Ping Pong war. Jedenfalls machte es viel her, die ganzen Fernseher dort so zu sehen. Ich habe ja so etwas das erste Mal in meinem Leben gesehen. Dann waren wir in die Sportwarenabteilung des Kaufhauses gegangen: Auch dort war ein übervolles Warenangebot in den Regalen.

Ein Mann bat mich um eine Entscheidungshilfe, ob er sich denn die Hanteln, die mit Wasser aufgefüllt werden konnten, kaufen solle, oder nicht. Es war 1982 gewesen, und aus Sicht der Berliner Warenangebote in den Geschäften schien die Welt ja auch in Ordnung zu sein (vor Allen Dingen, für uns Kinder). Der Staat sollte keine 10 Jahre mehr „halten", bis er seinen Konkurs angemeldet hat.

Mit vielen, neuen Eindrücken, kehrten wir zurück in das Ferienlager. Wir haben in diesem Lager noch viele gute Erlebnisse gehabt, -wie z.B. ein Neptunfest oder eine Nachtwanderung. Gegen Ende des Ferienaufenthaltes im Lager erhielten wir wieder Geschenke. Ein bisschen wurde gemogelt bei der

Vergabe der Geschenke, wie uns die begleitende Erzieherin mitteilte. Der 3. Platz, den die Kinder aus der Region Leipzig belegten, erhielt das größte Geschenk. Für jedes Kind ein Sporttrikot. Auf der Heimreise aus unserem Lager mit dem Zug wurde ich von anderen Kindern gemobbt. Wohl als „Ausgleich" dafür, dass ich beim Mobbing des einen Jungen aus unserer Gruppe (ich berichtete) mit der Erste gewesen bin. Ja, so grausam können Kinder sein.


## Das Wettrennen in der 8. Klasse

Das, was ich jetzt erzählen möchte, hat sich in etwa in der 8. Klasse ereignet. Es war wieder einmal Sportunterricht. Die Geschlechter wurden ja getrennt, beim Sport. Anmerkung: ich weiß nicht, ob beim Sportunterricht nicht schon zu Beginn (also, der 1. Klasse) Jungen und Mädchen getrennt wurden. Stattdessen wurden dann aber jeweils die Jungen und Mädchen der (zumindest) Klassen b) und c) „zusammengezogen". Um genügend Schüler zusammenzubekommen, für eine Sportstunde.

Und das war ja so, dass ich beim Ausdauerlauf immer der Letzte gewesen bin. Ich war eben damals (körperlich) noch nicht so weit entwickelt. Aber auch die anderen Jungen hatten mit den gestellten Anforderungen so ihre Probleme. So war also heute wieder Ausdauerlauf „angesagt", -im Stadtpark. (Ich glaube, 3 Runden waren dort zu rennen.) Der Sportlehrer hieß: Herr Richter. Und er hatte einen Sohn, der in die Parallelklasse (die Klasse b) ging. Dieser hieß: Oliver (kurz: Oli). So nannte ihn jedenfalls immer sein Vater.

Ich ging ja (selbst) in die Klasse: c). Naja, -und der Oliver war schon körperlich sehr weit entwickelt. Wenn nicht sogar, der körperlich durchtrainierteste Junge aller 3 Klassen. Er wollte, -glaube ich, selbst auf die Sport Hochschule gehen. Irgendetwas mit Sport machen, -das weiß ich genau! Aus vielen

„Vorversuchen" wussten wir, welcher Schüler welchen Rang einnehmen würde, -beim Ausdauerlauf. Der Herr Richter erklärte die Regeln (des Laufes) für dieses Mal: Gelaufen (besser: gerannt!) wird diesmal nur die halbe Strecke. Jedoch erfolgt eine Paarbildung: -Jeweils der schlechteste und der beste Schüler bilden ein Paar. Der zweitschlechteste mit dem zweitbesten bilden wieder ein Paar, und so weiter.

Also, in meinem Fall war das der Oliver, -und ich. Ich konnte darum nur hoffen, dass der Oliver schnell genug war, um mein langsames Rennen zu kompensieren. Aber auch ich gab mir (dieses Mal) besonders große Mühe. - Lief, so schnell meine Beine es hergaben. Und, was soll ich sagen: wir haben gewonnen! Zwar waren die Verfolger uns dicht „auf den Fersen" (zum Schluss). Kurz, vor dem Einlauf in der Zielgeraden trennten uns von unseren Kontrahenten noch geschätzte 150 m. Wir haben gemeinsam gewonnen. Und diesen Sieg konnte uns keiner wegnehmen…

### Das missglückte Experiment

Es war im Sommer 1987. Ich muss sagen, dass (auch) ich nicht frei von Unfällen war. Bei meinen chemischen Experimenten. Über meinen größten Unfall möchte ich hier berichten. Er sollte 30 Jahre später eine Bedeutung erlangen, an dessen späterer Stelle ich noch schreiben werde.

Meine Eltern hatten zu dieser Zeit noch ein Gartengrundstück gehabt, was nicht an unser Wohnhaus angeschlossen war. Es war ein warmer Sommertag. Ich hatte eine Feuerwerksmischung vorbereitet. Ich wollte sie am späten Nachmittag, oder am Abend „zum Besten geben". Ich wollte sie den Eltern oder den Gartennachbarn zeigen. Ich wollte die fertige Feuerwerksmischung über den Bunsenbrenner trocknen. Ich hatte zu diesem Zweck einen

Bunsenbrenner und eine Propangasflasche dort zu stehen. Wie gesagt, -ich rührte die Mischung während des Trocknens um. Auf einmal kam eine riesige Stichflamme aus dem Becherglas. Meine rechte Hand war aber noch darüber. Ich habe mir meine rechte Hand in dem Moment schwer verbrannt.

Zwar habe ich sie gleich abgekühlt, in einer Gießkanne. Ich werkte aber gleich, dass dies eine sehr schwere Verbrennung war. Die Schmerzen ließen trotz sofortiger Kühlung nicht nach. Also mussten auch die tieferliegenden Hautschichten betroffen sein. Die Verbrennung war direkt in der Handinnenfläche. Von meiner Mutter habe ich eine schallende Ohrfeige erhalten. Danach war der Tag „gelaufen" und es ging an die Nachtruhe. Wir haben in unserer Gartendatsche übernachtet. Ich konnte in der Nacht kein Auge zu tun, vor Schmerzen.

Am nächsten Früh-Morgen ging ich zum Hausarzt. Die Brandblasen an meiner Hand waren einfach zu groß. Der Hausarzt fragte mich, wie die Verbrennung geschehen sei, was ich ihm wahrheitsgemäß beantwortete. Er schnitt die Brandblasen alle auf und entfernte die obere Haut vorsichtig. Danach umwickelte er die Hand mit einem Verband. Für mich erfolgten dann 3 Wochen eine Krankschreibung, -als maximal möglichste Zeit. Der Hausarzt hat mir noch so eine Paraffin Salbe verschrieben, um die Haut auf den verbrannten Stellen etwas geschmeidiger zu machen. Die Zeit, wo ich zu Hause war, brauchte ich wirklich zum Genesen. Als ich wieder auf Arbeit war (das heißt: in meiner Lehrzeit als Fachverkäufer für Möbel) wollten alle Kollegen die Verletzung gleich sehen. Sinngemäß wollten sie wissen, welche schwere Verletzung es eben rechtfertigte, so lange zu Hause zu bleiben. Keiner hat eine Bemerkung gemacht, dass ich so lange zu Hause geblieben bin, oder ähnliche Äußerungen.

Die nächsten Monate heilte die Verbrennung gut aus. Ich hatte immer weniger Schmerzen. Natürlich: beim „Guten Tag" sagen, oder so, hatte ich schon noch Schmerzen. Auf alle Fälle konnte ich froh sein, dass es noch so abgegangen war. Obgleich ich 30 Jahre später an genau dieser Stelle der Hand abermals Probleme bekommen sollte. Im Zusammenhang mit einer anderen Eselei. Von der ich aber in einem der späteren Kapitel berichten werde.

## Ein Experiment im Steinbruch

Diese Begebenheit sollte das größte Experiment werden, was wir gemacht haben. Es trug sich im Winterurlaub 1986/87 zu. Ich hatte noch einen Schulfreund, der eine Klasse unter mir war. Er war ebenfalls Hobbychemiker, so wie ich. Mit ihm habe ich viele Experimente durchgeführt. Ich hatte da als Kind und Jugendlicher eine Feuerlöscher Sammlung zu Hause. Viele Betriebe hatten durch regelmäßige Tests ihrer Feuerlöscher immer einen Teil davon aussortiert, und auf ihre betriebseigenen Schrottplätze gelegt. Was lag da näher, als die Feuerlöscher sich mit nach Hause zu nehmen? -Die Betriebe haben da meistens nichts gesagt, wenn man sich etwas von dort weggenommen hat.

An den ältesten Feuerlöschern war da hinten so eine separate Kohlendioxid-Flasche dran. Sie war aus Gussstahl. Nun war es meinen Freund gelungen, oben, das Ventil der leeren Stahlflasche abzudrehen. Er hatte die Flasche dazu vorsichtig erwärmt. Alsdann hat er die Flasche mit zu mir nach Hause gebracht. Sie war ungefähr 35 cm lang und 6 cm im Durchmesser. Daheim füllten wir die Flasche mit entsprechenden Chemikalien auf. Das ging alles super einfach. Mein Freund hat von sich, zuhause, noch Kohlen-Feueranzünder mitgebracht. Diesen hatte er noch in einer brennbaren Substanz „eingeweicht", damit der Feueranzünder sich noch besser anbrennen lies.

Mit diesem Equipment ausgestattet fuhren wir an unseren, an den Stadtrand gelegenen, Steinbruch. Dieses Experiment konnte man nicht am Häuserblock durchführen, das war uns schon klar. Im Steinbruch, selber, kann ich mich erinnern, war auf dem zugefrorenen, künstlichen See, eine Schneedecke drauf. Schon das Betreten des Steinbruches war Wahnsinn, denn wir wussten ja nicht, ob die Eisdecke uns tragen würde. Wir sind darum vorsichtig am Rand langgegangen. Wir sind bis zu einer Stelle gegangen, wo ein kleiner Felsvorsprung war. Dort legten wir die (Stahl-) Flasche auf den Kohlenanzünder. Danach entfachte mein Freund das Feuer. Der Felsvorsprung war gut gewählt, weil es dort windstill war und wenig Schnee dort lag. Danach gingen wir langsam wieder aus dem Steinbruch heraus. Auf der Straße sahen wir ein paar Skifahrer uns entgegenkommen. Nun gingen wir links nach dem Weg, um auf den Rand des Steinbruches zu kommen. Es war ungefähr 16.30 Uhr, und die Dunkelheit brach herein. Als wir am genau entgegengesetzten Ende des Steinbruches waren, beobachteten wir nun von oben, -aus sicherer Entfernung unser Experiment. Die Flamme war gut erkennbar, in der hereinbrechenden Nacht. 15 min, 20 min, -nichts passierte. Ich hatte den Versuch schon „abgeschrieben". Die Flamme wurde kleiner, -nichts passierte. Wir wollten schon nach Hause gehen.

Auf einmal gab es eine mächtige Explosion. Zuerst ein heller Blitz, dann kam die Bodenwelle, wo man das Gehirn so im Kopf schaukeln merkte, und hernach der dumpfe Knall, -alles innerhalb von ½ Sekunde. Wir merkten, dass es eine große Explosion gewesen sein musste, weil sich die Wellen in dem Felsgestein schneller ausgebreitet haben, als durch die Luft. Sonst hatten wir diesen Effekt nie bemerkt. Mein Freund, der in diesen Moment gerade hingeschaut hatte, sagte mir, dass ein Stück des Felsens abgesprengt worden sei. Jedenfalls verließen wir den Steinbruch nachher schnell in eine andere Richtung als von der wir gekommen waren. Wir machten auch noch einen Scherz, sagten, dass, wenn uns jetzt noch einer erwischt, das wir da sagen, dass wir einen Blitzknaller von Silvester aufgehoben hätten. Aber uns erwischte niemand.

Am darauffolgenden Tag war mein Freund noch einmal im Steinbruch. Er berichtete mir davon, dass wohl die Explosion einen ½ Meter tiefen Krater in das Eis geschlagen hätte. Zudem wäre der Felsvorsprung abgesprengt worden. Er hat mir auch ein Stück von der (zerborstenen) Stahlflasche mitgebracht, was er noch gefunden hatte. Da war sogar das Guss- Gewinde nach außen gekrempelt. An diesem zu urteilen, musste es die Stahlflasche „in 1000 Teile" zerlegt haben. Wie auch immer, dazugelernt haben wir durch dieses Experiment. Die Anwohner an den Steinbruch werden wohl einen „Herzschlag" bekommen haben. Aber es war auch eine schöne Erinnerung von meinem Freund, und mir.

### Der Besuch des Magazins

Ich werde so 11-12 Jahre alt gewesen sein. Da nahm mich mein Vater einmal mit in ein Magazin. Magazine - das waren Verkaufsstellen in einer sowjetischen Garnison. Sie waren eigentlich zur Versorgung der Angehörigen der sowjetischen Streitkräfte gedacht. Aber viele DDR- Bürger wussten von der Existenz dieser Läden. Und statteten diesen von Zeit zu Zeit einmal einen Besuch ab. Hauptsächlich ging es ja darum, dass es verschiedene Artikel in den DDR- Läden einfach nicht gab. Und da war dann immer noch die Möglichkeit, es in so einem Magazin zu versuchen. Das Sortiment in so einem Magazin umfasste von Lebensmitteln bis hin zu Kleidung, alles.

Nun war es an der Weihnachtszeit, und mein Vater wollte einmal schauen, ob es nicht irgendwelche extravaganten Dinge in dem Magazin zu kaufen gab. Vielleicht, welches Angebot an Ölsardinen oder Nüssen es dort gab, und was sie kosteten. Oder irgendetwas, was die DDR- Läden, -außerhalb der Garnison-, im Moment vermissen ließen. So sind wir also zu zweit durch den Zaun der Garnison gekrochen. Eine Lücke war in dem Zaun schon. Sicher, weil schon mehrere DDR- Bürger die Möglichkeit nutzten, um zum Magazin zu gelangen. Für mich war das alles eine aufregende, neue Welt. Zum großen Bruder: Sowjetunion zu schauen und herauszufinden, was es so alles in seinem Regalen an Waren zu bieten hat. Ich war ja noch ein Kind. Und natürlich war die Ausrichtung des Weges in Richtung der ehemaligen Sowjetunion vorgegeben. Denn wer hätte denn denken können, dass der Ostblock einmal zusammenbricht, -die DDR aufhört, zu existieren? Ich glaube mich ganz schwach erinnern zu können, dass die Magazine nicht zwingend in der Garnison untergebracht sein mussten.

Ich glaube mein Onkel, väterlicherseits, sagte, dass es in Grimma ein Magazin außerhalb der Garnison gibt. Ich bin mir nicht sicher. Jedenfalls kann ich mich noch erinnern, dass bei „unserem" Magazin der Laden so zweigeteilt war. Wir gingen den rechten Eingang hinein. Also muss wohl der linke Eingang für die Bekleidung gewesen sein. Wir gingen in den Lebensmittelbereich hinein. Ich hatte eigentlich den Eindruck, dass die Regale voll waren. Inwieweit es dort Engpässe von Lebensmitteln gegeben hat, kann ich nicht sagen. Sie hatten viel Schüttware, wie z.B. Nüsse, usw. Bezahlt wurde in dem Magazin in DDR-Mark. Auch erinnere ich mich, dass die Verkäuferin an der Kasse das für die Sowjetunion typische Rechenbrett: Stschoty verwendete. Das ist, wo so Holzperlen auf Stäben aufgefädelt sind.

Gegangen sind wir auf den gleichen Weg wieder, wie wir gekommen sind. Gekauft haben wir an dem Tag, glaube ich, nichts. Und doch war es eine schöne Erinnerung aus meiner Kindheit, die ich nicht missen möchte.

**Ein kleiner Diebstahl in der Kaufhalle**

Ich hätte nie gedacht, dass so viele Menschen (stillschweigende) Gegner des Staates (DDR) waren. Bestenfalls noch neutral waren sie. Klar, wenn man als Kind in dem Staat aufwuchs hatte man ja auch keine Not zu leiden. Man musste für seinen Lebensunterhalt nicht arbeiten gehen. Und so einfach ist es dann trotzdem nicht. Es kommt auch auf die soziale Herkunft von jemanden an, -die Erziehung und viele andere Dinge. Ob einem die Arbeit gefällt, usw. Man konnte aber die DDR unterstützen, indem man „mitgedacht" hat. Versucht hat, eigene Lösungen für (noch) offene Fragen jedweder Belange zu finden.

Eigentlich war es nur eine Frage der Zeit. Ich meine, dass sie uns einmal beim Klauen erwischen. Wir waren vielleicht in der 8. oder 9. Klasse. Und ich hatte mit meinem Klassenkameraden schon einige kleine Diebstähle in Einzelhandelsläden durchgeführt. Zum Beispiel einmal ein Taschenmesser gestohlen, oder ein Schloss. Heute wollten wir in der Kaufhalle ein paar Süßigkeiten stehlen. Und für mich, -besser gesagt für mein Heimlabor brauchte ich diese Gebissreinigungstabletten. Sie waren für mich als Sauerstoff abgebende Substanz von Interesse. Meine Grundidee war, dass ich diese Tabletten hätte mischen können, mit irgendwelchen brennbaren Stoffen. Umso, interessante Feuerwerksmischungen zu erhalten.

Gesagt - getan. Wir sind also in die Kaufhalle gegangen. Ich hatte die Tasche getragen, in der aber nichts drin war. So sind wir also durch die Regale gegangen und haben unsere Jackentaschen gefüllt. Auch, wenn mein Schulfreund oder ich vielleicht mehr oder weniger als der andere eingesteckt haben, so bestehe ich doch darauf, dass wir die Tat gemeinsam begangen haben. 4 Schokoriegel und 1x das Röhrchen mit dem Gebissreinigungstabletten. Kurz vor Ende unseres Rundganges, -wir wollten gerade die Filiale verlassen, hat uns die Kassiererin am Ausgang „abgefangen". Sie sprach uns an: „Kommt einmal mit, ihr zwei!" Sie bat uns, mit in ihr Büro zu kommen, was wir auch taten. „Macht einmal eure Taschen leer!" -So, oder ähnlich muss sie wohl gesagt haben.

Jedenfalls gaben wir dann 2 Schokoriegel heraus und die Gebissreinigungstabletten. Die Kassiererin füllte noch ein Diebstahl - Protokoll aus. Sie fragte uns, wofür wir die Gebissreinigungstabletten brauchten. Sie hat selber laut den Verdacht geäußert: „für die Oma vielleicht" Dann sagte sie uns noch, das das Protokoll zur Polizei gehen würde, und wir sollten schon immer unsere Eltern informieren, -sie über unseren Diebstahl aufklären. Die Kassiererin sagte uns noch, dass das, was wir getan haben kein „Dummer Jungenstreich" mehr war. Nachdem wir das Protokoll alle beide unterschrieben hatten, hat uns die Kassiererin aus dem Büro durch die Hintertür entlassen. Ich weiß es nicht mehr genau, aber ich glaube, wir sind mit unseren Rädern (man war einfach schneller) gefahren. Auf dem Kirchplatz, - dort haben wir erst einmal eine kleine Rast gemacht. Was ich aber nicht wusste war, dass mein Mitschüler noch 2 Schokoriegel einstecken hatte. Er sagte dann: „erst einmal auf den Schreck etwas essen." Und er bot mir 1 Schokoriegel an.

Wir überlegten dann noch lange, wie wir die Tat wieder ungeschehen machen könnten. Ob wir vielleicht zurückfahren sollten, und uns entschuldigen? Die Tat ist zu lange her - ich kann mich nicht mehr daran erinnern, ob wir dies taten. Aber ich erinnere mich noch, dass wir in den Briefkasten der örtlichen Polizeidienststelle schauten, ob dort unser Protokoll sich schon darin befand. Was natürlich nicht war. Am nächsten Tag war es in unserer Klasse das Pausengesprächsthema: unser Diebstahl. Eine Mitschülerin aus der Parallelklasse war zur selben Zeit wie wir in der Kaufhalle. Offenbar hatte sie unser „Erwischt worden sein" mitbekommen. Jedenfalls habe ich den Diebstahl zu Hause nicht erzählt (und ich glaube, mein Mitschüler tat es genauso).

Wir haben nie etwas von der Polizei gehört, -sind nicht zur Rechenschaft gezogen worden, oder ähnliches. Also sind wir noch einmal „mit einem blauen Auge" davongekommen.

## Die gemeinsame Freizeitgestaltung mit meinem Bruder 1/2

Ich hatte ja schon kurz berichtet, dass ich in meiner Kindheit so manchen Lausbubenstreich mit meinem Bruder unternommen habe. Doch in den späteren Jahren, -als ältere Kinder, waren wir zunehmend angepasst, und hatten „moderate" Hobbys. Ich meine, im Alter von vielleicht 14 Jahren. -Wo mein Bruder ungefähr 16 Jahre alt war. Ich hatte meine Chemie, -klar! Aber es war eben noch mehr. Mein Bruder hat sich zu dieser Zeit hauptsächlich mit den Flugmodellbau beschäftigt. Und da machte ich natürlich fleißig mit.

Es wird (auch) an dieser Stelle nicht möglich sein, alles aufzuführen. Nur ein „Abriss", dessen, ist möglich. Und so kann ich mich heute leider auch nicht mehr genau daran erinnern, was mein „Jugendweihe - Geschenk" war. „Jugendweihe", -das war, -für Nicht - DDR- Bürger erklärt: derjenige Festakt, wo man als Kind in die Reihen der Erwachsenen aufgenommen worden ist. Danach ist man dann mit „Sie" angeredet worden, von den Lehrern, u.s.w. „Jugendweihe" gab es (lt. Wikipedia) schon seit dem 19. Jahrhundert. Doch in der DDR ist sie „flächendeckend" durchgeführt worden. Das war ein Festakt (der von den Schulen veranstaltet worden ist). Doch leider auch mit politischer „Einfärbung". Es war der Pedant zur (kirchlichen) Konfirmation. Man wurde im Alter von 14 Jahren in die Reihen der Erwachsenen aufgenommen.

Ich erinnere mich noch sehr gern an diese schöne Zeit. Auch sind Fotos davon noch vorhanden.

Vielleicht ist es hier doch ganz interessant, noch „2 Worte" über die Jugendweihe zu verlieren. Nämlich so, wie ich (!) sie erlebt habe. Zunächst, einmal, gab es da einen „offiziellen" Teil. Derjenige, der von der Schule durchgeführt worden ist. Dazu wurde extra der Gemeinde - Saal der Stadt angemietet. So, wie man sich das eben vorstellt, mit Musik, Ansprache, usw. Die Direktorin, die Lehrer, -alle waren zugegen. Und die 3 Klassen (um die es ging), natürlich. Es sollte ja so feierlich, wie irgend möglich sein. Und das ist ja auch ganz verständlich. Schließlich wird man ja nicht jeden Tag „erwachsen".

Dafür wurde das Programm vorher schon geprobt, -Lieder einstudiert, etc. Alle dem vorausgegangen war aber die Kleiderordnung. Jeder „Jugendweihling" (ich nenne ihn einmal so) erschien dort in einem ordentlichen Outfit. -Zur Feier des Tages. Ich meine damit, -die Jungen hatten Anzüge an (mit Sakko, -wie ich!). Und die Mädchen: Blusen. So, wie am 1. Schultag die (jeweiligen) Eltern dafür gesorgt haben, dass ihre Kinder feierlich angezogen waren, so war das auch an diesen Tag der Fall.

Bei mir war das z.B. so: Dadurch, dass wir damals West- Verwandtschaft hatten, -also eine Tante, die in der (ehemaligen) BRD wohnte, kam ich in den Besitz eines Herren- Anzuges für mich. Dieser wurde dann in einer Änderungs- Schneiderei (hier, bei uns) meinen speziellen Körpermaßen angepasst. Und, ich sah wirklich gut aus, darin. Brauchte mich vor den anderen „Jugendweihlingen" nicht zu verstecken. Ja, wie man zu derart guter Kleidung kam, -danach fragte ja keiner. Zu DDR- Zeiten. Hauptsache war nur, dass man solche besaß. Und so zog sich das durch die ganze DDR „hindurch". Aber, ich will nicht abschweifen.

Der Höhepunkt des Festes war dann die Aufstellung der „Jugendweihlinge" auf der Bühne. Und die Gratulation durch die Klassenlehrerin. Es wurden Blumen überreicht, sowie ein Buch. Selbst, ein paar Lebenstipps gab mir die Lehrerin noch mit auf den Weg. Ein Fotograf machte viele Aufnahmen. -Als bleibende Erinnerungen. Es war eben eine andere Zeit. Doch sind viele Zeremonielle, die damals durchgeführt worden sind, auch auf die heutige Zeit übertragbar. Daran hat sich (im Wesentlichen) nichts geändert.

Und das Buch! Ja, darüber habe ich mich am meisten gefreut. DDR hin, oder her (mit ihrem Sozialismus), -aber es wurde in dem Buch beschrieben, wie die Welt aufgebaut ist. Nach jetzigem Kenntnisstand. Ich meine den Kosmos, das Atom usw. Und dafür war ich ja eh „Feuer und Flamme". Denn, zum einen wurde in den einzelnen Unterrichtsfächern (bis dato, jedenfalls) keine gesamtheitliche Weltbild - Darstellung geliefert. -Darauf gab das Buch schnelle Antworten. Dass das Buch darüber hinaus aber auch noch politisch „eingefärbt" war, habe ich dann einfach herausgefiltert. Das Buch gehörte übrigens zum Standardwerk eines jeden „Jugendweihlings". Es gab im Laufe der Zeit verschiedene, dieser Bücher.

Aber eins war allen Büchern gemein: Die populärwissenschaftliche Erklärung vom Aufbau dieser Welt. Das war ja gerade das erklärte Ziel der Autoren: Das der Leser, -die jungen Erwachsenen einen Halt finden, im Leben. Dadurch zu gesetzten Menschen werden. In einer Zeit des Umbruchs und der Neuorientierung, -nämlich der Pubertät! Das, alles, war auch bei mir so. Naja, und dann war ich ja der Chemiker „par excellence". Jemand, der durch seine Prägung mehr in sich gekehrt war. Eher nachdenklich. Das Gegenteil, davon, bezeichnet man wohl als „extrovertiert" (nach außen gekehrt). Das war bei mir aber schon in der Kinder - Tagesstätte so. Und ich erkläre es mir heute so, dass ich (zum einen) schon immer autistische Grundzüge in mir trug. Und zum anderen habe ich die Zurückhaltung als vorteilhaftere Lebensweise für mich entschieden. Schon zur Kleinkind - Zeit. Da spielt auch die Beharrlichkeit, das „Vertagen" von Problemen, usw., eine Rolle. Gebraucht werden sie indes beide (für den Staat): die introvertierten, und extrovertierten Menschen.

Ich kann ja auch nur von meinen Erfahrungen sprechen, die ich gemacht habe. -Aber es war zu „DDR- Zeiten" immer ein kleines bisschen verpönt, allzu „staubtrockene" Hobbys zu haben (so, wie ich). Man galt da schnell als Außenseiter. Bestenfalls noch als „Fachidiot". Als Eigenbrötler. Es wurde einem nicht geglaubt, dass man so gar keine sozialen Bindungen haben sollte. Und dass man sich nur in sein „stilles Kämmerlein" zurückzog, bei z.B.

Familienfesten. Denn, eine gesellige Feier, -die besteht nun mal aus (miteinander) kommunizierenden Personen. Als autistischer Mensch in der DDR zu leben, war daher schwer.

Denn der Autist (namentlich ich) bemühte sich dann um Gespräche mit anderen Personen. Nur, um ihnen (!) damit einen Gefallen zu tun. Ich, jedenfalls, hatte z.B. kein gesteigertes Interesse zu erfahren, was meine Tante zu Hause (noch) so trieb. -Nämlich, genau das gleiche, wie ich. Wenn man rein die Tätigkeiten betrachtet. Erstaunlicherweise ist dies in der heutigen Zeit zum Stück weit, anders. Ich meine, die Akzeptanz in der Bevölkerung. Und warum das so ist, kann ich nur mutmaßen: In der Beziehung ist man heute eine sehr tolerante Gesellschaft. Man will sicher Menschen, die etwas „anders" sind, in der Schule auch eine Chance geben. Damit sie später (einigermaßen) normal durchs Leben gehen können.

Und dann ist ja der Wissensstand über „anders geartete" Menschen heute auch schon weiter. Sicher erzähle ich dem Leser nichts Neues, das (z.B.) viele autistische Menschen auch über „Inselbegabungen" verfügen. Sich z.B. ein Telefonbuch (o.ä.) einprägen können.

So ging es dann (mit der Jugendweihe) weiter: -Nach dem Festakt im Gemeindesaal begann der private Teil. Das war dann nach dem Mittag. Es wurde eine große Feier ausgerichtet. Und, -soweit ich mich erinnern kann, kamen auch alle Verwandten. Zu diesen Zweck hatten meine Eltern (für diesen Tag) eine Gaststätte angemietet. Das war in Machern. Einem kleinen Ort, unweit von meiner Stadt entfernt. Zwar kannte ich die Jugendweihe schon von meinem Bruder (der sie 2 Jahre eher feierte). Der Unterschied war aber, dass bei meinem Bruder zuhause gefeiert worden ist. Sicher war es ein „Riesenaufwand". Sodass sich meine Eltern entschieden, diesmal in der Gaststätte zu feiern.

Schön war es aber trotzdem. Und ich müsste lügen, wenn ich behauptete, es hätte an etwas gefehlt. Nein, auch diesmal war alles zur vollsten Zufriedenheit. Nur, uns Kindern (oder, nicht mehr?) ist die Zeit etwas lang geworden, dort. - Den ganzen Nachmittag und Abend (!). Also zogen mein Bruder und ich, - zusammen mit unseren Cousins los. An den nahe gelegenen Bahnhof, um dort Erkundungen durchzuführen. -Das Wetter gab es ja her. Jedoch sind wir vom dortigen Bahnhofswärter ausgeschimpft worden, weil wir uns auf den Bahnhof „herumtrieben".

Aber, es war egal, denn es war ja „mein" Tag. -Und eine Sache muss hier unbedingt Erwähnung finden: Sie war sozusagen das „Sahnehäubchen" des Tages: Es war ja bekannt, dass ich mich für die Chemie interessiere. Oh, -das ist jetzt schwer: Von meiner Stieftante der Sohn, -dessen Frau arbeitete in einer Apotheke. Natürlich bekam ich (an diesem Tag) von da und da her, Geschenke aller Art. -Meistens Geldzuwendungen.

Aber von meinem Onkel (und meiner Stieftante) bekam ich so einen großen Pappkarton überreicht. Der war ganz schön schwer! Natürlich hatte ich keinen blassen Schimmer, was da drin war. Aber sofort öffnete ich das Paket. -Es war (randvoll) gefüllt mit jedweden Laborgeräten und Chemikalien. An (wenige) Dinge kann ich mich sogar heute noch erinnern: Tiegelzange, Becherglas, Gummischlauch, Filter (und das zugehörige Papier). Und bei den Chemikalien: Propanol, Wasserstoffperoxid… Den Rest weiß ich nicht mehr. Aber das Propanol hielt ich (damals) zum ersten Mal in den Händen. Wie es gerochen hat…

Woher sollte man auch wissen, wie es riecht (wenn man noch nie damit Kontakt hatte)? -Das war wie ein kleiner Schatz für mich. Und so (sorgsam) bewahrte ich die Flasche(n) hernach auch in meinem „Chemikalienschrank" auf. Anmerkung: Propanol riecht so ähnlich wie Eierlikör, -für alle „Nicht - Chemiker" unter Ihnen. Auf alle Fälle war es eben so, dass die (besagte) Apothekerin das gegeben hat, was sie hat geben können. Aus „ihrer"

Apotheke. Was aus den beiden geworden ist (der Apothekerin und ihr Mann), weiß ich nicht. -Es ist schon zu viele Jahre her. Ich glaube, sie sind kurz vor der Wiedervereinigung (Deutschlands) in die alten Bundesländer gezogen. Er war Arzt (Pathologe), und sie, wie gesagt, -Apothekerin.

Jedenfalls freute ich mich an diesem Tag sehr. Ein Witz, der an diesem Nachmittag „die Runde ging", möchte ich hier gern „zum Besten geben". Den hier: „Warum kann ein Polizist keine Kinder zeugen?" -„Weil er einen Gummiknüppel hat!". Was haben wir gelacht, darüber. Da galt das schon als anarchistisch. Ja, -so war das eben. Abschließend zum Thema „Jugendweihe" möchte ich aber noch kurz erzählen, was nun mein Jugendweihe - Geschenk war. Es war Usus in der DDR, möglichst üppige Geschenke den „Jugendweihlingen" zu überreichen. Von Seiten, der Eltern. Dies hing auch damit zusammen, dass (in der Regel) mehr Geld in der Bevölkerung vorhanden war, als Waren in den Läden.

Und so trieb die Überlegung, was man mit seinem Geld noch so alles anstellen kann (außer „normal" Waren zu kaufen) zuweilen große Stilblüten. Doch das zu erläutern, würde den Rahmen dieses Buches sprengen. Und so beschränke ich mich auf mein (!) Geschenk. -Genaugenommen waren es sogar 2: Einmal, meine Funk- Fernsteuerung für Modellflugzeuge. Diese war damals teuer, -und ich fing mit einer 3- Kanal Anlage an. Außerdem war eine Anmeldung bei der Deutschen Post in Leipzig notwendig, -wegen des Senders.

Dazu muss ich erklären, dass das damals problematisch war. Problematisch deswegen, weil man mit der Registrierung (des Senders) auf eine sonderbare Art unter Beobachtung stand. Von Seiten, des Staates, her. Wozu will man den Sender (ggf.) sonst noch verwenden, -außer zum Flugmodellbau? Will man womöglich geheime Nachrichten übermitteln, o.ä.? Alles das, was (auch) mit Sendern zu tun hatte, war darum der Staatssicherheit suspekt. -Als Vertreterin des Staates. Und darum hatte man (als gelernter DDR- Bürger) in dieser Beziehung ein mulmiges Gefühl. Kommt evtl. einmal eine Kontrolle nach

Hause? -Am Ende war die Anmeldung jedoch nur eine Formalität, wie sich herausstellte. Zumindest, in meinem Fall. Mein 2. Geschenk war ein Mokick, - eine sog. „Schwalbe". -Diese sollte ich noch lange fahren, -bis weit nach der Wiedervereinigung Deutschlands. Selbst auf meine alte Arbeitsstelle, -der ZAF Cunnersdorf, fuhr ich damit täglich.

Wenn man auf dem Land wohnt (so, wie ich), war so ein „fahrbarer Untersatz" einfach ein „Muss". So kenne ich viele Schüler aus den letzten Schulklassen, die ein Mokick zur Jugendweihe geschenkt bekamen. Scheinbar was das das „Standard - Geschenk". Auch mein Bruder bekam (ich glaube, mit Zuzahlung?) ein Mokick geschenkt. In dem Fall war es eine „Enduro". Und was hat er daran geschraubt, und gebastelt… Wahnsinn! Oft half ich ihm dabei. Das war Mitte der 80ger Jahre. Mein Bruder seine Interessengebiete waren die Elektronik und der Flugmodellbau, -und sind dies auch heute noch. Sicher auch etwas gelenkt durch unseren Vater.

Meine Eltern kauften ihm seinen ersten Elektronik - Experimentierkasten. - Und mein Vater beschäftigte sich auch damit mit meinem Bruder. Im Gegensatz zu mir hatte mein Bruder aber das Glück, sein Hobby (die Elektronik) zum Beruf machen zu können. Dies war zu DDR- Zeiten gar nicht so einfach. Ich meine, so eine Lehrstelle zu bekommen, usw.

Trotzdem: ich hätte nie gedacht, dass mein Bruder hat so eine Leidenschaft für sein Hobby entwickeln können, wie ich für „meine" Chemie. Wie man sich da täuschen kann… War es (nämlich) bei mir ein „Ur - Interesse" für die Chemie, ist mein Bruder von unserem Vater etwas darauf „gestupst" worden. -Er hatte meinen Bruder diese sinnvolle Freizeitgestaltung „schmackhaft gemacht". Aber, alles ging gut, und er hat es auch gut angenommen. Und, bei mir? -Ich bin heute noch dafür dankbar, dass mich meine Eltern bei der Ausübung meines Hobbys unterstützt haben. Auch, wenn es ein paar „Fehlschläge" gab (ich berichtete!). Denn, ein anderes Hobby gab es für mich nicht: zu (Haus-)

Tieren hatte ich keine Beziehung. Und (Heim-) Computer gab es damals noch nicht. Jedenfalls nicht bei uns.

Auch hatte ich einmal (kurzzeitig) die Astronomie als Hobby. Dies hielt aber nicht lange, -die Sterne waren einfach nicht „greifbar". Na, und meine Teilnahme an der Arbeitsgemeinschaft „Junge Brandschutzhelfer" war zwar schön, -endete aber auch. Denn, weitergegangen wäre es dort als zukünftige (junge) Feuerwehrmänner. Dies konnte ich jedoch nicht machen, weil ich auf meinem rechten Auge so schlecht sehe Dies nennt sich: Amblyopie, und ist eine schwere Augenerkrankung. Das Lesen von Büchern interessierte mich noch, -das stimmt. Hauptsächlich solche, vom populärwissenschaftlichen Typ. Dies ist heute noch so.

Ich vermute aber, dass viele meiner Mitschüler ebenfalls nur „schwache" Hobbys hatten. Allenfalls noch Disco - Besuche. Aber, auch das ist nur ein Klischee. -So üppig sah es (in meiner Klasse) damit gar nicht aus. Gut: die Tier- und Pflanzenwelt, -das war ein Hobby, was immer „ging". Und darum war (in meinem Fall) das Folgende gar keine schlechte Idee: Meine Klassenlehrerin bot mir in der 5. Klasse an, in den „Klub der internationalen Freundschaft" zu gehen. Dies tat ich (ich berichtete). Und so hatte ich wenigstens etwas sozialen Kontakt zu anderen Menschen. Erzwungenermaßen, sozusagen. Wahrscheinlich merkte die Lehrerin, dass ich (in dieser Beziehung) Defizite hatte. -Und hat dies mir gerade deswegen empfohlen. Im Nachhinein betrachtet, tat mir diese Freizeitbeschäftigung sehr gut. -Die Erfahrungen, die ich dort sammelte. Lediglich, als Hobby würde ich es nicht bezeichnen.

Man sollte ja (zunächst) nur, erst einmal, mit hingehen zu dieser Veranstaltung. Sich mit hinsetzen. Und schauen, was dort gemacht wird. Mehr nicht! Und so machte ich es ja auch. Natürlich kostete es erst einmal ein klein wenig Überwindung. Sich nach den (Schul-) Unterricht noch in den Pionier - Raum hineinzusetzen. Um sich ein letztes Mal an diesem Tag zu konzentrieren. Man war ja (als DDR- Schüler) schon frühzeitig geprägt. Hatte schnell „die Einsicht, in die Notwendigkeit", -wie oft gesagt worden ist. Denn: sollte es wirklich nur noch daran liegen, diese letzte Aufgabe des Tages „zu meistern", damit dem großen Ziel genüge getan wird, so war man gern bereit, auch diese Aufgabe noch zu absolvieren.

Der Lohn dieser Veranstaltungen war dann nämlich das gute Gefühl. Die Gewissheit, etwas über seine „Arbeit" darüber Hinausgehendes getan zu haben. Und, -was gibt es Schöneres? So, und um mehr ging es dort ja auch schon gar nicht. Das wir dort Freundschaftskarten (vornehmlich, in die damalige UdSSR) geschrieben haben, hatte ich schon erzählt. Man war damit (schon als Kind) geprägt, das das Leben eben kein „Zuckerschlecken" ist. Dass einem die „gebratenen Tauben nicht von allein in den Mund hereinfliegen" werden. Wie man so schön sagt. Eine Eigenschaft, die dann noch das gesamte spätere Leben nützlich sein würde. Es war auch so, dass mir nach der Schulzeit genau diese sozialen Kontakte fehlten.

Und so begann ich, in meiner Lehrzeit, wieder eine Brieffreundschaft aufzubauen. Der Erfolg sollte sich schnell einstellen, und zwar zu einer Brieffreundin aus Nowgorod (in der damaligen UdSSR). Und, -was haben wir für Fotos und Bilder ausgetauscht... Ich machte selbst Fotos von meinem Wohnort, usw. Mit der Wiedervereinigung (Deutschlands) schlief aber diese Brieffreundschaft ein. Leider. Aber, es waren wohl zu dieser Zeit ganz andere Probleme „auf der Tagesordnung". Neben dem „Klub der internationalen Freundschaft" gab es auch noch andere, sog. „Zirkel" oder Arbeitsgemeinschaften an unserer Schule. So, z.B. die Arbeitsgemeinschaft „Junge Brandschutzhelfer" (wo ich selbst ein paar Jahre dort dabei war), oder die Arbeitsgemeinschaft „Funkamateure".

Doch war die Teilnahme an solchen Veranstaltungen immer freiwillig. Wohlgemerkt, -das, was ich (!) erlebt habe. Was andere Schüler hier für Erfahrungen gemacht haben, weiß ich nicht. Denn ich las einmal in einem Buch, das die sog. „Zirkel" straffer organisiert waren. D.h., dass die Teilnahme eher einem „Pflichtprogramm" glich. Ich habe (auch) dazu eine Theorie, die ich hier gern kundtun möchte: Ich vermute, dass die Generation vor mir, -also in den 60ger Jahren, noch stärker in das gesellschaftliche Leben eingebunden werden sollte. -Nach sowjetischem Vorbild. Durch solche -auferlegten- Freizeitaktivitäten.

Vielleicht, -wenn, überhaupt, dann zu vergleichen mit den Pfadfindern. So, und in den 70ger und 80ger Jahren hat man dann „die Zügel schon etwas schleifen lassen". Es nicht mehr so genau genommen, mit der (strikten) Teilnahme an solchen Veranstaltungen. Weil man gemerkt hatte, dass man (dort) durch Zwang nichts erreichen kann. Zudem: das von der Schule geforderte Programm war ja eh schon umfangreich, genug (der Unterrichtsstoff). Es gingen nur noch die in solche Zirkel, die wirklich das Interesse dafür hatten. - Und die anderen nicht. Wie gesagt, -das ist alles reine Spekulation. Alles Orakeln bringt mich hier nicht weiter. Vielleicht war es ja auch nur in meiner Schule so, dass (weitgehend) Entscheidungsfreiheit herrschte. In Bezug auf die Teilnahme an Zirkeln und Arbeitsgemeinschaften.

Zurück, zu meinen Bruder: Nach der Schule absolvierte er eine 3-jahrige Berufsausbildung in Leipzig. Das hieß: „Elektroniker mit Abitur". Durchgeführt wurde seine Lehre im damaligen „Energiekombinat Leipzig". Dadurch, dass ich selbst zu dieser Zeit in Leipzig lernte, hatte ich die Gelegenheit, ihn einmal auf seiner Arbeitsstelle zu besuchen. In der „Funkwerkstatt". Ja, mein Bruder hatte Funkgeräte repariert, berufsmäßig. Sicher genau dass, was er sich schon immer gewünscht hatte. Schön, wenn das alles so klappte.

Der durchschnittliche Lehrling war er damit aber nicht. Laut offiziellen DDR-Angaben waren es wohl über 80% Jugendliche, die nicht ihre gewünschte Lehrstelle erhielten. -Sie lernten dann eben irgendetwas anderes. An den Tag, als ich meines Bruders Arbeitsstelle besuchte, schaute ich mir alles an. Klar zeigte, und erklärte er mir viel. Denn, ich interessierte mich (neben der

Chemie) auch für alles Technische. Damals war das ja noch mit den Bildröhren (aus Glas). Für die Fernsehapparate. Und in einem Bereich (wo er arbeitete) sind eben genau jene Bildröhren wieder instandgesetzt worden.

Vieles von dem, was ich dort sah, kannte ich bereits aus Büchern. Jedoch, das Erneuern der Bildröhren kannte ich nicht. Und ich konnte mir auch nicht vorstellen, dass sich das (betriebswirtschaftlich) rechnet. Aber der Meister, dort, erklärte mir, dass die erneuerten Bildröhren besser sein, als die Originale. Weil dort auf mehr Maßhaltigkeit der Bauelemente geachtet worden ist, als in der industriellen Produktion. Dies leuchtete mir ein. Tja, man musste sich eben nur besonders interessiert zeigen. Dann klappte es auch mit den „Kollegen" (und mit der Arbeit, letzten Endes, auch). Ich bekam ja von dort auch viel Lob ausgesprochen, an jenem Tag. Irgendwie mussten mich die Arbeiter, dort, wohl in ihr Herz geschlossen haben.

Zum Abschluss zeigte mir mein Bruder noch das Hochspannungs- Labor des Betriebes. Ich weiß aber nicht, welchen Sinn es dort hatte. Nur, dass da ein riesiger Tesla - Transformator in der Mitte des Raumes stand. Dies war ein eigenständiges Gebäude, -ein Hochbau. Mit einem großen Metallgitter rund, um den Transformator. Das man da nicht hereingehen konnte. Voller neuer Eindrücke verließ ich diesen Betrieb. Und ging auf meine eigene Arbeitsstelle. Anmerkung: ich war ja als Fachverkäufer im Zentrum der Stadt tätig. Und meine Arbeit begann erst gegen 9.00 Uhr. Genug Zeit, also, um noch in Ruhe auf meine Arbeitsstelle zu gelangen…

Mein Bruder hat in diesen Betrieb noch bis zur Wiedervereinigung (Deutschlands) gearbeitet. -Wurde dann entlassen. Er fand aber wieder schnell eine neue Arbeitsstelle. Und zwar, bei der Polizei in Leipzig. Erneut waren es Funkgeräte, die er dort zu reparieren (und warten) hatte. Alte DDR- Technik wurde verschrottet. An deren Stelle traten neue Funkmittel, die aus den alten Bundesländern kamen. Einmal, -im Winter, fuhren wir 3, -also mein Vater, mein Bruder und ich mit dem Dienstauto nach Grimma. Anmerkung: dort, irgendwo in der Nähe, -den genauen Ort weiß ich nicht mehr.

Jedenfalls, dort angekommen, hatte mein Bruder weiter nichts zu tun, als in das Haus hereinzugehen, und einen Knopf zu drücken. Damit wurde das gesamte Funk - Vermittlungssystem „ge- resettet". Und, ein reibungsloser Funkverkehr war damit in dieser Region wieder möglich. Wir mussten alle 3 lachen: -der weite Fahrweg, nur für diese kleine Tätigkeit, die auszuführen war.

Mit meinem Bruder ging es dann so weiter: Ca. im Jahr 1995 kündigte er seine Stelle bei der Polizei. -Und wanderte aus, nach Australien. Zunächst war dies für meine Eltern (und für mich) ein Schock. -Eine derart abrupte Lebensänderung. Wie konnte dies sein? -Aber es war seine Entscheidung, -und bleibt dies auch! Wir können es nur so akzeptieren, wie es ist. Er lebt nunmehr schon seit 20 Jahren in Australien, -ist glücklich verheiratet. Seine Frau und er besitzen ein eigenes Einfamilienhaus in Perth. Und ein zweites Haus wird wohl vermietet.

An Arbeitsstellen hat er dort wohl schon so einiges „durch": Angefangen, von einem Funk - Netzwerk - Aufbau im Outback (von Australien). Bis hin, zur Flugzeug - Reparatur. Ich meine, die elektronischen Geräte, die sich darin befinden. Später, dann, -die Hubschrauber - Instandsetzung. Anmerkung: Ich weiß noch nicht einmal, was er dort machte. Zurzeit repariert er (im Home - Office) Messgeräte jeden Typs. Und es bleibt für die Zukunft spannend, was er noch alles „anpackt". Nahezu jeden Tag führe ich mit ihm ein Video - Telefonat. Möchte wissen, wie es ihm geht (und, natürlich auch seiner Frau).

So, wie es das Kapitel aussagt, möchte ich gern noch etwas eingehen, auf die Freizeitgestaltung mit meinem Bruder. -Ich meine damit, Mitte der 80ger Jahre, als wir schon (junge) Erwachsene waren. Mir fällt da spontan diese Episode ein: Wir zwei waren wieder einmal im Garten unserer Eltern. Dieser befand sich jedoch nicht gleich am Haus, sondern ein paar Straßen weiter. Und trotzdem noch in derselben Stadt. Es war das Erbe meines Großvaters, väterlicherseits. Erst sehr viele Jahre später, -nämlich 2010, sollten meine Eltern diesen Garten verkaufen. Als die Bewirtschaftung unseres Wohnhauses und des Gartens zu viel wurde.

Anmerkung: Meine Eltern sind jetzt knapp 80 Jahre alt, und da gehen eben einige Dinge „nicht mehr so leicht von der Hand". Ansonsten war dieser Garten 1000 m² groß, und mein Vater baute (ebenfalls, in den 80ger Jahren) eine riesen Datsche darauf. Es tat mir so leid, als sie diesen Garten verkauften. Aber sie besitzen in unserer Straße die Hälfte eines 4- Familien Hauses. Inklusive eines kleinen, daran angeschlossenen Gartens. Die 1. Etage vom (halben) Haus haben sie an mich vermietet. So ist der Status im Moment.

Na jedenfalls, damals im Garten: Es war einer dieser „normalen", trockenen Wintertage. Wo das Thermometer weit unter $0^0$ Celsius gefallen war, damit der Schnee viele Tage liegenblieb. Anmerkung: Natürlich gibt es auch im Winter schöne, sonnige Tage. Ich bin aber „von Hause aus" ein absoluter „Stubenhocker". -Gehe an solchen Tagen gar nicht gern heraus. Dies war schon immer so, und es hängt (auch) damit zusammen, dass ich so ein starkes Untergewicht habe. Oft friere ich da schon an „normalen" Tagen im Jahr. Wo ein gewöhnlicher Mensch die Temperatur (noch) als angenehm empfindet. Aber mein Bruder „zog mich da einfach mit".

Darüber gab es keine Diskussionen. Weder mit ihm, noch bei (späteren) Klinikaufenthalten. Wo ich mich eigentlich nicht danach fühlte, aber trotzdem mit herausgegangen bin. Dasselbe traf zu auf eine Freundschaft, die aus einem Klinikaufenthalt hervorgegangen ist. Aus „Anstand" bin ich da eben mitgegangen. Denn: Man stirbt ja nicht. Auch, wenn einem die Nase ein bisschen läuft. Und, an dem besagten Tag testeten wir Modell - Motoren im Freien. Jene Motoren, die später in die Modellflugzeuge eingesetzt wurden. Das waren so kleine Verbrennungsmotoren, die u.a. mit Methanol bzw. Petroleum betrieben wurden sind. Und ein Lärm machten die Motoren…

Wahnsinn! Es war (von meinem Bruder) eine gute Idee, diese Motoren erst einmal auf einen Holzbock zu testen. Anmerkung: Man sagt dazu auch: Die Motoren werden „abgebremst". So konnten wir uns erst einmal damit vertraut machen, wie man diese Motoren am leichtesten startet. Sie „anwirft". Aufgrund ihrer einfachen Bauweise waren jene nämlich „widerspenstig", und ließen sich oft gar nicht so leicht in Betrieb setzen.

Mein Bruder hat sogar noch einen Schalldämpfer selber gebaut, für einen jener Motoren. -Einen „Auspuff". Dieser sah originell aus. Erst, wo alle „Trockentests" bestanden waren, machten wir uns daran, die Motoren in die (Modell-) Flugzeuge einzusetzen. Dieses Hobby (von uns beiden) sollte über viele Jahre gehen. Vor allem, die häufigen Aufenthalte auf den Wiesen und Feldern in der näheren Umgebung. Wo wir die Modellflugzeuge dann endlich fliegen ließen. Dabei half uns manchmal ein Diplomingenieur, der auch in Brandis wohnte. Es war der Ehemann von meinem Bruder seiner Klassenlehrerin. Er frönte selbst diesem Hobby.

Eine (für mich) wertvolle Erfahrung war das Starten eines solchen Motors zum allerersten Mal. Wir hatten uns ja alles selber angeeignet. Freilich hatten wir schon viele Versuche im Wohnzimmer unternommen, den Motor anzulassen. Aber es gelang nie. Wir hatten doch alles richtig gemacht: Die richtige Kraftstoffmischung und die richtige Spannung an der Glühkerze. Auf viel mehr hatte man doch gar keinen Einfluss… Für mich, als „Hobby - Naturforscher" war dies ein Rätsel. Aber ich wusste auch, dass wir noch irgendetwas nicht beachtet haben mussten. Dass die Bedingungen zum (erfolgreichen) Starten noch nicht vorlagen. Und darum sah unser nächster Versuch vor, es mit „Brachialgewalt" zu probieren.

Dazu drehten wir ein Fahrrad auf den Kopf. Sodass wir mit den Pedalen das Hinterrad in hohe Umdrehung versetzen konnten. Am Modellmotor, vorn, befand sich eine Tonbandspule. Das Tablet, wo der Modellmotor darauf befestigt war, führten wir vorsichtig an das Fahrrad heran. Der Motor hatte nun keine Chance mehr, -er musste nun seinen Kolben in schneller Abfolge hoch und herunter bewegen. Und das Ganze, mit Kraftstoffgemisch. Es dauerte nicht lange, bis der Motor erste Zündungen vollführte, und schließlich ganz ansprang. -Wir hatten damit die Bedingungen vorgelegt, die notwendig waren, für das Starten dieses Motors. Also ging es ja doch! Nur die Bedingungen, die vorliegen mussten, waren immens. Aber genau dann (und nur dann!) kam es zu dem gewünschten Qualitätssprung.

Daraus folgen 2 Erkenntnisse: 1. es konnte nicht gehen, mit unserem langsamen „Anwerfen" des Motors im Zimmer, -viel mehr „Pep" war notwendig. Und 2. Es würde auf dem Feld (im Flugmodell) immer schwer werden, so einen Motor zu starten. Denn einen elektrischen Handstarter, wie es ihn in den alten Bundesländern gab, hatten wir in der DDR ja nicht. -Unser Nachbar schaute unterdessen skeptisch über den Gartenzaun. Als er uns zwei mit dem laut knatternden Motor sah (und der Rauchwolke!). Aber unsere Freude an diesem Tag überstrahlte alles. Ich denke an diese Episode immer wieder in ganz bestimmten Situationen zurück. -Wenn irgendetwas noch nicht so gelingt, wie ein Mensch sich das vorstellt. An die vielen Wissenschaftler auf der Welt, die sich tagtäglich den Kopf zermartern, -für irgendein Problem (noch) nicht die passende Lösung haben. Irgendein Steinchen fehlt wohl noch. Dann sind es immer die von der Natur vorgegebenen Rahmenbedingungen, die (noch) nicht erfüllt werden. Aber der Mensch wäre nicht der Mensch, wenn er nicht immer mehr Geheimnisse der Natur entlocken würde…


## **Die gemeinsame Freizeitgestaltung mit meinem Bruder 2/2**

Schon bald begann mein Bruder, Modellhubschrauber zu bauen. Es war sozusagen die „Königsdisziplin" im Flugmodellbau. Das prägnante dort war, dass diese Modelle fast ausschließlich aus glasfaserverstärkten Kunststoff bestanden. Dies war (auf der anderen Seite) wiederum, ein „gefundenes Fressen" für mich. Durfte ich doch so den Flüssigkunststoff anmischen, welcher daraufhin aushärtete. (Auch) hier habe ich mir viel Wissen angeeignet, im Umgang mit dem sog. „Epoxidharz". -Unser Vater brauchte es en masse aus seinem Betrieb mit. So, dass wir keine Not hatten. Das, mit den (Modell-) Hubschraubern war aber erst ganz zum Schluss der DDR.

In den letzten paar Jahren wurde die Grenze insofern schon etwas durchlässiger, als das wir „West - Verwandte" hatten. Und ein Freund meines Opas (mütterlicherseits), der in der ehemaligen BRD wohnte, ein paar Teile für den Modellhubschrauber mitbrachte. Darüber freuten wir uns sehr.

Mitte der 80ger Jahre, das war vor allem die Zeit der (beginnenden) Mikroelektronik. Auch, für zu Hause. Der Leser kann sich jetzt auf einen „Leckerbissen" freuen. Denn ich war ja ein echtes Kind der 80ger Jahre, -lebte meine Jugend so richtig aus. Und dies oft zusammen mit meinem Bruder. Ich weiß nicht, ob es mir gelingt, etwas von dem Fluidum jener Zeit in die „Jetztzeit" zu transportieren. Ich kann es nur versuchen… Zunächst, einmal, war es ja so, dass die Mikroelektronik schon eher in den Betrieben Einzug hielt. Aber so Anfang / Mitte der 80ger Jahre wurden schon kleine Computer in speziellen Läden für die Bevölkerung verkauft. Auch, in der DDR. Die Zeit war einfach dafür gekommen.

Es musste wohl so gewesen sein, dass es die Industrie in den vorhergegangenen 20 Jahren geschafft hat, nunmehr Mikrochips flächendeckend anbieten zu können. Trotz der enormen Kosten, die bei diesem Prozess entstanden (und später dann auch mit dazu führten, dass es mit der DDR zu Ende ging). Es ging aber immer noch vorwärts. Ich kann mich erinnern, dass es in Leipzig extra dafür ein Geschäft gab, -unweit von „meiner" Möbelverkaufsstelle. Wo solche Bauteile zum Verkauf angeboten worden sind. Und es war schon eine Frage der Politik, dass z.B. die Schaufensterauslagen dieses Ladens immer „voll" waren. Der Handel ist nun einmal das

Aushängeschild eines Landes. Dies war vor allen wichtig zur Messezeit (die 2x jährlich stattfand), wo so viele ausländische Besucher da waren.

Sodass die DDR in einem guten Licht dastand. -Zumindest, nach außen hin. Das man den Anschein hatte, dass die Läden alle „voll" waren. Anmerkung: ähnlich sah es bei Möbeln aus, -die ich verkaufte.

Schaltkreise gab es ja viele. Aber erst durch die „Mikroprozessoren" (welche auch Schaltkreise sind) war es möglich, so kleine Computer herzustellen. Wie wir sie heute kennen, -als Personal Computer. Weil darin so viele (elektronische) Schaltungen vereinigt sind. Jedenfalls habe ich mir das so angelesen, -und der geneigte Leser, der es besser weiß, mag mich bitte hier berichtigen. Gegangen ist das alles nur deshalb, weil die DDR immer noch ein Land war, was europaweit, und auch international eines der führenden Länder war. -Zur damaligen Zeit, -und davon müssen wir ja ausgehen.

Nur, bei den Spitzentechnologien von z.B. Japan kam sie nicht mehr mit. Zudem krankte das Inland (ich berichtete). Es war so, dass Publikationen von vorher nie gekanntem Ausmaß veröffentlicht wurden sind. Über die Mikroelektronik und Computertechnik. Leider kenne ich den Startzeitpunkt nicht, -aber Mitte der 80ger Jahre: das war die Hochburg. Im Blickfeld: vor allem, die breite Öffentlichkeit, -also „Du und ich". Eben, weil die (dafür) notwendigen Tätigkeiten greifbar nahe schienen, -realisierbar zu Hause.

Ich behaupte, dass selbst heute, in Zeiten von Raspberry Pi und Arduino, nicht mehr so eine Informationsflut herrscht, wie das damals war. Angefangen, von (speziellen) Fachzeitschriften für Elektroniker, bis hin zu Jugendzeitschriften: es gab nicht 1 Heft, wo nicht irgendwo darin eine kleine „Bastelecke" war. Mit einer elektronischen Schaltung. Soweit ich weiß, erfolgte gleiches in der ehemaligen BRD. Ich erinnere mich, dass in meinem Jugendmagazin, was ich so gern las, eine Bauanleitung für einen kompletten 1- Platinen - Computer abgedruckt war. Wow! Das war doch etwas.

Auch, wenn die Beschaffung der (dafür benötigten) Bauelemente etwas schwierig war. Um nicht zu sagen: oft unmöglich. Jedenfalls, wenn man die Bauteile im Laden kaufen wollte. Aber auch dafür gab es Lösungen, wie wir später noch sehen werden. Leider muss ich es hier so einfach „herunterbrechen", und damit gehen viele Nuancen verloren. Nuancen, die (aber) wichtig sind, für eine möglichst genaue Wiederspiegelung, wie es damals war. Ich selbst stand mit meinem Hobby da immer ein bisschen „außen vor". Zwar spürte ich die Dynamik, die von dieser Entwicklung ausging, -verfolge alles ganz genau. Jedoch kam ich an die Mikroelektronik nie so richtig „heran".

Es war ja auch so, dass nicht jeder Jugendliche Elektronik - Bastler war. Ich hatte z.B. einen guten Freund (aus der Parallelklasse), bei dem das aber so war. Auch angeleitet, durch seinen Vater, der wohl in diesen Bereich arbeitete. Vor allem wurde die Mikroelektronik von staatlicher Seite her, propagiert. -Als sinnvolle Freizeitbeschäftigung. Was sie auch war. Und: als zusätzliche Möglichkeit. Viele meiner Mitschüler hatten damals „klassische" Hobbys: Kaninchen halten, Akkordeon spielen, usw. (ich berichtete). Sicher wollten sie erst einmal abwarten, was die Mikroelektronik „noch so zu bieten" hatte, bevor sie einen eigenen (Klein-) Computer kauften. Sofern dieser dann auch verfügbar war.

Doch angefangen hat alles viel einfacher, wie man am Beispiel meines Bruders schön sehen kann: Das muss ganz zu Beginn der 80ger Jahre gewesen sein. Da baute er nämlich für unsere Großeltern (väterlicherseits) so einen 6- Melodie - Tür Gong. Das war schon allein deswegen etwas Besonderes, weil man so eine Türschelle gar nicht im Handel kaufen konnte. Ja, manchmal „überrannten" eben die Bastelprojekte die kommerziellen Waren. Auch das war typisch, für diese Zeit. -Ein Außenseiter sein, -aber der etwas konnte! Ich hatte meinen Bruder oft über die Schultern geschaut, bei seinen Bauprojekten. Der Tür Gong funktionierte einwandfrei. Und meine Großeltern staunten sehr darüber (und freuten sich). Vor allen, wegen des (darin enthaltenen) Schaltkreises.

Mein Bruder hat alles in so eine, -man würde heute sagen: „Tupperware - Dose", eingebaut, -mit Lautsprecher. Dafür interessierte ich mich schon mehr. Anmerkung: Sie bestand aus Polystyrol, und ich sinnierte, dass wir uns in einer Zeit befanden, wo die DDR es hinbekommen hat, das (zumindest) diese Plast Artikel flächendeckend angeboten wurden.

Auf der anderen Seite war es so, dass ich meinen Bruder immer mal ein neues Experiment in meinem „Heimlabor" gezeigt habe. Eins, was in der Schule dran war, und was ich dann zu Hause „nachgebaut" habe. Er interessierte sich auch dafür. Es war so, dass das Hobby „Chemie" in der DDR zumindest geduldet wurde. Es „rangierte" damit genau zwischen den 2 Extremen: Den oft gefährlichen Experimenten aus der NS- Zeit. Und den übervorsichtigen Versuchen aus der Jetzt- Zeit. Sehr schön! Das war noch Experimentieren, wie es sein sollte. So richtig Spaß gemacht hat die Chemie aber erst dann, als ich mein erstes Buch darüber in den Händen hielt.

Ich weiß es noch wie heute: Damals war ich mit meinen Eltern in Oberhof. Diese Stadt wurde auf internationales Flair „getrimmt", wegen der vielen Touristen, die hierher kamen. Weil dort der Wintersport von der DDR durchgeführt wurde. Mit so einer Sprungschanze und einem riesigen Hotel. Aber darum ging es mir nicht. Sondern 1. -In einer nahe gelegenen Stadt wurden in einer Drogerie noch Laborgeräte verkauft. Das war eine Seltenheit in der DDR. Und darum habe ich mich dort auch richtig „eingedeckt" mit Mörser, Reagenzgläsern und Co. Mein Herzschlag ging gleich viel schneller. Und das 2. war in Oberhof, selber: In einer Buchhandlung kaufte ich das besagte Chemiebuch. Das war ganz bestimmt das Richtige für mich: Ein populärwissenschaftliches Buch, -speziell für Hobby - Chemiker. Wie man sich ein Heim - Laboratorium einrichtet, u.s.w. -Darüber freute ich mich am meisten. Ich legte es gar nicht mehr aus den Händen. Und alles, um mich herum, -das Hotel, usw., erschien in den Moment gegenstandslos.

Wahrscheinlich führte ich in Gedanken schon all jene Experimente durch, die ich dann zu Hause in die Tat umsetzte.

Ich möchte aber zum Abschluss dieses Kapitels noch einmal auf meinen Bruder (mit seinen Bauprojekten) zurückkommen. So peu à peu baute er immer anspruchsvollere elektronische Schaltungen, -im Laufe der Jahre. Darunter war auch der Vorläufer eines Taschenrechners. Dieser lieferte zwar keine Rechenergebnisse, konnte aber sagen, ob eine Gleichung, die man eingab, richtig oder falsch war. Was ist er sich „die Beine abgelaufen", um solch einen Schaltkreis zu bekommen. -Und dann, die vielen Drähte des Projektes… Wahnsinn! Auch, wenn diese Schaltung nie so richtig funktionierte. Mein Bruder vermutete, dass evtl. der Schaltkreis defekt war. Oder die (Zuführungs-) Drähte waren zu lang.

Oft half ich meinen Bruder beim Leiterplatten ätzen. -Das war mein Part. In den ersten Jahren waren die Leiterplatten ja noch wirklich solche Papp - Karten (übertrieben). Das, was man für den Amateur- Bereich kaufen konnte. Und das war ja fast noch bis zum Ende der DDR so. Aber durch seine Arbeitsstelle, und durch meine Mutter (die in einem Funk Werk arbeitete), kam er auch in den Besitz der besseren Leiterplatten. Nämlich solche, mit Glasfasern darin. Apropos: Meine Mutter. Erinnern Sie sich noch an den Schulfreund (aus meiner Parallelklasse), den ich in diesem Kapitel erwähnte?

-Er wollte sich einen Kleincomputer zu Hause selber bauen, nach so einer Amateur - Bauanleitung für Freaks. Nur leider fehlten ihm die wichtigsten Schaltkreise, dafür. Weil es sie im Handel nicht zu kaufen gab. Und hier kam meine Mutter „ins Spiel". Da sie in einem Funk Werk arbeitete, kam sie mit Leichtigkeit an solche Schaltkreise. Anmerkung: Es war nicht irgendein Funk Werk, sondern eins der modernsten, in der DDR. So besorgte ich also meinem Freund seine gewünschte „Ware". Ich, wiederum, bekam dafür von ihm 2 russische Senderöhren. Die ich sehr gut gebrauchen konnte. Das war der Deal (und alle waren zufrieden). Es war in der DDR Normalität, das so etwas so ablief. Klar, wenn man es gar nicht anders kennt, -schon als Kind. Der, -ich nenne es einmal: „nichtkommerzielle Handel" hatte in der DDR einen ganz anderen Stellenwert. Der Bezug von Waren aus den Läden war eben nur eine(!) Möglichkeit.

-Doch zurück, zu meinem Bruder. Natürlich spielte er in seiner (!) Klasse eine ganz andere Rolle, wie ich. Er war dort sozusagen das „Leittier". Oder, zumindest, einer der „Vorderen". Denn ich weiß, dass um den ersten Platz (in der Klasse) immer gekämpft wird. Da wechseln sich die „Platzhirsche" immer mal ab. Bei mir sah das schon ganz anders aus: -Ich war (in Bezug auf den Rang) eher auf einen der hinteren Plätze. Und das war mir aber auch egal. Denn, eine erbrachte Leistung im Unterricht war ja unabhängig von der Rangordnung. Zwar kam auch ich nicht um „Sticheleien" herum, -von einigen, meiner Mitschüler. Ich versuchte dem aber immer aus dem Weg zu gehen.

Das eine Jahr war sogar ich Klassenbester, in einem, der höheren Schuljahre. Und da hat man immer mit Anfeindungen zu tun. Warum ich das aber von meinem Bruder erzähle, hat folgenden Grund: Bei einer Begebenheit (aus dieser Zeit), sehe ich ihn bei uns am Stadtpark stehen. Zusammen mit (etwa) 3 weiteren Mitschülern von ihm. Alle hatten ihre Mokicks mit. Das war so ein „normaler" Sommertag. Die Gruppe Jugendlicher unterhielt sich dort über allerlei Neuigkeiten, die sie an ihren Mokicks bauen, -oder etwas daran verändern wollten. Ich hatte mir nur alles mit angehört. Mein Bruder sorgte schon dafür, dass er auf mich aufpasste. Selbst, wenn er es diesmal nicht aussprach.

Nur war es eben in meinem Fall so, dass ich ein eigenständiger Mensch war. Mit zuallererst, einem eigenen Kopf! -Auch ich habe mir die Welt angeschaut, um mir dann ein Urteil zu bilden. Wenn auch die Denkprozesse bei mir etwas anders waren. Anmerkung: Jeder Mensch hat seinen eigenen Kopf. Eigentlich wollte ich bei diesem Gruppengespräch nur einmal herausfinden, wie mein Bruder „so durchs Leben kommt". So ganz ungezwungen. Dabei fiel mir zunächst mal auf, dass die Diskussion angeregt verlief. Das so eine echte Ruhe nie einsetzte. Anmerkung: so eine Ruhe, wie ich(!) sie liebe. Ich führte das darauf zurück, dass das eben Jugendliche waren. Die sich ihrer (geäußerten) Meinung noch nicht so richtig sicher waren. Und diese selbst hinterfragten.

Bei meinem Bruder war es so, dass er in seinem Auftreten schon sehr sicher (im Sinne, von: sehr weit) war. Das fand ich. Seine Argumentation, z.B. Es war wohl eine Mischung aus seiner Erziehung, seinem (eigenen) Fachwissen, und einem gesunden Maß an Überheblichkeit, die ihn dort zu einem Glied in dieser Gruppe machte. Später sollte ich so etwas noch einmal erleben, -nämlich während meiner Berufsausbildung. Ich berichte darüber.

Ich staunte aber, dass ein so junger Mensch (mein Bruder) schon so tiefgreifende soziale Fähigkeiten hatte. Anmerkung: Und das sah bei seinen Mitschülern nicht viel anders aus. Für mich war das ganz fremdartig. Bei mir ging so etwas überhaupt nicht, und mir fehlten (an dem Tag) eigentlich die Worte. Und es war ja auch offensichtlich etwas, was in der Schule nicht gelehrt worden ist. Das war das Nächste. -So eine komische Kombination an (den erwähnten) Fähigkeiten, nur, um sich mit einem anderen Menschen „normal" zu unterhalten. Nein, -ich sage es frei heraus: So wollte ich keine Kommunikation führen. Selbst, wenn ich es gekonnt hätte.

Wenigstens hatte ich an diesem Tag viel dazugelernt. Für mich läuft eine Kommunikation (auch heute, noch) auf der Sachebene ab. Somit können wenigstens keine Missverständnisse entstehen. Erst sehr viel später dann, habe ich einen passenden Vergleich gefunden: eine Sippe, aus der Urgesellschaft! Aber, das ist nicht böse gemeint. Weiß ich doch heute, dass die sozialen Beziehungen in dem Zusammenleben von Menschen sehr wichtig sind. Nur ich, als Autist, habe die meisten, dieser Eigenschaften, leider nicht. Dass Menschen verschieden sind, wusste ich. Ich ahnte nur nicht, dass die Spanne so(!) groß ist.

An seinem Mokick hat mein Bruder oft gebaut. Da gab es genug Raum, für „kosmetische" Veränderungen. So baute er 2 (Plast-) Hülsen für den Tachometer und den Drehzahlmesser. Die waren oben so schräg angeschnitten (wie bei einer Salami). Dies war ja original nicht vorgesehen. Das war 1. ein Regenschutz und sah 2. gut aus. Über beide Hülsen befestigte er noch ein gebogenes Blech. Den Drehzahlmesser baute er sich (komplett) selber, -und mir ist bis heute unklar, wie dieser funktionierte. Es war wohl nur eine kleine Schaltung. Jedoch half ich ihn bei seinem Bauprojekt. Diesmal, mit meinem(!) Mitteln: Zum einen betupften wir die Platine mit Wasserglaslösung, und ließen sie eintrocknen. -Zur elektrischen Isolation.

Aus heutiger Sicht war das ein denkbar ungeeignetes Isolationsmittel, -aber das waren damals so die ersten Anfänge. So, und weil diese Schaltung auch nicht gleich auf Anhieb funktionierte, sollte ich den (darauf befindlichen) Schaltkreis, einmal, so weit, wie möglich, herunterkühlen. Dies tat ich auch. Mit Kohlendioxid - Schnee, aus einem $CO_2$ - Feuerlöscher, den ich damals besaß. Richtig vereist war dann die kleine Platine (nämlich -78 $^0$C). Sie interessiert nun bestimmt, wie die Sache mit dem (elektronischen) Drehzahlmesser ausgegangen ist, -ob er es noch hinbekommen hat. Schließlich war ja alles schon am Mokick montiert. Aber leider muss ich hier passen: Ich weiß es (ehrlich) nicht mehr. Und so komme ich schon zu den letzten Bauprojekten von ihm. -Die mir so gut in Erinnerung geblieben sind.

Da war zum einen der Kompressor, den mein Bruder selber baute. So einen, der Druckluft erzeugt für z.B. das Spritzen von Farben. Heute kann man sich das alles fertig kaufen, aber damals war das nicht so. Stattdessen war es in der DDR gang und gäbe, aus den vorhandenen Mitteln noch etwas daraus zu bauen. Und diese Mittel befanden sich nun einmal in den Betrieben. In seinem Fall war das ein Kompressor von einem Traktor. Dieser wird dort (normalerweise) für das Bremssystem verwendet. Und es gehörte schon ein großes Maß an (handwerklichen) Geschick dazu, um daraus einen Werkstatt - Kompressor zu bauen. An diesem sollte er noch viele Jahre Freude haben. -Ich führe hier nur auf: das Umspritzen meines(!) Mokicks, -der „Schwalbe". Zudem eignete er sich dabei Erfahrungen im Umgang mit der Spritzpistole an.

In den Betrieben, wo ich war (noch zu DDR- Zeiten) war es überall so, dass Überlegungen angestellt worden sind, wie man die vorhandenen Betriebsmittel noch besser ausnutzen, -oder sogar anders nutzen kann. Nahezu jeder Werktätige machte sich darüber Gedanken. Freilich, -im Rahmen der Neuerer Bewegung was das ja vom Staat her, sogar so gewollt. Damit die technische Entwicklung weitergeht, -und das Mehrprodukt steigt. Viele gingen dort aber einen Schritt weiter: Sie bezogen die Fremdnutzung der Betriebsmittel und Erzeugnisse auf sich. Einfacher ausgedrückt: Sie überlegten, wofür sie die in ihrem Betrieb benutzten Gegenstände evtl. selbst gebrauchen könnten. Gegebenenfalls, mit Abwandlungen. Was ihren Ideenreichtum keine Grenzen setzte.

Man mag heute der Meinung sein, dass dies, alles, Stielblüten getrieben habe. Aber damals war das „normal", und gehörte einfach irgendwie dazu. Mir fällt (im Moment) dazu gerade der Gartennachbar ein, der seinen Briefkasten mit genau jener Farbe anstrich, die auch in seinem Betrieb verwendet worden ist. Nämlich zum Lackieren von so kleinen Behinderten - Fahrzeugen.
Anmerkung: das sah so gelb - orange aus. Der Makel (wenn wir es so nennen wollen) daran war, dass jeder, der den Briefkasten sah, wusste, dass dessen Besitzer irgendetwas mit den Behinderten - Fahrzeugbau zu tun haben musste. Diese „Fremdnutzung" zog sich noch Jahrzehnte später „durch", -auch, als die DDR schon gar nicht mehr existierte. (Vermutlich tut es das heute noch.)

Und darum gestaltete sich für mich die folgende Begebenheit als großer Kalauer: Als ich im Jahr 2000 in einer Geldtransport - Firma arbeitete (ich berichte später darüber), war ich einem sehr strengen Chef untergeordnet. Ich selbst fuhr dort zwar kein Geldtransport - Fahrzeug. Vielmehr war ich im Innenbereich des Betriebes eingesetzt. Dort war es üblich, dass für den Transport von Hartgeld (aber auch Geldscheinen) solche gelben Post - Kisten verwendet wurden. Diese Kisten hat ja nun bestimmt jeder von Ihnen schon einmal gesehen: In Ihrer Postfiliale! -Diese Plast - Kisten gibt es in flach oder hoch, sie haben an den Seiten immer Griffe dran. Für uns (als Firma) waren das Miet- Behältnisse, die wir in großen Mengen aus Radefeld erhielten. Anmerkung: in Radefeld ist das große Post- Verteilzentrum von Leipzig.

Ja, und um genau diese Kisten geht es. Mein Chef hat an einem Tag nämlich eine interne Revision anordnen lassen. Anmerkung: Mein Chef hatte „einen guten Draht nach oben", -seine Ideen wurden dort immer gern gehört. Und sicher wollte er in dem Betrieb auch damit „weiterkommen". Wie, auch immer. Zur Revision: -Er ordnete an, alle Geldtransport - Fahrzeuge ad hoc überprüfen zu lassen, wie viele (dieser) Post - Kisten sich darin befanden. Als die Panzer (so heißen diese Geldtransport - Fahrzeuge auch) am Abend wieder in den Betrieb herein kamen. Er äußerte den Verdacht, dass viele Geldtransporteure diese Kisten wohl zu Hause als „Blumentöpfe" nehmen würden. -Also, wer an dieser Stelle nicht lacht, war kein „gelernter" DDR-Bürger. Jedenfalls ging mir das so. Nach diesem kurzen Abschweifen aber wieder zurück, zu meinen Bruder. Denn es gibt noch 2 Begebenheiten zu erzählen:

Aufträge von Verwandten und Bekannten hatte mein Bruder regelmäßig. Also, etwas gebaut hatte er immer, in seinem Keller. Einmal erhielt er von unserem Onkel (mütterlicherseits) 3 große Akku - Ladegeräte. Unser Onkel (Gott hab ihn selig) hatte zu dieser Zeit ein Baugeschäft, -kam viel herum. Die Bitte an meinen Bruder lautete: er möge wenigstens 1 Ladegerät wieder repariert an unseren Onkel zurückgeben. Den Rest könne er behalten. Und so tat er es auch. Ein anderes Mal besorgte der Onkel so ein riesiges Schweißgerät. Auch dieses sollte mein Bruder reparieren. Um eine Vorstellung davon zu erhalten, wie riesig es war: -es hatte (unten drunter) Räder, und musste mit einem Kraftfahrzeug gezogen werden. Anders wäre das gar nicht gegangen. Bloß gut, dass wir damals schon Kraftstrom hatten…

Natürlich reparierte mein Bruder auch dieses Gerät mit Bravour. Die Crux, daran, war nur die, dass es eigentlich ein sog. „Wiederstands - Schweißgerät" war. Dafür, wofür es eingesetzt werden sollte, dem ordinären „Lichtbogenschweißen", war seine Spannung zu gering. Und darum war der einzige, der mit diesem Gerät einige halbwegs vernünftige Schweißungen hinbekommen hat, mein Bruder. Selbst die Schlosser in dem Betrieb meines Onkels kamen schlecht damit klar. Aber blau gespritzt hat mein Bruder noch das große (Blech-) Gehäuse. Das Gerät sah dann zumindest wie neu aus.

Eines seiner letzten Projekte (zu DDR- Zeiten) war der Bau einer Telespielkonsole. Dies war vom Aufwand her, schon deutlich anspruchsvoller. Obwohl ich so etwas schon gesehen habe (damals, in Berlin), war es doch etwas anderes, wenn man es zu Hause hatte. Dort war u.a. das Spiel: „Pong" (Tischtennis) auswählbar, -aber auch 6 andere Videospiele. Es war, wie so oft in der DDR, der Reiz des Unbekannten. Denn wie sonst wäre die Magie zu erklären, die von diesem Gerät ausging? Es muss wohl so gewesen sein: Ich kannte zwar die „normalen" Fernseh- Apparate, mit ihren unzähligen Sendungen, die dort gezeigt wurden. Aber, dass auf einem Fernseher auch noch etwas anderes angezeigt werden kann, war mir neu.

Vielleicht interessierte ich mich für diese Thematik nur nicht genug, -war zu sehr in „meine" Chemie vertieft. Für mich war schon ein (elektronischer) Taschenrechner ein Wunderwerk der Technik. Oder, eine LCD - Digital - Armbanduhr. Doch so wie mir, ging es vielen. Ich vermute, weil sich beide Geräte (trotzdem) noch nicht so richtig etablieren konnten, in der DDR. Obwohl es schon 1989 war… Oder viele Menschen standen dieser neuen Technik einfach (noch) skeptisch gegenüber. Mein Bruder baute nun eifrig an dieser Konsole herum. Zwar sah ich(!), dass sie einwandfrei funktionierte. Aber, wo er sie vorführen wollte, bei einem Familienfest, versagte sie. So wie ich, war auch er Perfektionist. Sicher wollte er seine Arbeit (auch) deswegen zeigen, um dafür die Anerkennung zu erhalten. Und, der „Teufel steckte wirklich im Detail", denn an diesem Tag wollte einfach kein (dauerhaftes)

Videobild zustande kommen. Damals noch, auf dem schwarz / weiß Fernseher. Dier Verwandten beschwichtigten ihn schon: Es wäre nicht so schlimm. Aber, ich weiß ja, wie das ist, wenn man einmal etwas vorführen möchte...

Es gäbe noch viel zu erwähnen, in diesem Kapitel. Ich möchte es aber dabei bewenden lassen. Schließlich hatte (und habe) ich ja noch ein Privatleben. Ich weiß, -als Autist lebt man (auch) immer ein kleines bisschen in seiner eigenen Welt. Aber ich interessiere mich (nach wie vor) für das Lesen von populärwissenschaftlichen Büchern. Und bilde mir ein, damit immer noch auf den neusten Stand (der Technik) zu sein. Außerdem ging meine Entwicklung ja auch weiter. Denn schon bald sollten sich die (spannenden) Jahre meiner Berufsausbildung anschließen. -Mit ganz anderen Aufgaben und Herausforderungen, die mir das Leben stellte.

### Die korrigierte Klassenarbeit

Es war ungefähr in der 9. Klasse. Wir hatten im Chemieunterricht eine Klassenarbeit geschrieben. Was in Einzelnen dran war, weiß ich nicht mehr. Jedenfalls war der Tag gekommen, wo wir die Arbeit wieder zurückbekamen. Die Chemielehrerin sagte, es wäre keiner dabei gewesen, der eine 1 geschrieben hat. Sie lobte mich vor der ganzen Klasse „in den höchsten Tönen", dass ich der Schüler war, mit den besten Resultaten. Die Lehrerin kannte ja meinen Feuereifer für das Fach Chemie. Dann ist sie mit uns die einzelnen Aufgaben zur Korrektur durchgegangen. Auch hier lobte sie mich mehrmals vor der ganzen Klasse.

Ziemlich zum Schluss meldete sich ein Mitschüler, -er hätte noch einen Punkt gefunden. Er ging vor, zur Lehrerin und zeigte ihr seine Arbeit. Ich unterstützte meine Klassenlehrerin, indem ich zu ihr sagte: „wenn wir zusammenlegen und pumpen…". Dies war aber gar nicht notwendig. Denn die Klassenlehrerin hatte tatsächlich einen Punkt übersehen. Einen Punkt, der meinen Mitschüler (im Nachhinein) zur Note 1 verhalf. Da war ich eben einmal nicht der Champion gewesen. Es war für mich eine herbe Enttäuschung an dem Tag. Ich meine, eigentlich war es ihre Schuld, denn sie hätte mich ja nicht so sehr loben müssen, wenn sie sich nicht ganz sicher war, mit den korrigierten Klassenarbeiten. Ich meine, einmal nicht der erste zu sein, war ja für mich OK, im fairen Wettstreit der Schüler untereinander. Was so eine Klassenarbeit nun einmal auch ist. Aber dann im Nachhinein zu verlieren, wo man sich schon gefreut hat, über das „Extralob", das war schon deprimierend für mich. Letzten Endes war es eine Erfahrung für mich, die ich gemacht habe. Nicht mehr, aber auch nicht weniger.

## Versuche mit Elektronenröhren

Ich verspreche, dieses Kapitel kurz zu halten, da es nicht mein Metier ist, sondern die Chemie! Ganz um das „Technische" werden wir aber trotzdem nicht herum kommen…

Zu Zeiten, da ich mir meine rechte Hand so stark verbrannt hatte (ich berichtete), waren die physikalischen Versuche bei mir mehr eben mehr „angesagt". Zudem stellten auch diese Experimente einen wichtigen Baustein im Erkenntnisprozess meiner Jugend dar. Ich erkläre gleich, warum.

Ich würde nämlich Unrecht tun, würde ich meine physikalischen Experimente hinter denen der Chemie stellen. Doch diese Einsicht bekam ich erst, nachdem(!) ich die Versuche mit den Elektronenröhren durchführte. Für die jüngeren Leser: Elektronenröhren, das sind so kleine Glasröhren, wie sie früher in Radios und Fernsehern (als aktive Elemente) massenweise verbaut worden sind.

Und obwohl selbst in der ehemaligen DDR schon längst die Transistortechnik „state-of-the-art" war, zogen sich die Elektronenröhren noch bis zum Ende der DDR „durch". Und warum das so war, -das zu erklären-, führt hier zu weit. Aber es war eben so. Und mit diesen Teilen konnte man einwandfrei experimentieren. Das, was heute das Smartphone (für die Jugend) ist, waren für uns damals die besagten Röhren.

Ich hatte da so ein Experimentierbuch, was eigentlich für den Physikunterricht an den Schulen gedacht war. Dort war alles „haarklein" erklärt. Mit diesen Röhren hatte man nämlich schon 70 Jahre Erfahrung. Zu dem Zeitpunkt, als ich damit bastelte!

So, nun noch fix zu den Versuchen selber: gebaut habe ich damit sog. „Röhrensender". Und zwar zum einen für den niederfrequenten Bereich. Also, wo durch Schwingungs-Rückkopplung ein (hörbarer) Ton erzeugt wurde. Und zum anderen einen Ultrahochfrequenz-Sender, bei dem elektromagnetische / Hertzsche Wellen entstehen. Wie so ein kleiner Fernsehsender.

So einen großen Frequenzbereich überstrichen diese Röhren, -auch Röhrentrioden genannt. Alle Versuche gelangen einwandfrei, -dank des guten Anleitungsbuches. Doch Tibor wäre nicht Tibor, wenn nicht (auch hier) der Chemiker in ihm „durchgekommen" wäre, -das Ur-Tier im Menschen:

Die Versuche mit dem Niederfrequenz-Sender gelangen nämlich nur dann, wenn ich die Heizspannung der Röhre abänderte. -Ein Umstand, der bei solchen Röhren gar nicht vorgesehen ist. Ich habe also den „Arbeitspunkt" der Röhre verändert. Aber nur so ging es, mangels der (exakt) gleichen Bauteile, die „noch um die Röhre herum" waren…

**Unsere Schulabschlussreise 1986**

Es war im Februar 1986. Unsere Schulabschluss Fahrt ging nach Minsk- Brest. Eigentlich war es von der Lehrerin so gedacht, dass wir in den Ferien arbeiten gehen. Von dem erwirtschafteten Geld sollte dann die Reise bestritten werden. In der Praxis sah es dann aber so aus, dass kein einziger von uns arbeiten gegangen ist. Alle Schüler hatten das Geld für die Reise von ihren Eltern erhalten. Von den 3 Schulklassen aus unserer Stadt haben wir die weiteste Reise gemacht. Wir haben die Reise über Intourist gebucht. Intourist war damals die Monopol Reisegesellschaft der DDR. Sie hat aber auf der anderen Seite solche Reisen bezahlbar gemacht.

Zuerst sind wir mit dem Zug nach Leipzig gefahren. Von dort aus sind wir mit dem Zug nach Berlin Schönefeld gefahren. Wir waren eine aufgeweckte und lustige Truppe. Und vieles, was ich erzählen möchte, muss man auch von der spaßigen Seite sehen. In Berlin - Schönefeld auf dem Flughafen angekommen ging es erst einmal durch den Check-In. Ein Mitschüler war so aufgeregt, dass er am liebsten in das Röntgengerät für das Handgepäck hereingekrochen wäre. Wir wussten ja nicht, wie die Personenkontrolle auf dem Flughafen damals ablief. Aber viel geändert hat sich bei dem Check-In auch heute nicht.

Auch ich musste mit gespreizten Armen und Beinen mich an eine Wand stellen, damit der Kontrolleur seine Metallsonde bei mir anwenden konnte. Ein anderer Mitschüler hat es noch schlimmer „erwischt": er hatte als Handgepäck eine Gasmaskentasche von der NVA mitgenommen. Der Kontrolleur dachte vielleicht, dass mein Mitschüler eine Gasmaske als Handgepäck mitführt. Aber er hatte nur die leere Tasche genommen, um seinen Pass, Kamm, Portemonnaie, usw. zu transportieren. Mein Mitschüler musste die gesamte Tasche auspacken. Sogar in die Creme Dose haben sie hineingeschaut. Sie haben natürlich nichts gefunden. Nach der Abfertigungskontrolle sind wir in den Duty-Free Raum gegangen. Dort gab es Zigaretten, alkoholische Getränke, usw. preiswerter als im normalen Geschäft, einzukaufen. Dann dauerte es auch gar nicht mehr lange bis unser Flug aufgerufen wurde und wir in unser

Flugzeug einsteigen konnten. Es war eine Iliuschin-18. Eine Maschine mit Propellerantrieb (Turboprop). Nach ungefähr 2 Stunden haben wir unseren Bestimmungsflughafen: Minsk erreicht. Dort mussten wir noch einige Zeit in der Abfertigungshalle warten.

Wir haben auch wieder unseren Spaß gemacht, als wir die Kontrolleure dort stehen sahen. Sie hatten so große Messer. Wir hatten Angst, dass sie unsere Äpfel, unser Proviant aufschneiden. Vielen grauste es da schon. Aber, zumindest bei unserer Klasse haben sie dies nicht getan. Danach ging es mit dem Bus in unser Hotel. Dort wurden wir auf die Zimmer aufgeteilt. Dann konnten wir in Ruhe unsere Zimmer beziehen. Am Nachmittag hatten wir schon Zeit für eigene Aktivitäten. Zum Beispiel für erste Erkundungen in der näheren Umgebung des Hotels. Dies habe ich auch gut genutzt.

Da war so ein großes Kaufhaus, wo man alles bekommt. Unten war eine Fotoabteilung drin. Dort bekam man Laborflaschen und –Gläser, was für mich wichtig war. Von diesen habe ich reichlich eingekauft. Auch eine kleine Handschalenwaage war dabei. Meine Mitschüler kauften sich z.B. eine Digital Armbanduhr oder einen Taschenrechner. Beides gab es zwar auch in der DDR zu kaufen, aber die Auswahl war nicht groß und die Preise waren für solche Artikel hoch. Dann war noch etwas Zeit bis zum Abendbrot. Wo ich mich an meinen erworbenen Waren im Hotel erfreute.

Viele Mitschüler hatten schon erste Einkäufe getätigt. Danach erfolgte das erste Abendbrot im Hotel. Es gab reichlich zu Essen, -landestypisch in mehreren Gängen. Soljanka war darunter, -klar, sie darf in der russischen Küche nicht fehlen. Nur zu Trinken war wenig. Der Vater einer Mitschülerin, der auf dieser Reise mitgefahren war, bat (in unser aller Namen) nach noch etwas Wasser. Damit wir unseren Durst stillen können. Wir mussten so lachen, als uns die Bedienung dann wirklich Wasser brachte. Es schmeckte wie Leitungswasser. Aber, zum einen kann es wirklich stilles Mineralwasser gewesen sein und zum anderen hatten wir ja auch keinen Anspruch auf etwas anderes. Weil es eben nicht vorgesehen war. Ansonsten hätten wir für etwas anderes eben bezahlen müssen.

Ich war mit einem Mitschüler auf einem Zimmer, der auch einige Fotos gemacht hat. Dann brach der Abend herein und wir sind zu Bett gegangen. Wir hatten uns dann noch auf dem Zimmer einen Spaß machen wollen: Wir hatten die Rezeption des Hotels angerufen, und wollten eine Telefonverbindung in unserem Heimatort, Brandis, haben. Was wir nicht wussten: ca. 1 oder 2 Stunden später rief uns die Rezeption auf dem Zimmer an, und teilte uns mit, dass sie die Telefonverbindung nun aufgebaut hatten. Ich kann mich aber nicht mehr erinnern, wie die Sache ausgegangen war. Der nächste Tag, nach dem Frühstück gab es dann schon die erste Stadtrundfahrt mit dem Bus. Uns wurde die Stadt Minsk gezeigt, und ihre Sehenswürdigkeiten. Aber es gab auch wieder Freizeit am Nachmittag. So sind wir auch mit der Metro gefahren. Die Stadt Minsk ist ja auch von ihrer Projektierung, her, sehr groß angelegt worden. Dann haben wir im Lebensmittelkiosk erst einmal Orangensaft gekauft, in solchen großen Gläsern. Den haben wir dann stundenlang mit Leitungswasser in unserem Hotelzimmer gekühlt. Auch hatten wir die Möglichkeit, original russisches Eis zu kosten, was so gut schmecken soll. Wir konnten jedoch keinen großen Unterschied zu unserem heimischen Eis feststellen.

Den darauffolgenden Tag haben wir dann früh ein Stadion und ein Museum besucht. Am Nachmittag sind wir dann in den städtischen Zirkus gegangen. Wir mussten wieder so lachen: -der Vater meiner Mitschülerin, der sich im real existierenden Sozialismus schon etwas besser auskannte, als wir, sagte: „Ach darum gehen die Russen so gerne in den Zirkus; -weil es der einzige Ort in der Stadt ist, wo man Alkohol (Bier) zu kaufen bekommt!" Ich muss dazu erzählen, dass zu der Zeit in der ehemaligen Sowjetunion gerade „Alkoholsperre" in dem Land war. Weil der Alkohol zum Massenproblem geworden war, hatte man rigoros eine Alkoholsperre verhängt. Zum Zirkus gibt es nicht viel zu berichten. Mir gefiel die Vorführung mit den Tigern (oder Löwen) am besten.

In der Stadt Minsk haben wir aber auch noch an einem Freundschaftstreffen mit sowjetischen Schülern teilgenommen. Das war so ein Nachmittag: zuerst ist uns die Schule gezeigt worden, -die Klassenräume. Danach hatten wir einen geselligen Nachmittag bei Musik und Tanz mit den sowjetischen Schülern. Da dieses Treffen schon fest eingeplant war, hatten wir schon vor unserer Reise kleine Geschenke für die Schüler, dort, fertig gemacht. Diese überreichten wir nun an die sowjetischen Schüler. Auf was Kinder (oder Jugendliche) aber schon alles achten: wir schauten sehr wohl, was auf den Tischen in den Schalen für Obst stand. Bananen hatten sie (auch) keine, -aber Orangen. So griffen wir bei den Orangen, die für uns angeboten worden, ordentlich zu. Natürlich gab es auch hier Kaffee und Kuchen. So sind wir Gäste und unsere Gastgeber zumindest etwas einander nähergekommen. Danach ging die Reise in die 2. Stadt: Brest.

Am Abend wurden wir auf den Bahnhof gebracht. Dieser (Teil-) Abschnitt der Reise ging mit dem Zug. Ich erinnere mich, dass noch etwas Schnee lag. Wir hatten noch etwas Aufenthalt auf dem Bahnhof, und so beobachteten wir, wie unsere Koffer in den Zug verladen wurden. In hohen Bogen flog ein Koffer nach dem anderen in den Zug. Viele Mitschüler von mir hatten geäußert, dass ihre Koffer bitte vorsichtig transportiert werden sollen (so auch ich!). Davon war aber dort nichts zu merken. Trotzdem muss ich sagen, das auf der ganzen Reise nicht auch nur 1 Chemie - Glasgerät zerbrochen ist. Dann ging die Zugfahrt los. Es waren Schlafwagenabteile und die Fahrt dauerte 5 Stunden. In jeden dieser Wagons war ein Ofen drin, und ein Samowar.

Die Stadt Brest ist kleiner als Minsk. In ihr wurde mehr auf die historischen Sehenswürdigkeiten geachtet. Alles klappte problemlos mit dem Einchecken im Hotel. Auch unsere Koffer sind uns zugestellt worden. Ich kann mich im Einzelnen nicht mehr daran erinnern, was wir dort für Sehenswürdigkeiten uns angeschaut haben. Auf alle Fälle waren wieder verschiedene Denkmäler dabei. Dann waren wir im archäologischen Museum der Stadt Brest. Dort sieht man Ausgrabungen von dem alten Brest. Das sind so Holzhäuser und -zäune. Wie ich im Internet sah, ist dieses Museum auch heute noch eine „Must-have" Sehenswürdigkeit, wenn man Brest besucht. Auch besuchten wir ein Denkmal, was noch an den 2. Weltkrieg erinnern soll. Dort patrouillierte ein Soldat mit seiner Maschinenpistole, und hat das Denkmal bewacht. Dann ging es wieder an die Heimreise und es hieß Abschied sagen von der (damaligen) UdSSR. Wir sind diesmal mit dem Zug gefahren durch die VR Polen. Soviel wie ich weiß waren die Türen des Zuges verschlossen. Auch bekamen wir den Wechsel von dem russischen Breitspurschienennetz auf das europäische Maß mit.

Die Reisezeit hat über einen halben Tag gedauert. Aber wir bekamen während der Zugfahrt kostenlos Tee serviert. Somit ging eine schöne Reise zu Ende. Es verbleiben die schönen Erinnerungen daran. Ein paar Tage später, wieder in der Schule wurden wir von unserer Lehrerin gefragt, was uns am besten gefallen hat, von der Reise. Für mich mit Sicherheit meine mitgebrachten Laborgläser. Aber wenn es um die Frage der Eindrücke und Sehenswürdigkeiten geht, ist die Antwort darauf schon schwerer. Mir gefiel besonders die Stadt Minsk. Weil sie so groß angelegt worden ist. Sie bot genug Raum für weitere Häuserbauten.


## **Meine Lehrjahre 1986 – 1988**


Ich kann mich noch genau an den 1. Tag meiner Berufsausbildung in Leipzig erinnern. Dort habe ich eine Lehre zum Fachverkäufer für Innenausstattung, - also Möbel, gemacht.
Es musste wohl ein Spätsommertag gewesen sein. Weil die Lehre am 01.09.86 angefangen hat. Ich war aufgeregt, wegen dem Neuen, Unbekannten. Da war zunächst, einmal die lange Zugfahrt nach Leipzig. Und dann noch mit der

Straßenbahn bis fast nach Wiederitzsch fahren. Aber in der DDR war das ebenso. Das an einigen „Grundpfeilern" nicht gerüttelt werden durfte. Dazu zählte auch der Arbeitsweg. Das dieser, egal wie lang er gedauert hat, im Gesamtkonzept des (Arbeits-) Tages mit dazu gehörte. Wie ich dann feststellte, war ich gar nicht der Einzige, mit so einem langen Anfahrtsweg zur Ausbildungsstelle.

Meine Eltern hatten mir alles beschrieben: wie ich umsteigen muss von dem Zug in die Straßenbahn, welche Straßenbahnlinie ich nehmen muss, usw. Die anderen Lehrlinge kannte ich schon von der Einstellungsfeier. Zumindest habe ich sie schon einmal kurz vorher gesehen. Dies war ein Nachmittag mit Kaffee trinken noch vor dem eigentlichen Lehrbeginn. Da sollten wir Lehrlinge uns schon etwas kennenlernen.

Es war so organisiert: von meinem Ausbildungsbetrieb, dem SHB Möbel Leipzig, waren es noch circa 6 Lehrlinge, die Möbelfachverkäufer mit mir lernten. Das waren außer mir alles Mädchen. Und dann gab es noch eine berufstheoretische Ausbildung in einer Berufsschule. Dies waren etwa 25 Lehrlinge. Die meisten kamen dort von „Waren täglicher Bedarf (WTB)", -also Lebensmitteln. Aber es waren alle Sparten dabei, so, z.B. Radio- und Fernsehverkäufer und Verkäufer für Fotoartikel. In dieser Klasse waren wir nur 5 Jungen.

Natürlich hatte ich auch ein Mädchen, in das ich verliebt war. Sie hieß Kerstin. Und ich sah sie schon zur Einstellungsfeier. Sie hatte so eine Strähne im Gesicht, die sie dann später, zur Berufsausbildung aber weggemacht hat. Sie hatte so flaschengrüne Augen. Und meistens einen Rock an, weil sie der Typ dafür war. Sie sagte aber selber, dass sie schon vergeben war. Und ich war nicht der einzige Nebenbuhler von ihr. Die Jungen aus unserem Betrieb, die Teilfacharbeiter für Lagerwirtschaft lernten, rissen sich ebenfalls um dieses „Rasseweib". Wie sich dann später in der Berufsschule herausstellte, war sie auch in der Berufsschulklasse das hübscheste Mädchen. Das war eben echte

Klasse. Da kamen auch all die anderen Mädchen nicht heran. Ich hatte dann, im Laufe der Lehre auch noch die Gelegenheit, mit ihr ganz allein in einem Einzelhandelsgeschäft zu sein (vom Stammpersonal, einmal abgesehen). Wir waren gerade „verborgt" worden, -von unserem Stammbetrieb: „Möbel" zu der Fachhandelsorganisation „Waren des täglichen Bedarfs". Dort traf ich dann auch einmal ihren Freund, der sie abends von der Filiale abholte. Ich hatte mir darauf aber nichts eingebildet. Soll heißen: Wer eben schon vergeben war, war nicht mehr „auf der Wildbahn". Da musste man sich schon ein anderes Mädchen suchen. Was ich auch tat. Laut Peggy March hat man mit 17 noch Träume, -und so war das auch bei mir.

Was hat mir nun in meiner Berufsausbildung besonders gut gefallen, und was nicht?
Ich muss zugeben, dass es nicht besonders viele positive Erlebnisse während meiner Lehre gab. Ich fange einmal mit dem an, was mir gut gefallen hat: Zunächst, einmal war es so, dass jedes Frühjahr und jeden Herbst die Leipziger Messe war. Da hatten wir, als Berufsschüler den Eintritt frei. Mehr noch: es wurde extra organisiert, dass wir mit der Straßenbahn hingefahren worden sind. Dies war ein richtiges Volks Event gewesen. Dort stellte die DDR (aber auch die anderen Länder) ihre Waren aus, die sie als Land produzierte. Was wir dort alles bestaunen durften, was es in den Geschäften nicht gab. Es ging hauptsächlich um die Wirtschaftsbeziehungen der DDR und der BRD. Aber auch all die anderen Länder, die etwas im internationalen Markt zu verkaufen hatten, waren dort vertreten.

Natürlich interessierte ich mich für den Bereich Chemie. Ich habe mir dort z.B. eine biochemische Anlage erklären lassen. Eine Messeneuheit. Wir wurden aber auch angehalten, seitens unserer jeweiligen Stammbetriebe, her, was es Neues fachspezifisch gab. Also in meinen Fall sollte ich also (auch) schauen, was es in der Möbelindustrie für Neuigkeiten gab. Die Leipziger Messe war sowohl in der Leipziger Innenstadt (in den Passagen), als auch auf dem Messegelände im Südosten von Leipzig. Auf dem jetzigen „alten

Messegelände". Aber etwas ist mir von der Leipziger Messe besonders im Gedächtnis geblieben: Da gab es immer, kurz vor Beginn der Messe so Messemagazine zu kaufen. Das waren ca. 300 seitige Magazine, die voll von Ausstellerwerbung waren, aber auch tiefgründiger, wissenschaftlicher Erläuterungen zu den Messeneuheiten. Ein Magazin kostete 4,50 Mark, damals. Offiziell waren sie schon ausverkauft. Ich war da drin, in einer Kaufhalle, Visasvis von unserer Berufsschule. Und fragte noch nach so einem Magazin. Ich sagte gleich hinzu, dass ich von der Berufsschule der Verkäufer komme. Daraufhin gab mir der Verkäufer sein eigenes Exemplar. Gerade, wenn man so naturwissenschaftlich interessiert ist, sind die Messemagazine immer gut zum Lesen geeignet gewesen. In diesem Magazin waren z.B. weitere Themen: Kunst, Literatur und Mode.

Dann gefielen mir wegen meines Interesses für die Militärtechnik die Zivilverteidigung und die Wehrerziehung, welche allesamt von der Berufsschule ausgingen. Auch das Fach Sport gefiel mir in meiner Lehre gut. Weil nicht mehr so strenge Vorgaben, wie in dem Sportunterricht in der Schule durchgesetzt wurden (ich hatte im Fach Sport in der Schule nur die Note: „genügend"). Bei dem Berufsschulsport war das so: die hohen Anforderungen, die z.B. an den Ausdauerlauf gestellt worden sind, hat in der Praxis von uns eh keiner erreicht.

Mir hat einmal eine Arbeitskollegin gesagt, dass, wenn ein Mensch gesundheitlich angeschlagen ist (so, wie ich), dass man da wenigstens versucht, die Restgesundheit zu stärken. Dazu wäre es notwendig, viel Bewegung an frischer Luft, Sport in Maßen. Und so war das eben bei mir: leichte Körperertüchtigung, der Aufenthalt im Freien (auch im Winter) bei der Wehrerziehung taten mir gut. Auch wenn der Sinn von dieser ein anderer war. Das Fach Wehrerziehung war im Grunde genommen eine vormilitärische Ausbildung. Beide, -die Zivilverteidigung und die Wehrerziehung wurden zusammen mit der Berufsschule der Köche, welche sich 2 Straßen weiter von uns befand, wie unsere Schule, durchgeführt. Die Zivilverteidigung wurde mit allen Berufsschülern durchgeführt. Die Wehrerziehung nur mit den männlichen Jugendlichen beider Schulen.

Ich werde es chronologisch erzählen, um möglichst wenig zu vergessen. Denn es waren für mich schöne Erinnerungen an meine Jugend. Wahrscheinlich sogar die schönsten meines Lebens.

Wo wir das erste Mal die Wehrsportausbildung hatten, trafen wir uns am Restaurant „Goldener Löwe", in der Georg-Schumann- Straße in Leipzig. Diese Gaststätte existierte damals noch. Auf der gegenüberliegenden Seite war die Georg-Schumann-Kasserne, wo die Angehörigen der NVA untergebracht waren. Und spiegelbildlich, -nur auf der anderen Seite der Straße war so ein Übungsplatz. Sicher wurde der Übungsplatz die meiste Zeit von den Angehörigen der NVA genutzt. Aber jetzt war er für uns freigehalten worden. Wir waren alle im Trainingsanzug gekommen. Wir waren circa 15 männliche Jugendliche. Ja, das kommt ungefähr hin: die 5 Jungen von unserer Schule, 1 oder 2 Dekorateure und der Rest Gastronomen (Köche).

Auf dem Übungsplatz gab es verschiedene Stationen:

Einmal, ein Hindernisparcours. Dort waren solche Sachen aufgebaut, wie ein Graben, der zu überspringen war. Oder eine Eskaladierwand, der Kurzstreckensprint und das Kanalhindernis. Die Angehörigen der NVA hatten sicher den Parcours in einer vorgegebenen Zeit zu schaffen. Bei uns wurde zwar auch eine Zeit genommen, aber die knappen Zeitvorgaben der NVA-Angehörigen hatten wir sicher nicht.

Dann war auf dem Übungsplatz so ein Eier Handgranaten Weit Wurf simuliert worden. Durch einen Turm, wo man so 4 Stahlseile im Winkel von 45 Grad daran gespannt waren. Oben waren kleine Prellplatten daran befestigt. Jeweils eine (Imitations-) Handgranate war nun mit einem Ring befestigt. Dieser war durch eines von den Stahlseilen gefädelt. Es galt nun die Handgranate möglichst hoch und weit zugleich zu werfen. Sodass sie oben an der Prellplatte anschlägt. Einige von unserer Gruppe (darunter auch ich) hatten das nicht geschafft, die Granate so hoch zu werfen. Es war ja genug Zeit. Wir sollten weiterüben, bis wir es schaffen.

Und dann war da noch… Ja, jetzt kommt es zu meinem speziellen Interessengebiet: dem Schießen. -Eine Simulationsschießanlage. Wie sie genau funktionierte, weiß ich bis heute nicht, -ich vermute, mit Licht. Jedenfalls waren da auch so Gewehre (Simulationsgewehre) auf ca. 50 cm hohen elektronischen Geräten „aufgepflanzt". In 50 oder 100m Entfernung war eine Zielscheibe. Nach dem (elektronischen) Schuss sah man da, auf einer Art Radarschirm an diesem Gerät, wo die Schüsse hin getroffen hätten.

Nun war das ja auch so, dass ich im Vorfeld, schon, zu unserem Ausbilder sagte, dass ich nicht mitschießen brauche, weil ich auf einem Auge so schlecht sehe (auf meinem anderen Auge konnte ich zum damaligen Zeitpunkt noch sehr gut sehen). Ich entschloss mich dann aber, im Laufe der Zeit, mitzuschießen. Aus Neugier und Interesse heraus. Und dass ich mich nicht von den anderen absondere. Welche Rolle ich in der Personengruppe (im „Rudel") spielte, diese Frage stellte sich mir an dem Tag nicht. Ich komme später darauf zurück. Der Ausbilder beobachtete auch meine „Schießergebnisse". Schießergebnisse in Klammern, weil es zunächst einmal, nur ein Simulationsschießen war. Da ich auf meinem linken Auge noch sehr gut sah, errang ich gute bis sehr gute Schießergebnisse. Der Ausbilder sprach mich darauf in der Gruppe an, und sagte zu mir, dass ich nicht noch einmal sagen solle, dass ich so schlecht sehe! Ich hatte aus der Gruppe mit die besten (Simulations-) Schießergebnisse.

So etwas baut einen natürlich auf, und stärkt das Selbstwertgefühl. Mehr war an dem Tag nicht zu erreichen gewesen. Und auch die sonstigen Tage auf dieser Ausbildungsanlage verhielten sich ähnlich. Weil man alles schon kannte. Zu verbessern (an den anderen Tagen) wären nur die erreichbaren Leistungen gewesen. Meistens führten wir unsere Wehrsportaktivitäten im Süden von Leipzig durch. In den Waldgebieten. Das war von unserer Berufsschule nicht so weit zu laufen. Da gab es so verschiedene Sportanlagen. Ich kann mich erinnern, dass wir da auch im Auenwald waren. In dem Wildpark, wo wir die Wildschweine in ihren Gehegen gesehen haben. Aber auch eine Wildparkgaststätte gab es dort. Auf so einer Sportanlage haben wir u.a. auch das Gleiten im Gelände (das „Robben") geübt.

Angelehnt waren die Tätigkeiten des Wehrunterrichts eigentlich an die Pfadfinderaktivitäten. Jedenfalls gab es im Leipziger Süden im Wald auch eine „echte" (Kleinkaliber-) Schießsportanlage. Ich weiß nicht mehr, welche Entfernung bis zur Zielscheibe bestand, -wahrscheinlich 50 oder 100 Meter. Auf dieser Anlage haben wir dann mit echten Gewehren geschossen. Verwendet wurde hierfür die KK-MPi 69. Diese Waffe wurde in der DDR speziell für die „Gesellschaft für Sport und Technik (GST) entwickelt und gebaut. Sie sah ähnlich aus, wie eine Kalaschnikow (AK-47). Nur das statt normaler Gewehrmunition Kleinkaliber Patronen verwendet wurden. Die KK-MPi 69 wurde wahrscheinlich für zarte Kinderhände entwickelt. Denn das war ja auch ihr Zweck: dem Aneignen von Schießfertigkeiten, um dann später mit einer „richtigen" Maschinenpistole schießen zu können.

Für einen technikbegeisterten Menschen, wie mich, ist so eine Waffe natürlich „ein gefundenes Fressen". Natürlich errang ich mit der Waffe auch gute Schießergebnisse. Einmal auf die feststehende, und dann auf die laufende Scheibe. Wenn man sich im Internet nach dieser Waffe erkundigt, steht geschrieben, dass diese Waffe sehr stark zu Ladehemmungen neigt. Ich konnte dies aber nicht bestätigen. Ich hatte nicht 1x eine Ladehemmung. Aber vielleicht habe ich auch bloß zu selten geschossen, mit dieser Waffe. Ich kann mir aber auch nicht vorstellen, dass die Genossen aus dem Jagdwaffenwerk in Suhl (dem Hersteller dieser Waffe) solchen „Schund" abgeliefert haben. Soll heißen: sie werden sich schon die größte Mühe gegeben haben, um eine funktionsfähige Waffe abzuliefern. Meißens war das so, wo wir auf der

Schießsportanlage waren, das wir da nicht nur geschossen haben, sondern vorher noch einen Ausdauerlauf von 3000 Metern um die Anlage gemacht haben.

Wo wir zur Wehrausbildung dort waren, waren ja die Jungen alle nicht so begeistert, über das „Programm", was uns geboten worden ist. Ich spielte im Kollektiv, dort, eigentlich gar keine Rolle. Ich versuchte immer dort, mit anzubinden, indem ich mich interessiert auch für die anderen ihre Themen (z.B. das Motorrad) gezeigt habe. Ich wollte ja auch auf irgendeine Art und Weise mit zum „Rudel" dazugehören. Auch, wenn ich mich an der Diskussion nicht aktiv beeidigte. Und irgendwie ist mir das auch gelungen, meinen Platz dort zu finden. Wenn auch keinen so sicheren Platz, -aber die meisten von unserer „zusammengewürfelten" Truppe hatten keinen Platz für ewig, sondern haben sich mit der hier vorliegenden Situation irgendwie arrangiert.

Einmal hatten wir mit den Mädchen unserer Berufsschulklasse zusammen eine Übung gemacht. Es war Winter, und wir waren im Freien. Was sich da haben die Genossen Perverses einfallen lassen... Wir 5 Jungs wurden aufgestellt. Es sollten Gruppen gebildet werden. Jeder Junge sollte sich noch 4 oder 5 Mädchen mit dazu holen. Da ich der letzte Junge war, der an der Reihe war, fiel mir die Entscheidung leicht: ich hatte einfach den Rest der Mädchen zu nehmen, die kein Junge vor mir haben wollte.

Ich staunte nicht schlecht über die Auswahl meiner Vorgänger-Jungs: ein hübsches Mädchen, wo ich dachte, dass sie viel eher von den anderen Jungs genommen wird, blieb für mich übrig. Aber es ließ sich trotzdem daran nichts ändern. Die letzten 4 Mädchen blieben für mich übrig. So, nach dem Motto: „schämt Euch!". Ich bin dann nach der Methode vorgegangen: trotzdem selbstsicher, und dass man da auch mit dem Rest noch etwas anfangen kann. Ich kann mich allerdings nicht mehr daran erinnern, was dann, nach der Auswahl für eine Übung auf uns wartete. Wahrscheinlich gehen, im Gelände, oder so. Was die Mädchen sich aber bei dieser „Auswahl" gedacht haben müssen. Wie bei der Brautauswahl!

Von der Berufsschule, ausgehend, gab es auch die sog. „Hans-Beimler-Wettkämpfe. Sie wurden von der Sportlehrerin direkt im Gebäude der Berufsschule durchgeführt. Dies war auch eine vormilitärische Ausbildung. Ich kann mich da nur noch an das Schießen mit dem Luftgewehr erinnern. Es blieb mir deshalb besonders im Gedächtnis, weil ich da, -wie die Sportlehrerin mir ausrichten ließ, beinahe eine „Goldene Fahrkarte" errungen hätte. Was auch immer das gewesen wäre.

Jetzt aber einmal etwas zu meinen berufsspezifischen Ausbildungsinhalten meiner Lehre. Wie ich bereits an früherer Stelle in diesem Buch schrieb, war ich „berufsgelenkt", -konnte aus gesundheitlichen Gründen nicht alle Ausbildungsberufe erlernen. Für mich blieb darum nur der Fahrradverkäufer in Wurzen oder der Möbelfachverkäufer in Leipzig übrig. Wobei ich zweiteren wählte, weil es der attraktivere Beruf war. Außerdem war es in der Großstadt, und da war mehr zu erleben. Von unserer Berufsschulklasse, her, gingen wir eigentlich alle immer lieber in die Berufsschule, als in die (praktischen) Ausbildungsbetriebe. Wenn einmal wieder wegen Krankheit ein Fach ausfiel in der Berufsschule, und die Entscheidung stand, ob wir in die Praxis, -also in die praktischen Ausbildungsbetriebe müssen, oder nicht. Ich war auch von meinen Leistungen her, ein eher unterdurchschnittlicher Lehrling. So durchlief ich während meiner 2-jährigen Ausbildung verschiedene Verkaufsfilialen. Unter anderen in Fußbodenbeläge, Dekostoffe (Gardinen) und Kunstgewerbe. Der Verkauf von Möbeln machte mir aber am meisten Spaß.

Natürlich gab es während der Lehre auch erfreuliche Begebenheiten. So wurde ich während meines Aufenthaltes in einer dieser Filialen auch einmal gefragt: „Tibor, -was können wir dir einmal besorgen / organisieren / was hättest du denn gern einmal?" Also, irgendetwas, was es im normalen Handel wegen der Mangelwirtschaft im Moment nicht gab. Und was sie mir als Beweis, dass sie es doch besorgen können, mir hätten, Gutes tun wollen. Die Verkäufer (vor Allem, die Verkaufsstellenleiter) in Leipzig hatten ja ein gut gesponnenes Netzwerk, weil sie sich alle untereinander kannten. Und so immer noch Artikel organisieren konnten, an die ein Normalbürger nicht herankam. Also die Ware, die „unter dem Ladentisch verhökert" wurde.

Ich will aber nicht verschweigen, dass mir während meiner Lehre ein schwerer Fehler passiert ist: Ich hatte mich einmal zu meinen Ungunsten verrechnet. Ich besuchte da gerade eine Verkaufsstelle für Gardinen in Leipzig. Eine Kundin kaufte Stores (Übergardinen). Es hätte 300.- Mark tatsächlich gekostet, aber 200.- Mark habe ich ihr nur berechnet. Die Kundin war bereits aus dem Laden und ich konnte den Fehler nicht rückgängig machen. Da war ich lange Zeit noch sehr deprimiert gewesen.

Meine Lehre habe ich im Juli 1988 mit „befriedigend" abgeschlossen. Als Möbelverkäufer war ich danach noch ein reichliches halbes Jahr tätig. Zwar erhielt ich im Januar 1989 eine Einladung in das Wehrkreiskommando Leipzig. Mir wurde dort ein Angebot gemacht, evtl. per sofort, dass ich in die medizinische Richtung in der NVA einschlage. Aber ich hatte mich schon festgelegt, dass ich ab April 1989 in einem chemischen Betrieb, nahe Taucha als technischer Mitarbeiter anfange. Dies wäre die letzte Möglichkeit gewesen, in die militärische Laufbahn zu kommen. Aber ich glaubte, dass mir meinen Pflicht Militärdienst ja keiner wegnehmen würde, -schließlich war ich als diensttauglich gemustert worden. Ich hätte dann eben nur später meinen Militärdienst begonnen, -nach meinem Aufenthalt im chemischen Betrieb.

Außerdem lockte ja in einem chemischen Betrieb (der „ZAF Cunnersdorf", - ich gehe gleich darauf ein) auch eine Qualifizierung zum Gärtner. Dies in nur

31.03.88  Tibor Lorenz, KQ 602

## Selbstbeurteilung

- keine gesellschaftl. Funktionen
- Mitarbeit im Unterricht
- hat ein Ei am Wandern (für Ostern)
- Potenzschwäche Mittel: Sellerie, Knoblauch
- Tibor müßte sich mehr um die Mädchen seiner Klasse kümmern
- Nichts in der Hose, lange Nase im Gesicht
- Er kam aus dem Wald und steht dort, darum sieht man ihn 2mal in der Woche im Wald Holz raspeln (sein Hobby noch suchen von Zartlichkeit)
- ~~...~~

- Wenn Tibor seine Jodeleben sieht, dann bei ihm in der Hose der heranwachsende Bimbo grient.
- Wenn Tiboli ein Mädel sieht, kriegt es gleich einen Steifen
- Wird es Frühling im Kalender, juckt dem Tibor oft der Ständer
- Saufen, fressen, skaten sind seine Heldentaten
- Blick wie ein zartes Reh, sowie die zarten Augen eines frisch gevögelten Eidöckens

eine "Selbsteinschätzung" von meiner Mitschüler/innen der Berufsschule f. Verkäufer :-)

einem Jahr. Wo sonst hätte man so schnell einen 2. Facharbeiterberuf machen können?

## Die Brieffreundschaft mit einer sowjetischen Schülerin

Ausgangspunkt dessen war eine Kontaktanzeige in einem Jugend- und Technikmagazin, welches ich seinerzeit gern las. Da wurde das als „Randartikel" mit in solche Zeitungen hereingesetzt, um die Völkerfreundschaft zu fördern.

Damals, d.h. kurz vor Wiedervereinigung Deutschlands war das eben so eine Zeit. Da war das „große Mode". Man hatte ja sonst nichts. Anmerkung: Na, vielleicht manche (als Jugendliche) ein Mokick. Vor allem traf diese Tatsache auf mich(!) zu.

Es war nämlich so, dass ich solche Schülerfreundschaften schon aus der Schule kannte. Ich bin da (eher unfreiwillig) ab der 5. Klasse außerunterrichtlich in den sog. Klub der internationalen Freundschaft „hereindeligiert" worden. Anmerkung: Ich, als Autist, der mit Menschen nicht kann, -aber egal! Und nach dem Schul-Unterricht noch zu so einer Arbeitsgemeinschaft gehen? Naja.

Aber am Ende machte es (sogar) Spaß. Soviel, dass es nach Beendigung meiner Schulzeit ein Defizit für mich darstellte, weil ich dann keine Brieffreundschaft mehr hatte. -Also schrieb ich das Mädel aus dem Magazin an. Und knüpfte so „soziale Bindungen". So sagt man heute dazu. Das klappte auch, -sie antwortete mir. Auf die Schülerin selber, gehe ich nicht im Detail ein. Doch so viel: Sie hieß Julia, und war etwa gleichaltrig wie ich. Sie wohnte in der Stadt Nowgorod, im Nordwesten (des heutigen) Russlands. Ihre Eltern müssen wohl „große Tiere" gewesen sein, und sie selbst wollte studieren.

Außerdem war das schon so komisch: denn sie konnte zwar Russisch und Englisch sprechen, aber kein Deutsch. Aber egal, -es störte nicht. Wir haben uns regelmäßig Karten (Comics) geschickt. Jahreskalender, und wie man das eben so machte. Zudem habe ich mir alles von Ihr digital archiviert. Und wenn es mir einmal richtig schlecht geht, drucke ich mir alles wieder aus.

Ja, das ist auch so ein Faible von mir: ich speichere „alles" digital ab. Sozusagen, für die Ewigkeit. Aber finden, -und die Zeit zu suchen, habe ich dann oft gar nicht. Ich hatte dort viele Fotos von meinem Wohnort gemacht, ihr alles geschickt. Doch mit der „Wendezeit" verlor sich die Brieffreundschaft. Es standen andere, wichtigere Themen im Vordergrund. Dennoch möchte ich diese Zeit nicht missen. Denn es stellte das sog. „dritte Standbein" für mich dar. Nämlich ein „Zwischending" zwischen Arbeit und Privatleben. Und dass das eben wichtig war…

**Mein Erwachsenenalter**

**1989 - 1991: Landwirtschaftliche Anwendungsforschung ZAF Cunnersdorf (bei Taucha)**

In der Zentralstelle für Anwendungsforschung Cunnersdorf (ZAF) war ich fast 2 Jahre tätig. Die gesamte Wendezeit habe ich in diesem Betrieb mitgemacht. Zwar habe ich schon erste Montagsdemos gesehen, als ich noch in Leipzig als Verkäufer tätig war. Wo die Polizei eine ganze Straße abgeriegelt hat (ich habe ziemlich im Zentrum von Leipzig als Möbelverkäufer gearbeitet).

Cunnersdorf war ein Betrieb, wo ich einen Einblick erhielt, wie in einem (Argo-) chemischen Betrieb Forschung betrieben wird. Dieser Betrieb war ein

„Aushängeschild" der DDR. Die DDR zeigte so öffentlich, wie moderne Pflanzenschutzforschung betrieben wird. Oft kamen Delegationen aus dem sozialistischen und dem kapitalistischen Ausland, und haben uns bei unserer Arbeit zugesehen. Cunnersdorf war echte Suchforschung. Das heißt, es wurden Substanzen, von denen man sich im Vorfeld eine Wirkung erhofft hatte, auf Pflanzen aufgesprüht. Danach wurde beobachtet, durch wissenschaftliche Mitarbeiter, was genau mit den Pflanzen passiert. Dieser Vorgang wird auch als Bonitieren bezeichnet. Ganze Serien von Pflanzen, - ganze Prüfglieder, wurden dort mit verschiedenen Substanzen aufgesprüht.

Zum Beispiel wurden bei einem Prüfglied landwirtschaftliche Nutzpflanzen und Unkräuter zusammen in einer Blumenschale herangezogen, bis zu einem gewissen Stadium. Dann wurden die Pflanzenschutzmittel aufgesprüht, und beobachtet. Die landwirtschaftlichen Nutzpflanzen sollten möglichst wenig Wachstumsdepressionen haben, während die Unkräuter möglichst vernichtet werden sollten. Soweit die Kurzbeschreibung.

Ich war in Cunnersdorf im Gewächshaus tätig, im Bereich Wirkstoffforschung. Man kann es aber nicht so einfach herunterbrechen. Denn Cunnersdorf war mehr. Überall in dem Betrieb, -sei es in den Laboratorien oder in Feldversuchen, hatte es etwas mit Chemie zu tun. Natürlich habe ich aus diesem Betrieb auch meinen (persönlichen) Profit gezogen. Zwar war ich in Cunnersdorf nicht direkt im Labor angestellt. Der Betriebsarzt erlaubte wegen meines kranken Auges nur den Einsatz im Gewächshaus. Doch das war nicht so schlimm. Denn der Bereich Wirkstoffforschung war der größte Bereich (neben dem Freilandversuchen). Und der war nun einmal im Gewächshaus.

Es war gar nicht einmal so sehr die Arbeit, selber, die mir in Cunnersdorf so gut gefiel. Vielmehr waren es verschiedene Freiheiten, die man im Betrieb genoss. Als Beispiel möchte ich die Mitgliedschaft in der Betriebsfeuerwehr aufführen. Denn immer, wenn Übungseinsätze der Feuerwehr waren, war man von der regulären Arbeit dafür freigestellt. Wir waren in unserem Kollektiv ca.

15 Frauen und 2 Männer. Natürlich musste ich die „Standardsachen" alle mitmachen, die jeder in unserem Kollektiv zu tun hatte. Zum Beispiel das Füllen der Blumenschalen mit Erde, das Hereinstreuen der Samen und das Abdecken der Saat mit Erde. Das Angießen mit Wasser, zum Beispiel.

Von meiner Arbeit, selber, gefiel mir zur damaligen Zeit am besten das Regenerieren der Ionenaustauscher Anlage. Wir hatten so eine Vollwasserentsalzungsanlage in unserem Betrieb, weil wir das destillierte Wasser für mannigfaltige Anwendungen brauchten. Den größten Verbrauch hatte das Gießen von verschiedenen Pflanzen mit destilliertem Wasser. Daneben brauchte auch ein Labor in gewissen Zeitabständen destilliertes Wasser. Und wir selbst brauchten auch destilliertes Wasser zum Sauberspülen von unseren Laborgeräten. Das Regenerieren der Ionenaustauscher Anlage, zum Beispiel, war „echte" chemische Arbeit im Betrieb: diese Anlage bestand aus 4 Glasröhren, ca. 30 cm im Durchmesser, und etwa mannshoch. In diesem konnte man die Ionenaustauscher - Harze sehen. Offensichtlich musste es auch so sein, dass jeder Mitarbeiter seinen persönlichen Gewinn aus dem Betrieb gezogen hat. Für den einen waren dies zum Beispiel die sehr guten FDGB - Urlaubsplätze, welche seitens dieses Betriebes angeboten worden sind. Für den anderen, wie mich, das Arbeiten an einer chemischen Prozessstrecke (der Ionenaustauscher Anlage). Das war ja für mich auch alles Neuland. Und so eignete ich mir in kurzer Zeit die Arbeitsabläufe in einem chemischen Betrieb an, um sie dann für mein Labor zu Hause, -wenigstens teilweise, zu übertragen.

Ich betone ausdrücklich, dass ich seitens des Betriebes und seiner Mitarbeiter alle nur erdenkliche Hilfe zur Stillung meines Wissensdurstes bekam. Zum Beispiel wenn es um das zur Verfügung stellen von Bedienungsanleitungen von Laborapparaten für mich ging.

Auf der einen Seite hatte ich Glück, die Wendezeit in Cunnersdorf mitgemacht zu haben. Denn so arbeitete ich zum Beispiel als Pförtner. Und der Pförtner in einem Betrieb muss ja über Alles Bescheid wissen. Man hatte mich und meine (gleichaltrige) Kollegin extra dafür eingesetzt, um mich noch möglichst lange im Betrieb halten zu können. Zum einen machte mir die Arbeit als Pförtner Spaß, immer abends, ganz alleine den Betrieb zu bewachen. Zum anderen habe ich aber die ganzen Aufräum- und Entsorgungsaktionen mitmachen können, die im Betrieb in dieser Zeit stattfanden. Viele Dinge, die nicht mehr benötigt wurden, wurden in großem Umfang entsorgt.

Das waren zum Beispiel viele Fachzeitschriften, die sich über viele Jahre angesammelt haben. Und alles, das, was für die Parteiarbeit im Betrieb benötigt wurde, -wie zum Beispiel Stempel, wurde ja mit einem Mal nicht mehr gebraucht. In jedem Bereich des Betriebes wurde geschaut, was „verschrottet" werden kann. Vielleicht war es auch eine gute Idee, aus betrieblicher Sicht, den Betrieb zu „entrümpeln". Denn es wurde immer gesagt, wenn sie später die (Entsorgungs-) Container vollgemacht hätten, wären es noch mehr Entsorgungsgebühren gewesen. Ich kann mich noch entsinnen, dass ich knietief in Transistoren und Schaltkreisen in einem Container stand. Ich hatte nach irgendetwas für mich noch verwertbaren geschaut.

Ich habe auch immer etwas gefunden: sei es ein kleiner Fernsehapparat, oder ein Radio (welches ich heute noch besitze). Ein Teil der Sachen war nicht mehr „Stand der Technik", zum Beispiel ein Beschriftungsgerät. Es wurde auch viel Computertechnik entsorgt, die schon überaltert war, z.B. alte Lochbandstanzgeräte, eine elektronische Zeichenmaschine. Ein halbes pH- Wert Messgerät, Mikrofiches, eine russische Computertastatur... Ich hatte mir einen Kompressor von einem Kühlschrank für mein Heimlabor bereitgestellt. Ich hatte auch in meiner Eigenschaft als Pförtner dazugelernt. Zum Beispiel die gesamte Alarmtechnik im Betrieb mit ihren Lichtschranken oder der Ultraschall- Bewegungsmelder, bei uns am Betriebseingang.

Es gibt noch 2 Sachen, die über den Betrieb Cunnersdorf gesagt werden müssen: Zum einen gab es da eine betriebseigene, kleine Mülldeponie. Sie war hinter dem Betrieb angelegt. Zwar war sie vom Betrieb durch ein Betriebstor erreichbar. Aber genauso gut war sie über einen alten Feldweg von einem öffentlichen Feld aus, erreichbar. Sodass ich am Wochenende nicht durch den Betrieb fahren musste, wenn ich diese Deponie „besuchen" wollte.

Das war so: wir hatten aus unserem Fachbereich (Wirkstoffforschung) oftmals leere Chemieflaschen, die nicht wiederverwendet wurden. Diese wurden durch meinen Kollegen und mich tagsüber auf dieser Deponie entsorgt. Am Wochenende konnte ich dann mit meinen Kleinroller die Flaschen dann holen. In den letzten Wochen des Betriebes wurden besonders viele Dinge auf dieser Deponie entsorgt. Auch viele Laborgeräte waren darunter (die ich mir alle mit nach Hause nahm, -logisch!). Während sonst nur die von den Feldern aufgelesenen, großen Steine dorthin gekippt worden sind, oder Bruch-Glasscheiben von unseren Gewächshäusern.

Im nächsten Jahr werden es 30 Jahre, vor denen ich in diesem Betrieb gewesen bin. Und bis vor wenigen Jahren habe ich immer noch einen Witz gemacht, dass ich einen Passanten eine Stelle nahe dem Betrieb (bei unserer Mülldeponie) zeigen kann, wo es immer noch nach Chemie riecht. Diesen Witz mache ich nicht mehr. Im Laufe der langen Zeit hat sich die Natur das alles zurückgeholt. Und ich würde unglaubwürdig erscheinen, würde ich so eine Aussage machen. Im Betrieb existiert auch ein Erdhaufen. Er wurde damals mit einem Bagger aufgeschüttet. Auf ihm sollten die Rest- Prüfsubstanzen aufgebracht werden, um sie unschädlich zu machen. Dieser Haufen ist immer noch sichtbar. Er hat aber an Größe wesentlich eingebüßt, und ist nur noch ein kleiner Hügel im Gelände.

Die 2. Sache, die ich über Cunnersdorf erzählen möchte ist, dass der Betrieb nicht ganz aufgelöst worden ist. Der Stammbetrieb von Cunnersdorf ist ja SKW Piesteritz. Eine kleine Anzahl von Forschungsmitarbeitern konnte sich in Cunnersdorf halten. Und jedes Jahr, im Juni wird ein Feld Tag (noch, hoffentlich, möglichst lange!) dort durchgeführt. Da treffen sich alle namhaften

Hersteller von agrochemischen Produkten und verteilen kostenloses Werbematerial und Produktproben. So ich kann, und Zeit habe gehe ich auch immer mit hin und informiere mich über Neuheiten in der Agrochemie. Manchmal treffe ich sogar noch ehemalige Mitarbeiter von der ZAF Cunnersdorf dort.

An diese Zeit im Betrieb kann ich mich noch erinnern, dass wir da schon ersten Kontakt mit dem neuen „West- Produkten" hatten. Mir blieb im Gedächtnis die ersten Frucht- Joghurt Zubereitungen oder der erste Orangensaft aus Tetra Paks. Wir hatten bei unserem Betrieb so eine kleine Lebensmittel Verkaufsstelle. Und die hatte ihr Sortiment schon auf die neuen „West- Waren" umgestellt. Überall in den Orten entstanden aus alten Fabrikanlagen neue Discounter- und Supermärkte. Man konnte sich für sein Geld plötzlich etwas kaufen.

Ich habe mir meinen ersten 8-bit Computer gekauft. Damals noch von einem Bekannten als einen gebrauchten Computer abgekauft. Die (IBM-) PC`s waren unmittelbar nach der Wende noch zu teuer. Aber auch das sollte sich innerhalb weniger Monate ändern…

Cunnersdorf ging (für mich) unspektakulär zu Ende. Am 15.02.91 wurde mir per Brief gekündigt. Doch bereits ab dem 01.03.91 habe ich an einer Arbeitsbeschaffungsmaßnahme teilnehmen dürfen. Dies war im

### Pflege- und Feierabendheim in Brandis (1991-1992)

Dort war ich zur Pflege der (zum Feierabendheim gehörenden) Parkanlage eingesetzt. Man kann auch sagen, als Landschaftsgärtner. Auf alle Fälle kam mir bei dieser Tätigkeit zu Gute, das ich vor einem reichlichen halben Jahr erst meinen Abschluss als Facharbeiter Gärtner für Gemüse / Zierpflanzen in

Cunnersdorf gemacht habe. Sonst wäre mir die Stelle sicher nicht angeboten worden. Die ABM-Maßnahme sollte dort 1 Jahr gehen. Das Wichtigste, was gesagt werden muss ist, dass ich (zur damaligen Zeit) ein Mensch war, dem nichts und niemand hat abbringen können, von seiner Überzeugung, alles im Leben erreichen zu können, wenn man der Sache nur genug Fleiß und Beharrlichkeit angedeihen lässt. Mit der Wiedervereinigung (und ich, als jungen Menschen) schien buchstäblich alles möglich zu sein. Es durfte nur eine Sache nicht passieren, die ich aber a priori ausgeschlossen habe. Und zwar, dass ich nicht zur Armee durfte. Aber das sollte sich erst später entscheiden.

Zunächst, einmal galt es nämlich, die mir gestellte Arbeitsaufgabe bestmöglich zu erfüllen. Mein Arbeitskollege und ich waren die einzigen 2 Personen, die sich auf die Stellenausschreibung des Pflegeheimes gemeldet haben. Das war schon mal zum Lachen. Wir sind auch noch zu diesen „Vorstellungsgespräch" zur selben Zeit eingeladen worden. Uns wurde da das Gewächshaus gezeigt, wo schon aus „Altbestand" eine Kollegin und der Gärtnermeister darin arbeiteten. Dem Gärtnermeister waren dann auch wir unterstellt.

An dem Tag zeigte uns, -wie gesagt-, eine Dame aus dem Büro unsere Arbeitsaufgabe, -z.B. Laub harken. Mein Kollege und ich haben sofort zugesagt, dass wir die Arbeit machen wollen. Denn es galt ja damals, möglichst breit sich Wissen anzueignen, -in möglichst vielen Sparten einmal „hereingerochen" zu haben. Das schöne (wenn nicht sogar das schönste) war, das wir ja als ABM - Angestellte de facto „herrenlos" waren. Natürlich hatten wir den Gärtnermeister als Chef. Aber zum einen hat sich der Gärtnermeister selber um eine bessere Stelle (namentlich um die Leitung des gesamten Pflegeheims) beworben.

Und dann hat man als ABM - Angestellter eh keinen „richtigen" Chef. Wer ABM schon einmal mitgemacht hat, weiß wovon ich spreche. Das war eben die Zeit, so. Das war also eine Art „Narrenfreiheit" für uns, die wir aber nie so richtig ausgekostet haben. Stattdessen haben wir gearbeitet, wie „die

Deckchen". Auch in der Hoffnung, bald gar keinen Chef mehr zu haben. Wenn unser Gärtnermeister die Leitung des Pflegeheims übernommen hätte, was aber nicht eingetreten ist.

Trotzdem war es ein freies Leben für uns, denn die rein gärtnerischen Tätigkeiten konnten oder wollten im Betrieb ja keiner machen. Und das war eben der riesen Unterschied: das Stammpersonal der Heizer oder Betriebshandwerken hatte noch ihren festen Chef (wo das Pflegeheim noch bestand), und war dadurch stärker in den Betrieb eingebunden. Auch die Zivildienstleistenden, die im Pflegeheim waren, hatten nicht die Freiheiten, wie wir Gärtner.

Zu mir hat einmal mein Kollege gesagt: „Tibor, bei Dir ist eben eine Mark noch eine Mark wert!" Und genau, das war es auch. Ich war eben streng mit meiner eigenen Arbeit, aber auch mit der Arbeit der anderen im Betrieb. In Wirklichkeit war es aber so, dass ich z.B. beim Unkraut ziehen auf dem Wegen den direkten Kontakt meiner Haut mit der Erde auch nicht so konnte. Doch habe ich es irgendwie trotzdem hinbekommen.

Es war in dieser Zeit aber auch ein ausgewogenes Verhältnis von Arbeit und Privatleben. Natürlich musste ich auch am Wochenende mal raus, wenn das Heu zu wenden war. Aber ich meine, wir hatten trotzdem genug Freiheiten. Wenn 16.00 Uhr die Arbeit getan war hatten wir eben den Rest des Tages zu unserer Verfügung. An die Zeit denke ich noch gern zurück. Eben, weil in dieser Zeit alles neu war. Ich habe viele Büroartikel gekauft (z.B. Ordner), die damals spottbillig waren. Für mein heimisches Büro. Einige von diesen Büroartikeln habe ich selbst heute noch. Da war bei uns in der Bahnhofstraße gleich neben der Schule so ein neu eröffneter Büroladen. Viele Artikel kannten wir ja gar nicht aus DDR- Zeiten, z.B. die Haftnotizen (Post-it`s).

In dem Jahr, wo ich im Alters- und Pflegeheim in Brandis tätig war, starb auch mein Großvater väterlicherseits. Er war zu diesem Zeitpunkt in dem

Pflegeheim, wo ich als Gärtner beschäftigt war. Beide Großeltern kamen kurz, vor der Wiedervereinigung in dieses Pflegeheim, weil sie sich zu Hause nicht mehr selbst versorgen konnten. Der Großvater war 86 Jahre alt. Und ich kann mich noch erinnern das, -er hieß Opa Kurt, -er noch auf dem Sterbebett zu meinen anderen Opa sagte: „Erich, -was soll ich denn nur einmal machen? -Ich will noch nicht sterben." Ein paar Tage, darauf war er halbseitig gelähmt. Und (auch) an seinem Mund sah man es schon: -sein Gesundheitszustand hatte sich wesentlich verschlechtert. In der kurzen Zeit. Er ist dann in ein paar Tagen friedlich eingeschlafen. Mein Bruder hat dort zu dieser Zeit im Pflegeheim als Zivildienst - Leistender gearbeitet. War dann aber damit fertig. -Später hat er eine Anstellung bei der Polizei in Leipzig als Elektroniker erhalten (er ist gelernter Elektroniker). Somit blieb nur noch ich im Pflegeheim übrig. Ich kann mich noch an so manchen Schabernack erinnern, den ich mit meinem Kollegen dort gemacht habe. Wir arbeiteten ja immer zu zweit.

Aus dieser Zeit habe ich noch viele schöne Fotos, die wir in dem Pflegeheim von unserer Gärtnerbrigade gemacht haben. Natürlich sollte auch der Spaß nicht zu kurz kommen.

Ich möchte im Folgenden kurz abschweifen. Auf meine Großeltern, -väterlicherseits.

Viel bekam ich ja von ihnen nicht mit, weil sie ja dann schon gestorben sind. Die Oma hieß: Hilde. Und der Der Opa, -wie schon gesagt: Kurt. Sie wohnten in der Weststraße, bei uns, in Brandis. In so einem kleinen Flachbau - Haus. Der Opa war ein kluger Mann. Sehr lebenserfahren. Er war früher von Beruf Tischler. War auch in der Partei (SED). Er hat immer so kleine Kurzzeichnungen mit mir gemacht, -Vögel gemalt. Und er hat auch gern Kreuzworträtsel (so, wie ich!) ausgefüllt. Meistens, -so, zu Geburtstagsfeiern „dort unten" (ich meine damit: in ihrem Haus). Einmal war ich bei diesen Großeltern als Kind zur Aufsicht. Weil meine Eltern keine Zeit für mich hatten. Da kann ich mich noch erinnern, -da gab es so Haferflocken - Brei zu essen. Opa aß den immer gern, -ist auch sicher sehr alt geworden, davon. Naja, und eine zweite Episode war die: ich bin zu Silvester zu Fuß gelaufen, mit meinen Eltern, -zu diesen Großeltern. Und zum Abschluss des Treffens habe ich noch einen Blitzknaller (Böller) vor ihre Wohnungstür geworfen. Wir mussten alle schallend lachen, -darüber.

Und, weil aller guten Dinge 3 sind, -hier noch eine letzte Erinnerung: Vater (natürlich zusammen, mit meiner Mutter!) hatte es nämlich ermöglicht, dass die beiden Großeltern noch in den Besitz eines Farbfernsehgerätes gekommen sind. Das war ein Novum! Damals, -bereits zu dieser Zeit. Wir schauten dann alle zusammen Fußball. Das weiß ich noch, -wie heute. Der Fernseher hatte zwar nur eine Bildröhre sowjetischer Bauart. Das heißt, das Bild war sehr „grünstichig". Aber das war egal. Es waren ja die Anfänge des Farbfernsehens. Und man war froh, überhaupt etwas Farbe im Fernsehen sehen zu können.

Auch einen Wellensittich hatten die 2 Großeltern. Sie hatten ihn von meinem Bruder geschenkt bekommen. -Hegten und pflegten ihn, -bis zu seinem Tod. Naja, -und meine Oma: Sie war größtenteils ihres Lebens Hausfrau und Mutter, -wie man heute so schön sagt. Auch eine sehr gewissenhafte Frau. Über sie weiß ich noch weniger.
Sie war wohl aus Liebe zu ihrem Mann in Brandis geblieben. -Sie selber, wollte immer in die Großstadt ziehen, -nach Leipzig. Außerdem konnte sie immer so schöne Kuchen (oder Torten?) backen, -zu den Geburtstagen. Beide, -Oma und Opa, waren wahrscheinlich (auch) deshalb so ernste Menschen, weil ihrer Tochter einmal ein schwerer Unfall passiert ist. Es muss wohl so gewesen sein, dass ein Mitschüler mit einer Zwille (einen „Krampen Catcher") auf sie geschossen hat. Mit einer Krampe. Dabei hat sie ein Auge verloren…

Nun aber zurück, -in das Jahr 1992 (und damit in das Pflegeheim in Brandis):

Was mir besonders im Gedächtnis geblieben ist, aus jener Zeit, waren die individuellen Hobbys, die sich bei vielen Menschen herausgebildet haben. Bei meinem Bruder und mir war das zum Beispiel der CB- Funk (bei meinem Bruder auch der Amateurfunk). Was wir in diese Zeit mit anderen CB-Funkern für Gespräche geführt haben... Das war enorm. Oder ich habe meinem Bruder wieder einmal über die Schulter geschaut, wenn er auf dem Amateurfunk die digitale Betriebsart „Packet Radio" gemacht hat. Auch die Datenübertragung geht über den Amateurfunk.

Ich habe die Zeit gut genutzt, im Pflegeheim. In dieser Zeit habe ich meine PKW- Führerscheinprüfung gemacht. Dies war gerade die „Übergangsklasse", wo ich in der Fahrschule gefragt habe, ob wir noch nach DDR- Standard geprüft werden, oder schon nach den neuen „West"- Prüfungsbögen. -Wir sind schon nach den neuen „West" -Prüfungsfragen geprüft worden. So konnte ich meinen Führerschein per 03.06.1991 in den Händen halten. Dies war deswegen gut für mich, weil ich so immer mit meiner „überdachten Zündkerze", -namentlich dem Trabant auf Arbeit fahren konnte, und zumindest der Fahrweg nicht mehr so wetterabhängig, wie, mit meinem Moped war. Ich hatte es nicht bis weit zur Arbeit, konnte auch zu Fuß gehen.

Natürlich stellte sich für mich immer nun die Frage, was ich weiter beruflich machen möchte. Meinen Armeedienst wollte ich schon machen, -aber so, dass ich hätte dann dort entscheiden wollen, wie es beruflich mit mir weitergeht.

Für das Zivilleben war es nämlich so, dass ich an diese berufliche Tätigkeit einen gewissen Anspruch hatte. Soll heißen: der Allerletzte (im Sinne, von: einfacher) Arbeiter in dem Staat wollte ich nicht sein. Zum Beispiel hätte ich mir eine Stelle im Feuerlöscher Refill- und Prüfservice vorstellen können, ja habe mich selbst dort öfters beworben (leider von Beginn, an, -ohne Erfolg). Also eine Sachverständigen Tätigkeit. Etwas, wo man auch etwas Verantwortung bei seiner Arbeit hat. Denn, von meiner Ausbildung, her, war ich nur einfacher Verkäufer und Gärtner.

Kurz, nach der Wiedervereinigung wurde z.B. in Taucha der NOWEDA Pharma Großhandel neu gebaut. Und weil dies etwas in die (Tätigkeits-) Richtung: Chemie ist, wäre es auch für mich als potentielle Arbeitsstelle in Frage gekommen. Ich hatte selbst dort schon ein Vorstellungsgespräch, - jedoch ohne Erfolg. Bei NOWEDA suchten sie nur ein Hausmeister - Ehepärchen. Und ansonsten waren alle Stellen schon besetzt. Aber sich blind zu bewerben, ist ja nicht verboten (und kostet ja wenig). Denn ich war ein optimistischer Mensch, und bin dies auch heute, noch. Meinen Anspruch, an eine etwas bessere Arbeitsstelle hatte ich damit (mir selber) begründet, dass ich ja schon 2 Facharbeiterbriefe „in der Tasche" habe, und nun eine etwas bessere Tätigkeit für mich in Frage kam. Nach dem Motto: Zurückfallen, auf Facharbeiterniveau kann ich allemal.

So, wie wo ich in Cunnersdorf war: Zwar nur Gärtner, aber wo ich an der Entwicklung von Pflanzenschutzmitteln beteiligt war. Bei meiner ABM - Maßnahme war ich zwar auch bloß Gärtner, aber ABM stellt eben eine Ausnahme dar. Es ist schwer zu erklären, warum. Etwa, weil bei ABM jeder seine „Narrenfreiheit" hat.

In dem Jahr ABM habe ich auch noch „computermäßig aufgerüstet". Ich kaufte mir meinen ersten 286ger IBM- kompatiblen Computer. Für 990.- DM. Das war damals sehr preiswert, für einen Computer mit Festplatte. Der Hersteller war ATARI (ja, die Firma hat damals auch IBM- kompatible PCs hergestellt). Plötzlich gab es in unserem Supermarkt: Allkauf in Brandis in den Wühltischen alles „alte" 286ger. Amstrad Computer, und so weiter. Wo man für sein Geld eine entsprechend große Leistung bekam. Die 286ger PCs mussten aus den Läden „heraus", denn es warteten ja schon die 386ger PCs in den Regalen. So war die Situation damals. Ein 386ger Computer kostete aber damals noch so 3000.- DM. Diese Preise gingen aber dann aber sehr schnell herunter.

Ein Schulfreund, der Daten Verarbeiter gelernt hat, sagte mir, dass es bei Allkauf jetzt einen für mich passablen (IBM-kompatiblen) PC geben würde und riet mir zu dem Kauf zu. An meinen Atari-PC hatte ich noch lange Freude. Zuerst mit bernsteinfarbenem Monitor, -später auch mit Farbmonitor. Den PC nutzte ich hauptsächlich für so chemische Lernprogramme, die es zu der Zeit aus dem Public Domain Bereich gab. Ich habe den Kauf meines Atari-PCs nie bereut.

Aus der Zeit gab es aber noch eine andere Überlegung, wo ich lange Zeit sinniert habe, darüber: Zu Beginn der 1990ger Jahre war die Chemie verpönt, und viele Menschen haben überreagiert, wenn irgendetwas „chemisch" war. Hochwertige Konsumgüter wollte jeder haben, -sie durften nur nichts mit Chemie zu tun haben. Das ist zum Teil auch heute noch so, aber ich finde, nicht mehr so stark. Für mich stellte sich die Frage deswegen, ob ich nicht meine gesamte Chemielaufbahn aufgeben wöllte, zugunsten der damals erstarkenden Computerbranche. Denn es ist ungefähr gleichwertig: eine saubere Arbeit mit Computern, oder eine Arbeit im Labor. Und es hätte gut hereingepasst, in die damals unterschwellige Tendenz: weg von der Chemie. In der Praxis wäre es mir wohl egal gewesen, ob ich erst einmal eine Tätigkeit mit Computern angenommen hätte, aber nie die Grundstoffindustrie (und dabei, allen voran, die Chemie) aus den Augen verloren hätte. Auch bei einer Arbeit mit Computern hätte ich noch genug Bezugspunkte zur Chemie gehabt. Soll heißen: so ganz trennen wollte ich mich von der Chemie denn dann doch nicht.

Nach Beendigung der ABM- Maßnahme im Februar 1992 stand ich zunächst erst einmal arbeitslos da. 1 Monat sollte es dauern, bis ich an einer § 41a Maßnahme des Arbeitsamtes in Wurzen teilnahm. Dort lernten wir uns richtig zu bewerben, in einem Betrieb. Auch das Vorstellungsgespräch wurde trainiert. Der Lehrgang fand sämtlich in der alten Teppichfabrik statt. Nur das Erstellen der Bewerbungsunterlagen fand in der Schule in Wurzen statt, weil dort schon Personal Computer zugegen waren. Unser simuliertes Bewerbungsgespräch wurde damals schon modern mit einer Videokamera gefilmt. Im Anschluss, daran wurde uns gezeigt, wo wir noch Fehler bei dem Vorstellungsgespräch gemacht haben.

Zum Beispiel, manche zappeln da auf ihren Stuhl herum, oder setzen die Hände falsch im Bewerbungsgespräch ein. Geleitet wurde die § 41a Maßnahme von einen Russischlehrer aus Leipzig. Bei dem Lehrgang wurde auch alles richtig gemacht. Abgeschlossen wurde der 1-monatige Lehrgang mit dem Überreichen eines Buches mit dem Titel: „So bewerbe ich mich richtig!" (oder sinngleich).

Ende April des Jahres ging die §41a Maßnahme zu Ende. So, frisch ausgestattet mit neuem Wissen ging es auf die Suche nach einer neuen Arbeitsstelle. Zunächst, erst einmal hatte ich im Juli des Jahres noch einen Computerlehrgang in Leipzig mitgemacht. Diesen habe ich selber finanziert. Damals war das aber nicht so wichtig, ob der Kurs nun selber finanziert, oder vom Arbeitsamt bezahlt worden ist. Es war ein Computer Intensivkurs. Außer mir nahmen noch 5 Ingenieure aus einem Betrieb mit daran teil. Natürlich hat der Lehrgang Spaß gemacht. Ich wollte ja möglichst eine Arbeitsstelle finden, die irgendetwas mit Computern zu tun hat. Im Oktober des Jahres 92 gelang es mir dann wieder eine Arbeitsstelle zu finden. Es war bei der Firma:

## **NOVA-Möbel in Kleinpösna 10/92 - 03/94**

Dort war ich wieder als Fachverkäufer für Möbel angestellt. Ich hatte ja das erste Mal einen Einblick, wie bundesrepublikanisch der Möbelverkauf vonstattenging. Vorurteilsfrei. Und dass man mit seiner Provision am Umsatz beteiligt war. Das kannte ich so aus DDR- Zeiten nicht. Zunächst, einmal ging bei NOVA-Möbel auch alles in Ordnung. Ich bin ordentlich meiner

Verkäufertätigkeit nachgekommen, traf sogar einen Mit- Lehrling von meiner Verkäuferklasse, von früher in der Filiale. Die Arbeit machte zwar Freude, aber meistens ist es so, dass, wenn die Arbeit nicht genau das ist, was man sich gewünscht hat, geht man der Arbeit nur wegen seiner Verpflichtung nach. So war das auch bei mir.

Aber ich habe dort alles mitgemacht, -von den Ausstellungsräumen des Geschäftes, bis hin, zum Lager. So verging fast ein dreiviertel Jahr.
Ich suchte in dieser Zeit immer eine vormilitärische Beschäftigung. Ich wusste, zum Beispiel, dass (in meinem Heimatort Brandis) der Flugplatz Polenz bewacht wird. Aber nicht von der Bundeswehr, sondern von irgendeiner anderen Organisation. Denn ich sah immer die Herren in ihrem Jeep durch Brandis fahren. So etwas wollte ich auch gern machen. Damals wusste ich auch noch nicht, was privatrechtliche Bewachung ist, u.s.w. Etwas vormilitärische Kenntnisse sich anzueignen, die ich dann später bei der Bundeswehr anwenden kann, wird gar nicht schlecht sein. So, jedenfalls, war mein Plan.

Mit der Bewerbung an der Wache auf dem Flugplatz in Polenz klappte es auch. -Ich wurde genommen. Und zwar als geringfügige Tätigkeit, immer an den Wochenenden. Sodas ich meine Verkäufertätigkeit immer noch weiterführen konnte. Mein Chef im Möbelgeschäft hatte es mir genehmigt.

Ich kann über die kurze Zeit meines Aufenthaltes auf den Polenzer Flugplatz mehr erzählen, als über die 1,5 Jahre bei NOVA-Möbel in Kleinpösna. Warum beide Arbeitsstellen scheiterten, soll hier noch später im Text zu lesen sein. Über den Möbelverkauf kann ich zwar auch einiges berichten, aber wesentlich spannender scheinen mir doch meine Erlebnisse bei der Bewachung des Flugplatzes zu sein. Die Wachfirma hieß WSD, und sie kam auch Cham. Gleich nach der Wiedervereinigung Deutschlands. Eine Zweigniederlassung war in Leipzig. Wir hatten den Auftrag, die ehemalige Garnison Brandis / Polenz (den Flugplatz) zu bewachen.

Es gab auch eine Wachbrigade von uns, die die Bundeswehr Kaserne in Lindhardt bewacht hat. Die bewachten diese Kaserne im Außenbereich mit Bewaffnung. Einmal haben mich meine Kollegen dort mit hingenommen, um zu sehen, was dort abläuft.

Wir hatten auf dem Polenzer Flugplatz einmal, als „Hauptwach-Gebiet" den ehemaligen Eingang der Garnison. Da stand ein Haus noch, wo wir uns die Zeit drinnen aufhalten konnten. Und dann gab es da noch (auf dem Gelände des Flugplatzes im Wald) ein Asylanten Wohnheim, was zu bewachen war. Die Garnison war übrigens dieselbe, wie, wo ich in einem vorherigen Kapitel schrieb, wo ein Freundschaftstreffen von der Schule organisiert worden ist. Der Außenbereich des Flugplatzes war stündlich mit dem Jeep abzufahren. Damals war ja noch nicht sicher, ob sich nicht noch Restmunition von dem ehemaligen GUS- Streitkräften sich im Wald befindet. Und damals kamen auch noch viele Schaulustige, auch Pilze- Sucher auf das Gelände des Flugplatzes. Ich meine, das Gebäude des Towers stand ja noch. Erst später, dann sollte sich in geringfügigen Maßen ein ziviler Flugbetrieb herausbilden. Mit kleinen Propellermaschinen oder mit motorisierten Gleitschirmfliegern.

Viele „handwerkliche Tätigkeiten" gleichen sich bei einer (privatrechtlichen) Wachschutzfirma und dem, eines Soldates zu sein. Z.B. bei der Bundeswehr, - das Tragen der Dienstkleidung bzw. Uniform. Oder der Umgang mit dem Funkgerät. Ich habe die Zeit dort genossen. Mich einfach einmal treiben lassen, in der späten, warmen Herbstsonne. Im Inneren der Garnison waren viele Objekte zu Fuß anzulaufen (bzw. zu bestreifen). So, zum Beispiel die Kommandantur Villa oder das Kino. Viele Häuser sind heute so zerfallen, dass sie nur noch Ruinen sind. Wenn sie überhaupt noch stehen. Die ausgedehnten, langen Streifengänge zu Fuß, mit, oder ohne Wachhund. Dies alles hat mir sehr gefallen. Ich habe beide Dienste mitgemacht: die Tag- und die Nachtschicht. Richtig angeleitet von meinen Wachkollegen, auf was eben alles zu achten ist, bei den Streifengängen. Viele der Wachleute „dort draußen" kamen aus

Eilenburg. Besser gesagt, aus dem Eilenburger Chemiewerk. So dass ich auch da, wegen meines Interesses für die Chemie, genug Diskussionsstoff hatte.

Wir hatten darauf zu achten, dass der Zaun als äußere Begrenzung der Garnison in Ordnung war. So dass keine Person auf das abgegrenzte Areal der Garnison kommen konnten. Besonders gefiel mir aber das Bewachen des Asylantenwohnheims. Weil man da ganz alleine seinen Dienst verrichtet hat (von den Asylanten, einmal abgesehen). Das Asylantenwohnheim war nicht direkt auf dem Gelände der Garnison, sondern in einem angrenzenden Waldstück untergebracht. Es war das ehemalige Schwangerenheim, und wurde so um genutzt. Viele Asylanten habe ich dort aber nicht gesehen. Ungefähr 5 Asylanten habe ich dort gesehen. Ich habe aber auch nicht gefragt, wie viele Asylanten dort regulär in diesem Heim untergebracht waren. Ich habe wohl vergessen, danach zu fragen. Und dann war ich auch zu selten dort.

Fest steht aber, dass unter den Asylanten 2 männliche Jugendliche waren, die geschätzt noch etwas jünger waren, als ich, zur damaligen Zeit. Da bin ich schon ein bisschen auf „Erkundungskurs" gegangen, und habe versucht, mit ihnen zu kommunizieren. Was sie für Weltansichten haben, und so weiter. Das war aber gar nicht so einfach, denn wir haben uns ja sprachlich gar nicht verstanden. Blieben also bis auf ganz wenige Ausnahmen nur das Gestikulieren und die nonverbale Kommunikation übrig. Mittags wurde von einem Lieferdienst aus Wurzen das Mittagessen in Assietten angeliefert. Ein komisches Gefühl war das, denn: ich habe von dem gleichen Mittagessen, was für die Asylanten vorgesehen war, mitgegessen. Für den Wachdienst war eigentlich keine Portion vorgesehen, jedoch blieb immer 1 Assiette übrig. Das waren Vorurteile (wenn es welche gab) einmal anders, herum: hier hatte der Wachmann einmal etwas umsonst erhalten, -Dinge, die man eigentlich den Asylanten normalerweise zuschreibt.

Ich bin ein Mensch, der für alles offen ist, und der jeden anderen Menschen erst einmal machen lässt, solange er meine Bedürfnisse nicht verletzt. Und das verlange ich auch von jedem anderen Menschen. Und zwar egal, ob er nun Ausländer heißt, oder nicht. Damals war das mit den Ausländern noch nicht so ausgedehnt, wie heute, und noch in einem überschaubaren Rahmen. Und es war mir in den 12 Wachstunden, die ich dort zu absolvieren hatte nie langweilig geworden. Damals hatte ich so einen kleinen Gummiknüppel mit (Tränen-) Gas von meinen Kollegen mitgegeben bekommen, den ich auch erst einmal erkunden musste. Damals war das Tragen von solchen Schlagstöcken scheinbar noch erlaubt. Vorschriftsmäßig kam auch unser WSD- Jeep in regelmäßigen Zeitabständen vorbei, und er hat nach mir geschaut, ob alles in Ordnung ist. Niemals hätte ich auch nur im Traum daran gedacht, dass das alles eines Tages nicht mehr sein würde. Gehörte ich doch zu den „Privilegierten", nach der Wiedervereinigung, die 2 Arbeitsstellen zur gleichen Zeit hatten.

Wie ich schon schrieb gehörte ich zu dieser Zeit noch zu den Menschen, bei denen buchstäblich alles möglich war, wenn man zur Erledigung seiner Arbeit nur genug Sorgfalt und Beharrlichkeit angedeihen lässt. Doch das sollte sich schon bald ändern…

Wieder zurück zu meiner Möbelverkaufsstelle. Das Verkäuferleben war ein sehr freies Leben, da man (in gewissen Grenzen) selber bestimmen konnte, wieviel Geld man pro Monat verdient. Auch hier wollte man mir meinen Aufenthalt in der Filiale möglichst angenehm gestalten. Ich hatte zu der Zeit immer so einen kleinen Funkscanner mit auf Arbeit genommen. Mit diesem konnte ich den Polizeifunk von Leipzig mithören. Ich war so immer „auf dem Laufenden", was in der Stadt los war. Auch hatte ich zu jener Zeit Erfahrungen mit Drogen gemacht. Naja, in Wirklichkeit waren es Tabletten (die Wirkung ist die gleiche!). Es langte jedenfalls aus, um zu wissen, was Drogen sind.

So ging das Verkäuferleben bis zum September des Jahres 1993. Am 02.09.93 erhielt ich von der Bundeswehr Post. Es war das Kreiswehrersatzamt in der Wodanstraße in Leipzig. Natürlich freute ich mich darauf, schließlich habe ich die ganze Zeit schon darauf hingearbeitet. Im Brief stand, dass ich für den 15.09.93 zu einer erneuten ärztlichen Untersuchung vorgeladen sei. Mitzubringen sei das Übliche, -der Personalausweis, usw. Ich zeigte das Schreiben auf meiner Arbeitsstelle, damit ich an dem entsprechenden Tag dafür frei erhalten würde. Da war auch noch ein (jüngerer) Kollege, bei uns aus dem Lager der Verkaufsstelle. Er war erst von der Bundeswehr zurückgekommen. Und ihn wollte ich es nun gleichtun.

Was einem da alles für Gedanken durch den Kopf gehen, -man sitzt in Gedanken schon auf den „gepackten Koffern". Ich kann mich da noch erinnern, dass ich gerne zu den Fallschirmspringern wollte. Weil ich (vom Körpergewicht, her) so leicht war. Auch mein Chef hat dies wohl so gesehen. Auf alle Fälle war ich schon in Erwartungshaltung, was mich bei der Bundeswehr wohl erwarten würde. Damals waren ja auch so Bundeswehreinsätze in Somalia, was ebenfalls ein spannendes Feld für mich gewesen wäre. Es kam der Tag, am 15.09.93. Ich kann mich noch genau erinnern: alles lief planmäßig ab. Vorgeladen war ich für 13.00 Uhr. Ich bin in meiner Möbelfiliale gegen 11.30 Uhr schon losgefahren, -so hatte ich noch genug Zeit und musste nicht hetzen. Ich wusste ja, wo die Wodanstraße (die Musterungskommission) war.

Vor mir war schon ein anderer junger Mann dran. Wir mussten uns bis auf die Unterhose ausziehen. Dann war die (eigentliche) ärztliche Untersuchung dran. Der Arzt führte mit ruhiger Hand seine Tests durch. Ich hatte etwas Angst, als er meine Brille in der Stärke bestimmt hatte, wegen meines amblyopen Auges, auf der rechten Seite. Ich erklärte ihm, was es mit meiner Amblyopie auf meinem rechten Auge auf sich hatte. Er unterbrach mich da aber in meinen Ausführungen: es würde schon mein endogenes Ekzem reichen, dafür, dass ich nicht zur Bundeswehr müsse. (Das endogene Ekzem ist eine Hauterkrankung, die ich noch zusätzlich habe.) Für mich brach in diesen Moment eine Welt zusammen. Denn ich begriff, was es bedeutete: dass sie mich bei der Bundeswehr nicht nehmen werden.

Ich konnte das noch gar nicht einmal so schnell verarbeiten. Wie konnte es sein, dass sie mich bei der Bundeswehr nicht haben wollten? -Mich, der ansonsten alle Idealvoraussetzungen zur Armee erfüllt? Der Arzt führte die Untersuchung noch zu Ende. Danach verließ ich den Raum wieder in den Wartebereich. Also, -ich habe ja mit allem gerechnet, aber mit dem nicht. Ich habe dann noch eine Frau sagen hören: „Will denn der Herr Lorenz nicht bald nach Hause gehen!" Aber ich wollte noch auf den offiziellen Ausmusterungsbescheid warten. Was ich auch tat. Ein Herr in Uniform vor der Deutschlandfahne teilte mir dann mit, dass ich ausgemustert bin. Ab diesem Zeitpunkt hatte mein Leben keinen Wert mehr.

Ich irrte noch, wie paralysiert, durch das Gebäude umher, ging noch in einen elektrischen Betriebsraum herein. Bevor ich das Gebäude verließ. Die Überlegung, das ich zu DDR- Zeiten als diensttauglich gemustert worden, und nur jetzt, -zu BRD-Zeiten ausgemustert worden bin, hätte mir zwar geholfen, -diese hatte ich aber damals nicht. Heute vertrete ich diese Auffassung, -das stimmt! Stattdessen reifte innerhalb weniger Stunden in mir ein anderer Plan: ich wollte nicht mehr leben. Und hätte ich die Möglichkeiten gehabt (mit Barbituraten), -ich hätte mich noch am selben Tag umgebracht. Ich bin ein Mensch: ohne Studium hätte ich ja leben können, -ohne geleisteten Grundwehrdienst bei der Armee niemals!

So hatte ich ja gar nichts gehabt. Meine Überlegungen gingen dahin: Ich bin jetzt 23 Jahre alt, -noch einmal so alt wirst Du keinesfalls. Also will ich mit spätestens 46 Jahren sterben. Die Zeit, bis dahin wäre ja noch lange. Zeit genug, um eine passable Selbstmord Methode zu finden. Der Rest des Tages lief chaotisch ab. Ich bin wieder zurück zu meinem Möbelhaus gefahren. Lethargisch. Ich habe es dort den Angestellten und meinem Chef mitgeteilt, dass ich ausgemustert worden bin. Die Angestellten hatten vielleicht eine Ahnung, dass es für mich schlecht sein würde. Aber welche tiefgreifende Bedeutung es für mich haben würde, haben sie bestimmt nicht gewusst. Der (nichtausgesprochene) allgemeine Tenor war in etwa der, dass man da nichts machen kann.

An dem Tag bin ich natürlich auch entsprechend deprimiert nach Hause gefahren. Man konnte aber mit mir nicht mehr reden. Ich war auf „Selbstzerstörungskurs". Ich habe mir daheim aber nichts großartig anmerken lassen. Lediglich meine Mutter hat vielleicht gemerkt, dass mit mir „elementar" etwas nicht mehr gestimmt hat. Am Abend desselben Tages habe ich dann noch mit meinen Eltern mit einer Flasche Sekt auf die „erfolgreiche" Ausmusterung angestoßen. Aber das es in mir ganz anders aussah, habe ich niemanden anmerken lassen. Ich war seit jener Zeit immer auf der Suche nach dem rettenden Strohhalm, der die Lösung meiner Probleme dargestellt hätte. Leider gab es bis zum heutigen Tag, keinen. Es kam, wie es kommen musste:

Auf meiner Wachstelle auf dem Polenzer Flugplatz habe ich per 30.11.1993 selber wieder aufgehört. Schweren Herzens. Lediglich gab es da dort so ein schönes Handbuch, wo in die Tätigkeit des Wachdienstes eingeführt worden ist. Dieses gefiel mir so gut, dass ich mir Teile, daraus zu Hause abkopiert habe. Ich habe auf der Wachstelle auf dem Polenzer Flugplatz nicht erzählt, was mit mir los war. Na, vielleicht haben sie es ja dort auch selber mitbekommen.
In meinem Möbelgeschäft sollte es noch ein halbes Jahr gehen. Dann wurde mir per 31.03.1994 gekündigt. Ich war faktisch unfähig, noch einen klaren Gedanken zu fassen. Sinkende Umsatzzahlen, bei mir, waren wegen meiner schweren Depression die Folge. Warum man mich überhaupt noch so lange in der Filiale behalten hat, weiß ich bis heute nicht. Wahrscheinlich dachte man, es würde sich wieder einrenken. Ich war dann 1 Monat arbeitslos. Rasch gelang es mir, wieder eine Arbeitsstelle zu finden. Dies war beim:

## Leipziger Sanitärhandel in Trebsen (05/1994 - 03/1997)

Bei dieser Firma war ich fast 3 Jahre lang. Ich bin dort durch Beziehungen „hereingekommen". Mein Onkel kannte den Chef, dort. Als Grundlage diente mein Verkäuferberuf. Angestellt war ich jedoch im Lager. Dies war ein Großhandel für Sanitärprodukte, -also Waschbecken, usw. Es waren „verlorene Jahre" für mich, weil ich pessimistisch in die Zukunft geschaut habe. Zu frisch war die negative Erfahrung (meine Ausmusterung), die ich gemacht habe. Zwar hatte ich noch einen riesigen Zeit Fond zu der Zeit noch vor mir (bis zu 46 Jahren, und dann sterben wollen), jedoch sah es zu jener Zeit so aus, als wenn bei mir nur eine körperlich schwere Arbeit bei geringer Entlohnung „hängen bleiben" würde. (Und dies wäre mein ganzer Lebenssinn.)

Meine Devise hieß deshalb damals: ganz klein anfangen. Zu klein, wenn ich bedenke, dass ich zu Hause wieder mit Zirkel und Zeichendreieck wieder angefangen habe, etwas zu Papier zu bringen. Es war veraltet, wenn man sieht, dass heute die Konstruktionsbüros meistens am Personal Computer etwas konstruieren. Leider war es so, dass die Firma noch mit einer anderen Computertechnologie im Betrieb arbeitete, sodass ich meine Computerkenntnisse, die ich mir bis dato angeeignet habe, nicht anwenden konnte. Natürlich blieb auch bei dieser Firma „etwas hängen". Das war für mich der Einblick in die (für mich) neue Computerarchitektur, die in dem Betrieb angewendet worden ist. Die Firma verwendete zu der Zeit ein Unix - Betriebssystem. Dies war ja für mich ganz neu. Von Unix habe ich vorher überhaupt noch nichts gehört. Ich kannte nur die IBM-PCs mit ihrem MS-DOS Betriebssystemen.

Darum nahm ich Anfang 1996 an einem Computerkurs für Unix in Leipzig nebenberuflich teil. Ein kleiner „Lichtblick" war, dass zu jener Zeit Linus Torwalds ein freies Unix- Betriebssystem für IBM kompatible Computer entwickelt hat. Der Lehrer gab mir eine frühe Version dieses Betriebssystems auf CD oder DVD. So konnte ich zumindest zu Hause schon mit dem für mich neuen Betriebssystem arbeiten. Dieses freie Betriebssystem hieß Linux.

Ich hatte zu dieser Zeit auch immer noch einen 2. Wunsch, was ich mir gern gekauft hätte. Da gab es in einem Laborgeräte - Katalog so ein kleines Komplett - Labor (1 Koffer) für Wassertests. Also, wo man den Nitrit- Wert, den Nitrat Wert, u.s.w. bestimmen kann. Da wäre ich dann herumgefahren, und hätte die umliegenden Seen und Teiche zumindest auf ihre Wasserqualität überprüft. Was auch ein interessantes Hobby gewesen wäre. Leider ist es dazu nicht gekommen. So ging dieser Betrieb zu Ende.
Ich weiß es heute leider nicht mehr, wie ich zu meiner nächsten Arbeitsstelle gekommen bin. Ich meine, ob es eine Stellenausschreibung vom Arbeitsamt war, oder ob ich den Betrieb direkt angeschrieben habe. Jedenfalls war es bei der Firma:

## Fa. Mühle Sicherheit GmbH Leipzig (06/97)

Es ging bei der Firma zwar nur 1 Monat. Ich war trotzdem bei der Firma gern gewesen. Ich war dort als Werkschutzmitarbeiter angestellt. Mitten, im Sommer war es. Mein Kollege, und ich waren dort zur Baustellenbewachung eingesetzt. Dies war im Leipziger Nordwesten in der Innenstadt von Leipzig. Dort sollten 2 Wohnhäuser entstehen. Das war so eine Rohr - Fundament - Bauweise. Man muss dazu sagen, dass im Leipziger Nordwesten viel Lehm als Erdboden vorhanden ist. In diesem ist eben viel Wasser gespeichert. Und ohne regelmäßig den Grundwasserspiegel zu senken, „ging da gar nichts". Soll heißen: mit Wasserpumpen und Drainagerohren wurde da Wasser permanent von den Fundamenten entfernt.

Wir (das heißt, mein Kollege, und ich) hatten nun unter anderem sicherzustellen, dass sich die Pumpen Tag und Nacht immer automatisch einschalteten. Damit die Baustelle nicht „abgesoffen" wäre. Natürlich hatten wir auch auf den üblichen Diebstahlschutz zu achten. Die Baustelle war ja noch am Anfang, und so hätte es schon vorkommen können, dass da Baumaterialien entwendet worden wären. Wie, z.B. Wasserhähne, usw. Ich war ja das erste Mal als „Vollzeit - Arbeitskraft" im Wachgewerbe tätig. Die lauen Sommernächte habe ich genossen. Man war dort ganz allein in seinem Baustellencontainer drin. In gewissen Zeitabständen hatte man immer seinen Rundgang auf der Baustelle zu machen. Ich habe mir dort das Rauchen angewöhnt.

Mir ist dort die Zeit überhaupt nicht langweilig geworden, weil immer irgendetwas „los" war, auf der Baustelle. Sei es nachts ein Passant, der sich verirrt hat. Oder, eines Tages war mal durch die schweren Betonmischfahrzeuge ein Wasserrohr auf der angrenzenden Straße geplatzt, sodass der Wasserstand auf der Baustelle gefährlich hoch geworden ist. Ich hatte da die Libelle an dem Baustellenkran zu prüfen, ob selbiger noch im Lot steht. Da waren dann, am Wochenende gleich alle „Bosse" da: Zum Beispiel von der Wasserwirtschaft, Energiewirtschaft, usw. Das ist natürlich ein erhebendes Gefühl, wenn man dann, sozusagen als Manager auf der Baustelle auftritt und der erste Ansprechpartner ist. Ich habe beide Dienste (Früh- und Spätschicht) gleichermaßen gern gemacht.

Auch hatte ich an einem Wochenende einmal ein paar Personen, die Interesse für Wohnungen, dort, schon jetzt, hatten. Da gab es auch so eine Anweisung, dass man das Objekt schon einmal ausnahmsweise zeigen durfte. So habe ich es dann auch gemacht, -ich hatte die Personen herumgeführt. Zu Mietpreisen, etc. konnte ich natürlich noch nichts sagen. Ich fand aber, es war eine gute „Zwischenlösung", denn so konnten sich schon zu Baubeginn Personen informieren, über eine in Frage kommende, spätere Wohnung, für sie. Ein

Haus war im Rohbau schon fertig. Das zweite sollte erst noch von Grund, auf, entstehen.

Ich war mir zu dem damaligen Zeitpunkt noch nicht sicher, was ich gerne weiter beruflich machen möchte, hatte es bei der Probezeit bei der Firma bewenden lassen. Nach ein paar kleinen „Fehlversuchen" auf dem Arbeitsmarkt war ich dann wieder bei einer Wachschutzfirma beschäftigt, nämlich bei der:

## DLS Sicherheitsdienste Leipzig, Frau Eva Dressler (12/1997 - 12/1998)

Das fing so an: Zuerst war ich bei dieser Firma die ersten 3 Tage nur als Aushilfe beschäftigt. Für einfache Arbeiten am Computer. Ich meine, es war zwar eine Wachschutzfirma, aber die Dienstleistungen ersteckten sich auch auf andere Dinge, z.B. Reinigungsarbeiten. Es war nur eine kleine Firma, -mit nur 5 Beschäftigten. Meine Chefin hatte 3 Hunde, die sie auch für Bewachungsaufgaben eingesetzt hat. Wir waren in der Lagerhofstraße in Leipzig, und hatten diese zu bewachen. Das war (und ist!) so eine Industriestraße, wo viele Firmen angesiedelt sind.

Da war z.B. eine Elektro - Installationsfirma, oder ein Zoofachgeschäft. Eine Diskothek war dabei, genauso, wie ein Transportunternehmen. Auch eine Autoreparaturwerkstatt war dabei. Von der Firma möchte ich möglichst viel berichten, weil die jeweiligen Einsatzorte, wo dann (neben der Lagerhofstraße) die Bewachungstätigkeiten durchgeführt worden sind, so vielfältig waren. Schon die ersten 3 Tage merkte ich, dass „diese Firma etwas für mich war".

Meine Chefin hatte auch noch eine Tochter, in meinem Alter. Mit den 3 Hunden habe ich zuerst Freundschaft geschlossen, -wir waren „auf einer Wellenlänge". An die Lagerhofstraße schließt sich ein großes Bahngelände an.

Das ist ein Gelände, kurz, vor dem Leipziger Hauptbahnhof, an der Ostseite. Viele alte Personen- Wagons standen dort. Entweder zur Reparatur, oder zum Verschrotten. Zum Beispiel mussten sie neu mit Feuerlöschern ausgestattet werden. Wir waren auch ein Subunternehmen, konnten dadurch flexibel auf die jeweiligen Erfordernisse des Arbeitsmarktes reagieren. So kam es, dass wir viele unserer Wachaufträge als Subunternehmer für andere Wachfirmen ausgeführt haben. Ich kann mich heute, nach der langen Zeit, nicht mehr an alles erinnern.

Es geht aus meinen Aufzeichnungen hervor, dass ich ab dem 25.12.97 bei dieser Firma beschäftigt war. Meine Chefin hatte zu der damaligen Zeit noch keinen Internetzugang. Ich, in meinem Zuhause, aber, schon. So war ich das Bindeglied, das immer, wenn etwas Neues im Internet war, das ich dies dann auch meiner Chefin darbieten konnte. Z.B. ihre Tochter hatte einmal einige Infos zu ihrer Lieblings- Musikband im Internet, die ich recherchieren sollte. Damals hatte ich noch so einen Adapter in meinem Computer, wo man Bildschirminhalte auch auf eine VHS- Kassette ausgeben konnte. Einen VHS- Recorder hatte die Tochter von meiner Chefin. So konnte ich die Internetseiten auf ihrem Fernseher zur Darstellung bringen.

Ich hatte meinen Zweitrechner von zu Hause mit in die Firma genommen. Es waren dort so viele Dokumente, -gerade, für das Bewachungswesen, zu schreiben. Meine Chefin hatte das alles mühsam mit der Schreibmaschine abgetippt, -aber schon, wenn man eine saubere Kopie von einem Dokument brauchte, sah es schlecht aus.
Die Lagerhofstraße war für uns immer eine Sicherheit. Selbst, wenn andere Wachaufträge „weggebrochen" sind, hatten wir immer noch die Lagerhofstraße zu bewachen. Die ersten 3 Tage bei der Firma kann ich mich noch gut erinnern. Meine Chefin hatte in ihrem Büro eine Verwandte zu Besuch. Wir Wachleute waren ja in dem Büro immer zum Aufwärmen gewesen. Um uns von den langen Streifengängen wieder zu reaktivieren. Es

war die Zeit zwischen Weihnachten und Silvester. Wir hatten uns es in dem Büro richtig gemütlich gemacht.

Bei Lebkuchen und einer Tasse Kaffee kam man sich schon näher. Es wurden alte Geschichten erzählt. Fröhlich haben wir die Zeit verlebt. Mit meiner Chefin ihrer Verwandten habe ich mich gleich super verstanden. Die Lagerhofstraße war auch ein altes Industriegebiet. Soll heißen: es waren auch alte Betriebe dabei, die mit der Wiedervereinigung Deutschlands geschlossen worden sind. Sie lagen seitdem brach und sind im Laufe der Zeit zu Ruinen zerfallen. Zum Beispiel ein altes Büro der Deutschen Reichsbahn. Viele der maroden und geschlossenen Betriebe sind schon vor Jahren von Unbekannten geplündert worden. Der Wachschutz (also wir!) taten da nur ein Übriges. Ich habe mir von dort 2 defekte Schreibtische mitgenommen. Sie wären eh verschrottet worden. Diese habe ich mir zu Hause wiederaufgebaut.

Und, was soll ich sagen: ich schreibe soeben mein Buch auf diesen. Das ist jetzt 20 Jahre her, das ich die 2 Schreibtische noch pflege, -sie bis jetzt immer noch in Gebrauch habe. Aus der Lagerhofstraße, selber habe ich eine ernste Begebenheit während meiner Wachtätigkeit. Sie hatte sich aber zur Zufriedenheit aufgelöst. Es war so, dass ca. 500m von unserem Büro entfernt nur, die Gleisanlagen der Bahn waren. Dort waren, -wie ich schon erwähnt habe, alte DDR- Personenwagons abgestellt. Normalerweise sollten wir abends nicht in die Wagons hineingehen.

Ich wusste nicht, dass dort, in den kalten Winternächten ein Teil der Autonomen Szene von Leipzig ihre Herberge hatte. So habe ich in Unkenntnis die Personenwagons mit bestreift. Ich habe einen Riesenschreck bekommen, als ich ein Abteil betrat, und da saßen 3 oder 4 Jugendliche drin. Sie mochten sogar noch etwas jünger gewesen sein, als ich. Auf alle Fälle haben sie mich gleich angegriffen, sind handgreiflich geworden. Ich bin aber nicht in böser Absicht gekommen, wollte nur den Zug erkunden. Aber das sahen sie wohl anders. Sie sahen wohl nur den Wachmann. Sie haben mich aus dem Zug geworfen, haben diesen selber verlassen und haben mir „mein" Funkgerät weggenommen.

Als wir im Freien waren, sagte ich ihnen, dass es hier ein Schritt zu weit ist, den sie hier gehen würden: sie sollten mir wenigstens mein Funkgerät wieder geben. Sonst würde nicht nur ich, sondern auch sie großen Ärger bekommen. Sie verließen daraufhin das Bahngelände. Nicht, jedoch, ohne „mein" Funkgerät leuchtend auf den Beinschienen zurückzulassen. Darüber habe ich mich sehr gefreut. Denn die Jugendlichen waren einsichtig gewesen. Und haben mir so viel Ärger erspart. Natürlich habe ich meiner Chefin nichts von dem kleinen Zwischenfall erzählt. Jedenfalls habe ich die nächste Zeit immer einen großen Bogen um die Eisenbahnwagons gemacht. Immerhin: nachmittags war es wohl ungefährlich, in die Züge zu gehen, denn ich war mit meiner Chefin selber an einem Nachmittag gegangen, die Züge zu inspizieren.

Jetzt komme ich nun schon zu meiner 1, „externen" Wachstelle: Es war ein Haus zu bewachen, im Süden von Leipzig, in Connewitz. Ich hatte zu der Zeit noch meinen PKW Trabant. Dort habe ich mich mit mehreren Wachleuten in der Schicht abgewechselt. Es war wohl hier auch so, dass ein Bauherr einen Werkschutz beauftragt hat, zur Bewachung des Wohnhauses. Solange, wie die Renovierung des Hauses dort ging, sollte auch der Wachschutz zugegen sein. Wir haben das Objekt als Subunternehmer für die Fa. SBU (Sächsisches Bewachungsunternehmen) bewacht.

An den Straßennahmen kann ich mich heute nicht mehr erinnern. Das war ein Haus, -mitten in der Autonomen Szene von Leipzig. Ich habe auch von der Autonomen Szene etwas mitbekommen. Da war nämlich eines Abends ein junges Liebespaar, was in der Straße herumgetollt ist. Und letztendlich in dem Keller meines zu bewachendem Hause „gelandet" ist. Da bin ich freundlich, aber bestimmt eingeschritten, habe ihnen erklärt, dass sie sich auf einem privaten Grundstück befinden. Das haben sie (letzten Endes) eingesehen, und haben das Areal verlassen. Man kann eben zu Allem etwas schreiben. Das war damals so eine Zeit, wo der Besitz von Handys erst einmal nur Firmen vorbehalten war. Privatpersonen hatten (auf Grund der hohen Gebühren) zumeist noch kein Handy in ihrem Besitz. Wie ich, -in dem Fall, das Handy erst einmal inspiziert habe, was meine Chefin mir anvertraut hat. Ich wusste auch nur die Grundfunktionen, -wie man damit telefoniert.

Aber, zum Beispiel die technischen Details, -wie man es hinbekommen hatte das das Display so schön grün leuchtete, wusste ich zum damaligen Zeitpunkt nicht. Mit LED- Beleuchtung, -klar! -All das, wusste ich erst sehr viel später. Nämlich, wo die Handy- Telefone „massentauglich" wurden. Das heißt, wo es dann auf einem Mal z.B. Handys ohne Vertragsbindung gab. Und die Preise bei den vertragsgebundenen Handys sind auch stark gefallen. Da wurden ja auch flächendeckend die Funknetze mit ihren vielen Antennen aufgebaut.

Wie, auch immer: jedenfalls behandelte ich dieses Handy wie ein rohes Ei. Auch mit dem Aufladen, -wann es spätestens erfolgen musste, damit noch eine Weiterbenutzung des Handys möglich war, ohne es neu zu starten. Dies, Alles, musste ich erst einmal lernen. Schließlich gehörte ich zu den „wenigen" Privilegierten, die ein Handy in der tatsächlichen Gewaltherrschaft hatten. Aber zurück, zu meinem Wachdienst. Natürlich war auch auf dieser Wachstelle „immer etwas los". Eines Nachts, z.B. kam vor meinem zu bewachendem Hause ein Krankenwagen vorgefahren. Die Sanitäter stiegen aus und sagten zu mir: ihnen wurde gemeldet, dass hier ein Verletzter wäre. Also, was mein zu bewachendes Grundstück betraf, -so konnte ich dies ausschließen.

Die Sanitäter, und ich schauten vorsichtshalber trotzdem noch einmal nach, weil ja das Haus auch angrenzende Grundstücke hatte. Von einem Verletzten haben wir aber dort nichts gesehen. Wer weiß, wer sich dort einen Scherz erlaubt hat. Aber egal, wie: ich finde es trotzdem blöd, denn wie oft war ich schon in einer hilfebedürftigen Situation, und dann war ich froh, wenn möglichst rasch Hilfe kam. Fest steht aber, dass wir diese Wachstelle in Connewitz bis weit in den Sommer 1998 als Auftrag hatten. An den eigentlichen Wach Raum kann ich mich gar nicht mehr erinnern. Aber daran, dass man mit dem Auto bis in den Innenhof des Objektes fahren konnte. Da war man ja dort auch abgeschieden, und die ganze Nacht allein.

Wie meine Chefin aber die Verteilung der Finanzen in ihrer Firma vorgenommen hat, weiß ich bis heute nicht. Ich vermute, dass wir, -als Subunternehmer die Stelle deswegen erhielten, weil dort der ursprüngliche Auftraggeber seit Monaten schon keinen Lohn mehr gezahlt hat. So kam es, dass unsere Firma Anfang November 1998 das Konkursverfahren eingeleitet hat. Ich wurde dann noch 1 Monat weiter beschäftigt. Per 01.01.1999 war ich dann wieder arbeitslos. Die letzten 3 Monate konnte sie aber meinen Lohn nicht mehr zahlen, sodass ich heute noch Forderungen gegenüber ihr von 1300.- € habe.

Aber zurück, zu meinen Wachstellen. Eine zweite Wachstelle, die ich innehatte, war in Gohlis, in der Marbach Straße. Dort war ähnlich auch ein Mehrfamilien-Wohnhaus zu bewachen. In Gohlis ist aber mehr die „Reichengegend" von Leipzig. Wo also die besser betuchten Bürger wohnen. Entsprechend war auch das Wohnhaus mit allen Raffinessen ausgestattet. Ich kam dorthin, wo noch der Innen- und Außenausbau noch in vollem Gange war. Bestimmt wurde hier auch noch korrekt Lohn an die Wachschutzfirma abgeführt. Das war Januar / Februar 1998. Da war noch Winter, -entsprechend wurde das Haus mit einem Diesel - Warmluftgebläse von draußen geheizt.

Nun muss man aber dazu sagen, dass das Wohnhaus etwa 15 Wohnparteien hatte. Ich hatte ja schon Erfahrung, zu der Zeit, in der Bewachung von solchen Wohnhäusern. Ich hatte zwar ein Strom - Verlängerungskabel von der Baustelle bis zu meinem PKW. Ich hatte aber keinen richtigen Elektroheizkörper in meinem PKW (wenn, dann nur einen Fön). Dies war aber gar nicht notwendig, denn durch das (mannshohe) Diesel - Heißluftgebläse für das Haus hatte ich es in diesem (einem renovierten Altbau) immer schön warm. Zumindest, an dem Schlauchenden, wo die warme Luft in das Haus hineingeblasen worden ist. Auf dieser Baustelle musste man viele Dinge selbst entscheiden. Zum Beispiel, musste man aufpassen, dass der Öltank für das Heißluft - Aggregat nicht ganz leer wird, -musste vorher den Öl- Lieferanten anrufen.

Natürlich musste es auch von der Bauleitung abgesegnet sein. Einmal war sogar eine Kontrolle, bei mir, auf der Baustelle. Es war abends, und ein Mann stand in der Tür des Wohnhauses. Da habe ich ihn angesprochen, -mich als Wachschutz zu erkennen gegeben. Daraufhin sagte er mir, dass es alles so rechtens sei, -er sei der Bauherr von diesem Wohnhaus. Dies habe ich so hingenommen. Aber eben auch festgestellt, dass auch der Wachschutz ab und zu überprüft wird. Natürlich gibt es bei so einer Baustelle auch immer viel zu berichten, -insbesondere, wenn die Baumaßnahmen so schnell ablaufen, wie es auf dieser Baustelle war. Ich werde hier auch nicht alles „brühwarm" erzählen. Denn einige Ereignisse werde ich doch im Verborgenen halten. Zudem gleichen sich viele Arbeiten auf Häuser - Baustellen.

Ja, es ging eigentlich alles „Hand in Hand". Zuerst wurde der kleine Fahrstuhl eingebaut. Es war so eine kleine Spezialanfertigung, mit dem Spiegel drin. Wo nur wenige Personen mitfahren können. Ich glaube, der Hersteller war OTIS. Vorher waren da in dem Haus auf den verschiedenen Etagen nur Löcher im Mauerwerk, sodass man als Wachmann aufpassen musste, nicht selbst in den Keller zu fallen.
Bei dem Wachobjekt haben wir ein (klassisches) Funkgerät „an die Hand gegeben" bekommen. Irgendetwas stimmte aber mit den Akkus nicht, denn das Ladegerät schaltete nicht ab, sodass die Akkus viel zu heiß geworden sind. Dies habe ich auch meiner Chefin mitgeteilt. Außerdem war es so, dass eine Funkverbindung zu unserer Zentrale in der Lagerhofstraße nur im Dachgeschoß des Wohnhauses möglich war. Sonst war der Empfang zu schlecht.

Ich hatte auch einen guten Kontakt zur Bauleitung. In diesem Fall eine Frau. Sie erklärte mir alles, was ich am Wochenende machen solle. Da war so ein elektrischer Raumentfeuchter, der die Nässe aus dem Mauerwerk herauszieht. Unten waren so Einschübe drin, wo das Wasser kondensierte. Diese hatte man zu kontrollieren, und ggf. im Freien zu entleeren.

Der Zufall wollte es, dass ich die Bauleiterin Jahre später auf einer Kurzreise nach Prag, im Urlaub wiedertreffen sollte. Aber wir kannten uns ja nur geschäftlich. Trotzdem war es ein schönes Wiedersehen. Nun aber weiter, zu „meiner" Baustelle:
Eines Tages, -gleich am Morgen, sah ich, wie ein fremder PKW auf die Baustelle vorfuhr. Er hatte sich seines Mülles entledigt, -ihn einfach in „unseren" Baucontainer mit hineingetan. Natürlich habe ich es meiner Chefin gemeldet. Wir haben aber dann trotzdem von einer Anzeige abgesehen, -es war wohl zu wenig. Ich habe es nur in meinem Wachprotokoll vermerkt. Für den Fall, wenn Rückfragen von den Bauherren gewesen wären.

„Am Bau" ging es so weiter:

Innen, im Hausflur (im Treppenhaus) hatte eine spezielle Malerfirma die Deckenmalerei erneuert. Sodas die Fresken wieder schön zur Geltung kamen. Gleich, schon, wenn man das Haus betrat, sah man die schönen Kunstwerke. Unterdessen arbeitete eine andere Firma im Außenbereich an der Umzäunung für das Grundstück. Genau kann ich mich noch erinnern, wie die Zaunpfähle für das Gartentor gegossen worden sind. Das war so eine Verschalung aus Schaumpolystyrol. Man sieht eben alles das erste Mal. Im Keller wurde schon ein großes Gas-Wärmezentrum eingebaut. Es dient zur Bereitstellung der Wohneinheiten mit Heizwärme und Warmwasser.

Nun wurde Parkettholz angeliefert. Es wurde das alte Parkett durch neues ersetzt. Wir durften mit unseren Straßenschuhen nicht mehr die Räume betreten. Damit der neue Parkett - Fußboden nicht zerkratzt wird. Und es sollte nicht mehr lange dauern, bis das Heißluft Gebläse ganz abgeschaltet wurde, und das Gas - Wärmezentrum im Keller dessen Aufgabe übernahm. Es war gleich eine ganz andere Wärme in dem Gebäude. Uhren für die Kalt- und Warmwasserentnahme hatte ich in den jeweiligen Wohnungen schon gesehen.

Zum Abschluss der Bauarbeiten erfolgte an einem Tag, -gleich in der Frühe die Anlieferung eines riesigen Stahlgerüstes mit einem Tieflader. Sie sind kaum um die Kurven gekommen, damit. Das Stahlgerüst stellte die vielen Balkons für das Haus dar. -Ich, mit meinem Laienwissen: vereinfacht ausgedrückt: das Stahlgerüst wurde an das Haus angeschraubt, und so hatte jeder Mieter seinen eigenen Balkon. Das Haus war somit im Rohbau fertig, und ich erlebte noch mit, wie eine Maklerfirma immer mit einer Gruppe interessierten Bürgern durch das Haus gegangen war, und so versucht hat, potentielle Mieter dafür zu gewinnen. Somit ging eine schöne Wachstelle zu Ende.

Meine nächste Wachstelle beschrieb mir meine Chefin schon, als schwierig zu bewachen. -Das Krankenhaus Altscherbitz ist ein Fachkrankenhaus für Psychiatrie und Neurologie. Dort gibt es eine „Spezialabteilung" für die Unterbringung von straffällig gewordenen psychisch kranken Personen. Dies nennt man forensische Psychiatrie. Das ist ein eigenständiges Gebäude, was umzäunt ist, mit Stacheldraht. Die Krankenhausleitung hat ja den gesamten Objektschutz einer Sicherheitsfirma übertragen. So, zum Beispiel, auch die Videoüberwachung.

Und 1 Wachmann sollte „abgestellt" werden, um im Außenbereich des Gebäudes der Straftäter aufzupassen. Also, um das Gebäude herumgehen, und aufpassen, dass keiner flüchtet. Diese Aufgabe kam unserer Firma (und damit mir!) zu. Wir hatten ja wieder als Subunternehmer zu agieren. Meine Chefin sagte mir bei der Einweisung auf die Wachstelle, dass da viele Personen mit Alkoholproblemen „drinsitzen". So hat sie es eben umschrieben: die vielen, psychisch kranken Insassen. Und weil man da den direkten Sichtkontakt zu den Insassen hatte, war es eben auch eine (für mich) schwierige Wachstelle.

Am Nachmittag wurden die Insassen meistens aus dem Gebäude herausgelassen, in den direkt angrenzenden Innenhof. Dort war auf der Rückseite des Gebäudes ein Handballspielfeld. Da kam auch an verschiedenen Tagen extra ein Sportlehrer in das Gebäude. Mit selbigen spielten die Insassen dann Handball. Manchmal flog schon mal ein Ball über den Stacheldrahtzaun. Und ich musste ihn dann zurückwerfen. Dort, in dem Gelände lief eigentlich alles ruhig ab. Und diese Atmosphäre sollte, -so war es gewünscht-, auch auf mich übergehen. Ich war ja noch ein „Heißsporn" gewesen. Ich hatte zum Beispiel meine Handschellen immer deutlich sichtbar an meiner Hose hinten befestigt (eine Handschellentasche, dafür hatte ich nicht / aber man sollte schon sehen, dass ich ein Wachmann bin!).

Jetzt fällt mir ein, dass ich bei dieser Tätigkeit auch ein Barett getragen habe. Und ich glaube, sogar, eine Windjacke der Firma SBU. (SBU war die Wachfirma, für die wir als Sub- Unternehmer bei diesem Objekt tätig geworden sind.) Am Wochenende war Besuchszeit für die Insassen. Einige Angehörige von den Insassen kamen da mit ihren PKW dorthin gefahren.

Zu Beginn seines Dienstes musste man an dem Gebäude klingeln, und sich so ein kleines Funkgerät geben lassen. Dieses war schon einmal „ganz nach meiner Couleur". Es sah so schön technisch aus, weil keiner (von uns) genau wusste, was damit alles möglich war, oder wie es genau funktionierte. Die Zentrale von diesen war in dem Fall in dem Gebäude drin, bei den Bediensteten. Das Funkgerät war nur etwa so groß, wie 4 Streichholzschachteln. An der Seite war so eine rote Kordel dran, wo man im Alarmfall daran ziehen musste. Dann wäre Verstärkung gekommen. Außerdem verfügte dieses Gerät über einen sogenannten Tot Mann - Schalter. Alarm wäre nämlich auch dann gegeben worden, wenn der Wachmann in der Waagerechten gelegen hätte. Also, wenn das Funkgerät übermäßig gekippt worden wäre. Im Sommer des Jahres 1998 war auch ein Klinikfest im Fachkrankenhaus in Altscherbitz. Dieses habe ich natürlich mitgemacht, als

Wachmann. Und es wurde viel geboten. Eine Tombola war genauso dabei, wie eine Feuerwehrvorführung. Sicher wurden auch Führungen durch das Krankenhaus durchgeführt, aber ich hatte ja „mein" Objekt im Außenbereich zu bewachen. Trotzdem habe ich von dem Fluidum, welches von dem Fest ausging, etwas mitbekommen.

Meine nächste Wachstelle war auch wieder für die Firma SBU im Auftrag, -also als Sub- Unternehmen. In Leipzig Leutzsch waren gleich mehrere Wohnhäuser zu bewachen. Ein Teil, davon waren zu sanierende Altbauten. Aber ich hatte die Stelle inne, ein komplett neu gebautes Wohngebiet mit zirka 5 Mehrfamilien - Häusern zu bewachen. Es war sozusagen das „Sahne Häubchen" der Bewachung, was aber die Fa. SBU an uns abgetreten hat. Ich war auch einmal abends bei einer Wachstelle in den Altbauten. Also bei einem Kollegen von der SBU. Das Neubau- Terrain heißt: „Am Tanz Plan".

Der Vermieter, der aus den alten Bundesländern kam, wohnte mit in einer der Wohnungen. Er hatte den nahen Kontakt zu der Wachfirma gern. Außerdem mochte er es, dass die Wachfirma die Häuser noch bewacht hat, obwohl die Bauarbeiten schon fertiggestellt waren. Ich war auch einmal bei ihm zur „Unterweisung", -mit ihm konnte man sich unterhalten. Natürlich kann man nun viel erzählen, über das Wohngebiet, und welche Interessen man zu vertreten hat. Man muss sich eben immer alle 2 Seiten anhören. Die „Alt- Mieter", die in den angrenzenden Häusern wohnen, haben mir ihre Sichtweise erklärt.

Da war so eine ältere Frau, von der Universität, die in den benachbarten Wohnungen wohnte. Sie hat mir ihre Sichtweise auf die Dinge erklärt. Sie hat mir erzählt, ihnen sei gesagt worden, hier käme eine Parkanlage hin (stattdessen sind hier Neubau- Wohnhäuser entstanden). Ja, und den Neumietern kann man es nicht verdenken, wenn sie nur ihr Recht auf Wohnraum durchsetzen wollten.

Mit dieser Frau habe ich oft in den lauen Sommernächten philosophiert. Sie brachte dem Wachmann (also, mir!) abends Tee und Gebäck heraus. Ja, ich war selbst einmal in ihrer Wohnung drin. Das war so eine Studentenwohnung. Sie bot eine Schlafunterkunft für mehrere Studenten. Die Frau riet mir zum Beispiel auch, wegen meines kranken Auges einmal einen sehr guten Professor für Augenkrankheiten aufzusuchen. Dies tat ich dann auch. Jedoch konnte mir dieser auch nicht helfen. Bei Amblyopie kann man eben nichts machen, -leider.

„Stimmung" zwischen Alt- und Neumietern gab es dort immer. Ich kann mich erinnern, dass da an einem Morgen „Tumult" war. Es wurde ein Taxi bestellt, von den Neu- Mietern. Und, -ich weiß nicht mehr, worum es ging (war es eventuell das laute Radio im Taxi?), -es wird wohl um 6.00 Uhr in der Früh gewesen sein, -jedenfalls schrien sich die 2 Parteien gegenseitig an. „-Die Leute wollen doch schlafen…, -was ist das für ein Lärm, hier? -und so weiter. Da musste ich auf der Straße erst einmal die 2 Parteien beruhigen. Aber es war eine „aufgeheizte Situation". Mir gelang es nur schwer, beide Parteien zur Ruhe zu bringen. In einer anderen Begebenheit habe ich mitgeholfen, einen (schrottreifen) VW „Bulli" die Straße mit herunter anzuschieben.
Das waren die Studenten, denen der VW-Bus gehörte. Ich weiß nicht, was wir gemacht hätten, wenn er am Ende der Straße nicht angesprungen wäre. Jedenfalls war es „ein Bild für die Götter". Diese Straße teilte die Alt- und Neumieter. Und es sollte (seitens der Alt- Mieter) so aussehen, dass „wir" eben nichts Neues hier
brauchen. Schon gar keine (zahlungskräftigen) Neu- Mieter mit ihren neuen Häusern.
Dabei wohnten in den Häusern (von der anderen Seite, her, betrachtet) nur ganz normale Mieter.

Zu den Häusern, selbst muss gesagt werden, dass sie mit so Wasserpumpen ausgestattet waren. Dies war erforderlich, um den Grundwasserspiegel zu senken. Damit auch die (Tief-) Garagen trocken bleiben. Leipzig hat ja so einen Lehmboden, wo das Wasser schlecht abfließen kann. Oben, auf den

Gehäusen von den Pumpen waren Lampen angebracht. Ich habe diese aber nie leuchten gesehen. 1 Tiefgarage durfte von den Wachleuten zur Unterstellung ihrer Fahrzeuge und zum zeitweiligen Aufenthalt genutzt werden. Mit der Toilette sah es schon schlechter aus: da musste man 2 Straßen weiter gehen, auf so eine Bau- Miet- Toilette.

In der Tiefgarage war unten kein Bodenablauf. Ich denke aber, dass weiter unten solche gelben Drainagerohre langgegangen sind, die mit einer Wasserpumpe verbunden waren. Jedoch war es so, dass, wo ich eines Tages meinen Dienst antreten wollte, dass da zirka ½ m tief das Wasser in der Tiefgarage stand. Und dies, trotz der Entwässerungspumpen. Was da genau schiefgegangen war, weiß ich nicht. Ich sehe aber heute noch vor meinem geistigen Auge, wie das Wasser selbst zu den Fensterlichten der Tiefgarage hereingekommen ist. Entweder war es Oberflächenwasser, was nicht ablaufen konnte, durch den Lehmboden. Oder es stand eben einfach das Grundwasser zu hoch.

Wie, auch immer: der Vermieter hatte eine Firma mit der Beseitigung des Schadens beauftragt. Das sah dann in der Praxis so aus, dass 1 Arbeiter mit der Schubkarre regelrecht das Wasser aus der Garage gefahren hat. Ich unterhielt mich, -wie schon erwähnt den einen Tag mit einem Mitarbeiter der SBU Wachgesellschaft über diesen Vorfall. Und er antwortete mir darauf: „das ist noch gar nichts -schaue einmal hier!", und er warf einen größeren Stein in den Keller seines Wachobjektes. Mit einem lauten Plumps platschte der Stein in Wasser hinein. Und ich schätze mal, dass das Wasser in „seinem" Keller 1,5 m hochgestanden hat. Ich war nun ein bisschen aufgebracht, -wollte am liebsten einmal „meine" Mieter fragen, ob bei ihnen denn auch so hoch das Wasser im Keller steht. Ich hatte an diesen Tag aber keine Mieter angetroffen. Und an den anderen Tagen war das Wasser dann schon wieder abgelaufen.

Es war gerade die Zeit, wo ich meinen PKW „Trabant" gegen einen Ford Fiesta Holiday eingetauscht habe. Als ich da immer am Morgen des Tages

meinen Dienst beendet habe, habe ich mit meinem „Trabant" die Garage verlassen. Dies geschah immer mit einer riesen Qualm Wolke. Ich hatte zu Fahrtantritt immer den Choke gezogen, damit der Motor besser lief, und mein Auto den Berg bei der Tiefgarage hochkam. In der Tiefgarage gab es auch einen Gaswarnmelder, -aber nur für das giftige Gas Kohlenmonoxid. Das Problem der Nebelwolke sollte ich dann nicht mehr haben, mit den neuen PKW. Auch habe ich stolz mein neues Auto meiner Chefin einmal gezeigt, als ich wieder einmal in unserer Zentrale, in der Lagerhofstraße war.
Dieser PKW ist ein relativ kleines Auto. Er hatte (durch Zufall) ein Automatikgetriebe eingebaut. Es war ein älterer, gebrauchter Wagen. Für meine Zwecke hat er aber voll und ganz gereicht. Ich sollte dieses Auto dann noch mehrere Jahre fahren.

Eine andere Begebenheit hat sich so zugetragen: Mieter der Neubausiedlung waren bei anderen Mietern in derselben Siedlung abends eingeladen. Zu einer geselligen Feier. Als sie spät abends nach Hause gingen, ging ich gerade eine Streifenrunde durch „meine" Siedlung. Da ergab es sich, dass ich sie begleitet habe auf ihren Nachhause- Weg. Dies wurde dankbar angenommen. Denn wo erhält man sonst schon kostenlos einen „Personenschutz"? Das in der Siedlung immer einmal etwas los war, beweist ein anderer Fall: spät, abends, -es muss kurz vor Mitternacht gewesen sein, -ich gehe, wie gewohnt durch die Siedlung. An den Häusern waren so „Stech- Stellen" angebracht, für die elektronische Stechuhr. Das waren kleine Magnetstreifen, wo man die Stechuhr darüber ziehen musste. Dies diente als Nachweis, dass der Wachmann überall gewesen ist. Die Wohnsiedlung beinhaltete auch einen (kleinen) Kinderspielplatz. Jedenfalls laufe ich so die Häuser entlang, als ich auf einen kleinen Weg, -auf der Rückseite der Häuser plötzlich eine reglose Person liegen sehe. Ich habe gleich einen Schreck bekommen, -ich dachte, hier liegt ein Toter. Der Mann, der dort lag, hatte Bundeswehr Kleidung an, und war nicht ansprechbar.
Ich konnte aber über mein Funkgerät nicht direkt den Krankenwagen rufen. Also eilte ich zur Wohnung des Vermieters. So spät abends ihn noch stören war so eine Sache, -aber hier war es ja ein Notfall. Also gingen wir erst einmal

zu der besagten Stelle, wo der Mann lag. Er war weiterhin nicht ansprechbar. Ich hatte dann über „mein" Funkgerät erst einmal die SBU- Zentrale angefunkt, sodass Unterstützung gekommen ist. Ein Kurierfahrer war in kurzer Zeit da. Dann war der Mann (schwer) ansprechbar. Es stellte sich heraus, dass er sturzbetrunken war. Nur mühsam konnten wir ihn einige Worte entlocken. Ich meine, sich (als fremde Person) in dem Wohngebiet aufhalten ist ja nicht verboten. Aber bei einer regungslosen Person sieht der Fall schon wieder anders aus. Da hat man als Bürger eine Hilfspflicht, um nicht später wegen der unterlassenen Hilfeleistung angeklagt zu werden. Viele Informationen haben wir aus ihn eh nicht herausbekommen. Wir haben ihn daher seines Weges weiterziehen lassen, da er ja laufen konnte.

Ich muss bei dieser Wachstelle alles in kleinen Episoden erzählen, damit der Leser sich zumindest ein ungefähres Bild über meine Wachtätigkeit, dort, machen kann. Ich hatte immer die Angewohnheit, zu Beginn und zum Ende meiner Schicht an einer bestimmten Häuserecke zu stehen. Dies deshalb, weil ich dort eine sehr gute Funkverbindung hatte und zudem noch von vielen Leuten gesehen wurde (wie ich meine Schicht ordentlich beende). Das war so etwa 5 m entfernt vom Haus, wo da innen drin ein Kinder- oder Jugendzimmer war. Also, wo man durch die Fensterscheibe in das Innere der Wohnung sehen konnte. Das war von den neuen Mietern ein junges Mädchen ihr Kinder- oder Jugendzimmer.

Zu der Zeit lief im Kino gerade der Film: Titanic. Und das Mädchen hatte an ihrer Zimmerwand so ein großes Rollplakat von dem Trailer der Titanic. Da sah man den Leonardo DiCaprio, wie er die Kate Winslet gerade geküsst hat, schmachtend nach Liebe, und Arm in Arm verschlungen, darauf abgebildet. Und ich musste so darüber lachen. Ich muss voranschicken, dass ich den Film zu der Zeit noch nicht gesehen habe. Aber weil ich (als Asperger- Autist) so gut wie keine Gemütserregungen in dieser Beziehung habe, habe ich nur höhnisch darüber gelacht. Das musste auch das junge Mädchen mitbekommen haben. Weil sie den Film bestimmt schon gesehen hatte, und sich bestimmt damit identifiziert hat.

Ich meine, der Film hat ja nun „weiß Gott" kein Happy End. Und man muss schon seine starken Gemütserregungen (im Normalfall) unter Kontrolle haben, um nicht zum Schluss des Films in Tränen auszubrechen. Wenn der Leonardo DiCaprio den ganzen Film so sehr gekämpft, und zum Schluss doch alles verloren hat. Jedenfalls war ich als Wachmann von starken Gefühlen gefeit. Ich tat zumindest so. Damit war dieser Fall eigentlich schon abgeschlossen. Eigentlich, denn von meiner Chefin hörte ich später noch den gut gemeinten Hinweis: „Der Wachmann steht zu nahe am Haus dran!" Mir sollte es recht sein, -ich suchte mir eben eine andere Standfläche.

Auch war es so, dass die Mieter in diesem Haus früh immer die Rollladen (Lichtschutz - Jalousien) hochgezogen haben, aber immer nur so ein kleines Stück. Ich meine, die Sonne schien ja im Verlaufe des Tages schon derb auf die Fenster. (die Mieter sind ja früh auch arbeiten gegangen und das Mädel in die Schule / -eine ganz normale Familie, eben) Was ich aber sagen will ist, dass in meiner Phantasie das Haus, und insbesondere die Fenster ausgesehen haben, wie Schießscharten. Schießscharten öffnet man ja auch nur soweit, wie es unbedingt sein muss. Diese Familie hatte eben auch ihr Ritual, -genau, wie ich. Man weiß eben nicht, vor wem oder was sie sich außer den Sonnenstrahlen noch schützen wollten. Vielleicht bilde ich es mir aber nur ein.

Jedenfalls war es einen Lacher wert. Bei einer Bewachung von so einer bewohnten Wohnsiedlung sind Auseinandersetzungen und Meinungsverschiedenheiten „vorprogrammiert". Der Wachmann steht eben nun einmal im Zentrum und muss sich alle Beschwerden der Bürger anhören. Egal, wie er sich Mühe gibt: „Es allen recht machen ist eine Kunst, die niemand kann".

Meine nächste Begebenheit: Da war immer auf der Straße, die beide Wohngebiete trennte ein hübsches Mädchen. Sie hat sich dort zusammen mit anderen Jugendlichen getroffen. Manchmal waren sie auch auf dem Kinderspielplatz. Sie sah sexy aus. Und ich gebe zu: die hätte ich gern mal mit meinen Handschellen gefesselt. Naja, -in der Phantasie ist eben vieles möglich. Ich hätte mich mit ihr ja einmal zu einer Tasse Kaffee verabreden können. Aber, vielleicht hatte sie auch schon einen Freund. Es verlief sich dann aber doch, irgendwie. Aber es ist auch so, dass die Leipziger Kinder und Jugendliche viel frecher sind. Ich habe die „Horde" oft gesehen, wie sie abends noch „um die Häuser gezogen" sind, oder „weiß ich", wo sie abends eingekehrt sind. Ich hatte ja abends mein Objekt zu bewachen.

Ich komme von einer Kleinstadt („Brandis", -es ist aber kein Dorf!). Und da zählen noch Werte, wie Sitte und Anstand (zumindest, bis zu einem gewissen Grad).
Meine letzte (erwähnenswerte) Begebenheit, bei dieser Wachstelle ist das mit den gestohlenen Blumen. Natürlich hatten die Wohnhäuser je auch einen kleinen Vorgarten, mit einem Blumenbeet darauf. Als ich abends, auf einem meiner Streifengänge war, sah ich, wie 2 Personen sich an einem Blumenbeet von „unserem" Häusern zu schaffen machten. Es war zu der Zeit nicht (oder noch nicht) eingezäunt. Ich sah, wie die Personen ein paar Rosen abknickten, und mitnahmen. Sie gingen gemächlich weiter ihres Weges.

Außer mir hat es noch eine Frau von dem (Neu-) Mietern gesehen. Sie gestikulierte mir aus ihrem Fenster wild zu. Sagte: „wozu haben wir denn einen Wachdienst, u.s.w. Ich nahm daraufhin (tatsächlich) die Verfolgung der 2 Diebe auf. Es ist aber objektiv betrachtet, nur eine Bagatelle gewesen. Mir kam in den Sinn, zu den Zeitpunkt, mit welchen „Mist" sich der Wachschutz herumzuschlagen hat. Mein Gott …wegen einer gestohlenen Blume! Jedenfalls waren die 2 Diebe schon 2 Straßen weitergelaufen. Ich - hinterher. Ich habe sie gestellt, und angesprochen. Sinngemäß, wie sie sich es gedacht hätten, einfach aus einem fremden Garten ein paar Blumen zu stehlen.

Ich stellte fest, dass die 2 Männer wohl alkoholisiert waren und keineswegs zur Reue bereit. Sondern im Gegenteil: angriffslustig, renitent. Somit habe ich mich auch noch in Gefahr begeben. Ich rief dann auch noch die SBU- Zentrale über das Funkgerät an. Sie sagten mir, dass ich die Verfolgung abbrechen solle. Was ich daraufhin auch tat. Ich bin dann wieder zurück gelaufen in „unser" Wohnviertel. Ich bin froh gewesen, nicht Prügel bezogen zu haben. Man kann es sicher von 2 Seiten sehen, was ich hiermit auch getan habe.

Ich möchte im Folgenden auf unsere Hauptwachstelle in der Lagerhofstraße eingehen. Denn da gab es viel zu entdecken. Einmal die schon erwähnte Diskothek „Rockfabrik" am Ende der Straße. Sie war, wo ich dort gewacht habe, noch eine „aktive" Diskothek. Erst sehr viel später sollte sie durch einen Brand zerstört werden. Das war im Januar 2016. Mit dieser Diskothek verbinde ich aber noch eine andere Begebenheit: Viele Jugendliche sind an den Sonnabend - Abenden die Straße hinter gelaufen, bis ganz zum Schluss, wo die „Rockfabrik" war. Von einem Kollegen von uns wurden eines Nachts alle 4 Reifen von seinem Auto zerstochen. Das war ein nagelneues Auto (ich glaube, es war ein Skoda). Das war natürlich sehr ärgerlich.
Wir, -also meine Chefin, ein anderer Kollege noch, und ich haben das Auto dann in eine in der Nähe befindliche Garage geschoben, oder gefahren. Damit nicht noch mehr Schaden entsteht. Wir vermuten, dass es welche von den Diskobesuchern waren, die die Tat begangen haben.

Als nächstes sind die Werkstätten der Bahn zu erwähnen, die sich mit der Reparatur von Eisenbahnwagons beschäftigt haben. Sie waren in unmittelbarer Nähe unseres Wachgebietes. Grund, genug, um hin und wieder dorthin einmal einen kleinen „Abstecher" zu machen, und in ihren Abfallcontainer zu schauen. Ich hatte bei den Angestellten dort gefragt, ob wir das dürfen, und sie hatten nichts dagegen.

Man fand immer etwas Interessantes. Sie hatten ja dort die Personenwagons instandgesetzt. Entweder man fand etwas zum Lesen, wie z.B. die Bahnzeitung. Oder etwas zum Basteln. Zum Beispiel Plast Scheiben (Informationsmaterialhalter) aus den Personenwagons. Oder, aber elektronische Teile. Von dort habe ich mir vieles mit nach Hause genommen.

In meiner Freizeit habe ich zu dieser Zeit sehr gern gebastelt und gebaut. Zum Beispiel habe ich mir so einen Overhead - Projektor selber gebaut.
Die Tradition, regelmäßig, wenn ich nach Leipzig gefahren bin, auch in den Abfallcontainer der Bahn AG zu schauen, hatte ich dann noch fast 10 Jahre später aufrechterhalten. Bis zu dem Zeitpunkt, wo keine schönen Dinge mehr in dem Container zu finden waren.

In der Lagerhofstraße hatten wir auch eine Elektroinstallationsfirma zu bewachen. Dort war auch so ein Wohncontainer wo wir (das heißt, die Wachmänner) uns eine Zeitlang aufhalten konnten. So dass wir nicht nur in unserem Büro in der Lagerhofstraße sitzen mussten. Die Lagerhofstraße, das waren eigentlich 2 parallele Straßen, die durch Firmen in der Mitte getrennt waren. Damals ging das ja alles erst los, mit der Videoüberwachung.

Ich hatte aber, zu dieser Zeit, schon, eine private Webcam (und einen Computer) für diese Wachstelle aus meinem eigenen Besitz zur Verfügung gestellt. Dies freute den Chef der Elektroinstallationsfirma sehr. Weil er, auf seinem Hof schon öfter mit Diebstählen „zu kämpfen" hatte. Und zu Hause habe ich die Webcam im Moment nicht gebraucht. Das Anschließen der Webcam und Einrichten gingen schnell. Ich hatte ja von zu Hause die Erfahrung. Diese hatten wir dann im Aufzeichnungsrhythmus von 1 sec. laufen lassen (damals gab es das mit der Bewegungserkennung noch nicht). Der Computer blieb angeschaltet. Und ab und zu schauten wir einmal nach dieser Videoaufzeichnungsanlage. Das waren damals noch Schwarz / Weiß Aufnahmen.

Ich musste so lachen: als der Computer mal einige Tage ausgeschaltet war, und ich ihn wieder in Betrieb nehmen wollte, war sogar die Festplatte eingefroren (in dem kalten Bauarbeiter - Wohnwagen). Es war ja noch Winter, aber es war ganz zu Beginn meiner Wachtätigkeit bei der Firma DLS Dienstleistungsservice Leipzig.

Am meisten Spaß gemacht hat aber immer der „Besuch" der DAG. Eigentlich hieß sie: VE-K TiRo. Was für volkseigenes Kombinat Tierische Rohstoffe steht. Aber meine Chefin nannte sie eben DAG, -aus welchen Grund, auch immer. Das war ein riesengroßes, verlassenes Fabrikgebäude inmitten der Lagerhofstraße. Dieses wurde seit der Wiedervereinigung Deutschlands nicht mehr bewirtschaftet. Viele Sachen, -wie schon einmal bereits erwähnt, waren von Unbekannten herausgeplündert worden. Was noch zu gebrauchen war. Zum Beispiel, eine Schrankwand, Kopierpapier, Taschenrechner, usw. Meine Chefin sagte, dass es wohl ein StaSi Betrieb gewesen sei.

In dem Betrieb sah es so aus, als wenn er gestern erst verlassen worden war. Für mich war das aber eine „völlig neue Welt", die ich entdeckt habe. Wie eine Zeitreise in eine längst vergangene Zeit. Vieles kannte ich noch, aus meiner eigenen DDR- Vergangenheit. So, zum Beispiel die alten Thermokopierer. Auf die habe ich schon zu DDR- Zeiten „ein Auge geworfen". Die brauchten noch so dünnes Kopierpapier. Natürlich war es rechtlich nicht ganz sauber, was wir dort gemacht haben. Das war Diebstahl (oder, zumindest Hausfriedensbruch). Diebstahl verjährt aber nach 5 Jahren, sodass wir keine Strafe mehr zu befürchten haben. Also, wenn ich mich mit meinen laienhaften Rechtskenntnissen nicht irre…

Vieles, was dort, in dem Betrieb drin war, war eh nicht mehr zu gebrauchen, weil es schlicht veraltet war. Natürlich war auch alles, rund, um das Thema: tierische Rohstoffe vorzufinden. Also Fell war noch zu finden, -im Keller. Ich habe mir von dort „einen Haufen" Kopierpapier mit nach Hause genommen. Aber es hatte (oder zum Teil, hat!) nur mindere Qualität, weil es holzhaltig ist. Für die hierzulande üblichen Tintenstrahldrucker ist es überhaupt nicht verwendbar. Es war eben früher eine ganz andere Verarbeitungstechnik des Papieres, wo mit Typenraddruckern, oder zum Beispiel mit einfachen Schreibmaschinen gearbeitet worden ist. In dem Betrieb sah es aus, wie Rechentechnik aus den 70ger Jahren (auch, wenn bis zum Schluss sicher noch mit dieser Technik gearbeitet worden ist). So, Buchhaltungs- und

Fakturierungsmaschinen waren darunter, und die riesigen 8 Zoll Diskettenlaufwerke. Von Monitoren sah ich dort nichts. Dafür aber Reisbretter, die schon in einen Abstellraum geschoben worden sind. Eine Telex - Maschine. Dann: Schreibmaschinen in jeder Ausführung, ein Diktiergerät. Alte Betriebsfotos.

Aber, -wie schon erwähnt, es war eben alles veraltete Technik. Man muss sich vor Augen halten, das, wo wir diesen Betrieb „besucht" haben, waren ja auch schon wieder fast 10 Jahre der Wiedervereinigung Deutschlands vergangen. Aber, was erwähnenswert ist: ich habe dort besonders viel dazu gelernt. Nicht den Diebstahl (den kannte ich schon von früher!), sondern, bei den vielen Büchern, die dort vorzufinden waren. Und die ich nun einmal so gern gelesen habe. Zum Beispiel hieß ein Buch: Einführung in die elektronische Datenverarbeitung (ich habe das Buch bis heute!). Oder dann Bücher über den FDGB Feriendienst, -das heißt es wurden Orte beschrieben, wo die Leute früher Urlaub gemacht haben.

Einige Dinge aus diesem Betrieb konnten wir sogar gebrauchen, für unsere eigene, kleine Firma (DLS Dienstleistungsservice Leipzig). Zum Beispiel so einen großen Akten - Ordner Schrank. Oder für meine Chefin so einen Kasten, wo so Tabs drin waren, -also Registerreiter für Karteikarten. Wir haben die Sachen dann einfach herübergeschafft, zu unserer Firma. Meine 2 Schreibtische habe ich aber woanders her. Nämlich von einem stillgelegten Bahn - Büro. Von den vielen „Raubzügen", die wir unternahmen, war es die richtige Mischung zwischen alter und neuer Welt. Das soll heißen: Es war zum Beispiel in dem Bahn - Büro auch schon ein Buch über das MS-DOS 5.0 (was damals neu war!) zu finden. Dieses hatte ich genauso gern gelesen, wie die schon erwähnten, älteren Bücher.

Aber für die „DAG" wäre früher oder später auch die Abrissbirne gekommen, -ob abgeschlossener Betrieb, oder nicht. Und das war ja auch immer die „Gefahr", dass dieser Betrieb von heute auf morgen abgerissen worden wäre.

Da hieß es also für uns: noch so schnell, wie möglich alles sicherzustellen, was noch zu gebrauchen war. Und für mich war das Wichtigste: das ich mich so im „Selbststudium" weitergebildet habe.

Die nachfolgende Episode war auch einen Lacher wert: Ich war von einem meiner Streifengänge in der Lagerhofstraße wieder zurückgekommen, in unser Büro. Ich hatte von den alten Bahn- Personenzügen so eine braune Übergardine aus Stoff „mitgebracht". In jedem Abteil waren ja 2 von diesen Übergardinen drin. Ich habe sie als Decke für meine Chefin ihren Hund mitgebracht. Und so habe ich es auch meiner Chefin gesagt. Diese hat sich darüber gefreut, und sagte: „Tibor wusste sich zu helfen." Das hat mich schon „aufgebaut". So war meine Chefin ja nicht. Sie hat schon mal zu einem Feiertag mir 2 Flaschen Bier gegeben.

Ich hatte noch eine andere Wachstelle im Verlaufe des Jahres inne: Es war ein Haus am Petersteinweg in Leipzig zu bewachen. Dort sollten unten drin ein Kaffee oder Restaurant entstehen. Es war ein mehr- etagiges Haus, wo unten drin 2 verschieden tiefe Kellergeschosse waren. Ein Teil des Hauses war im Krieg einer Bombe zum Opfer gefallen. Man hat es daher nicht (völlig) neu aufgebaut, sondern nur die eine beschädigte Giebelwand frisch abgeputzt. Meine Chefin hatte die Angewohnheit, zu jeder Wachstelle „das Wichtigste dazu" zu sagen. Bei dieser Wachstelle sagte sie: ich solle dort stehen, wie ein Wachsoldat, in dem Türeingang. Das habe ich dann natürlich auch so gemacht.

Also einmal hinsetzen war da nicht „drin". Zumindest zur Tageszeit. Bei dieser Wachstelle war es so, dass 14 Stunden gewacht werden mussten. Ich weiß heute natürlich nicht mehr, unseren Auftraggeber, von dieser Stelle. Ich habe die 14 Stunden, dort, aber „tapfer durchgehalten", -obwohl ich sehr müde war. Zur Nachtzeit konnten wir dann aber in das Hausinnere gehen, und uns dort etwas aufhalten. Das Restaurant hatte in einem Hofinneren so ein Freisitz, - oder einen Biergarten. Da war man von der Straße (weitgehend) abgeschirmt. Saubere Schuhe (am besten, Hausschuhe) waren bei diesem Wachobjekt

Pflicht. Ich habe Sportschuhe benutzt. Ja, und natürlich etwas zum Lesen. Für die lange Wach Zeit, die dort „zu schieben" war. Gut sah das Restaurant ja aus. Wenn alles so weitergehen würde, mit dem neuen Gastwirten…

Zu bewachen war ja das ganze Haus, und da waren auch in den oberen Etagen noch Wohnungen (oder Räume) frei, wo noch (gewerbliche) Mieter gesucht worden sind. Mein Kollege hat mir eine kurze Einweisung zu diesem Wachobjekt gegeben. Er sagte mir schon gleich, ich solle einen Gameboy mitbringen. Ich erinnere mich da, wie ich aus einem Fenster der oberen Etagen geschaut habe. Und versucht habe, die Zeit herumzubekommen. Ich hatte da immer kritisch im Blick, dass da an einem Nachbarhaus so ein großes Baugerüst stand. Und durch den Sturm waren schon Teile des Baugerüstes eingefallen. Ich hatte da nur die Sorge, dass nicht noch Teile dieses Baugerüstes „unser" Haus beschädigen. Da wedelte immer so ein Schild, und die Plane lose im Wind herum. Zum Glück kamen aber keine Teile, davon an unser Wachobjekt. Naja, und von Stunde zu Stunde meldete ich mich bei unserer Zentrale.

Ich habe gesagt, dass alles in Ordnung sei. Gesehen habe ich dort jedoch keine „Menschenseele", -weder zur Geschäftszeit, noch in den Nachtstunden. Was ich auch das erste Mal in meinem Leben gesehen habe, waren die 2 verschieden tiefen Kellergeschosse. Man sieht eben alles das erste Mal. Ich war auf dieser Wachstelle nicht oft, -und so will ich meine Beschreibungen zu diesem Objekt dabei bewenden lassen.

Meine letzte Wachstelle war auch gleichzeitig das Ende meiner Tätigkeit bei der Fa. DLS Dienstleistungsservice Leipzig. Dies war sehr schade, denn bei dieser Firma habe ich sehr gern gearbeitet. Es war ein Hotel zu bewachen in der Nacht vom 31.12.98 - 01.01.99 in Halle - Peißen. Dies geschah im Auftrag des Sicherheitsunternehmens Fa. Lange aus Bad Düben. Naja, die Arbeit, dort sollte eher einem Concierge ähneln, denn einem Wachmann. Die Hotelmanagerin zeigte mir alles, was zu tun war. Bei den Innenrundgängen im

Hotel, und bei der Außenstreife. Ich hatte alles anvertraut bekommen: das Telefon, die Schlüssel, und so weiter. Ich hatte an dem Tag richtig, schöne „Silvesterruhe". Abgesehen, davon, dass ich mit dem Menschenschlag, dort (den Hallensern) sowieso gut zurechtkomme. Sie bewahren die Ruhe, -auch in hitzigen Situationen. Es war eine kühle, sternenklare Nacht. Der Nachmittag, bzw. der Vor- Abend ging schon schön los: Eine Frau kam mit ihrer Tochter an, -klopfte an der Tür.

Ihre Tochter wollte sich bewerben, als Mitarbeiterin für das Hotel. Sie haben mir die Bewerbungsunterlagen abgegeben. Ich sagte daraufhin noch, dass ich beiden alles Gute für das neue Jahr wünsche. Und ihrer Tochter wünschte ich viel Erfolg, mit der Bewerbung. Ich finde, an so einem Feiertag konnte man „die Zügel schon mal ein bisschen lockerer lassen". Jedenfalls meldete ich mich jede volle Stunde bei einer mir fremden Telefonnummer. Ich teilte dort mit, dass (bei mir) keine besonderen Vorkommnisse seien. Auch da spiegelte sich meine Sympathie zu dem Hallenser Menschenschlag wieder. Die Leute, die ich dort anrief, kannte ich ja überhaupt nicht.

Ich habe aber (unbekannterweise) trotzdem die besten Erwartungen (und Wünsche) für das neue Jahr telefonisch durchgegeben. Die Menschen am anderen Ende der Leitung spielten aber mit, und bestätigten meine Statusmeldungen immer. Das einzige, wo mir etwas flau im Magen war, ist das gewesen, das ich ja auch (hiermit) meine letzte Schicht schiebe, und morgen schon arbeitslos bin. Ich erfreute mich derweil im Freien an den Feuerwerken, die ringsum gestartet wurden. Ich meine, arbeitslos zu sein war schon „eine harte Sache", -aber was wäre die Alternative gewesen? Ich habe doch schon 3 Monate kein Geld mehr von meiner Chefin erhalten. Ich musste da „einen Schnitt machen", -auch wenn mir es noch so schwerfiel.

Die Firma war eh schon Konkurs gemeldet. Und mich wieder auf dem Arbeitsamt melden war nur legitim. Die Ungewissheit, -ja, was wird kommen? Das „trieb mich auch um". Aber ich habe meine letzte Schicht noch einmal richtig genossen. Ich hatte mir auch auf diese Wachstelle wieder etwas zum Lesen mitgenommen. Eine Computerzeitung. Das lenkte ab von schlechten Gedanken. Zudem nahm ich mir ein Beispiel an meinen 2 Besuchern vom Vor- Abend. Denen wollte ich es (sinngemäß) gleichtun. Das Hotel musste auch noch ganz jung sein, weil alles noch so neu aussah. Jedenfalls habe ich diese Schicht noch ordentlich beendet und bin danach nach Hause gefahren. In Erwartung der Dinge, die da kommen.

Am 02.01.99 meldete ich mich bei meinem zuständigen Arbeitsamt (dem Arbeitsamt Wurzen) wieder arbeitslos. Dort wurden meine Daten aufgenommen, und was ich zum Schluss gemacht habe. Und es sollte gar nicht lange dauern, erhielt ich vom Arbeitsamt Post. Ich bin vorgesehen -zunächst, einmal- für eine

## **Feststellungsmaßnahme zur Weiterbildung „Geprüfte Werkschutzfachkraft" (02/99)**

Das war natürlich ganz nach meinen Vorstellungen. Der Lehrgang fand in Leipzig statt, -auf den Rabensteinplatz. Dort war die IMT- Akademie, -die Veranstalterin dieses Lehrgangs. In diesen Monat sollte geprüft werden, ob wir uns für einen Folgelehrgang eignen, -der sich da nannte: „Weiterbildung zur IHK geprüften Werkschutzfachkraft". Dieser Nachfolgelehrgang sollte ein komplettes Jahr dauern. Vorher möchte ich aber noch ein paar Worte zu dem Lehrgang: „Eignungsfeststellung" verlieren. Wir waren dort eine komplette Klasse, von vielleicht 25 Personen.

Gerade, eben habe ich meine alten Zeugnisse hervorgekramt. Um zu sehen, was der Vorbereitungslehrgang für Fächer beinhaltete. Das waren 5 Stück: „Effektive Lern- und Arbeitsmethoden (ELAT)", „Sprachkommunikation",

„EDV", „Werkschutzdienstkunde" und „Aspekte des Rechts". Ich kann mich noch erinnern, was in diesem Lehrgang so schwierig war: Jeder von uns musste ein Kurzreferat halten, über ein beliebiges Thema. Ich nahm da das Thema über unsere bevorstehende Werkschutzausbildung. Andere Lehrgangsteilnehmer nahmen z.B. das Thema: „Aufzucht von Hunden", usw. Jeder sollte eine Rede von 5-10 min. halten. Ich habe meine 10 min. auch gut gemeistert. Wir konnten ja einen Stichwortzettel verwenden.

Aber bei diesem („vorgeschalteten") Lehrgang haben schon einige Personen aus eigenem Antrieb wieder aufgehört. Was die Gründe im Einzelnen waren, weiß ich nicht. Vielleicht haben sie sich etwas anderes vorgestellt. Oder etwas anderes stand im Weg. Zumindest hatte jeder Teilnehmer schon einmal eine „Berührung" mit dem Wachschutz in seinem beruflichen Schaffen gehabt.

## Weiterbildung zur „geprüften Werkschutzfachkraft" (03/99 - 02/2000)

Natürlich habe ich mich schon darauf gefreut. Nach der langen „Durststrecke", die ich bei der Firma DLS Leipzig durchlaufen habe. Ich meine, in finanzieller Hinsicht. Und immer aufgeschlossen für Neues sein.

2 Dinge waren dabei wichtig zu erwähnen: Von meinem Plan, mich mit 46 Jahren selbst umzubringen, bin ich auch durch diesen Lehrgang nicht abgewichen. Schließlich waren ja bis dahin noch fast 17 Jahre Zeit - eine riesige Zeitspanne! Der Lehrgang berührte also meinen weiteren Lebensplan nicht. Im Gegenteil: wenn, dann konnte sich meine berufliche und private Situation nur verbessern. Allerdings: die Ausbildung zur „geprüften Werkschutzfachkraft" konnte meine fehlende Armee- Laufbahn nicht aufwiegen.

Zwar ähneln sich verschiedene Arbeitstechniken. Aber bei der Werkschutzfachkraft geht es vornehmlich darum, andere Leute wegen ihres falschen Verhaltens zu denunzieren. Denunzieren ist hier vielleicht der falsche Begriff: sagen wir, einmal, andere Leute wegen ihres falschen Verhaltens zur Anzeige zu bringen. Was sich gleicht, ist, dass in beiden Fällen oftmals Dienst mit der (Schuss-) Waffe getan werden muss. Meine, -nur in Gedanken vorhandene Laufbahn bei der Armee, beinhaltete jedoch mehr: steigende finanzielle Bezüge mit zunehmender Erlangung höherer Dienstgrade. Und dann, natürlich das Ansehen, und der Ruf bei der Erlangung bei z.B. der Offiziersanwärter Schaft. Ebenso eine richtig schöne „Bilderbuchkarriere" bei der Armee. Dies wäre für meine berufliche und private Entwicklung wichtig gewesen. Nämlich zum Ausgleichen meiner Behinderung (ich sehe auf einem Auge sehr schlecht / ich berichtete) und damit zur Erlangung der Chancengleichheit gegenüber einem Nicht- Behinderten. Mit dieser „Krücke" hätte ich gut durchs Leben laufen können.

Aber es sollte eben anders kommen. Stattdessen blieb mir nur eine Ausbildung zur „geprüften" Werkschutzfachkraft. Dem untersten Glied in der staatlichen Befehlskette (noch unter einem Polizisten). Und selbst, wenn „sie" aus mir einen Polizisten gemacht hätten, wäre es nicht dasselbe gewesen, wie meine gedachte Laufbahn bei der Armee. Polizist wäre für mich aber gar nicht in Frage gekommen. Und zwar, aus meinem Interesse nicht, und, es wurde mir auch gar nicht angeboten.

Viele ältere, meiner „Mitschüler" aus der Werkschutzklasse haben die Ausbildung zur Werkschutzfachkraft auch schon viel nüchterner (kühler) gesehen, als ich „Heißsporn", in der damaligen Zeit. Ich meine, in Bezug auf die Wertigkeit der „geprüften Werkschutzfachkraft" auf dem Arbeitsmarkt. Allerdings bin ich auch der Meinung, dass schon größerer Unsinn passiert ist, als den Pförtner zum Beruf zu machen. Gerade der Pförtner hat heute in einem Betrieb besonders viele technische Dinge zu bedienen. Sei es die Videoüberwachungstechnik mit Monitoren. Oder die Brandmeldezentrale. Bis hin, erster Ansprechpartner für Betriebsfremde zu sein.

So, die 2. Sache, die ich im Zusammenhang mit der Werkschutzfachkraft Ausbildung bei der IMT - Akademie erwähnen möchte, ist, das von vornherein im Lehrgang schon ein 3-monatiges Berufspraktikum geplant war. Bei einer Werkschutzfirma, die wir uns selber herauszusuchen hatten. Ich hatte mir da aus Leipzig die (damalige) Firma ADS Sicherheit als meine Wunschfirma selbst herausgesucht.

## Praktikum (und spätere Arbeit) bei der Fa. ADS Sicherheit in Leipzig (03/2000-02/2003)

Im Folgenden möchte ich darauf eingehen, warum ich gerne mein Praktikum bei dieser Firma machte. Die hatten damals so grün - weiße Geldpanzer - Autos. Ich habe sie oft damit herumfahren sehen, weil sie ihre Geschäfte von Geld entsorgt hatten. Und die Geldfahrer hatten auch alle immer einen Revolver an ihrer Hüfte hängen. Das gefiel mir sofort. Eine Arbeit, die unter Bewaffnung ausgeführt wird. Die sachlich grün (dunkelgrün) - weißen Autos, die man aus weiter Entfernung für die Polizei hätte halten können. Irgendeine Tätigkeit hätte ich schon bei dieser Firma verrichten können, -wenn auch der Geldtransport für mich (von vornherein / aus Gesundheitsgründen) nicht in Frage kam. Am liebsten etwas, mit Videoüberwachung. Also bewarb ich mich, -ziemlich in der Mitte der Werkschutzfachkraft Ausbildung bei der Firma ADS Sicherheit um das 3- monatige Praktikum.

Ich war auch erfolgreich mit dieser Bewerbung, -wurde genommen. Ich möchte später noch darauf eingehen, was sich bei dieser Firma alles zugetragen hat. Schließlich war ich nicht nur die 3 Monate dort, sondern es sollten daraus fast 3 Jahre werden. Aber zurück zu meinem Weiterbildungslehrgang zur „IHK geprüften Werkschutzfachkraft". Ich bin ein Mensch, der gern in die Schule geht. Und mir fiel dieser Lehrgang auch leicht. Genug berufspraktische

Erfahrung hatte ich ja schon durch die vielen Werkschutzfirmen, wo ich schon überall war. Ich würde dieses Jahr sogar als sehr entspannend bezeichnen. Man brauchte sich ja im Unterricht nur von den jeweiligen Lehrern mit Unterrichtsstoff „berieseln" lassen. Oftmals waren wir aber auch gar nicht in dem Gebäude der IMT Akademie in Leipzig. Wir waren irgendwo draußen in der „Prärie". Einmal haben wir z.B. das Klärwerk im Rosenthal in Leipzig besucht. Oder ein anderes Mal waren wir auf den Flughafen Leipzig / Halle. Dort haben wir uns den ganzen Sicherheitsbereich angeschaut. Die Personenabfertigung, wo das Handgepäck geröntgt wird, war dabei. Ebenso aber auch die Flughafen Feuerwehr. Nicht, zuletzt haben wir uns die Brandschutztechnik des Flughafens angeschaut. Alles, hier aufzuführen wird nicht gehen. Und doch möchte ich noch ein wenig bei diesem Jahr bleiben. Weil dieses Jahr zu den Höhepunkten meiner beruflichen Laufbahn zählte.

Ich hatte das Glück gehabt, das gerade, wo ich arbeitslos war, ein Lehrgang zur „geprüften Werkschutzfachkraft" stattfand. Die Firma IMT- Akademie war so clever, diejenigen internen Lehrgänge, welche besonders für die Tätigkeit im Wachgewerbe benötigt werden, ziemlich an den Schluss der Werkschutz-Ausbildung zu stellen. Wie z.B. die Waffensachkundeprüfung. Sodas möglichst viele Teilnehmer den Gesamtlehrgang nicht schon vorher beenden. Den Anfang machte ein Erste - Hilfe - Lehrgang von März bis zum Juni 1999. Dort lernten wir Sofortmaßnahmen am Unfallort kennen. Als nächstes war die Waffensachkundeprüfung dran. Das war im September 1999. Wir sind ja schon im Vorfeld intensiv darauf vorbereitet worden. Durch einen Lehrer, der nur dafür da war.

Hauptsächlich ging es da um rechtliche Fragen im Umgang mit Schusswaffen. Aber auch die Technik der Schusswaffen wurde bis ins Detail erläutert. Wir hatten schon zuvor einmal auf dem Schießplatz in Eilenburg das Schießen geübt. Klar, dass mir alles, das, gefiel. Wir hatten mit Revolver und Pistole geschossen. Im Budget war sogar noch ein bisschen mehr Geld, sodass wir auch noch mit einer Langwaffe (Schrotflinte) schießen konnten. Die (eigentliche) Waffensachkunde Prüfung erfolgte dann aber in Zwickau vor der Prüfungskommission. Ich kann mich noch genau erinnern: viele von uns, aus der Werkschutzklasse sind zu dieser Prüfung gar nicht erst angetreten. Ihnen war wohl der Stress zu viel. Aber mein Mitschüler, und ich sind pünktlich, früh zu der Prüfung in Zwickau angetreten.

Natürlich waren wir beide aufgeregt und nervös. Was würde uns erwarten? Auf der anderen Seite war der Stoff für uns nicht zu schwer, -waren wir doch vorbereitet, auf alle Fragen, die kommen konnten. Wir waren auch alle beide zur selben Zeit im Prüfungsraum. Die Fragen waren auch hier, wieder zwischen Waffenrecht und der Technik der Waffen getrennt. Nachdem wir alle Fragen beantwortet hatten, konnten wir den Prüfungsraum wieder verlassen. Nach einer kurzen Zeit wurden wir wieder in den Raum hereingebeten, und uns wurde mitgeteilt, dass wir die Prüfung bestanden haben. Uns wurden noch die Zeugnisse überreicht, und uns zu der bestandenen Prüfung gratuliert. Am nächsten Tag in der Schule konnten wir dann voller Stolz über unsere bestandene Prüfung berichten. Wie schon gesagt, waren es außer uns nur wenige Mitschüler, welche Prüfung bestanden haben.

Was einem da aber auch alles für Gedanken durch den Kopf gehen: ja, -meine Überlegung bestand tatsächlich darin, es meinem Waffenlehrer gleich zu tun, und mir eine (echte) Schusswaffe zu kaufen. Weil ich ja auch so ein „Waffennarr" bin. Die Voraussetzung dann wäre nur noch der Beitritt in einem Schützenverein gewesen. Um die Waffe auch ab und zu einmal zu bedienen. Denn dazu kann man die Waffensachkundeprüfung auch benutzen. Ich komme an anderer Stelle im Buch noch einmal auf mein Interesse für Waffen darauf zurück.

Im Oktober des Jahres 1999 erfolgte der interne Lehrgang: Sicherheitsfahrtraining. Wir waren in der Nähe von Eilenburg, auf dem ehemaligen Militärflugplatz „Rote Jahne". Dort wurden zu DDR- Zeiten Fallschirmspringer ausgebildet. Mit unseren eigenen PKWs konnten wir lernen, das Fahrzeug bei jeder Situation im Straßenverkehr sicher zu beherrschen. Da wurde zum Beispiel Schlängellinie gefahren, oder Bremstests durchgeführt. Ich hatte zu der Zeit noch meinen alten Ford Fiesta. Da kam es nicht so sehr darauf an, wenn ich das Fahrzeug an die Grenzen der Belastbarkeit geführt habe.

Viele Teilnehmer aus meinem Lehrgang zur „geprüften Werkschutzfachkraft" waren (PKW-) Fahrzeugführer. Sodass ein Großteil der Mitschüler an diesem Tag in der „Roten Jahne" mitgemacht haben. Einen Tag, später erhielten wir die Zertifikate.

Der nächste (interne) Lehrgang, der folgte, war die „Bescheinigung über die Unterrichtung nach §34a der Gewerbeordnung". Dieser sollte von Oktober `99 bis zum November `99 gehen. Der Lehrgang wurde immer dann benötigt, wenn eine Firma einen Wachmann im öffentlichen Verkehrsraum einsetzen will. Ich hatte 1 Jahr zuvor schon einen solchen Lehrgang besucht, als ich noch bei der Firma DLS Dressler in Leipzig tätig war. Dies war eigentlich auch ein schöner Lehrgang, weil eingegangen worden ist, auf die Wachtätigkeit, und welche Rechte und Pflichten ich als Wachmann bei meiner beruflichen Tätigkeit habe.

So wurden verschiedene Paragraphen aus dem bürgerlichen Gesetzbuch behandelt. Aber auch aus dem Strafrecht wurden viele Absätze drangenommen, -so, z.B. der Diebstahl (§242 StGB). Ich kann mich heute nicht mehr erinnern, ob der Lehrgang im IMT- Akademie- Gebäude stattfand, oder eventuell in der Industrie- und Handelskammer in Leipzig.

Es wurde aber auch wieder der Umgang mit Schusswaffen drangenommen. Und weiteres die Unfallverhütungsvorschrift für das Wach- und Sicherheitsgewerbe, und der Umgang mit Menschen. Trotzdem war dies, alles für mich nichts Neues mehr. Auch hier erhielten wir nach dem besuchten Lehrgang die Teilnahme- Zertifikate ausgeteilt. Ab den 16.11.99 sollte dann auch schon mein Praktikum bei der Firma ADS Sicherheit in Leipzig losgehen. Natürlich hat man mich erst einmal auf den Geldtransport - Fahrzeugen mitfahren lassen. Um zu sehen, ob ich nicht doch imstande bin, so ein Geldtransport - Fahrzeug zu führen. Im Fachjargon heißen diese „Geldpanzer - Autos", oder einfach nur „Panzer". Leider war aber (trotz Brille) meine Sehstärke so schlecht, dass es zum Führen eines solchen Geldpanzers nicht mehr ausreichte.

Weil die (beschusshemmenden) Scheiben das Sichtfeld zusätzlich eingeschränkt haben. Und die Firma brauchte vor allem Fahrer, die schnell und sicher zu ihren Zielorten fahren konnten. Da war ich sicher nicht so „die erste Wahl". Also war die Überlegung da, mich im Stammbetrieb bei ADS in der Geldbearbeitung einzusetzen. Zu der Zeit wurden in diesem Bereich gerade Leute gebraucht. Man hatte mich sogar einmal als Revierfahrer eingesetzt, bei der Firma. Also, wo ich einen Einbruchsalarm nachverfolgt habe. In einer Verkaufsstelle in Leipzig. Da bin ich mit einem ADS - PKW gefahren. Das ging schon wesentlich besser. Auch war es sehr interessant, zum ersten Mal so ein Blockschloss zu sehen, und dass „automatische Wähl- und Übertragungsgerät", welches mit der Telefonleitung verbunden war. Glücklicherweise war es nur ein Fehlalarm, den ich melden konnte. Denn Einbrecher habe ich nicht gesehen, -auch keine Einbruchsspuren. Insgesamt habe ich bei der Firma ADS Sicherheit viel erlebt. Zu meiner Praktikumszeit, aber auch in den 3 Jahren. Ich habe dort z.B. die Geldumstellung auf den Euro mitgemacht. Also, wo die DM kontinuierlich ausgetauscht worden ist, gegen die neuen Euro- Münzen und Banknoten. Das war sehr interessant.

Auch hatte ich bis dahin zum ersten Mal gesehen, wie ein Geldautomat innen aussieht. -Es ist ein Wunderwerk der Technik. Ich war ja „der Neue" in dieser Firma. Weil ich gerade von der Schulbank kam. Und da hatte ich meine neuen Ideen mit in die Firma einfließen lassen.

Im Einzelnen kann ich mich gar nicht mehr so daran erinnern, wie es damals abgelaufen ist. Fest stand aber, dass ich die Bedeutung richtig einschätzen konnte, dass ich „IHK geprüfte Werkschutzfachkraft" war. Denn, wenn nicht bei der Firma: ADS Sicherheit, so war es für mich die Grundlage für meine weitere Arbeit im Sicherheitsgewerbe.

Im April des Jahres 2003 habe ich an einem Lehrgang in Tarmstedt (bei Bremen) teilgenommen. Aufbauend auf meine Waffensachkundeprüfung, diente dieser Lehrgang dazu, dass ich auch historische Waffen bedienen kann. Das heißt, auf der einen Seite das Böllerschießen, und dem Umgang mit Schwarzpulver. Auf der anderen Seite, aber das Wieder Befüllen von Patronenmunition mit rauchschwachem Pulver. Dieser Lehrgang tat mir richtig gut. Ich war dort 3 Tage bei Bremen in einem kleinen Hotel. Da war so ein kleines Buch dazu, wo das alles richtig beschrieben worden ist, mit den Wieder Befüllen der Patronen. Natürlich kam auch die Praxis nicht zu kurz. Wir haben dort ausgiebig geschossen, mit den verschiedenen Waffen.

Ich habe manchmal den Eindruck, dass ich in meiner beruflichen Laufbahn viele Fehler gemacht habe. Ich hätte vielmehr solche Lehrgänge besuchen müssen. Immer einmal kurz Urlaub nehmen, für solche Lehrgänge. Um positive Akzente zu setzen. Das Gegengewicht zu finden, gegenüber meiner schweren Arbeit, die abverlangt worden ist, pro Tag, von mir. Natürlich hatte ich mein Problem schon damals. Aber ich hatte ja bis zu meinem Tag X, also, an den Tag, wo ich sterben wollte, noch über 10 Jahre Zeit. Es war eine Zeit, der Reife, für mich.

Jedenfalls ging nach knapp 3 Jahren meine Tätigkeit bei der Firma „ADS-Sicherheit" zu Ende. Das war im Dezember 2002. Es waren schöne, aber auch schwere Jahre. Ich hätte gern in dieser Firma meine berufliche Karriere gemacht, -war es doch meine Traumfirma, zu der Zeit. Schade, -es hat eben nicht sollen, sein. Aber schon im April 2003 sollte ich eine neue Arbeitsstelle finden bei der Firma Arlt Wach- Schieß- und Schutzdienst GmbH in Leipzig. Es war so eine Zeit, wo vor Allem qualifizierte Kräfte gesucht worden sind. In meinem Fall war die die „IHK geprüfte Werkschutzfachkraft" (die ich ja hatte). Viele Auftraggeber wollten qualifiziertes Wachpersonal haben. Verschiedene

Firmen suchten zu der Zeit solche Leute. Unter anderem die schon genannte Firma Arlt in Leipzig für ihr Objekt. Ich war dort aber nur 1 Monat angestellt, -eignete mich für dieses Objekt wohl nicht so gut.

In diesen Sommer war ich auch einmal in Halle. -Ich hatte ja bei der Firma ADS- Sicherheit nicht nur Arbeitskollegen kennengelernt, sondern einen Freund. Er hieß Tino Sperlich, -und kam aus Halle. Er war noch ein junger Mann, -aber eben schon sehr weit in seinem Denken und Handeln. Leider hielt die Freundschaft nicht stand, -er musste wohl kein Interesse (längerfristig) daran gehabt haben. Im Gegensatz zu mir konnte er alle Arbeiten in der Geldbearbeitung verrichten, -konnte somit universell eingesetzt werden. Ich konnte doch immer die Geldausgabe an der Schleuse nicht (wo wir immer das Wechselgeld für die Geldtransporteure herausgegeben haben). Nach eigenen Angaben hat er seine Lehre als Daten Verarbeiter vorzeitig abgebrochen. Aber ich kenne den Grund, dafür nicht. Ob es zu schwer war? -Das kann ich mir bei ihm gar nicht vorstellen.
Auf alle Fälle war es aber so, dass er einen Personal - Computer für mich besorgt hat. Damals war das ein „P4", -einer, der schnellsten Rechner, -seinerzeit! Er selbst hatte ja bei der Firma ADS- Sicherheit gekündigt, um ein Internet - Kaffee in Halle zu gründen. Und da hatte er viele Computer (ich glaube, 10 Stück), damals bestellt. Wir waren alle sehr traurig, als er unsere Firma verließ. War es doch ein schmerzlicher Verlust, -so eine Fachkraft. Ich sah ihn dann noch 2x bei uns, -in der Firma. Er hatte sich dann auch einen Anzug gekauft, -sah „schnieke" aus. Als Geschäftsmann.
Und dann sah ich ihn nochmal, wo er mir meinen Computer brachte. -Ich habe mich so darüber gefreut! Er war auch teuer, -aber darum ging es nicht. Jedenfalls erklärte er mir den gesamten Computer, was dieser alles für Komponenten hatte. Kurze Zeit, darauf. Na, -und wo ich dann selber gekündigt war, hatte ich die Zeit, ihn einmal in Halle zu besuchen. In seinem Internet - Kaffee. Es war in der Innenstadt von Halle. Er zeigte mir dort alles. Und wir haben uns in Ruhe über alle Neuigkeiten unterhalten. Vorher war ich aber noch im Berg Zoo, in Halle.

Weil ich dort so gerne war, -schon als Kind, mit der Schulklasse. Der Zoo war für mich also nichts Neues. Im Zoo selber, wurde darauf geachtet, dass hauptsächlich Tiere, die an einem Berg vorkommen, zur Schau gestellt werden. Zum Beispiel: Gämse, Bergziegen, usw. Der Zoo befindet sich auch auf einem Berg. Man kommt dahin, -entweder mit der Straßenbahn, oder mit der S-Bahn. Ich kann jedem Leser nur empfehlen, auch einmal diesen Zoo zu besuchen. Es lohnt sich wirklich! -Jedenfalls war das an diesem Tag (wieder einmal) sehr entspannend für mich. Das Wetter „spielte ja mit".

Auch sah ich auf dem Weg, dahin, dass es sogar noch ein Eisenbahnmuseum in Halle gibt. Rundherum, im Zoo sind die verschiedenen Tiergehege angeordnet. Und ganz oben, -am Gipfel des Tierparks, befindet sich ein Restaurant. Dort habe ich genüsslich eine Tasse Kaffee getrunken. Mehr war ja nicht drin, -wegen meiner Essstörung (damals, schon!). Die Essstörung sollte mir übrigens noch den ganzen Tag zu schaffen machen. Vor allem mittags, wo so leckere Sachen auf dem Markt von Halle angeboten worden sind (Bratwürste). Und ich hatte solchen Hunger. -Aber ich konnte nichts essen. Und dann war ich (wie gesagt) bei Tino. Alles, in allem, war es ein großes Erlebnis, -an diesem Tag. Sogar fotografiert habe ich, wo ich im Restaurant, im Zoo war. Naja, -und dann habe ich ja die ganzen Sehenswürdigkeiten in der Stadt (Halle) gesehen. Das Hotel, -den Bahnhof, usw. Tino sein Internet - Kaffee sollte (leider) nicht lange bestehen. Zu groß war die Konkurrenz durch ein anderes Internet - Kaffee, welches sich in unmittelbarer Nähe befand. Es soll wohl der Telekom gehört haben. Tino sein Internet – Kaffee war wohl so angelegt, dass es vor allem! Ein Gaming - Kaffee war. Das heißt, es sollten damit hauptsächlich die Online - Spieler bedient werden. So sagte Tino. Meine Eltern waren auch einmal bei ihm. Sie holten dort noch einen Scanner für mich ab, den ich noch bei Tino bestellt hatte.

Sie sagten mir, dass Tino zu wenig Werbung für sich gemacht hätte. Ich meine damit, die Reklame an dem Geschäft, -selber. Wie auch immer, -es ging zu Ende. Und ich weiß ja selbst heute auch noch gar nicht, ob er es nicht sogar so gewollt hat, dass er Pleite geht. Oder es ihm zumindest egal war. Ich weiß hier nur so viel, dass er wohl eine Kooperation mit einem Geschäftsmann aus den

alten Bundesländern eingegangen ist. Einen großen Kredit aufgenommen habe. Später hörte ich dann gar nichts mehr von ihm. Schade!
Und ein anderer, junger Mann aus der Geldbearbeitung hatte ja auch aufgehört, -bei uns. -Er versuchte sein Glück in den alten Bundesländern. Mit einer Arbeitsstelle. -Von jenem weiß ich, dass er noch eine Freundin kennengelernt hatte, -aus der Geldbearbeitung. Und ihr Vater war wohl „ein großes Tier", in den alten Bundesländern…
Dann war ich wieder 1 Jahr arbeitslos, -jedoch nicht tatenlos: Im Sommer des Jahres 2003 habe ich an 2 Computerlehrgängen in Grimma teilgenommen: einmal einen Computer Grundlagenkurs, und dann einen Lehrgang in der Tabellenkalkulation „Microsoft Excel ©". Es war komisch, für mich: ich besuchte die 2 Lehrgänge in Grimma. Aber für mich war es kein Neuland. Die Computerkenntnisse, die dort vermittelt worden sind, hatte ich alle schon. Durch die vielen Computerlehrgänge, die ich in den vorangegangenen Jahren schon an Volkshochschulen belegt hatte.
Es ist aber trotzdem so, dass man jeden neuen Lehrgang etwas Neues abgewinnen kann. Nach dem Motto: Man kann zwar alt werden, wie eine Kuh, -lernt aber immer noch dazu. Und wenn es nur die Menschen sind, mit den man sich auseinandersetzt (oderauseinandersetzen muss).
So habe ich die Zeit der Arbeitslosigkeit überbrückt.
Dann kam das Jahr 2004. In dieser Zeit, -im Sommer dieses Jahres habe ich wieder einen Lehrgang besucht. Er nannte sich Ausbildung der Ausbilder, -der sog. „AdA-Schein". Nach erfolgreichem Abschluss dieses Lehrgangs soll man dann in der Lage und befähigt sein, Lehrlinge (Azubis) in einem Betrieb auszubilden. Dieser Schein ist auch Bestandteil der (Industrie-) Meisterausbildung. Als Grundlage dient immer derjenige Facharbeiter Abschluss, den man selber erreicht hat. Und in diesen Bereich kann man dann die Lehrlinge ausbilden. Auf diesen Lehrgang möchte ich noch etwas näher eingehen. Ich war ja zu dieser Zeit arbeitslos und habe den Lehrgang selber finanziert.
Das waren so mehrtägig vorgeschaltete Unterrichtsstunden, bevor dann die schriftliche und mündliche Prüfung vor der Industrie- und Handelskammer

stattfand. Die meisten der anderen Lehrgangsteilnehmer kamen dir aus Betrieben. Sie wurden also von ihrem Betrieb zu dem Lehrgang hingeschickt. Aber auch ein freier Dozent war im Lehrgang mit dabei. Ich bin ja gelernter Fachverkäufer für Innenausstattung (also Möbel), -und in diesen Bereich wäre ich dann berechtigt, Lehrlinge (Azubis) in einem Betrieb auszubilden.
Ich hatte den Eindruck, dass die meisten Lehrgangsteilnehmer auf mich ein wenig neidisch waren. Weil ich doch arbeitslos war, und den Lehrgang „aus freien Stücken" gemacht habe. Man kann sich heute (im Nachhinein) darüber streiten, was wohl besser gewesen war.
Ich kann mich auch nicht mehr so genau daran erinnern, wie dort alles in den Vorbereitungen für die anstehende IHK - Prüfung abgelaufen ist. In den vorangegangenen Unterrichtsstunden ging es vor allem darum, später, vor der Prüfungskommission zu zeigen, wie man seine Lehrlinge im Betrieb unterrichtet, bzw. unterweist.

Und ich kann mich erinnern, -wo wir so Proben durchgeführt haben, waren die anderen etwas neidisch, -oder zumindest neugierig auf mich, weil ich eine ganz andere Lehrmethode verwendet habe, wie sie. Der Erfolg vor der Prüfungskommission der IHK sollte mir später Recht geben. Auch ich konnte mit meiner Unterweisungsmethode überzeugen. Ich war von der Überlegung ausgegangen, dass, wie ich früher von meiner Ausbilderin im Betrieb, unterrichtet worden bin. Und so wollte ich es auch tun. Eine Dozentin, die wir im Unterricht hatten, sagte zu mir, dass es bei den kaufmännischen Berufen hauptsächlich um Frontalunterricht geht, -besser: das aneignen von Wissen! – Weniger, so sehr, wo es um die (Finger-) Fertigkeiten, -also, wo es um die handwerklichen Tätigkeiten geht. Und so war das bei dem Fachverkäufer-Beruf ja auch.

Ich hatte mir zu dem Zweck einen überdimensional großen Kaufvertrag ausgedruckt, den ich an der Tafel ausrollen, und alles zeigen konnte. Ansonsten hatte ich aber auch noch einen kleinen Kaufvertrag vorbereitet, wenn ich es nur einen Azubi hätte zeigen wollen. An die schriftliche Prüfung kann ich mich gar nicht mehr so genau erinnern, -vor allem was dort für Fragen drankamen. Lediglich an die mündliche Prüfung, die ein paar Tage später stattfand, kann ich mich noch ganz gut erinnern. Ich war dann froh, diesen Lehrgang erfolgreich beendet zu haben. Später habe ich sogar einmal versucht, mit diesem Lehrgang wieder eine Arbeitsstelle zu finden. -Mir wurde dann mitgeteilt, dass sie schon so jemanden für diese Tätigkeit im Betrieb schon hätten. Das war Schade.

Im November 2004 habe ich in der Volkshochschule in Leipzig an dem Kurs: „Programmieren in C++" teilgenommen. Das waren so kalte, windige Novemberabende. Der Lehrgang fing ja immer erst 17.00 Uhr in der Volkshochschule an. Es kann sein, dass ich mir dem Auto in Leipzig war, - dann habe ich im Hauptbahnhof geparkt. Von da ab waren es noch ca. 15 min. Fußweg, bis in die Volkshochschule.
Natürlich gab es in der Volkshochschule auch eine Cafeteria. -Und, wenn man etwas Zeit hatte, vorher, konnte man in ihr etwas zu Essen kaufen, oder einen Kaffee. Auch Kaffee- und Snackautomaten waren dort vorhanden. Bloß, -bei mir war ja damals schon das Problem mit dem Essen. Ich meine, dass ich das Bestreben damals schon hatte, nicht zu viel zu essen. So war es so, dass ich oft hungrig in die Unterrichtsstunden hineingegangen bin. -Aber eine Tasse Kaffee war immer „drin".
Bei den Kursen an den Volkshochschulen ist es auch oft so, dass nicht zu viel Wissen abverlangt wird. -Und das ist gut, so! Aber bei diesem Kurs war es anders. Der Dozent war ein Doktor der Mathematik.

Natürlich ist er auf die Programmierbefehle Stück für Stück eingegangen. Aber bei einer dermaßen theoretischen Programmiersprache, wie C++ fiel es allen Lehrgangsteilnehmern schwer, seinen Ausführungen zu folgen. Spaß hat es trotzdem gemacht. Ich saß neben einem jungen Mann, der offensichtlich irgendetwas in der Computer- Branche gelernt hatte. -Er hatte wenigstens schon ein paar Grundkenntnisse (im Gegensatz zu mir!) in der Programmierung. Aber auch er hatte Schwierigkeiten, den Ausführungen des

Dozenten zu folgen. In der Unterrichtspause unterhielt ich mich mit ihn, und erzählte ihn, was ich gerne programmieren wolle.

Jeder Lehrgang in der Volkshochschule schloss mit einem (Teilnehmer-) Zertifikat ab. Für die Volkshochschule ist es auch immer ein Spagat, welchen Wissensstoff sie vermitteln möchte. Das heißt, einen möglichst anderen, der in Schulen vermittelt wird, und auch nicht, der im Studium vermittelt wird. Ich fand, diesen Spagat hat sie recht gut geschafft.

## Kurzfristige Beschäftigung im Bildermuseum in Leipzig als Wachmann bei der Firma Securitas (12/2004 - 02/2005)

Dann war Dezember des Jahres 2004. Durch Bewerbungen im Wachgewerbe erhielt ich wieder eine Arbeitsstelle. Es war eine befristete. Und zwar bei der Firma „Securitas" in Leipzig als Wachmann für das Museum der bildenden Künste in der Katharinen Straße. Sie war von vornherein befristet, weil das Wachobjekt im März 2005 an ein anderes Wachunternehmen abgegeben worden ist. Es war im Winter, und es lag sogar ein bisschen Schnee. Mir gefiel es auf dieser Wachstelle sehr gut. Das Museum mit 3 oder 4 Stockwerken war gerade eben erst errichtet worden. Es wurde modernste Sicherheitstechnikverbaut. Sowohl Diebstahl- als auch Brandschutz. Ich war dort eingesetzt als Ordner, -als Aufsicht für die Ausstellungsräume. Viele teure Bilder waren dort, -oft in die -zigtausend Euro. Alte und neue Künstler gleichermaßen. Es waren auch viele Kunststudenten, die das Gebäude oft umlagerten.

Vielen Besuchern konnte ich Informationen zu den Bildern geben. Eigentlich stand man den ganzen Tag nur da. Was war nun das Schöne an dieser Arbeitsstelle? Naja, -die Infrastruktur, die „moderne Welt". Das man eine saubere Arbeitsstelle hatte (ohne schmutzig zu werden). Alles klappte perfekt. (Damals noch) mit dem Zug nach Leipzig hereinfahren, und abends wieder heraus. Nicht, jedoch, ohne abends noch eine Pizza im Zug zu essen, vom Hauptbahnhof, in Leipzig. Vorher sogar noch eine Tasse Kaffee trinken in der Cafeteria im Bahnhof. Ich hatte mir zur Angewohnheit gemacht, früh, da ich 1 Zug eher gefahren bin, schon in das Kaffee in den Leipziger Hauptbahnhof zu gehen. So hatte ich genug Zeit, mich auf den (Arbeits-) Tag vorzubereiten.

Und dabei E-Mails, die ich mir vorher ausgedruckt habe, „zu checken". Das waren so (damals!) E-Mails von meiner Partei „PDS", der ich damals noch angehörte (oder zumindest Sympathisant war!). Irgendwelche Anschauungen zur Welt. Argumentationspapiere, -wie richtig diskutiert wird (aber jeder Mensch kann sich trotzdem seine eigene Meinung bilden). Natürlich war es so, dass viele von den Wachpersonal in die neue Firma übernommen wurden sind. Da die neue Firma aber gerade die war, di mich vor 1 Jahr gekündigt hat, habe ich von einer Weiterbeschäftigung auf dieser Stelle abgesehen. Ich hatte damals eben noch den Stolz, es so zu machen.
Ob es (aus heutiger Sicht gesehen) ein Fehler war, weiß ich nicht. Aber fest steht: bei meinem „Glück", was ich bei meinem bisherigen Arbeitsstellen hatte, wäre vielleicht die Kündigung seitens des Betriebes nach einem halben Jahr der dortigen Beschäftigung möglich gewesen. Nach meiner Erfahrung, nämlich, kann man sich noch so sehr für eine Firma einsetzen.

Aber, wenn der Tag kommt, wo sie einen nicht mehr haben wollen, dann ist die schlichte Trennung das Beste. Und nicht, dass man im Nachhinein um eine Weiterbeschäftigung bittet. Und man doch nicht weiterbeschäftigt wird. Man blamiert sich dann nur. So ging also auch diese Arbeitsstelle zu Ende. Auch im Jahr 2005 habe ich wieder an zahlreichen Computerlehrgängen an Volkshochschulen teilgenommen. Aber erst in der 2. Jahreshälfte. Ich habe die einzelnen Zertifikate (Teilnahmebestätigungen) noch da, und kann so im Folgenden noch etwas darauf eingehen.

Der erste Lehrgang war im September 2005. Es war der Lehrgang: „Präsentationsgrafiken mit PowerPoint ©". Ich kann mich aber an jeden einzelnen Lehrgang noch genau erinnern. Jeder Dozent (an den Volkshochschulen) hat auch einen etwas anderen Lehrstiel. Bei dieser Dozentin war es so, dass sie die Lehrgangsteilnehmer aktiv in den Unterricht mit einbezog. Das heißt, sie stellte gezielt Fragen zum Unterrichtsstoff an einzelne Lehrgangsteilnehmer. -Im Gegensatz, zu einem anderen Dozenten, welcher einfach seinen (Unterrichts-) Stoff heruntererzählte, und nicht so darauf achtete, ob die einzelnen Lehrgangsteilnehmer mitkommen, oder nicht. Vielleicht waren die Lehrgänge an den Volkshochschulen auch die Höhepunkte meiner beruflichen Laufbahn. Und die Frage ist nun auch, ob man sein Wissen, was man sich in der Volkshochschule angeeignet hat, auch anwenden kann.

Viele Menschen kennen sich mit dem Schreibprogramm „Word ©" aus, und kommen damit zu Hause schon ein ganzes Stück. Bei mir war das zum Beispiel so, das ich mit dem ehemaligen Programm „Works ©" gut zurechtkam. Mit ihm konnte man Serienbriefe erstellen, eine Datenbank pflegen, und so weiter. Und bei einer Arbeitsstelle von mir, -namentlich in der Geldbearbeitung, konnte ich dieses Wissen auch dienstlich nutzen. Ich hatte da so eine kleine Datenbank von Casio, die eigentlich für die privaten Kontaktadressen vorgesehen war. Aber sie war von ihrer Kapazität her, groß genug, um alle Firmenkunden einzutragen. Ich konnte somit jeden Firmenkunden leicht abrufen. Und das war eine enorme Arbeitserleichterung für mich. Selbst meine Kollegen staunten, wie ich mit der kleinen Datenbank die Kundenpflege betreiben konnte.

Aber zurück, zu den Lehrgängen, die nun folgten. In dem Jahr sollte ich dann noch an 5 Lehrgängen an 2 Volkshochschulen teilnehmen. -Die schon erwähnte Volkshochschule in Leipzig. Und dann war ich noch in Wurzen. Auf diesen Lehrgang möchte ich noch etwas genauer eingehen. Der Lehrgang unterschied sich etwas von den anderen Computerlehrgängen. Er nannte sich:

Lohnbuchführung am PC. Hier wurde hauptsächlich Wissen benötigt, was man haben muss, wenn man in einem Lohnbüro (oder Finanzbüro) in einem Betrieb arbeitet. Das Eingeben der Daten in den Computer ist dort also die Nebensache. -Wichtiger ist z.B. Kenntnis über die Krankenkassen der jeweiligen Mitarbeiter im Betrieb, usw. Natürlich hat auch dieser Lehrgang Spaß gemacht. Konnte ich doch auf diesen Weg einmal Einblick nehmen in die Tätigkeiten in einem Lohnbüro in einem Betrieb. Ich möchte nun den Leser nicht vorenthalten, warum ich mich (auch) für die Lohnbuchführung interessierte. Ich hatte mich als Kind immer gefragt, was wohl hinter den Türen der Betriebsleitung in einem Betrieb passiert.-Ich sah zwar, was die Arbeiter (handwerklich) in einem Betrieb machten. Aber was das Rechnungswesen eines Betriebes war, -was dort gemacht wird, -davon hatte ich keine Ahnung. Und das interessierte mich aber sehr. Schließlich gab es ja in jeden Betrieb so einen Firmenkopf. Irgendetwas wird mit Zahlen gemacht, -so viel wusste ich. Erst später, dann, -sagen wir einmal im Zeitraum mit der Wiedervereinigung Deutschlands, hatte ich eine ungefähre Vorstellung davon, was die vielen (zumeist) Frauen in der Firmenleitung für einen Sinn haben.

Die weiteren Lehrgangsteilnehmer, -ich glaube, es waren (neben mir) 4 Frauen halfen mir bei meinen Wissenslücken auf diesem Gebiet weiter. Na, -sagen wir einmal ich hatte so ein Basiswissen mir angeeignet, um als Aushilfe in einem Lohnbüro hätte tätig werden können. Dazu kam es leider nicht.

Kniffelig war es, denn das Programm verarbeitete im Hintergrund Daten, wo man dann als Nutzer des Programmes keinen Einfluss mehr darauf hatte. Deswegen war auch die Meinung der Frauen, zwar auf das Programm zu vertrauen, aber trotzdem noch die einschlägigen Bücher über Lohn- und Gehaltsabrechnung noch zusätzlich zu verwenden. Wir haben im Kurs aber trotzdem einen Konsens gefunden. Eingeflossen in den Kurs sind die verschiedenen Meinungen und Erfahrungen der jeweiligen Lehrgangsteilnehmer (-innen). Der Dozent hat natürlich auch sein Wissen, wo „die Wogen hochgeschlagen sind", mit einfließen lassen. Damit wäre zu diesem Lehrgang alles gesagt. Die restlichen Lehrgänge fanden von Oktober bis Dezember 2005 in der Volkshochschule in Leipzig statt.

Die restlichen Lehrgänge fanden in der Volkshochschule in Leipzig statt. Ohne den Leser jetzt mit zu viel Fachchinesisch konfrontieren zu wollen. -Es waren Computerlehrgänge aus allen Bereichen. -Von der Bildbearbeitung bis hin zu der Erstellung von Internetseiten. Und so setzte sich das auch im Jahr 2006 fort. Ich habe in diesem Jahr an 9 Computerlehrgängen in der Volkshochschule in Leipzig teilgenommen. Es ging um Netzwerktechnik, Datenbanken, Hardware-Aufrüstung, usw. Die meisten Computerlehrgänge konnte ich beruflich leider nie anwenden. Nicht im Entferntesten. -Was schade war. In diesem Jahr hatte ich vom auch Arbeitsamt her, -oder genauer gesagt, vom „meinem" Hartz 4- Betrieb so eine Maßnahme, aus der auch kurzzeitig eine Beschäftigung hervorgehen sollte.
Diese Maßnahme nannte sich: „Arbeitsfabrik". Wir waren dazu in einem Containerbau in einer Firma eingeladen worden. Na, -vielleicht ihre 20 Teilnehmer. Es ging darum, -wir sollten uns dort gegenseitig selbst vermitteln, auf dem Arbeitsmarkt. Es wurde extra eine DSL- Leitung gezogen, in die Container. Und es wurde alles mit der entsprechenden Anzahl an Computern ausgestattet. Dieser, -ich nenne es einmal: „Lehrgang" dauerte vielleicht 2 oder 3 Monate. Es wurden 3 Gruppen gebildet: die „Akquise" (wo ich auch angehörte), -die Recherche, und eine dritte Gruppe, von der ich leider nicht mehr weiß, was sie gemacht haben.

Die Theorie bestand nun darin, dass der Arbeitsbereich: „Recherche" Stellenangebote im Internet heraussuchte, die für alle(!) Lehrgangsteilnehmer in Frage kamen. Diese wurden dem Bereich: „Akquise" mitgeteilt. Dieser Bereich hatte dann die Aufgabe, anzurufen. Und irgendwelche Informationen herauszufinden, wo sich dann die „Lehrgangsteilnehmer" gezielt darauf bewerben konnten. So wurden wir weniger, und weniger, im „Lehrgang". Auch ich hatte mehrere Angebote, von den eines auch „greifen" sollte. Mir hat die Arbeit dort viel Spaß gemacht. Nämlich, -ging man einmal ohne Vorbehalte an die Tätigkeit heran. Wie der dortige „Lehrgangsleiter" uns sagte, war diese Art des sich gegenseitig auf dem Arbeitsmarkt vermitteln erst durch eine (kleine) Gesetzesänderung möglich. Ich, -für mich hatte eigentlich 2 Stellen, die in Frage kamen: einmal in dem Großpösna- Park ein kleines Computergeschäft. Mit Druckertinte Nachfüll- Service. Wo ich als Verkäufer hätte anfangen wollen. Ich war auch schon zu einem Vorstellungsgespräch eingeladen, dort. Na, und dann, -als zweite Stelle, wo ich erfolgreich, mit meinen Bewerbungen war, war bei der Telekom, in Leipzig. Diese Stelle habe ich angenommen.

Dies lief über die Firma: Tuja- Zeitarbeit in Leipzig. Die Telekom suchte zu dieser Zeit über diese Firma Mitarbeiter für ihr Call Center in Leipzig. Dort ging es darum, Telefonkunden der Telekom telefonisch zu betreuen. Das war so eine Service-Nummer, die Kunden anrufen können, wenn sie einen Umzug planen, oder Änderungen an ihren bestehenden Telekom Vertrag vornehmen lassen möchten. Zum Beispiel, wenn sie die Internetgeschwindigkeit ändern lassen wollten. Bei unserem „Stellenvermittlungs- Lehrgang" bin ich natürlich auch viel mit anderen „Lehrgangsteilnehmern" ins Gespräch gekommen. Wir hatten ja alle das gleiche Los gezogen - nämlich arbeitslos zu sein. Die Stelle bei der Telekom ging leider bloß 1 Monat, -nämlich die Einarbeitungszeit. Mir gefiel es dort zwar gut. Aber es war so, dass die „alteingesessenen" Mitarbeiter wohl Angst hatten, vor neuen Arbeitskräften im Betrieb. -Ich habe da freiwillig: „Auf Wiedersehen!" gesagt. -Und, wie ich mitbekommen habe, ging es vielen „Neubewerbern" genauso. Die „alten" Arbeiter wollten ganz einfach nicht, dass jemand Neues in den Betrieb kommt. Das einzige, was ich mir vorwerfen kann ist, dass die alten Mitarbeiter munkelten, eine Arbeitsstelle wäre im „BackOffice" frei. Ich muss dazu erzählen, dass diese Stelle nicht direkt etwas mit dem Telefonieren (wie es Call - Center ja tun) zu tun gehabt hätte. –Das wäre mehr „Schreibtischarbeit" gewesen. Und, -direkt angeboten haben sie mir es ja auch nicht. Aber, -was ich eben so mitbekommen habe. Dass ich da nicht näher darauf eingegangen bin, ist aus jetziger Sicht, gesehen, schade (aber heute nicht mehr zu ändern!). Aber die „normalen", neuen (wenigen) Call - Center - Agenten, die übernommen worden sind, hatten auch „ein schweres Los". (wie ich es gesehen habe), -sich dort zu integrieren.

Es ist aber auch egal, die Stelle ist vorbei, -und, wie ich es früher schon einmal angedeutet habe: man sollte einer Stelle nie nachtrauern. Das hat den folgenden Grund: das System ist so angelegt, dass bei der Gewinnverteilung der 2 beteiligten Personen (nämlich der Arbeitgeber und Arbeitnehmer), - immer der Arbeitgeber etwas mehr Gewinn aus dem Dienstverhältnis der beiden zieht. Und das muss auch so sein. Nämlich, damit das System aufrecht erhalten bleibt. Das einzige, wo das nicht so war, war in der ehemaligen DDR. Vereinfacht ausgedrückt wurde dort der Arbeiter
zu viel entlohnt. Dieses Geld stand dann (auf der anderen Seite) dem Betrieb nicht mehr zur Verfügung. Und die Betriebe krankten im Laufe der Jahre immer mehr. Bis schließlich die ganze DDR pleiteging. Leider, -aus Sicht des Arbeiters, -ist darum unser jetziges Wirtschaftssystem so menschenfeindlich. Und war dennoch der einzige Weg, der die Weltwirtschaft bislang voranbrachte…

Aber wieder zurück, zu dem Callcenter:

Ich habe dort auch ein Herr getroffen, der ebenfalls aus dem Wohnort Brandis kam, -wie ich. -Er konnte sich noch ganze 3 Wochen länger dort „halten", wie ich. Das war zwar eine schöne, saubere Arbeitsstelle (wo ich auch gern geblieben wäre), -jedoch steckte „der Teufel im Detail": Man musste sich oft mit (wütenden) Kunden herumärgern, die irgendetwas zu beanstanden hatten. Oder, aber, die Kundendatenbank war fehlerhaft (was traurig war). Auf alle Fälle ging es für mich dann dort nach 1 Monat zu Ende, -leider.

Etwas, was aus dem „Lehrgang": Arbeitsfabrik aber herausgekommen ist, ist Folgendes: -ich hatte zu dieser Zeit meine (berufliche) Perspektive in der Arbeit mit dem Computer gesehen (irgendetwas mit Computern machen). Soviel war mir klar. Und es ergab sich, dass ich einer Lehrgangsteilnehmerin des Lehrgangs: „Arbeitsfabrik" helfen wollte. Helfen, insofern, als dass ich ihr einen Computer, den ich mir hatte vom Recyclinghof (Wertstoffhof) habe, geben lassen, für sie fertig gemacht habe. So dass sie zu Hause drucken, und ins Internet gehen konnte, -ohne etwas dafür bezahlt zu haben. Das war natürlich eine enorme Hilfe für sie. -Konnte sie doch so (mit einem integrierten Modem) von zu Hause ins Internet gehen, und eine Recherche für ihre Arbeitsstellen, durchführen. Der Computer war nicht mehr der neueste (klar, -er war ja vom Recyclinghof), -aber für das Briefeschreiben für Bewerbungen, oder die Internetrecherche, ging er noch. Ich konnte ihr damit echt helfen. Und sie bedankte sich natürlich auch dafür. Ich erkannte mithin das Potential, was in den Recyclinghöfen steckte, und das war der Beginn der „Jahre der Recyclinghöfe", -für mich.

So fuhr ich also täglich mit meinem Auto zu diesem Lehrgang. Den einen Tag war das so: Vorher fuhr ich noch im Einkaufsmarkt vorbei, und kaufte mir 1 Paket Kopierpapier (500 Blatt). Dies brauchte ich dann, in der „Arbeitsfabrik" für meine Bewerbungen. Anmerkung: aufgrund der zahlreichen Computerlehrgänge an den Volkshochschulen (es waren knapp 30) fielen natürlich auch meine Bewerbungsunterlagen deutlich mehr aus. Und, -ja, - normalerweise bekamen wir das Papier von dort gestellt. Aber ich brauchte eben mehr. Da ging fast das ganze Paket an einem einzigen Tag „drauf". Und darum war ich auch die Person, die „unseren" Großkopierer am meisten benutzte. Des Weiteren fuhr ich vor dem Beginn des Lehrgangs noch Tanken.

Aber das Jahr 2006 bot noch mehr! Vor allen, -in der 2. Jahreshälfte. Es war von Juni - Juli die Fußball - Weltmeisterschaft. Gerade, in der „Arbeitsfabrik" sahen sicher viele Menschen Deutschland schon als Gewinner dieser Veranstaltung. Es wurden überall kostenlos Deutschland - Fahnen (zum Befestigen am PKW) an den Tankstellen verteilt. Ich war, -wie bereits gesagt, - gerade Lehrgangsteilnehmer der „Arbeitsfabrik" in Wurzen. Leider verlor Deutschland, -errang nur den 3. Platz. Und die Enttäuschung in der

„Arbeitsfabrik" war am nächsten Tag groß. Wie konnte das passieren? -Der Gewinner war letzten Endes Italien. Was ich aber sagen will, -ist Folgendes:

Ich habe mich nicht für Fußball interessiert. Anmerkung: für Sport generell nicht! An dem Tag, wo Deutschland spielte, war es wieder einmal so brütend heiß, draußen. Ich hatte meine „Arbeitsfabrik" beendet, und hatte den späten Nachmittag noch zu meiner freien Verfügung. Was also machen? -Natürlich meine Lieblingsbeschäftigung. Einen Böller bauen, und diesen dann zünden. Auch, bis in diese Zeit, noch. Naja, ich brauchte ja das Gegengewicht, zu den „schweren" Lehrgang, am Morgen.

Doch diesmal „lief es aus dem Ruder". Mal schnell erzählt: der Böller war so konstruiert, dass „außen herum" halbe Wunderkerzen waren (im Paket). Nämlich, zum Erwärmen der Patrone. Ich fuhr da mit meinem Auto in ein nahe gelegenes (Misch-) Waldgebiet. Was sich aber noch an dem Rand der Stadt befand. Beim Silikat Werk. In einer dort befindlichen Baracke wurden nach der Wiedervereinigung Deutschlands solche Hauswirtschaftslehrgänge durchgeführt. Seit geraumer Zeit steht das Gebäude dort aber leer.

Jedenfalls zündete ich meinen Böller. Und alles schien perfekt zu klappen (wie immer). Doch ich übersah, dass die (noch glühenden) Wunderkerzen - Stücke durch die Explosion weit fortgeschleudert worden sind. Plötzlich entzündete sich (auf der dort befindlichen Betonplatte) das trockene Reisig. Das Unterholz begann zu brennen. Und ich konnte es nicht löschen. -Es waren zu viele Stellen, wo kleine Brandherde waren. Rasch fuhr ich mit meinem Auto nach Hause. In der Hoffnung, dass mich niemand gesehen hatte. Ich sah aber in der Ferne, dass mich sehr wohl jemand hätte beobachten können. Natürlich von dem, in der Nähe befindlichen Betrieb (Silikat Werk) aus. Offensichtlich wurde ja auch noch dort gearbeitet.

Ich sah nur, dass einige Fenster des Betriebes geöffnet waren. Voller Angst kam ich zu Hause an. Nun konnte ich nur noch abwarten. -Auf die Dinge, die da kommen werden (oder, auch nicht!). Und richtig, und ehrlich ging auch schon eine viertel Stunde später die Sirene. Ob die Feuerwehr nun wegen mir ausgerückt ist, weiß ich nicht. Ich kann es nur vermuten. Bestimmt hat das Feuer jemand gesehen, und die Feuerwehr angerufen. Denn es wäre ja ein großer Zufall, wenn es zur selben Zeit noch irgendwo anders gebrannt hätte. Außerdem besaß ich (zur damaligen Zeit) noch so viel Schneid, später dort noch einmal hinzufahren.

Und da war die Betonplatte nass. Also muss es ja einer gelöscht haben. Als ein paar Tage vergangen waren, und „Grass über die Sache gewachsen ist", wurde aus meiner (anfänglichen) Angst übrigens Freude. Nämlich, weil die schnöde Feuerwehr (wahrscheinlich) extra wegen mit ausgerückt ist. So eine Riesen Organisation, -träge. Eine kleine Ursache - aber eine große Wirkung. Und dann noch zur besten Sendezeit im Fernsehen (der Übertragung des Fußball - WM Spieles). Lachen konnte ich ja nur aus dem Grund, weil ich nicht erwischt worden bin. Außerdem habe ich (als Autist) die Sache objektiv nur gesehen. Das, was die wirklichen Geschehnisse waren. -Das man das nicht macht, weil da großer Schaden entstehen kann, habe ich „außen vor" gelassen. Für mich war in dem Moment wichtiger, das ich eine Veränderung in der Natur durch mein Handeln bewirkt hatte. (Für mich) nicht zu beschreiben. Aber ich war wieder einmal ganz nah an der Natur dran, -mit ihren Gesetzen. „Auf Du und Du", -wie man so sagt.

Ich habe ich es so gesehen: mein kleines Experiment - dies ist aus dem Ruder gelaufen - und danach kam die Feuerwehr. Punkt. Also, wenn es so war, -dann denke ich einmal, die Feuerwehrleute haben gedacht, -es war eine Selbstentzündung. Durch eine (dort befindliche) Glasflasche, -bei der „Gluthitze", -an diesen Tag…

## Der Recyclinghof in Wurzen, -ab Juli 2006

Ich habe es mir dann, über die nächsten Jahre hinweg, zur Aufgabe gemacht, die Recyclinghöfe „abzuklappern". -Nach Verwertbarem für mich zu suchen. Zum Beispiel Computern, die andere Leute entsorgt haben, weil er zu alt war. Aber nicht nur das, -und ich komme gleich darauf, was ich meine! Für mich war das eine völlig neue Welt. Erstens sah ich auf den Recyclinghöfen andere Menschen, -so wie ich, die gleichfalls, -nach Verwertbarem gesucht haben.

Und zum anderen waren da die Dinge selber, weswegen ich die Recyclinghöfe „besuchte". Allem, voran, die Computer! Als dritten Punkt möchte ich hier noch das Gesamterlebnis aufzählen, was mit meinem Besuchen der Recyclinghöfe verbunden war. Das Flair, -das Fluidum. Den Anteil, nämlich (und das war nicht unerheblich!), wo es gar nicht so sehr um die Tätigkeit, dort, an sich, ging. Sondern dass man sich dort wieder einmal als „Gast" hat, sehen lassen.

Das waren alles ganz verschiedene Recyclinghöfe, -sie waren alle in der näheren Umgebung von meinem Wohnort (Brandis). So dass ich sie gut mir meinem PKW erreichen konnte. Wo ich oft, und gerne war, war Wurzen. Die Erlebnisse auf diesem Wertstoffhof zu schildern, würde wahrscheinlich schon allein ein ganzes Buch füllen! Das war ein riesen Recyclinghof. Klar, das war ja auch schon eine größere Stadt. Wo folglich mehr Elektronikschrott pro Woche angefallen ist.

Prinzipiell konnte man meine „Auftritte" auf den Recyclinghöfen, erst, einmal, unterteilen in legale und illegale Aktivitäten. Legal war es immer dann, wenn das Personal (die Bediensteten) von den Wertstoffhöfen da war. Also, zu den normalen Öffnungszeiten dieser Höfe. Dann konnten wir, -in Absprache mit dem Personal, in Ruhe in den Containern „herumstöbern". Anmerkung: es gab auch Recyclinghöfe, die nur aufgeschlossen worden sind, -zu den Öffnungszeiten. Die Bürger mussten dann selber ihren (Elektronik-) Schrott dort abladen. So ein Wertstoffhof war zum Beispiel in Engelsdorf. Der war immer am Wochenende geöffnet. Das weiß ich noch.

Es waren ja nicht nur Computer. Es war jedwede Haushaltselektronik. Also, auch Fernseher, Radios, -bis hin zu Kühlschränken (und Mikrowellen - Herden). -All dies gab es für mich (neu) zu entdecken. In einer spannenden, aufregenden Welt, für mich. Wo jeden Tag etwas Neues auf mich einwirkte.

Begonnen habe musste es wohl damit, dass ich (selber) irgendeinen Elektronik -Schrott auf dem Recyclinghof geschafft habe. Und dann neugierig war. Gesehen habe, -in den Containern, was andere Leute weggeschmissen haben. Vor allem, auch Firmen, die im großen Stil (Computer-) Hardware entsorgt haben. Genau zu dieser Zeit war es nämlich (z.B.), dass Flachbildschirme auf den Markt gekommen sind. Und ich kann mich noch daran erinnern, dass in Wurzen buchstäblich ein ganzer Container voll mit den (alten) Röhrenbildschirmen war. Na klar war ein großer Teil davon noch funktionsfähig. Aber der technische Fortschritt brachte es eben mit sich, dass, gerade auch Firmen schnell einmal alle Röhrenbildschirme ausgetauscht haben, gegen die (neuen) Flachbildschirme. Ich meine, -platzsparender waren sie ja eh, -auf den Schreibtischen. Es war (trotzdem) eine schöne Zeit. Einmal war sogar ein alter Flipper - Automat dort, -auf dem Recyclinghof. Es war schön, dass ich Gelegenheit hatte, auch einmal so einen Spielhallen - Automaten von innen betrachten zu können. Es war wohl eine Kombination aus einem mechanischen Räderwerk und einer Elektronik.

Na klar überlegte ich mir sofort, was ich mit dem Plast - Trommeln von diesem Automaten anfangen konnte, -zu Hause. Die Trommeln, wo die 3 verschiedenen Abbildungen von außen zu sehen waren (zum Beispiel, 3 Diamanten). Waren es 3 gleiche, hatte man gewonnen, und bekam Geld ausgeschüttet. Mir fiel da aber im Moment nichts ein, und so ließ ich diese Trommeln dann dort. Während der Zeit der Recyclinghöfe bestimmte ich, wie nur selten in meinem Leben, was ich haben wollte. -Der Reichtum (naja, -

zumindest, ein bescheidener!). Ich bestimmte selber: was möchte ich haben, - und was bleibt dort. Nennen Sie es eine Art Freiheit. Es durfte ja auch hier kein allzu großer Schrott sein, den ich mit nach Hause nahm. Das, was mir noch nützlich für mich erschien.

Der junge Mann, -naja, eigentlich noch ein Jugendlicher, den ich dort traf, kam aus einem Heim. So sagte es mir ein Angestellter des Recyclinghofes. Mir war das aber egal. Mit dem jungen Mann, -der aus Wurzen kam, habe ich oft (und gerne!) zusammen auf diesem Recyclinghof nach Verwertbarem gesucht. Einmal war es so, dass wir zusammen eine Flachbild - Fernseher für ihn „ergattert" haben. -Ich war ja oft, am Nachmittag, nach meinem Lehrgang „Arbeitsfabrik", mit ihm zusammen, auf dem Recyclinghof. Wir trafen uns dort spontan. Naja, -und den Fernseher, den wir „organisierten", hatten wir dann auf den darauffolgenden Tag zu ihm nach Hause geschafft. In das Neubaugebiet, nach Wurzen. Also musste er ja auch eine eigene Wohnung gehabt haben. Ich habe ihn aber nicht danach gefragt.

Jaja, -Not hat eben viele Seiten: -hier war es eben materielle Not! Das heißt, er hatte scheinbar nicht genug Geld, um sich so einen Fernseher kaufen zu können. Nach seinen eigenen Angaben hat er schon einen Pentium 4 Rechner aus diesen Recyclinghof herausgeholt (was damals ein schneller Rechner war!) - Und das glaube ich auch. Wie ich dann nämlich später auf dem Recyclinghof in Brandis feststellte, entsorgten die Leute tatsächlich noch relativ neue Hardware. Ich selbst habe mir von Brandis 2 Hauptplatinen für Personal Computer mit nach Hause genommen. Die beide noch in meinen Gebrauch sind. Anmerkung: ich werde diese aber in den nächsten Tagen, schon, (endgültig) entsorgen. Ich möchte mir nämlich einen neuen Computer kaufen. Viele Vorkehrungen, dafür, habe ich schon getroffen.

Ja, -so machte das Leben gleich mehr Spaß. Erst den (komischen) Lehrgang am Früh des Tages, -und am Nachmittag immer den Besuch des Recyclinghofes. Da konnte man richtig „abschalten". -Ich habe es meistens so gemacht: Bevor ich auf den Recyclinghof gefahren bin, war ich noch im Lebensmittel - Discounter (hier war es der Penny - Markt). Und habe dort Süßigkeiten / Schokolade gekauft.

So, und die gab ich dann den Bediensteten auf dem Recyclinghof. Sie haben sich immer sehr darüber gefreut. Kleine Geschenke erhalten eben die Freundschaft! Und so sah man mich immer gerne, wenn ich auf den Recyclinghof kam. Überhaupt „streckte ich auch dort meine Fühler aus", - wegen einer möglichen Arbeitsstelle für mich. Und ich bin dort auch schon weit gekommen. Habe bei den Angestellten, dort, einen guten Eindruck hinterlassen.

Jedoch scheiterte es daran, dass ich doch kein räumliches Sehen habe (ich sehe auf meinem rechten Auge so schlecht / meine Amblyopie / -ich berichtete). Und für die Tätigkeit auf dem Recyclinghof wurden Arbeiter gesucht, die (zur Not) auch einen LKW hätten fahren können. Und das konnte ich leider nicht. Habe wegen meiner Einschränkung nur den PKW- Führerschein. Ja, das war schade. Aber wer weiß, ob es mir dort dauerhaft gefallen hätte. Ja, mit der Schokolade, -das hätte man als Bestechung sehen können. So „hochgestochen" würde ich es aber nicht sehen, -sondern nur als kleine Gefälligkeit.

Eines Tages, wo ich auf den Recyclinghof kam, „blutete mir das Herz". Ich sah es schon von weitem: In einem Metallcontainer, der bis oben hin voll war, mit alten Computern, „lachte mich ein Amiga 4000 an". Oder waren es sogar 2? - Ich meine, wir schrieben das Jahr 2006, und die Ära dieses Computers war von (circa) 1993 - 1999. Seine Zeit war bereits abgelaufen.

Aber es war der Rechner, den ich nie hatte. Und noch immer neidisch darauf war. Mein Stiefcousin hatte das Vorgängermodell, -den Amiga 500. Einer der verbreitetsten Home- Computer der frühen 1990er Jahre. Freilich, -ich hatte einen (IBM-) kompatiblen Personal Computer. Und ich war da kompatibel mit der ganzen kommerziellen Software. Allem, voran die viele Software, -von meinem Hobby, der Chemie! Auch viele Chemie - Lernprogramme waren darunter. Aber so richtiger Spaß kam bei der Arbeit an meinem Computer nie auf. Einfach zu „trocken" waren die Programme, die darauf liefen.

Zunächst, mit meinem bernsteinfarbenen Monitorbild. Im Gegensatz, dazu, der Rechner von meinem Stiefcousin: Er hatte seinen Rechner einmal mit, bei mir zu Hause. Dieser Rechner wurde zwar an einen Fernseher angeschlossen, aber die Farbdarstellungen, darauf, waren einfach besser. Und die nachempfundene Oberfläche eines Schreibtisches mit Uhr, Rechner, Kalender, usw., den man auf dem Fernseher sah: So etwas gab es auf meinem Rechner leider nicht. Einzig der Makel seines Namens: „Homecomputer", -lastete ihn an.

So etwas Schönes gab es auf meinen Computer leider nicht. Noch nicht! Erst später dann, sollte durch das Software - Programm „Windows" auch etwas Vergleichbares (auf IBM kompatiblen Computern) entstehen. Da war die Ära des (Commodore) Amiga 500 schon wieder fast beendet. Naja, und der Nachfolger (namentlich: Amiga 4000), -der in diesen Blechcontainer lag, konnte sich auf dem Markt nie richtig durchsetzen. Weil ja dann (trotzdem) die IBM- kompatiblen Computer erstarkten. Seine Leistung, und sein Glanz, - nämlich zu damaliger Zeit, bleiben aber trotzdem unbenommen.

Ich möchte es einmal etwas überspitzt so formulieren: Man beraubte uns in dieser Zeit (in den frühen 1990ger Jahren) unserer Kreativität. Die wir damals noch hatten. Mit diesen IBM- kompatiblen Computern. Auf der anderen Seite war ich froh, einen IBM- kompatiblen Rechner gehabt zu haben. Das war 1992, -und es war noch ein 286ger Computer. Spaß hatte ich mit diesen manchmal trotzdem gehabt. Namentlich, wenn ich mit meinem Bruder wieder einmal die digitale Betriebsart: „Packet Radio" durchgeführt habe. Da konnte man durch ein spezielles, angeschlossenes Modem Datenübertragung durchführen. Und zwar, über Funk. Anmerkung: mein Bruder war damals schon Amateurfunker. Und so habe ich ihn oft „über die Schulter geschaut".

Mehr Ahnung über die verwendete Software an dem Computer, -hatte ich. Mein Bruder war eher der „Hardware - Typ". Der sich mit der Computerhardware auskannte. Und den Funkgeräten. Und es gab, -auch für den IBM- kompatiblen Computer damals schon viele Hardware Basteleien. Von privaten Gruppen. Der Versuch, -auch diesen Rechnertyp etwas menschenfreundlicher zu machen. Ich erinnere mich da z.B. an eine improvisierte „Soundkarte", -gänzlich mit Wiederständen gebaut. Diese Hardware wurde an die Druckerschnittstelle (!), -hinten, am Computer, angeschlossen. Und dazu eine spezielle Software. Und fertig war das „Soundstudio".

Aber zurück, zum Recyclinghof: Ja, da wurden Jugenderinnerungen wieder wach. Ich habe diesen Rechner aber trotzdem nicht mit nach Hause genommen. Denn zum einen gab es schon Amigas 500 Emulatoren, die auf den zeitaktuellen PCs liefen. Auf diesen konnte diese „Koryphäe" vollständig abgebildet werden. Und zum anderen wollte ich denn dann doch nicht, mit der alten Hardware wieder zu Hause anfangen. Trotzdem war es wohl so, dass sein ehemaliger Besitzer diesen Rechner hat, viel Liebe angedeihen lassen: man merkte es, wie sauber dieser Rechner noch aussah. Selbst ein „Turbo"- Knopf war an diesen vorhanden!

Etwas, über was ich im folgenden Abschnitt sprechen möchte, stellte (auch) eine wichtige Begebenheit in meinem Leben dar. Der geneigte Leser mag hier vielleicht der Ansicht sein, dass das, was nun folgt, gar nicht gehen würde. Und doch war es so gewesen. Nämlich weil es mir, und meinen Seelenleben extrem gut tat. Wir, -also der junge Mann (aus Wurzen) und ich „schlachteten" ja nicht nur Computer aus, weil wir Computer (oder, zumindest Teile, davon) für zu Hause benötigten. Mindestens genauso wichtig war es zu sehen, was von den Leuten, die ihren Computer auf den Recyclinghöfen abgaben, noch auf diesen Computern war. An Daten.

Je persönlicher, desto besser! Bei meinem Mitstreiter (den jungen Mann), bin ich mir nicht ganz sicher, ob er „flächendeckend" geschaut hat, was noch für Daten auf den Computern waren. Ich, -für meinen Teil, habe es aber als meine Hauptaufgabe gesehen. Ja: finanziell war ich gut ausgestattet, -hatte es nicht nötig, nach alter Computerhardware zu suchen. Der andere Grund, -nämlich „nachzuschnüffeln", was sich noch für Daten auf den Computern befand, -war etwas mit „Grips". Es passte genau in mein Schema: -ich hatte mich bei dieser Tätigkeit körperlich so gut, wie gar nicht verausgabt. Aber zu Hause ging dann die (oftmals) knifflige Arbeit los. Ich meine: man war ja selber schuld, wenn man vor der Abgabe seines Computers (auf den Recyclinghof) seine Daten vorher nicht vollständig löschte.

Mehr noch: für mich war das eine „harte Nuss", die ich zu knacken hatte. Nennen Sie es eine Riesen Herausforderung, für mich. Vor allem dann (war es für mich spannend), wenn die Daten nur laienhaft, teilweise gelöscht worden sind. Je schwieriger die „Datenrettung", desto besser. Und was ich dort für Tools (Software - Programme) für die Datenrettung einsetzte, -Wahnsinn. Richtige Profi- Tools, -wie in einem Datenrettungs- Labor. Ich habe mir das ja alles im Selbststudium beigebracht. Na, -bis auf meine zahlreichen Computer - Lehrgänge an den verschiedenen Volkshochschulen. Ich könnte hier viele Storys erzählen:

Computer von Firmen waren darunter, -ebenso, wie die von Privatpersonen. Ich werde hier aus verständlichen Gründen die Namen der Firmen und Privatpersonen nicht nennen. Hierzu nur so viel: Bei denjenigen Computern von Privatpersonen, konnte ich oft ihr ganzes Leben rekonstruieren. An der Oberfläche gekratzt: Ich erfuhr z.B. etwas über ihren Status, -waren sie arm oder reich? Der Fußball - Manager © war das Programm, was (seinerzeit) am häufigsten auf den alten Computern war. Wie groß mag wohl das Interesse an Sport (im speziellen, -der Fußball) in der Bevölkerung gewesen sein?

Wie ich bereits erwähnte, eröffnete sich mir damit eine sonderbare, neue Welt. In der ich teilhaben konnte, an dem Leben der anderen Menschen. -Ohne mich selber zeigen zu müssen. Anmerkung: zu der Zeit war ich schon viele Jahre ein „gefestigter" Mensch. Mehr, wie mancher andere. Das heißt: ein Mensch mit eigenen Auffassungen und Ansichten. Ein bodenständiger Mensch. Über das, was ich als Autist aber nicht hatte, -nämlich den Part: Liebe, Sex und Zärtlichkeit, konnte ich aber nur schmunzeln (und tue dies auch heute noch).

Naja, -und die andere Seite waren die Firmenrechner: Nicht minder uninteressant. Die Einblicke zu erhalten, wie in Firmen heute gearbeitet wird, -abgerissen. Interne Arbeitspapiere sichten, die (normalerweise) keinesfalls nach außen dringen sollen. Solche Kalkulationstabellen (Excel - Tabellen), die manchmal in ihrer Gänze (selbst) mir „zu hoch" waren. Solche Firmen hatten bisweilen ganze Netzwerke mir einmal auf den Recyclinghöfen entsorgt. Ein „gefundenes Fressen", -für mich. Es ist ja heute (über 10 Jahre später) alles verjährt. Und deswegen kann ich auch darüber berichten. Datenschutz (bei solchen Firmen): Fehlanzeige! Ich habe mich mit dieser Art der „Datenrettung" fast 10 Jahre beschäftigt.

Aber selbst dieses „Hobby" gelangte bei mir auf die Dauer zum Überdruss. Das werden wir aber erst später noch sehen. Insofern war ich selbst damals, schon, ein Außenseiter der Gesellschaft. Einer, der in die „normale" Gesellschaft nicht hineinpasste. -Nennen Sie mich von mir aus, -einen Chaoten! Aber ein Autist macht nun einmal keinen Unterschied. In seinen Moralvorstellungen. Allerdings: wie ich später lernen sollte, ist auch die sog. „normale Gesellschaft" nicht homogen. Z.B. die Borderline- Persönlichkeiten, -die ADHS- Typen, die Schizophrenen… Alles keine „normalen" Personen. Und sie machen (zusammengenommen) einen großen Prozentsatz der Bevölkerung aus. Allen, -diesen, ist eins gemeinsam: sie verhalten sich abnorm.

Ich habe mein „Datenrettungs- Hobby" auch dann, später, in der Psychiatrie zum Thema gemacht. In einer geschlossenen Runde. Wollte wissen, wie die sog. „Normalos" (so nennen Autisten die „normalen" Menschen) darauf reagieren. Zuerst war es Entsetzen. Atemlos, -schockierend. Dies zeigte sich aber nur bei den wenigsten. Die, die ich noch als (halbwegs) normal eingestuft habe. Die meisten, der Patienten, -denen war das egal. Vor allen, -den „Borderlinern". Anmerkung: ich berichtete bereits, dass die zahlenmäßig meisten Patienten in Wermsdorf eine sog: „Borderline- Persönlichkeitsstörung" hatten. Das sind Menschen, mit einem gestörten Selbstbild. Als ich aber erklärte, warum ich diese „Datenrettungen" durchführte, -hörten alle gespannt zu. Und konnten mich (zum Teil) verstehen.

Auf einer Skala, wie weit ich damals schon „durch" war, mit meinem Hobby: „Datenrettung auf dem Recyclinghof", -sage ich hier: zu ¾ -teln. Es muss wohl so gewesen sein, dass mir meine selbst entfachte Diskussion in der Psychiatrie, wieder einmal einen Kick gab. Was man im Leben noch so für Blödsinn anstellen kann… Und, -in Wirklichkeit sah es ja auch so aus, dass es mir eigentlich (körperlich) nie gut ging. Durch meine Anorexie. Einmal mehr, und einmal weniger. Manchmal war mir auch das nach Hause tragen, einer Festspeicherplatte schon zu schwer (körperlich). Dann ließ ich das eben sein. Und, -was auch noch gesagt werden muss: Auf dem Recyclinghof in Wurzen war es so, dass sich in unmittelbarer Nähe das Polizeipräsidium befand. Und, wenn die dort aus dem Fenster geschaut haben, kann es schon sein, dass sie uns bei unseren „Computer - Basteleien" haben, sehen können.

Ich hatte da immer ein mulmiges Gefühl. Na klar waren wir sozusagen entschuldigt, weil wir unsere Arbeit ja unter der Aufsicht der Bediensteten des Recyclinghofes durchführten. Zudem kommt, -wie ein Sprichwort sagt: „Wo kein Kläger ist, -ist auch kein Richter!" Außerdem war das nur zu den „normalen" Öffnungszeiten des Hofes so. Wenn ich, -wie es später meistens war, zu den Schließungszeiten der Höfe dort war (um allein zu sein), sah die

Sache schon anders aus. Dann war das illegal. Ich werde später noch ausführlich darüber berichten.

Einmal, -so entsinne ich mich, habe ich vom Recyclinghof in Wurzen einen Laptop mitgebracht. Aber nicht irgendeinen, -sondern so einen Kinder - Laptop. Mit Leuchtdioden, darin. Weil ich so etwas noch nie in den Händen hielt, wollte ich wissen, was dort technisch möglich ist. Viel konnte es ja nicht sein. Bei dieser Preislage, -wenn man ihn kauft. Ich wollte wissen, was für die Kinder dort schon angeboten wird. Gleichsam, -wie sie herangeführt werden, an das Arbeiten, später, mit einen „richtigen" Laptop. Für mich war das „hochinteressant". Voller Stolz zeigte ich den Laptop meinen Eltern zu Hause, -führte ihn vor. Auch meine Eltern interessierten sich für diesen. Sie kannten so etwas (bis dato) nur aus Werbeprospekten. -Genau, wie ich! Nachdem ich meinen Wissensdurst an ihm gestillt hatte, schaffte ich ihn wieder auf den Recyclinghof.

Ich muss gestehen, dass ich zu diesem Zeitpunkt, -damals, noch, in einer wesentlich besseren gesundheitlichen Verfassung war, -wie heute. Dies hängt damit zusammen, dass ich in der letzten Zeit noch eine gesundheitliche Einschränkung mehr dazu bekommen habe. Ich werden an späterer Stelle in diesem Buche dann, -darüber berichten. Damals habe ich z.B. noch selber „den Lötkolben geschwungen", -was heute nicht mehr geht. Und so begab es sich, dass ich einen sog. „Telefonhybrid" selber gebastelt habe. Anmerkung: mein Bruder würde mich strafen, wenn ich für „Lötkolben - Projekte" den Ausdruck: „Basteln" verwende. Aber für mich war das eben: „Basteln".

Der Telefonhybrid ist eine kleine elektronische Schaltung, wo man den (Personal-) Computer mit dem Telefon verbinden kann. Das geht sonst normalerweise nicht, da die Ohmzahlen (die Impedanzen) der 2 Geräte nicht übereinstimmen. Man ist nämlich dann in der Lage, mit seinem Headset, was an den Computer angeschlossen ist, ins Telefonnetz zu gehen. Das wird z.B. gebraucht, um bei Fernsehsendungen die Telefonanrufer live ins Studio schalten zu können. Die Kernkomponente, dort, ist ein kleiner Transformator (ein sog. „Überträger"). Ich habe dieses Modul aber hauptsächlich dafür genutzt, um Telefonate mitschneiden zu können. Dies ist rechtlich möglich, wenn man seinen Gesprächspartner darauf hinweist.

Ich hatte mich ja noch damals viel um eine Arbeitsstelle beworben, und da war das dann schon recht nützlich. Um sich das Gespräch später noch einmal in aller Ruhe anhören zu können. Ich habe dieses Gerät noch bis heute, -aber selten im Einsatz. Bei meiner ganzen Elektronik - Bastelzeit bin ich aber immer ein kleines bisschen Chemiker geblieben. Und so verwundert es nicht, dass ich das Gehäuse dieses Gerätes baute, -aus weißen PVC. -Ein Plast Werkstoff, der so vielfältig ist, wie sonst kein anderer. Obwohl er in Verruf geraten ist. Vor allen, in den 1990 -ger Jahren. Wegen des verwendeten Chlors. Das PVC, -der Leser mag es vielleicht schon ahnen, hatte ich nämlich auch von Recyclinghof. Die Einschübe der Kühlschränke waren daraus hergestellt. Also besorgte ich mir so einen Einschub. Von einem Gemüsefach. Und das PVC konnte man perfekt bearbeiten: bohren, feilen und thermisch umformen (durch Hitze biegen). Was ich auch tat.

Es entstand daraus das neue Gehäuse für den Telefonhybriden. Gerade das Abkanten, -das thermische Biegen, machte mir so viel Spaß. Das merkte ich erst, während der Verrichtung dieser Tätigkeit. Der beste Beweis dafür, dass man eine Arbeit erst einmal (selber) gemacht haben muss, um über sie zu urteilen. Und darum wünschte ich mir, später, noch ein Bastelprojekt mit diesem tollen Werkstoff: PVC, -also Polyvinylchlorid. Doch dazu kam es leider nie. Die Werkstoff Ressourcen (nämlich die alten Kühlschränke) wären für mich ja schier unendlich gewesen.

Aber gebaut mit PVC haben wir ja schon in der Schule, -im „Werken - Unterricht". So einen Trichter, -das weiß ich noch. Auch hier wurde dieser Plast Werkstoff heiß umgeformt. Und danach noch das Rohr unten angeklebt. Ich möchte damit ja auch nur andeuten, dass meine Aktivitäten auf den

Recyclinghof sich nicht nur auf den Computer beschränkten. Vor allen ging es darum, zu lernen. Sich viel Wissen anzueignen. Dies ließen meine trübsinnigen Gedanken (zumindest etwas) vergehen. Prinzipiell gibt es ja immer die 2 Möglichkeiten: entweder, man möchte etwas (Bestimmtes) bauen. Dann sucht man sich die Teile, die man braucht, auf dem Recyclinghof. Oder, man schaut sich erst einmal alles an (auf dem Recyclinghof). Schaut in die Container. Und lässt seine Gedanken kreisen, was man mit dem jeweiligen Teil noch anstellen könnte. Oder, was man daraus (noch) bauen kann. Bei der letztgenannten Methode kommt (in dem Moment) die eigene Kreativität ins Spiel. Um zu entspannen, bin ich ganz oft nach dieser Methode vorgegangen.

Es sind eben die Erinnerungen, die geblieben sind. Schöne Erinnerungen. Einmal war ich dort, in einem (Blech-) Container, und habe einen Mikrowellen - Herd auseinandergenommen. Zum Schluss habe ich mir so einen Ferrit- Ring mitgenommen. Er befand sich darin zur Beruhigung des (elektrischen) Stromes. Mit einer Plaste - Ummantelung. Diesen habe ich gut gebrauchen können, -für meine Hardware - Basteleien, -zu Hause.

Und es war auch so, dass fast schon eine Verschmelzung (in meinem Denken) stattgefunden hat. Nämlich die Gegenstände, die mir gehörten, -zu Hause. Und jene Gegenstände, auf dem Recyclinghof. Die mir schon bald gehören würden. -Wenn ich es mochte. Um etwas Klarheit in die ganze Sache zu bringen, habe ich mir einen Plan gemacht. Ich habe mir alle Recyclinghöfe aus meiner Umgebung aufgeschrieben. Mit ihren Adressen. Es musste wohl so sein, dass ich zum damaligen Zeitpunkt schon mein Flipchart hatte. -Dort habe ich mir alles groß aufgeschrieben. Und die Recyclinghöfe dann alle nacheinander besucht.

Auch Leipzig war darunter. In der Stöhrerstraße. In dieser habe ich einmal gearbeitet (bei der Fa. ADS - Sicherheit, -ich berichtete). Die Recyclingfirma hieß: Remondis. Und dort war ich auch gerne. Von dort habe ich mir einen alten 24- Nadeldrucker mit nach Hause genommen. Der druckte Blätter bis zum Format DIN A3. Schön war dort auch, dass in der Stöhrerstraße (einem Industriegebiet) so ein Büro Geschäft war. Für Großkunden. Dort konnten aber auch „normale" Personen einkaufen. Dorther habe ich z.B. mein Flipchart (was ich bis zum heutigen Tag besitze).

Ja, -und mit dem Drucker habe ich noch einige Zeit gedruckt. Kam so in den Genuss, auch großformatige Blätter bedrucken zu können. In Leipzig war ich auch immer gerne, -vor allen, weil dort die Kollegen so nett waren. Viele Lüfter (für den Computer) habe ich mir später von dort her, noch besorgt. Auch relativ starke Lüfter, -von den Computer - Racks. Und so hatte jeder Recyclinghof seine Besonderheiten: -in Engelsdorf war es so, dass immer am Wochenende der Hof aufgeschlossen war. Bürger konnten dort ihre defekten Geräte selber entsorgen (ich berichtete). Dort habe ich so gut, wie niemanden von den Angestellten, gesehen. Was schön war.

Oder, in Markranstädt, -das war ja nur so eine kleine Ablagestelle, -am Haus. Später, dann, -ein „richtiger" Recyclinghof (im Wald, gelegen). Auch Grimma war schön. Da kann ich mich noch daran erinnern, dass viele Firmen dort entsorgt haben. Von dort habe ich mir einen Tageslicht - Schreibprojektor mit nach Hause genommen (einen „Polylux" -für Alt-DDR Bürger). Dieser war insofern schön, dass er ganz spartanisch aufgebaut war. So ein „Einstiegsprojektor". Aber, -für mich zu Hause langte er eben. Klar, -als die Beamer aufkamen, hatten viele Schulen, usw. sich ihrer „alten" Tageslicht - Schreibprojektoren entledigt. Auch an ihn sollte ich noch lange Zeit Freude haben. Ich möchte es aber erst einmal dabei bewenden lassen, -mit den Recyclinghöfen. Ich komme später noch einmal darauf zurück.

Dann kam das Jahr 2007. Im Januar und Februar begann ich wieder mit Computerlehrgängen in der Volkshochschule in Leipzig. -Es waren 3. Darunter ein professionelles Satzprogramm für Druckereien. Es war schön, auch einmal hier „hereingerochen" zu haben. Wie Grafiker und Layouter in Druckereien arbeiten.

Dieses Jahr sollte von einem schweren Schicksalsschlag überschattet sein: Im April des Jahres hat sich mein Opa (mütterlicherseits, -Opa Erich), umgebracht. Er war zwar schon alt gewesen, ja, aber es war ein schwerer Verlust für uns alle. Nach schon mehreren vorausgegangenen Selbstmord - Versuchen (und auch einem Klinikaufenthalt in der Psychiatrie in Wermsdorf), hat er sich eines Nachmittages erhängt. Bei uns im Keller war das. Ich habe ihn dann, mit meinem Vater zusammen, abgehangen. Wir sind einfach zu spät gekommen. Ich saß zu diesem Zeitpunkt oben, in meiner Bodenkammer. Ich habe von alledem nichts mitbekommen. Auch meine Oma muss in ihrer Wohnstube gewesen sein. Lediglich meine Eltern, als sie vom Einkaufen (oder aus dem Garten) zurückkamen, haben es dann bemerkt. Meine Mutter sagte noch: -vielleicht wird er ja wieder, und er kommt wieder zu sich. Aber da war nichts mehr zu machen, -er war tot.

Am Nachmittag kam dann auch gleich die Kriminalpolizei. Sie haben ihre Untersuchungen angestellt. Ich hatte ja zu der Zeit auch schon selber Probleme, -aber eins weiß ich noch genau: ein paar Tage, oder Wochen, vorher, -die Familie war wohl zu irgendeiner Feier bei den Großeltern in der Wohnstube eingeladen, habe ich zu meinen Opa gesagt (nämlich in Bezug auf seinen 1. Selbstmordversuch): „aber Opi, -ich hätte dich doch nie im Stich gelassen!" -Ich merkte aber, dass ich zu ihn „nicht durchkam". Er hat sich in diesen Moment nur stillschweigend von mir abgewendet. Offiziell wurde dann Folgendes gesagt (und er hat es ja auch immer selbst gesagt): er wolle niemanden zur Last fallen. Und er nimmt sich so einfach das Leben.

Ich vertrete aber dazu einen anderen Standpunkt: Zum einen lebte (zu diesem Zeitpunkt) seine Frau, -meine Oma Marianne, ja noch. Und er hatte sie gepflegt, weil sie so pflegebedürftig war, und sie die Treppe hochgebracht, und gestützt. All das hat er noch bis zum Schluss für sie gemacht. Und trennen wollten sie sich nicht, sodass sie in ein Pflegeheim kommt. Und da war ihn dann, -so denke ich, die Arbeit und die Last ganz einfach zu schwer geworden. Zudem denke ich, er ist vielleicht ein wenig wunderlich geworden, und kam mit uns jungen Menschen nicht mehr zurecht. Er hat dann für sich keinen Platz mehr in der Gesellschaft gesehen. Vielleicht hat er auch meine aussichtslose Lage gesehen, -das ich sooft arbeitslos war. Und das stimmte ja auch. Opa Erich hat eine tiefe Lücke in unserer Familie hinterlassen. Weil er so eine zentrale Figur war: Familienvater, Opa, hat sein Leben gut gemeistert, hat in seinem Leben alles erreicht, mit seiner Arbeitsstelle, und als Rentner.

Meine Oma (Oma Marianne) war völlig fassungslos über die Tat. Sie sollte noch 3 Jahre länger leben, -kam aber noch in ein Pflegeheim, zum Schluss. Zu seiner Beerdigung kamen dann auch alle: Onkel, Tanten, usw. Es war noch einmal ein richtiges Fest. Aber die Oma Marianne ist wohl nie mehr darüber hinweggekommen.

Im Oktober des Jahres 2007 fand ich wieder eine Arbeitsstelle. Bei einer Datenverarbeitungsfirma. Es war die Syntela GmbH in Leipzig.

...mein selbstgebauter Projektor für größere Entfernungen (aus einem alten Beamer)

...hier im Einsatz Weihnachten 2012 zur Projektion an der Fassade des Nachbarhauses

**Daten- Verarbeitungsfirma Syntela / Leipzig (10/2007 - 09/2008)**

190

Dies ist eine IT- Dienstleistungsfirma. Dort wurden im Auftrag von Krankenkassen z.B. Brillenverordnungen, -oder allgemein Hilfsmittelverordnungen im Keller der Firma archiviert. Damals war es so: die Daten, -z.B. die Namen der jeweiligen Patienten wurden in den Computer eingegeben, sodass sie anderweitig verwendet werden konnten. Oder der Auftraggeber (die Krankenkasse) hatte die Daten eben angefordert. Dann konnte schnell darauf zurückgegriffen werden. Ich hatte in dieser Firma etwas ganz Einfaches gemacht: -Belege zusammenzuheften mit einem elektrischen Tacker.

Wo ich mich vorgestellt habe, in der Firma, sagte mir dort die Chefin, dass auf alle Fälle eine Tätigkeit in der Firma für mich drin wäre. Die Chefin war aus dem größten Bereich des Betriebes –den Bereich der (Papier-) Belegbearbeitung. Es sollte schon die letzte Arbeitsstelle meiner beruflichen Laufbahn (bis dato) sein. Ich möchte mich an dieser Stelle auch recht herzlich bedanken, bei der Firma, dass sie mich hereingenommen, und mir 1 wundervolles Jahr geschenkt haben. Ich hätte auch, -so wie es die anderen Frauen machten, Belege sichten, und dann in verschiedene Ablagen sortieren können. -Theoretisch, ja. Aber ich war wohl so langsam, sodass sie entschieden, dass ich lieber Belege den ganzen Tag nur zusammenheftete. -Mir hat es nichts ausgemacht, -das war keine primitive Arbeit für mich. Denn ich erkannte, dass man auch auf dieser Stelle noch einiges herausholen konnte. Also, im Sinne, von Perfektionieren. Das war die eine Seite.

So, und die andere Seite war die: mein von mir gesetztes Sterbedatum rückte näher. Ich erinnere noch einmal: mit 23 Jahren (also 1993) wollte ich nicht noch einmal so alt werden, -also nur noch bis zum Jahr 2016 leben. Bis dahin waren es noch 8 Jahre. Und meine Methode, mich durch Aushungern umbringen zu wollen, musste nun, um schon etwas Vorlauf zu haben, erste Voranzeichen zeigen. Was sie auch tat. Ich war damals schon sehr stark abgemagert, hatte aber noch nicht mein Gewicht überprüft (so, wie ich es heute mache). Natürlich fiel das auch den Arbeitskollegen auf.

In der Firma war es üblich, Arbeitsverträge immer nur monatlich zu verlängern. Und, -in Begleitung meiner Abteilungsleiterin wurde dann immer zum Chef gegangen, wo die Verträge verlängert wurden. Der Chef, -so kann ich mich erinnern, sagte dann einmal zu mir: "Herr Lorenz, wenn ich sie sehe, sehen sie jedes Mal immer dünner aus!" -Ich verlängere ihren Vertrag, weil sie gute Arbeit leisten, aber weiter. Und das war ja auch schön, so. Eigentlich war ich zu diesem Zeitpunkt (objektiv gesehen) nicht mehr arbeitsfähig. Und das war ja so, dass ich früh, zu Hause meine (Frühstücks-) Schnitten gemacht habe. Im Betrieb, selbst, gab es keine Mittagsversorgung. In unserer Abteilung wurde dann um 12.00 Uhr immer eine Mittagspause gemacht, wo (eigentlich) direkt am Arbeitsplatz jeder seine mitgebrachten Schnitten und ggf. noch Kaffee eingenommen hat. Ich habe pro Tag zu dieser Zeit nur 2 Schnitten gegessen. -Das war so der Schnitt. Als essgestörter Mensch (so, wie ich es bin), -weiß man natürlich noch genau, was man damals gegessen hat. Und das war bei mir: eigentlich alles von dem Supermarkt: Penny. Brot, -darauf auf 2 Schnitten Mettwurst (Teewurst), -von denen ich aber nur 1 Schnitte pro Tag aß. Und 2 Schnitten mit Salami. Von der ich ebenfalls nur eine ganze Schnitte pro Tag aß.

Spaß gemacht hat mir die Arbeit dort, aber trotzdem. Die Kollegen hatten mich gerne, -das merkte man. Früh, -im Auto, wo ich auf dem Parkplatz vor der Firma stand, habe ich schon eine erste „Essensinventur" durchgeführt. Ich kann mich aber heute leider nicht mehr daran erinnern, ob ich früh schon die erste Schnitte gegessen habe. -Wahrscheinlich nicht, -denn sonst hätte ich ja zum Mittag nichts mehr gehabt. Trinken ging aber immer. Und eine Kollegin sagte einmal zu mir: „Vielleicht trinkst Du bloß zu wenig…". Natürlich habe ich mir das auch durch den Kopf gehen lassen. -Aber am Trinken lag es bei mir nicht. Hätte ich nicht selber bei der Arbeitsstelle aufgehört, -wahrscheinlich hätten sie mich dann dort noch weiter beschäftigt. Es war ja so, dass ich körperlich nicht mehr konnte. -Ich hatte einfach keine Kraft mehr.

Auch hatte ich mir in diesem Jahr, wo ich bei dieser Firma war, -das Handgelenk gebrochen. Und das kam so: Früh, beim Aufstehen, wo ich im Treppenhaus heruntergelaufen bin, bin ich gestürzt. Schwer. Nun habe ich (als Autist) auch ein verändertes Schmerzempfindungsvermögen. -Wie auch immer. Ich bin schnell die Treppe hinuntergelaufen. Bin gestolpert. –Meine Hand stand ganz schräg ab, -das sah ich sofort. Meine Eltern schliefen zu diesem Zeitpunkt noch (so dass sie mich in das Krankenhaus nach Wurzen hätten fahren können). Ich habe es stattdessen so gemacht: Ich bin selber mit dem Auto nach Wurzen in das Krankenhaus gefahren (dies geht auch mit einer Hand!) -Ich habe mich dort in der Notaufnahme gemeldet. Natürlich wird es in diesem Buch nicht gelingen, alle Eindrücke einzufangen, -aber zumindest die meisten.

Ich hatte dann so ein Metallteil im Krankenhaus in mein Handgelenk eingesetzt bekommen. Und, -nach ein paar Tagen, schon, konnte das Krankenhaus wieder verlassen. Mit diesem Implantat. Auch, -nach kurzer Zeit wieder auf Arbeit gehen, ging. Und, -meine Belege zusammenheften, -all das, ging. Natürlich kann ich auch erzählen, dass ich in diesem Betrieb Schüler, die sich ein paar Euro dazuverdient hatten, und, die in diesen Betrieb befristet angestellt waren (als Sommerarbeit), angeleitet habe. Sie haben im Wesentlichen die gleiche Arbeit wie ich gemacht. -Nämlich, die Belege zusammenheften. In diesem Betrieb wurde (für alle Arbeiter) immer orientiert: ja, -es gibt eine Arbeitsstelle (bei uns!), -aber versucht, eine andere, -besser geeignete Arbeitsstelle zu finden. Viele blieben dann deshalb auch eine lange Zeit dort. -Egal, ob in der Belegsortierung, oder in der Datenerfassung (wo die Adressen in den Computer eingegeben worden sind). Für mich ging es ja dort sowieso zu Ende.

Nach genau 1 Jahr haben sie mich dann dort aus der Firma entlassen. Was ich auch so wollte, denn so musste ich mich nicht auf dem Arbeitsamt melden, sondern bei dem Hartz 4 Betrieb (wenn man 1 Jahr gearbeitet hat, kommt man automatisch in die Langzeit - Arbeitslosenmeldung, dem Hartz 4 Betrieb hinein). Denn auf dem Arbeitsamt, -so war meine Theorie, wären die Demütigungen bloß noch mehr gewesen. Man kann es im Einzelnen auch heute nicht mehr so wiedergeben, wie es damals gewesen ist. Nur im Ungefähren. Meine Chefin sagte einmal zu mir: „gehe doch einmal in die psychiatrische Tagesklinik in Grimma, -vielleicht ist es etwas ganz Einfaches, was Du hast…" -Sie selbst kam aus Grimma, -kannte sich dort aus. –Wie auch immer, -es ist vorbei. Ich hatte auch den Eindruck, dass, weil in diesem Betrieb viele Frauen waren, das Thema: Magersucht ein latentes Thema war. Ich weiß es nicht, -es ist nur so ein Gefühl von mir. Wie gesagt: ich meldete mich dann wieder im Hartz 4 Betrieb arbeitslos. -Schon Mitte November, -noch in diesem Jahr bekam ich vom Hartz -4 Betrieb so eine §41a -Maßnahme in Wurzen. Lehrgänge habe ich ja in meiner gesamten beruflichen Laufbahn immer gern gemacht, -so auch diesen. Es war nichts Besonderes. Nur, -wie man sich eben richtig in einer Firma bewirbt, usw. Zu diesem Zeitpunkt war es aber bereits so, dass sehr strikt (von Seiten der Lehrgangsleitung) darauf geachtet worden ist, sich ordentlich auf dem Arbeitsmarkt zu bewerben (und sonst, weiter nichts). Ich meine damit, so ein bisschen Freiheit, -von mir auch ein bisschen Larifari, die man als Arbeitsloser nun einmal hat. Nämlich ist es so: unmittelbar, nach der Wiedervereinigung, wo ich meinen ersten §41a- Lehrgang gemacht habe, ging es auch um das Bewerben, -ja! –Aber nicht, „auf Teufel, komm heraus". Früher war ein Lehrgang eben noch ein Lehrgang. Ich weiß nicht, wie ich es richtig ausdrücken soll. -Zum Beispiel waren wir in unserer ersten §41a- Maßnahme auch einmal in Leipzig, auf dem Arbeitsgericht, und haben einer „echten" Verhandlung zugesehen. Da war eben noch Raum für so etwas. -Oder dass Videofilmen eines simulierten Bewerbungsgespräches (schon 1992!) Es sollte damit herausgefunden werden, wie wir uns im Bewerbungsgespräch (körperlich) bewegen.

Aus heutiger Sicht, gesehen ist es ein Wunder, das überhaupt noch so ein. „Wie bewerbe ich mich richtig?" -Lehrgang stattgefunden hat. Ich habe den Lehrgang trotzdem noch etwas Gutes abgewinnen können. Auch wenn es mir (zu diesem Zeitpunkt, bereits) körperlich nicht gut ging. Ich habe zu wenig gewogen. Ich habe in diesem Jahr noch 1 Computerlehrgang in der Volkshochschule in Leipzig gemacht. Dann verging das Jahr. Und es kam das Jahr 2009.

Zunächst habe ich mir im Januar wieder mein Metallimplantat (aus meiner linken Hand) wieder entfernen lassen. Ich lag dazu 2 Tage im Krankenhaus in Wurzen. Alles verlief gut, -und ich hatte die Möglichkeit, auch einmal im Lebensmittel - Kiosk auf dem Gelände des Krankenhauses in Wurzen einkaufen zu gehen. -Natürlich habe ich mir ein paar Kekse gekauft. -Hunger hatte ich ja. -Und sie hatten so feine Kekse, dort… Ich hatte mir zu diesem Zeitpunkt geschworen, einmal wieder in das Krankenhaus nach Wurzen zu fahren, um die schönen Kekse, dort, zu kaufen. Es sollte jedoch nie mehr dazu kommen, denn diesen Kiosk gibt es nicht mehr…

Das, worüber ich im Nachfolgenden gern berichten möchte, weiß ich leider das Jahr nicht mehr. Ich nehme es darum an dieser Stelle im Buch mit herein. Es ist eine der wenigen Stellen im Buch, -wo das so ist. Ich bitte den Leser dafür um Entschuldigung! -Es kann sein, dass es 1 Jahr früher, oder später war (wahrscheinlich, sogar, früher!).

Also: Ich war einmal wieder eingeladen worden, von „meinem" Hartz 4 Betrieb. Lange war ich schon arbeitslos, -und darum im Arbeitslosengeld II (Hartz 4) „drin". Es war einer dieser Einladungen, die vierteljährlich stattfanden. Um zu sehen, ob sich der Hartz 4 - Empfänger auch noch regelmäßig bewirbt. Naja, -und zudem wurde (seitens des Hartz - 4 Betriebes) auch immer versucht, den Arbeitslosen eine Arbeitsstelle „aufzuspitteln".

Der Betrieb war ja froh, über jeden Arbeitslosen, den sie weniger hatten. -Und der Zufall begab es, dass eben jener Hartz - 4 Betrieb sich zu dem Zeitpunkt in Naunhof befand. Eigentlich eine sinnvolle Sache, -denn so mussten die Arbeitslosen (aus Naunhof, und Umgebung) nicht bis nach Wurzen fahren. In den Stammbetrieb. Ich bin also mit meinem Auto dorthin gefahren. Damals, auch schon unter Anorexie leidend. Und das war dann dort ein freundlicher, älterer Herr, -in dem Büro. Nein, ich meine es wirklich so!

Wir hatten dort eine Chanceneinschätzung für mich auf dem Arbeitsmarkt durchgeführt. Zusammen. Er musste es gesehen haben, dass ich (damals, schon!) so krank war. Und im Ergebnis des Gespräches sind 2 Sachen daraus hervorgegangen: 1.: Der Antrag auf einen Schwerbehinderten - Ausweis. - Dafür gab er mir das Antragsformular mit. Und 2.: -ich solle mir von der Rentenstelle in Wurzen Formulare besorgen. Solche, wo eine EU- Rente beantragt wird. Und so machten wir es auch. Er sagte noch zu mir: Mal sehen, wo wir eher Glück haben, -was eher greift!". Und das war das erste Mal, das ich den Eindruck hatte, dass sie mir auf dem Hartz 4 - Betrieb wirklich helfen wollten. -Um eine (etablierte) Arbeitsstelle ging es dort, im Gespräch, nämlich nicht mehr! Kann ja sein, dass er mich auch bloß „loshaben" wollte. Aber für mich war es eine Hilfe.

Den Schwerbeschädigten - Ausweis sollte ich schon in kurzer Zeit in den Händen halten. Klar, -das tat ja auch niemanden weh, -so ein Testat. So eine „Urkunde". -Eine, die jemanden als schwerbehinderten Menschen ausweist, - und wo man die eine oder andere Vorteile daraus hat (z.B. die vergünstigten Museums- oder Zoobesuche, -oder das vergünstigte Fahren mit der Bahn). - Anders sollte es da schon mit der Rente aussehen. Auch diesen Antrag füllte ich zu Hause, so gut ich konnte, aus. Schickte ihn zur Rentenstelle nach Leipzig. Das war ein Pamphlet an Formularen, -Wahnsinn! Und es sollte ein Weilchen dauern, bis ich Post von der Rentenstelle bekam.

Es stand drin, -ich wurde somit aufgefordert, eine Ärztin in Colditz aufzusuchen. Sie, nämlich, solle mich untersuchen, inwieweit ich noch arbeitsfähig bin. Dies war eine Psychiaterin, -und ich fuhr zu dem Termin auch dorthin. Dies war im Winter. Sie untersuchte mich dann, dort. Aber, -als Ergebnis musste wohl herausgekommen sein, dass ich noch 6 Stunden pro Tag arbeitsfähig war. Denn ich erhielt schon kurze Zeit, später von der Rentenstelle die Absage. -Im Bezug, auf meine beantragte Rente. Ja, -das war erst, einmal „nichts", mit der Rente.

Natürlich war ich damals noch „Neuling", mit der Rente. Habe es erst einmal, einfach versucht. Ich wusste nicht, was für ein jahrelanger „Kampf" bei so einem Rentenverfahren im Allgemeinen dahintersteckt. Und dann war dies ja erst einmal „der erste Versuch"…

In diesem Jahr sollte dann der totale Zusammenbruch für mich kommen. Dabei fing das Jahr eigentlich noch normal an. Ich fing langsam an, mich im Gesicht zu verletzen. Zuerst unbewusst, und wenig. Nur oberflächig, -nur so, dass die dünne Oberhaut zerstört war. An den Wangen, und, hauptsächlich an der Stirn. Auch Alkohol spielte eine Rolle, -aber erst nur wenig. Ich wollte so lange, wie es geht, mein Gehirn noch schonen. Dann, unter Zuhilfenahme von Vaseline. An meinem gesellschaftlichen Leben, -außerhalb meiner Wohnung änderte sich eigentlich nichts. –So bin ich zum Beispiel im Frühjahr des Jahres zu „Remmlers Traktorenausstellung" gegangen, die jedes Jahr im Frühjahr stattfindet. Ich sah zu diesem Zeitpunkt im Gesicht schon sehr schlimm aus, - blutig. Ich selber habe es aber gar nicht so schlimm empfunden. Auch existieren heute noch Fotos, von dieser Ausstellung. Ich weiß es nicht,- und vielleicht hätte man als medizinischer Laie wirklich annehmen können, dass es eine schwere Hauterkrankung ist. Das sah aus, wie Verbrennungen im Gesicht. So, das nackte Fleisch. Ich erinnere mich, mich der Leiter der Ausstellung, -der Herr Remmler auch schon skeptisch ansah. Mit seiner Frau habe ich nämlich zusammengearbeitet, 1992, als ich als ABM –Kraft im Altersheim in Brandis tätig war. Also stellte er eine Verbindung her, dass er auch mich kennt.

Zum Beispiel war Mitte des Jahres auch die Feuerwehr- Ausstellung. Wo ich mir alles angeschaut habe, -das Feuerwehr Gerätehaus, usw. Auch dort sah ich sehr schlimm aus, im Gesicht. Ich wollte ja, dass man sieht, dass es mir schlecht geht. Vielleicht auch der (stille) Wunsch, dass mir geholfen wird. Ich fing an, zu dieser Zeit, Rituale in meiner Wohnstube zu Hause durchzuführen. Dazu habe ich so eine kleine Blechschale aufgestellt, wo ich Brennspiritus hineingefüllt habe. Diesen habe ich dann entzündet. Ich stellte fest, dass sich selber verletzen nicht so weh tut, wenn man es ganz nah am Feuer durchführt. Vor allem im Frühjahr, und im Herbst, wenn es draußen noch so kalt war, war das wichtig. Das es in der Wohnstube (übermäßig) warm war, war eine Grundvoraussetzung für das sich selber verletzen. Ich komme später noch auf min Ritual zurück, was ich in der Wohnstube abgehalten habe, -will aber jetzt erst einmal erzählen, was in dem Jahr noch so „abgegangen ist". -Ich war auch im Brandiser Hahnenmuseum. Dort wurden so alle möglichen Hähne aus Porzellan, usw., ausgestellt. Wie ich im Internet recherchiert habe, hatte es schon 2010 wieder geschlossen. Insolvenz angemeldet. Aber im Rahmen, in diesem Jahr, wo sich die Stadt vorstellte, und präsentierte, hatte es noch geöffnet.

Weiteres war ich in diesem Jahr einmal meine Oma im Pflegeheim in Naunhof besuchen (es war meine Oma mütterlicherseits, -die Omi Marianne). Sie lebte ja zu diesem Zeitpunkt noch. Wo ich sie zusammen mit meinen Eltern besuchte, und wir waren in ihrem Zimmer, sagte die Zimmernachbarin zu mir: „Sie hat wohl ein Wolf angefallen?" —Im Bezug, auf mein zerkratztes Gesicht. Es mit so viel Humor zu sehen, -das habe ich später nie mehr erlebt. Und darum ist es mir in Erinnerung geblieben.

Ich möchte an dieser Stelle kurz auf meine Oma mütterlicherseits, -die Omi Marianne, eingehen. Wie ich schon zuvor geschrieben habe, war ich mit ihr einmal in meiner Kindheit nach Leipzig gefahren, -zum sogenannten „Abkauf". Sie war ja Verkaufsstellen - Leiterin für Textilien in Brandis. -Und bei dem „Abkauf" wählte sie in Leipzig im Großhandel aus, welche Waren dann im nächsten Monat in Brandis, in „Ihren" Laden angeliefert werden sollen. An dem Tag, -in Leipzig, blieb am Nachmittag noch Zeit, um den Zoo zu besuchen. Mit ihr verbinde ich viele, schöne Kindheitserinnerungen. Zum Beispiel war das auch der Tag, wo sie mir meinen ersten Chemie-

Experimentierkasten gekauft hat. In dem Konsument Warenhaus am Brühl (es existiert nicht mehr, -wurde abgerissen, da zu alt!) Ja, -ich kann mich noch ganz genau an diesen Tag erinnern. Oder, so ein kleines Mini - Kino, wo man durch Drehen an einer seitlich angebrachten Kurbel einen sich ständig wiederholenden Film sehen konnte. Dieses Gerät hat sie mir auch gekauft, und es bestand aus Plastik. Am Nachmittag habe ich dann gleich mit meinen neuen Chemieexperimentierkasten angefangen, zu experimentieren.

Von dem Zoo existiert auch noch ein Foto, wo ich als Reiter, -ich glaube, auf einem Esel, oder auf einem Pferd gesessen habe. Auch später, noch, -bis in die letzten Monate ihres Lebens, versuchte sie, mich zu prägen: Im Bezug, auf meine Bewerbungsaktivitäten (oder auch, auf mein ganzes Leben) sagte sie: „Wir müssen normal werden!" Sie saß dabei ganz ruhig in ihrem Fernsehsessel. Und zum Teil hatte sie ja auch Recht, damit. Oder ein anders Mal, wo ich mit ihr eine hitzige Debatte geführt habe, dass wir keine (etablierten) Parteien mehr brauchen, -jeder wäre für sich selber verantwortlich, heute. Wo heute die klassischen Werte der Gesellschaft auseinanderbrechen. Und dass wir (in diesem Zusammenhang) schon erst recht keine SPD brauchen würden, weil die alle bloß der großen Masse hinterherlaufen würden, und (selbst) keine eigene Meinung hätten. Dann erklärte sie mir, wie es zu ihrer Zeit war, und dass ihr Vater sehr wohl in der SPD organisiert war. Weil es für ihn, -als einfachen Arbeiter, seinen Interessen am ehesten entsprach. Nämlich, wenn man gegen den Krieg war. Und er so durch seinen Kampf (nämlich Parteimitglied zu sein) versucht hat, seinen Lebensstandard zu verbessern. Wie ich bereits erwähnt habe, ist sie im April des Jahres 2010 verstorben. -Auch mit ihr ging ein wundervoller Mensch von dieser Welt. Sie selbst hat ihr Leben gut gemeistert. Ob als Arbeiterin, Mutter, Oma, oder Rentnerin.

In diesem Jahr besuchte ich auch wieder 2 Computerkurse. Einmal in der Volkshochschule in Wurzen. Dieser Lehrgang ging von März bis zum Juli 2009. Er nannte sich: „Tastaturschreiben am Computer", -also das Schreibmaschine schreiben lernen. Natürlich sahen die Lehrgangsteilnehmer, dort, auch mein dermaßen zerkratztes Gesicht. Es waren aber zumeist alles Schulkinder. Sie konnten in der Beziehung nichts machen, -maximal mir tröstend beistehen.

Ich hatte für das Schreibmaschine schreiben lernen, am Computer, mir extra so eine Tastatur präpariert. Ich habe mir dazu vom Recyclinghof (Wertstoffhof) mir eine normale Computertastatur besorgt. Auf ihr hatte ich die Buchstaben und Zahlen abgeschliffen, sodass auf der Tastatur nur noch die nackten Tasten zu sehen waren. Die Tastatur habe ich dann auch mit in den Computerlehrgang nach Wurzen genommen. Dies half mir beim Lernen. Man muss sagen, dass der Lehrgang ziemlich komprimiert war. Das heißt, für das Üben und Vertiefen der Kenntnisse, wo sich die einzelnen Buchstaben auf der Tastatur befinden, blieb nicht viel Zeit. Wein laufend neue Buchstaben dazugekommen sind, die man sich einprägen musste. Trotzdem hat mir auch dieser Lehrgang Spaß gemacht. Mit der Zeit bin ich auch schon ein richtiger „Volkshochschulen – Profi" geworden, weil ich dort schon (bis dato) so viele Lehrgänge besucht habe.

Und der zweite Lehrgang war im Herbst des Jahres, -nannte sich: „Aufbaukurs Excel ©", und war in der Volkshochschule in Leipzig. Dort ging es dann an das „Eingemachte". Das war kein Grundlagenkurs mehr, sondern es wurden schon etliche Kenntnisse in dem Programm: „Microsoft Excel ©" vorausgesetzt. Auch dieser Lehrgang machte mir Spaß. Der Lehrgang ging vom 22.09. - 06.10.2009. Natürlich sahen die Lehrgangsteilnehmer in der Volkshochschule in Leipzig auch, dass mit mir etwas nicht stimmte (wegen meines zerkratzten Gesichtes). Aber es waren Erwachsene, -und sie haben es als Hautkrankheit abgetan (was es nicht war!).

Vorausgegangen sind da schon in den letzten Jahren Jahre der Enthaltsamkeit. Das heißt, dass ich mich in dem einem Jahr, im Sommer, so kann ich mich erinnern, (fast) nur noch von Verdünnungssaft (Sirup) ernährt habe.

(Als essgestörter Mensch weiß man um den Unterschied zwischen 7 kcal / 100 ml und 70 kcal / 100 ml Verdünnungssaft. Das macht vor allen der (in dem Verdünnungssaft enthaltene) Zucker. Solche „Experimente" gehen im Sommer natürlich besonders gut. Weil dann die vom Wetter angebotene Grundtemperatur für den Menschen stimmt. Das heißt, man muss pro Tag nur noch ganz wenige Kilokalorien zuführen. Naja, und meine Eltern waren zu der Zeit gerade im Urlaub, in Australien, bei meinem Bruder. Ich kann mich erinnern, -ich weiß nicht mehr, welches Jahr es war. Aber wir hatten zu dieser Zeit noch unseren (externen) Garten. -Ich saß da in der warmen Mittagssonne im Garten. Und bin vor Erschöpfung nur eingeschlafen. Oder war eben in einem Trance- Zustand. Zum Sterben, -nach dieser Methode musste ich (damals) noch zu jung gewesen sein. Aber ich kam mir trotzdem vor, wie ein 60- jähriger. Müde, ohne Kraft. Naja, ich wollte es ja so. Aber wenn das Sterben so abläuft, -ohne Schmerzen, vor Müdigkeit einschlafen. So stelle ich mir einen schönen Tod vor. Und sterben müssen wir alle ja irgendwann einmal.

Eine, der letzten Aktivitäten, die ich in meinen Arbeitsleben (bis dato) noch führte, war der Besuch des „modularen Bewerbungszentrums" in Wurzen. Eigentlich ein ganz normaler „Bewerbungs- Lehrgang", -wie ich schon etliche vor diesen gemacht habe. Und doch war er so anders…

Zunächst, einmal, war es so, dass ich schon sehr heruntergekommen war. Einmal, -mein zerkratztes, blutiges Gesicht. Und zum anderen war ich spindeldürr. Der Lehrgang fand statt, -unweit dem Gewerbegebiet Nord, -in Wurzen. Dort, wo sich auch der Recyclinghof befand. Der Lehrgang war untergliedert, einmal, in die Lehrer. Und dann in dem ihnen untergebenen „Fußvolk". Meistens jüngere Angestellte. -Ein junges Mädchen, was sich dort als Bewerbungs- Assistentin verdingte. Sie sagte zu mir gleich, wie ich denn mein Gesicht so entstellen könnte. Dies würde doch der Arbeitgeber auch sehen. -Aber das war ja genau mein Wunsch: Alle sollten es sehen! Was hier für

Menschen existieren. Was für Kreaturen! Und, die sie dann noch arbeiten schicken wollen.

Objektiv betrachtet, litt ich damals bereits unter lebensgefährlichem Untergewicht. So ging es jedenfalls nicht! Natürlich habe ich den Lehrgang ordnungsgemäß beendet. Aber es war eben nur ein „durchlaufen". Wesentlich schlauer ging man da schon in einen vorhergehenden Vermittlungsversuch vor: dass, dort, war so eine Arbeitsvermittlungsfirma. Der Mann, dort, nämlich, sah (zumindest) mein entstelltes Gesicht, und sagte zu mir: wir schicken Sie erst einmal zum arbeitsmedizinischen Dienst. Um zu sehen, inwieweit Sie überhaupt arbeitsfähig sind.

Doch dazu kam es nicht, weil dann schon die Verweildauer in dieser Maßnahme beendet war. Naja, -jedenfalls zurück, zu den „modularen Bewerbungszentrum". Dieser Lehrgang ging ja auch nur 3 Tage. Dort sollte dem Arbeitssuchenden (wieder einmal) gezeigt werden, wie man sich richtig bewirbt. Diesmal, -per E-Mail. Welche Krux!

Aber es war so, dass ich (dort) von Anfang, an, als Mensch behandelt worden bin. Von den Dozenten. Diesen Eindruck hatte ich. Auf gleicher Augenhöhe. Ja, -mehr, noch, an einem Tisch sitzend (wie wir gleich noch sehen werden). Es war ja Karnevals Anfang, -der 11.11.09. Und einen Tag vorher, sagte ich in die gesamte Runde: Morgen bringe ich für Alle! Krapfen (Pfannkuchen) zum Frühstück mit. Den Spaß wollte ich mir machen. Und, ich hatte damals noch den Mut, dazu. Ich hatte nämlich die Empfindung, dort gut aufgehoben zu sein. Es kam mir vor, wie in einer kleinen Familie (besser, einer großen).

Ich meine, seitens, der Hierarchie her, -seitens der Dozenten. Ja, und so machte ich das dann auch. Obwohl es mir früh, -vor der „Arbeit" noch Krapfen kaufen-, eigentlich ein kleines bisschen zu schwer war. Wegen dem Parkplatz, und so. Aber, an dem Karnevals Tag klappte alles perfekt. Ich hatte eine ausreichende Menge Krapfen gekauft. Freute mich so, dass mir alles gut gelungen ist. Dann, in der Cafeteria, saß ich mit am Dozententisch. Welch erhebendes Gefühl, mit zu der Hierarchie (der „Obrigkeit") zu gehören. Ich glaube, meine (direkte) Bewerbungstrainerin war in dem Moment sogar ein bisschen neidisch auf mich.

Wir unterhielten uns dort (in der Frühstückspause) über Belanglosigkeiten. Die Lehrer gaben mir dort zu verstehen, dass sie zumindest Mitgefühl mit mir hatten. Und, dass sie nichts mehr, darüber hinaus (für mich) tun konnten. Sie bedankten sich natürlich bei mir für das gelungene Frühstück. Bei mir war es so, -wo ich meinen Krapfen aß, dass sogar etwas Blut (von meinem Gesicht) am Krapfen klebte. Das ich da aufpassen musste. Und die andere Seite war, der süße Geschmack des Zuckers (auf dem Krapfen), den ich mit allen Sinnen genoss. Denn ich hatte ja so lange nichts gegessen. Ich musste sogar, über die 2 verschiedenen Eindrücke, die ich in dem Moment hatte, etwas lächeln.

Dann ging der Tag vorbei. Für mich, mit schönen Eindrücken. 1 Tag später endete der Lehrgang komplett. Es ist nur schade, dass man heute erst ein so kranker Mensch sein muss, um in den Genuss dieser „Privilegien" zu kommen. Oder, -wie es ein Sprichwort sagt: Es muss eben erst etwas passieren, bevor sich etwas ändert. Wie wahr…Nach diesen Lehrgang war ich wieder (als Arbeitsloser) zu Hause.

Ich habe zu dieser Zeit auch das erste Mal einen echten „Filmriss" gehabt, -wo ich mich ab darauffolgenden Tag nicht mehr an das erinnern konnte, was in der Nacht zuvor abgelaufen war. Natürlich hatte ich am Vorabend ziemlich viel Alkohol getrunken. Es muss wohl in der Nacht so gewesen sein, dass ich (aus Hunger) viele von den Kondensvollmilch- Kapseln, wie man sie für den Kaffee nimmt, getrunken habe. Früh habe ich sie hinter meinem Bett, -leer, -als kleines „Nest", gefunden. Das muss wohl mein erster Vollrausch gewesen sein.

Mit meinen Verletzungen, -das sollte dann zunehmen. Es war nämlich so, dass die Haut immer wieder schnell zugeheilt ist (was aus meiner Sicht nicht wünschenswert war). Die oberflächigen, großen Verletzungen, die ich mir anfangs zum Teil in Trance zugefügt habe, habe ich dann nicht mehr so hinbekommen. Dem anfangs verwendeten Prosecco folgte dann Wodka. Mit etwas Sirup drin, um einen einigermaßen ordentlichen Geschmack zu erhalten. Dazu gab es zerstoßene Ibuprofen -Schmerztabletten. Das war ein Gebräu… - Auf alle Fälle wirkte es aber gut gegen Schmerzen. Naja, und schon bald sollte das Kratzen mit der Hornraspel (wie man sie zum Entfernen von Horn an den Fußsohlen nimmt) nicht mehr ausreichen. Ich habe da so eine kleine „Schleifhexe", -einen Dremel. Dort habe ich vorn als Arbeitswerkzeug so einen Schleifstein (mit Sandpapier) reingemacht. Somit konnte ich dann mein Gesicht entsprechend bearbeiten. Solange, bis das Blut tropfte.

Ich hatte da immer so Müllsäcke (gelbe Säcke) aufgeschnitten, -sie als Unterlage verwendet, damit das Blut nicht auf den Teppich tropfte. Ich will ja hier auch keine Anleitung geben, wie man sich selber verletzen kann. Hinterher konnte ich alles (inclusive Zellstoff, um das Blut abzutupfen), schön entsorgen. Die Wunden im Gesicht blieben so fast eine ganze Woche bestehen. Man sah dann (so denke ich auch heute noch), dass es mir nicht gut ging. Aber auch bei mir war es so, dass mein Ritual, was ich durchgeführt habe (inclusive der schweren Verletzungen) nie gleich war. Es waren immer Variationen, und Abänderungen von meinem Verletzungs- Ritual vorhanden. In einem Raum, zum Beispiel, -es war der ehemalige Aufenthaltsraum meines Bruders, habe ich alles herausgeräumt. Denn ich wollte mich ja auch etwas bewegen können. Lediglich, die kleine Schale mit dem Brennspiritus war drin.

Ich weiß jedoch nicht, ob die Details so interessant sind, für den Leser. Soweit ich mich erinnern kann (denn, es ist jetzt schon über 10 Jahre her), habe ich auch noch leise Musik gemacht. So, im Hintergrund. Um meine Rituale durchführen zu können. -Ich hatte so eine CD mit italienischer Musik (Amore Mio), die ich zu diesem Zeitpunkt gerne gehört habe. Alles, dies, gehörte zum

Ritual: -die hohe Raumtemperatur, der Alkohol, die Schmerztabletten, und die Musik. Es dauerte ja auch immer nicht lange (bis ich das Ritual vollbracht habe). Oft war es so, dass Luft- Temperaturen von über 40 Grad Celsius keine Seltenheit waren. Da kommt man schon in Trance. Einmal, -so kann ich mich erinnern sind sogar die Figuren aus Schokolade im Adventskalender, den ich zu liegen hatte, geschmolzen. Und es war auch so, dass ich aufpassen musste, auf die hohe Brandgefahr im Zimmer. Zumeist hatte ich vorsorglich einen Topf mit Wasser mit im Zimmer. Zum Brand löschen, wenn es dazu gekommen wäre.

Ich war natürlich dazu in einer sehr guten Lage, um dieses durchführen zu können: -Ich war zur Miete (in der ersten Etage, -und das Dachgeschoss). Meine Eltern sind die Vermieter. Und wohnen selber im Erdgeschoß dieses Hauses. Das Haus selbst, ist ein 4- Familienhaus, -das heißt, auf der anderen Seite ist noch einmal das gleiche. Nur mit uns (eigentlich) fremden Personen. Von denen wir nicht so viel wissen, -und auch nicht so viel Kontakt haben. Das war schon immer so, weil ich schon immer hier wohne. Ich kenne es nicht anders. Das soll auch so bleiben, wenn es irgend geht. Bei dem Brennspiritus verbrennen, im Zimmer, war das nämlich auch so, dass er oft gar nicht mehr anbrennen wollte, aufgrund der hohen $CO_2$- und Wasserdampf Konzentration im Zimmer. Dies deshalb, weil unmittelbar vorausgegangene Spiritus Feuer im Zimmer stattfanden. Wie auch immer, -ich habe es so durchgeführt, zu jener Zeit. Hinterher habe ich mich dann immer ein wenig ausgeruht, wegen der (trotzdem) sehr starken Schmerzen. Damit hatte ich aber „Vorlauf" für die ganze nächste Woche,- das heißt, mein Gesicht war ruiniert, für die ganze nächste Woche. Einmal war ich sehr stark verletzt (im Gesicht). Ich fuhr mit dem Auto, um meine
Einkäufe zu erledigen. Da war ich gerade in Machern. –Und mein Gesicht wollte nicht aufhören, zu bluten. Ich habe dann den Verbandskasten herausgeholt, vom Auto, und mich erst einmal selber versorgt. Dies tat mir sehr gut. Dieses, -mich selber verletzen, habe ich noch viele Jahre beibehalten, -mache es heute nicht mehr. Später, -in den anderen psychiatrischen Kliniken

erfuhr ich dann von den Borderline- Persönlichkeiten, -das sie sich auch alle selber verletzen. Schlimm.

Am 24.11.2009 bin ich das erste Mal in die Klinik (Psychiatrie) eingeliefert worden. –Und das kam so: Ich hatte im November, in diesem Jahr an meiner großen Zehe, am Nagelbett, so eine eigenartige Blutung. Das sah aus, wie Loch Fraß (wie später der Arzt in der Psychiatrie, der es sich angeschaut hat, und eine Salbe draufgemacht hat, sagte, handelte es sich um eine Sepsis / -was auch immer das ist). Zunächst, erst einmal, war ich aber deswegen zum Arzt gegangen. Es sollte damit eine Odyssee der häufigen Krankenhaus - Aufenthalte beginnen, die nunmehr schon seit über 10 Jahre stattfindet, und bis zum heutigen Tage noch anhält. Ich hatte zu diesem Zeitpunkt noch keinen festen Hausarzt. Weil, -ich brauchte ja noch keinen. Stattdessen war ich mal bei dem Arzt, oder bei dem, weil ich nur Kleinigkeiten hatte. Der Zufall wollte es nun, dass ich an dem schon besagten Tag, -Ende November beim Hausarzt Dr. Fischer, in der Arztpraxis in Brandis kam, -der später mein Hausarzt (bis heute) werden sollte.

Er bat mich in sein Behandlungszimmer hinein, und ich zeigte ihm die Zehe. Er sagte dann (im Spaß): „Wahrscheinlich werden wir den Chirurgen brauchen…", -außerdem: „ich verschreibe ihnen eine Salbe, -aber warten sie bitte noch einen Moment! (Natürlich sah er auch meine starken Verletzungen, die ich im Gesicht hatte). „Ich möchte sie gern noch wiegen", -sagte er. Es musste schon ein lebensgefährlich geringes Gewicht gewesen sein. Und weiter: „Ich möchte mich gerne mit Ihnen, und ihren Eltern unterhalten" –wann haben sie Zeit? Natürlich passte das mir überhaupt nicht (denn er sollte ja nur meine Zehe behandeln, -und nichts weiter!). Er bestand darauf. –Und weil ich ein Mensch bin, der jeden anderen Menschen gerne eine Chance einräumt, sagte ich zu ihm, dass ich mit meinen Eltern sprechen werde, um einen Gesprächstermin auszumachen. Was ich dann auch tat. Ich habe meine Mutter das noch am selben Tag ausgerichtet. Und ich kann mich erinnern, -sie sagte daraufhin zu mir: „von irgendwoher muss ja einmal Hilfe kommen!". Ich hatte für einen Abend einen Gesprächstermin mit dem Doktor vereinbart. Das war so ein kalter Novemberabend, und er kam mit seinen Doktor- Koffer. Wir saßen dann alle gemeinsam, -das heißt: der Doktor, meine Eltern und ich in meinen Eltern ihrer Wohnstube.

Der Arzt hat sich mit mir, und meinen Eltern unterhalten, wie es weitergehen soll, mit mir. -Ich hätte so starke Verletzungen im Gesicht, und auch mein Gewicht würde nicht stimmen. Er könne mir helfen, -würde mich zu diesem Zweck gern in eine psychiatrische Klinik einweisen. Natürlich in die psychiatrische Klinik in Zschadraß. -Ich hatte dazu aber keine Lust, und es bedurfte schon einer Menge Überredekunst von ihm, dass ich der Einweisung zugestimmt habe. Ich weiß nicht, wie ich es hier im Buch erklären soll, und vielleicht sollte ich es auch gar nicht erwähnen. Ich vertrat aber eine andere Auffassung, dazu. Denn, wenn ich krank war, wie er sagte, gehörte ich, wenn überhaupt in ein „richtiges" Krankenhaus, so, wie zum Beispiel, nach Wurzen. Denn eine Geisteskrankheit, wie z.B. Schizophrenie, hatte ich ja nicht, die eine Einweisung in ein psychiatrisches Krankenhaus gerechtfertigt hätte. Es ist ja auch egal, -er wollte sicher (wirklich) nur helfen. Wie, auch immer.

Es kann ja sein, dass ich mit meiner Meinung „danebenliege", -aber das ist nun einmal meine Meinung: Ich muss vorausschicken, -zu alledem, was ich jetzt sage, dass er ein sehr guter Hausarzt ist, -über die vielen Jahre, wie ich ihn eben nun schon habe. Und dass, -ich weiß es genau, -er eigentlich nur eines, -nämlich helfen wollte (und, sonst, weiter, nichts). An dem Tag habe ich das aber anders gesehen, -nämlich so:

Er gerierte sich vor meinen Eltern (und auch mir) als mein Hausarzt. Wo noch einmal gar nicht gesagt war, dass er das war. Weil, -ich berichtete, ich bis dato zu verschiedenen Ärzten gegangen bin, wenn ich irgendetwas hatte (ich habe Aversion gegen Ärzte, -und heute, erst recht!) –So richtig sympathisch war mir keiner der behandelnden Hausärzte (in Brandis). Zweitens: nehmen wir einmal an, dass er mein Hausarzt war, so hätte er so viel „Schneid" haben müssen, um mich, mit meinem schlechten Gesundheitszustand mich in ein „normales" Krankenhaus hätte einweisen müssen. So, dass es alle Leute sehen, was für Patienten er hat. -In welchem schlechten Zustand sich seine Patienten befinden. Mich einfach abzuschieben, in die Psychiatrie, -als letzter Pfeiler unseres Gesundheitssystems, war zu einfach. So, dass mich keiner mehr sieht. Und sie sollen selber dort mit mir zurechtkommen. Nach dem Motto: „Hauptsache, erst einmal aus dem Blickfeld!" -so ist das Problem gelöst. Entweder, es klappt dort eben mit ihm, oder er geht zugrunde. Diesen Standpunkt vertrete ich.

Ich verstehe ihn damit, dass er in seiner täglichen Arbeit in seiner Praxis auch nur ein bestimmtes Quantum an Hilfe leisten kann. Aber er ist eben nicht Gott, -leider! Ich bin über die Jahre der Zusammenarbeit mit ihm „warm geworden". Und drittens war es so, dass er „zwei Fliegen mit einer Klappe schlagen" wollte: Mein zerkratztes Gesicht wegbekommen, und meine Essstörung beseitigen. Das erste ist ihn (aus heutiger Sicht, gesehen) gelungen, -das zweite, -nicht. 2 „Fliegen, mit einer Klappe zu schlagen", ist, -so finde ich, -ist immer fragwürdig. Natürlich ist es eine Art Bequemlichkeit, 2 Arbeiten mit einer versuchen wollen, zu erledigen. Selbiges sagte auch eine Mitpatientin, -später, im Klinikaufenthalt in Wermsdorf, von der ich noch berichten werde: „Versuche nie, 2 Süchte mit einem Mal wegzubekommen!". Wie wahr!

Dennoch stimmte ich der Einweisung zu, -und noch am selben Abend fuhr ich mit meinen Eltern in die Klinik nach Zschadraß.

## Mein erster Klinikaufenthalt in der Psychiatrie
## (Zschadraß, 11/2009 - 2/2010)

Dort angekommen, fiel mir als erstes auf, das es ein großes Haus war, wo die Tür offenstand. Ein paar Raucher standen davor. Auf der Etage, selbst, wo wir uns melden sollten, war aber abgeschlossen. Eine Türsprechanlage war dort, wo man auf den Knopf drücken musste, um die (Kranken-) Schwester zu erreichen. Wir drückten dann dort drauf, -meldeten uns an. Meine Eltern kamen zunächst, einmal noch mit hinein, bis in das Schwesternsprechzimmer. Es war ja mein allererster Aufenthalt in einer psychiatrischen Klinik. Zuerst wurde mir alles abgenommen, -mein Portemonnaie, mein Gürtel, der Rasierer, usw., -womit ich mich hätte selber verletzen können. Dann wurde ich gewogen. 47 kg (bei 183 cm Körpergröße), -es bestand Lebensgefahr (nämlich, wenn der Body Maß Index unter 14,5 liegt, -und bei mir lag er bei 14). Jedenfalls habe ich es so im Internet ermittelt. Ich war aber schon immer ein schlanker, dünner Mensch. Nur, -das war eben extrem.

Ich wollte aber erst einmal für alle Beteiligten „mitspielen", -denn umbringen konnte ich mich ja allemal noch. Ich wollte stattdessen erst einmal sehen, was die Psychiatrie „noch so zu bieten hatte". Es wäre nur eine zusätzliche Erfahrung mehr in meinen Leben von mir gewesen. Was es auch war. Aber (auch) die Psychiatrie hat ihre Tücken, -wie wir noch sehen werden. Jedenfalls war ich die erste Nacht dort erst einmal untergebracht. -Hatte auch schon meine erste Schlaftablette erhalten. Ich weiß es heute leider nicht mehr, ob es schon in der ersten Nacht war. -Auf alle Fälle wurde ich aber zusätzlich von einem „richtigen" Arzt aber noch in einem Arztzimmer untersucht. Auf meinen körperlichen und geistigen Zustand. Dort kam noch einmal zum Tragen, das ich sehr stark abgemagert war. Am darauffolgenden Tag, -mittag, kam dann auch das erste Mal der Oberarzt, der Herr Dr. Somberg, zu mir, und hat sich mit mir unterhalten. Er war auch verantwortlich dafür, dass ich überhaupt erst einmal eingewiesen werden konnte, -in dieses Krankenhaus.

Er sagte zu mir, dass ich schon sehr wenig wiegen würde. Es war ein sympathischer Mann im mittleren Alter. Dann lernte ich auch die Stationspsychologin kennen. -Ich weiß ihren Namen heute leider nicht mehr. Es war noch eine ganz junge, -sie war eben erst fertig geworden, mit ihrem Studium. Mit ihr führte ich schon ein erstes Gespräch. Auch, -wie es zu meiner „Entgleisung" hat, kommen können. Ich war aber kooperativ, und habe ihr alles wahrheitsgemäß berichtet. Später, dann, -als ich im Gespräch mit mehreren Mitpatienten war, hörte ich, wie eine Frau sagte: „Ach, die junge Psychologin von der Station P5/P6…" „bei ihr merkt man richtig, wie sie aufgeht, in ihrer Arbeit." Und es stimmte ja auch. Denn, wenn man sieht, mit welcher Leidenschaft sie zum Beispiel die Gruppentherapien geleitet hat. Wo sie unsere Patientengruppe unterrichtet hat, über verschiedene Krankheitsbilder. Mit ihrem Flipchart, usw. Sie war da sehr engagiert, und es steckte viel „Herzblut" drin, -das merkte man. Sie kam aus Leipzig, und ich war nach meinem Krankenhausaufenthalt auch einmal zu ihr nach Leipzig gefahren, -zum psychologischen Einzelgespräch.

Sie hatte die Stelle also sehr gut ausgefüllt. Jedoch muss man bei solchen Arbeitsstellen, -so, wie sie eine gemacht hat, sagen, dass es „Nahtstellen" in der Gesellschaft sind. -Tätigkeiten, die ganz einfach zu schwer sind, auf die Dauer gesehen. Stellen, die keiner (mehr) machen möchte. Denn die Menschen, die dorthin kommen, in das Krankenhaus, sind alles gescheiterte Existenzen. Sich das Leid jeden Tag mit ansehen zu müssen, stelle ich mir schwer vor. Man kann vielleicht auch schlecht helfen. Oder, man beginnt, seine Arbeit oberflächig zu machen. -Auch der Oberarzt hat eine schwere Arbeitsstelle inne. Zwar entscheidet er sehr viel, -z.B. wer kommt, und geht, in das Krankenhaus. Verordnet Medikamente, und gibt Tipps für andere oder bessere Verhaltensweisen der Patienten. Klar musste ich mich mit ihm irgendwo „arrangieren". Es war auch nur ein kurzes (Einzel-) Gespräch. Und das sollte auch so bleiben, bis zu meiner Entlassung. Lediglich in den Visiten habe ich ihn immer wieder gesehen. Naja, -und einen Tag, darauf erhielt ich auch schon meinen Therapieplan. Ich erinnere mich, -am nächsten Tag war schon Sport (auch für mich!). Gleich früh, war das. -Und den habe ich auch wahrgenommen, -unter Tabletteneinfluss, -animalisch. -Ich war aber dafür viel zu dünn. Der Oberarzt musste es wohl gesehen haben, -durch das Fenster, und hat mich dann erst einmal vom Sport befreit. Dazu musste ich schon ein paar Kilo mehr wiegen. Im Laufe der nächsten Tage lernte ich auch die anderen Therapien alle kennen.

Mit dem Essen früh, mittags und abends klappte es gut. -Ich muss aber dazu sagen, dass ich nur wieder nach Hause wollte. Denn, der einzige Weg, wieder nach Hause zu kommen, war, wieder mehr zu essen. Und ich las dann später einmal im Internet, das die meisten der essgestörten Menschen (vor allem, die jungen Mädchen), nur darum in den Klinikaufenthalt in der Psychiatrie mitessen, weil sie wieder nach Hause wollen. So musste es auch bei mir gewesen sein. Es wurden auch ein paar Fotos von meinem zerkratzten Gesicht gemacht. Das Gesicht weiterhin in der Klinik zerkratzt, habe ich mir allerdings nicht. So lernte ich den Klinikalltag kennen. Die Ergotherapie lernte ich kennen, und die Maltherapie. Vom Sport wurde ich erst einmal, -wie gesagt, befreit. Das ging ja auch gar nicht, denn unter dem Tabletteneinfluss, und mit dem zu geringen Gewicht war ich wie im Trance. Ich erinnere mich, dass ich mit dem Ball gespielt habe, -Volleyball, oder Handball, mit einer anderen Mitpatientin, -dies aber, wie im Zeitraffer, -wie unter Alkoholeinfluss. Wie, als wenn der Geist ausgeschaltet war (aus Körper - Energie - Spargründen), -nur der Körper arbeitete noch.

Das muss auch die Sporttherapeutin gesehen haben, und es wurde, -wie gesagt, entschieden, dass ich vorläufig erst einmal nicht am Sport mit daran teilnehme. Es sollte dann schon 1, oder 2 Wochen später anders aussehen. Ich komme gleich auf die Ergotherapie und die Maltherapie zu sprechen, schicke aber voran, das die Psychiatrie, dort, nie ein „Schlaraffenland" für mich war. Für mich war die Psychiatrie zwar eine völlig neue Welt. Das, was mir mein Hausarzt aber mit leuchtenden Augen versucht hat, zu verkaufen, -das Non plus Ultra, was es gibt, auf dieser Welt, das war es für mich nicht. Sicher, in der Psychiatrie ist vieles leichter. Sie hat aber auch nur ihre ganz normalen Regeln, wie im täglichen Leben. Es wird viel Arbeit abgenommen, zum Beispiel muss man sich das Essen nicht selber machen, usw. Aber stattdessen muss man (auch) dort Tabletten nehmen, oder an den Therapien teilnehmen, usw. Zu mir sagte später einmal ein Mitpatient: „Wenn du hier angekommen bist, dann bist du angekommen!" Und das stimmte ja auch. Aber auch dort musste es weitergehen. Und nach außen hin wurden regulär die Therapien durchgeführt, die Ergotherapie (Arbeitstherapie), die Maltherapie, das soziale Kompetenztraining, usw. Bei der Ergotherapie, -sie fand in einem anderen Haus auf dem Klinikgelände statt, ist es eben so, dass man mit irgendetwas beschäftigt wird (an irgendetwas zu arbeiten hat). Ich baute mir da zuerst aus Ton so eine Reibschale mit Pistill (einen Mörser), -wegen meines Interesses für die Chemie.

Die Ergotherapeutin hatte nichts dagegen. Ich kann mich erinnern, dass sie hat, „mich machen, lassen". Sie selber hat gerade mit Fimo © gearbeitet,- eine Plast Masse, die im Backofen aushärtet. Zu DDR- Zeiten sagte man dazu: Suralin ©. Naja, -und es war ja auch Winter. Bei der Maltherapie ging es dann, wie der Name schon sagt, darum, ein Bild zu malen. Entweder mit Filzstiften, „klassischen" Wasserfarben, Buntstiften, oder Ölfarben. In der Klinik in Zschadraß wurde ich (ich weiß es nicht mehr genau, -was von beiden) mit Promazin (oder Promethazin) behandelt. Es ist ein schwach wirksames Beruhigungsmittel. Der Doktor (Dr. Somberg) sagte mir, dass es auch gegen das Kratzen im Gesicht sei, weil es außer der beruhigenden Wirkung auch noch ein Antihistamin sei. Also, ein Mittel gegen allergische Beschwerden, -wie zum Beispiel Juckreiz.

Wie, auch immer: ich war davon ganz schön „benebelt". An den ersten Tagen musste ich mich sogar an dem Geländer im Flur des Krankenhauses festhalten, wenn ich in mein Zimmer ging. Und, -es war auch so: einmal, -ganz am Anfang (als ich die „Spielregeln der Psychiatrie noch nicht kannte), wollte ich meine Tabletten nicht nehmen. Nämlich immer am Morgen, -nach dem Frühstück, war Tablettenausgabe. -Mir war das dort zu blöd, -ich wollte nicht mehr so „benebelt" sein. Ich tat also so, als ob ich meine Tabletten, die ich früh erhielt, -heruntergeschluckt habe, -ging daraufhin in mein Zimmer. Und wollte sie dort ausspucken. Der (Kranken-) Pfleger verfolgte mich aber, -hat sich mit mir unterhalten. Und hat strikt darauf geachtet, dass ich meine Tabletten herunterschlucke. Was ich daraufhin auch tat. Ich fand das irgendwie blöd... Auch habe ich mir dort das Rauchen angewöhnt. Nämlich abends, nach dem Abendbrot, wo nichts war (keine Therapien), und man einmal ein paar Minuten Pause hatte, gingen viele der Patienten herunter, vor das Haus. Dort waren direkt so Raucher Inseln vorhanden. So 6-eckige Pavillons (2 Stück). In ihnen konnte man in Ruhe rauchen. Man kam dabei mit anderen Patienten ins Gespräch, -auch mit unserem Stationsarzt. -Er stellte sich mir vor.

Und, so lernte ich auch meinen Zimmernachbarn näher kennen. Das heißt, -erst hatte ich ja einen anderen, -schwer psychisch und körperlich kranken. Zuerst möchte ich von Letzteren berichten. Ich kam gut mit ihm zurecht. Er beteuerte mir: er sei kein Verrückter. -Er legte darauf großen Wert. Und ich weiß auch nicht genau, was er hatte. Er lag die meiste Zeit nur im Bett, -hatte Verdauungsschwierigkeiten. -Konnte nicht auf die Toilette gehen. Das kann eine Nebenwirkung der schweren Tabletten gewesen sein, die er bekam. Ich unterhielt mich dann auch noch mit den Schwestern, -ob sie ihm nicht einfach etwas geben können, -in seiner schlechten Lage, -aber sie erklärten mir, dass sie ohne das Einverständnis des Patienten da nichts machen können. Und es war so: als wir rauchen waren, unten, -ist er aus Anstand mit hinuntergekommen.

Die Psychiatrie hat ihren eigenen Plan, den sie dann aufstellt, und abarbeitet. Um den kranken Patienten so zu versuchen, Stück für Stück zu helfen. Das geht nicht „von heute auf morgen". Stattdessen versucht man, -sagen wir mal, in ein paar Wochen, oder Monaten aufgrund eines Krankheitsbildes eine adäquate Therapie (sofern die möglich ist), anzubieten. Nehmen wir einmal an: Alkoholismus: -da steht der Entzug an erster Stelle, und dann

Alternativmöglichkeiten des Weiteren Lebens zu finden. -Einen weiteren Sinn im Leben zu finden. Wir hatten auf dem Gelände der Psychiatrie neben einem (klassischen) Restaurant auch noch eine sogenannte „Begegnungsstätte". Sie hatte auch reguläre Öffnungszeiten, das heißt, sie hatte auch den Tag über geöffnet. Natürlich war sie nur spartanisch eingerichtet (und sie schloss auch, im Laufe des Jahres, -später, für immer, -genauso, wie die kleine Post- Stelle, die es auf dem Gelände der Psychiatrie damals noch gab). Ich habe beide während meines Klinikaufenthaltes, dort, intensiv genutzt. Aber wenn, aufgrund der wirtschaftlichen Verhältnisse eine weitere Existenz der beiden Einrichtungen nicht möglich ist, -was soll man da machen?

Ich bin zu der Zeit oft in die Begegnungsstätte gegangen, wenn ich frei hatte, und keine Therapien waren. Ja, -auch so etwas gab es. In der Begegnungsstätte gab es Kuchen zu kaufen, -ein kleines Mittagsangebot war wohl auch. Auch Getränke, -Kaffee, usw., gab es dort zu kaufen. Am liebsten habe ich dann dort eine Bockwurst mit Brötchen und Senf gegessen, -sofern ich es mit meiner Magersucht (oder Anorexia nervosa) vereinbaren konnte. Oft habe ich dann eine alte Mitpatientin, -die eben alleine schlecht gehen konnte, dorthin mitgenommen. Es war mit den Pflegern abgesprochen, -ja, sie wollten es sogar, dass die alte Dame einmal „herauskam". Von der Station, herunter. Nur sie hatten nicht genug Pflegepersonal, sodass von ihnen immer eine hätte mitgehen können. Dann kam es ihnen ganz gelegen, dass ich, als Magersucht-Patient, der aber jetzt, im Moment genug gegessen hatte, -eine andere Patientin (mit Demenz) begleitete.

Mit ihr bin ich richtig „warm geworden". Und es war auch so, dass sich mein Gesundheitszustand in Bezug auf die Magersucht, und dem Kratzen im Gesicht, verbesserte. Schon bald konnte ich bis nach Colditz (die nächst größerer Stadt) laufen. Das ging so, durch den Wald durch. Aber zunächst mal, war ich dort noch sehr „im Haus untergebracht". Die Psychologin, die mich vom ersten Tag an begleitet hat, hatte nun verschiedene Strategien, wie sie mit mir, -als essgestörten Menschen, weiterverfahren wollte. Zunächst, erst einmal stand die Gewichtssteigerung im Vordergrund. Jeden Tag, ein bisschen. Deswegen konnte ich auch schon bald am Sport mit daran teilnehmen. Das habe ich eigentlich immer gerne, dort, gemacht. Weil es für mich etwas Neues war. Zweitens hatte die Psychologin das sogenannte Belohnungsprinzip auf ihren Plan. -Dazu habe ich extra meinen Laptop von zu Hause kommen lassen. Nämlich jedes Mal, wenn ich viel gegessen hatte, habe ich meinen Laptop ausgehändigt bekommen, -durfte an ihm arbeiten. Das haben wir so eine ganze Weile

…Versuche mit Abführmittel

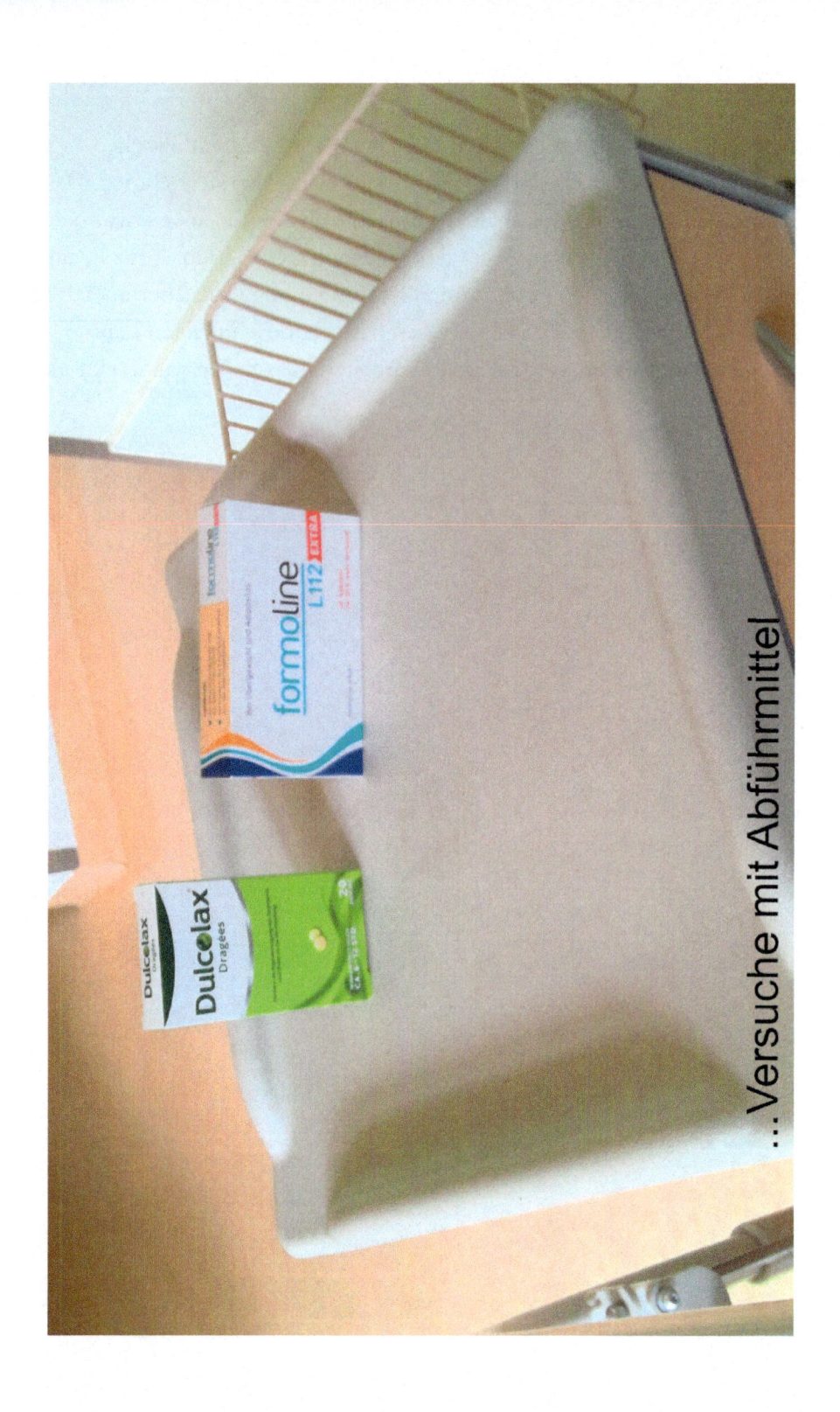

beibehalten. Außerdem fragte sie, was ich sonst noch so, auf der Station machen kann, -z.B. irgendetwas basteln. Irgendetwas, was ich sonst noch gerne mache.

Auch der Oberarzt sprach so etwas an, -hatte im Blick, dass sie mich (stundenweise) einmal an ihren Betriebscomputer heranlassen wollen, -ob ich mich dafür interessieren würde? -Dies tat ich zwar, jedoch hatte ich auch das Papierschöpfen als Hobby. Und so kam es dann auch: ich habe die Utensilien für das Papierschöpfen von meinen Eltern mit in die Klinik gebracht bekommen. Außerdem hätte ich im Rahmen eines Gestaltungsnachmittages einmal den anderen Patienten zeigen können, -was Papierschöpfen ist! -Dazu kam es leider nicht (jedenfalls dort, nicht!). Auf der Station habe ich gerne, - und viel Papier geschöpft. Selbst mein Zimmernachbar war begeistert. Getrocknet wurden die entstandenen, kleinen Papiere auf der Heizung in meinem Zimmer. Und dann sollte Weihnachten kommen (und Silvester). Die meisten der Patienten wurden über die Feiertage nach Hause geschickt, -so auch ich! Die, die konnten (und nicht bettlägerig waren). Die Psychologin hat mich aber vorher noch „geimpft", -also mir Instruktionen gegeben, wie ich mich zu Hause verhalten soll, damit alles klappt (und ich nicht vorzeitig wieder in die Klinik gehen muss). Als 3. „Skill" hat sie mir gesagt, dass ich schreiben soll, wenn es weiter Probleme mit dem Essen gibt: Ich sollte schreiben 100x auf ein Blatt Papier: „Du brauchst keine Schuldgefühle haben, wenn du etwas isst!" -Und so verging mein „Weihnachtsurlaub" zu Hause.

Dem Stationsarzt schenkte ich zum Beispiel auch so eine kleine, selbstgeschöpfte Pappe. -Er wollte sie als Postkarte verwenden, -sie verschicken. Um beim Stationsarzt zu bleiben: (Auch) er trat gar nicht groß, - während meines Daseins dort, in Erscheinung. Wie ich schon erzählte, unterhielt er sich eines Tages beim Rauchen, -unten, am Pavillon, mit mir. Er wollte meine Interessensgebiete wissen, -wollte mehr über mich in Erfahrung bringen. Und da erzählte ich ihn natürlich von meinem Interesse für die

Chemie. Er war nur ein paar Jahre älter, wie ich. Er versprach mir, von sich ein paar alte Chemie- Lehrbücher mitzubringen. So borgte ich sie mir einmal aus, - sodass ich sie einmal lesen konnte. Und das waren auch noch schöne Bücher! Das eine, -so kann ich mich genau erinnern, handelte von Chemikern des Mittelalters, und ihren Geräten. -Meistens alles Dinge, aus gebranntem Ton, - so Brennöfen, und so. Das interessierte mich natürlich brennend! Abends, - nach dem Abendbrot hatte man dann auch immer noch ein bisschen Zeit, um etwas im Gesellschaftsraum / Speiseraum zu machen.

Entweder ein Buch lesen, oder (wie ich!) ein Kreuzworträtsel ausfüllen, usw. Bis die Nachtruhe war. Mein alter Zimmernachbar verließ mich dann. Er muss wohl wieder nach Hause gegangen sein. Ich erhielt einen neuen, -der ca. 5 Jahre älter war, wie ich, -und Raucher war. Bei der einen, oder anderen Zigarette kamen wir dann gut ins Gespräch. Er hatte Schizophrenie. Und es kam bei ihm ganz plötzlich. Von einem Tag, auf den anderen. Er hatte die gleichen Interessengebiete, wie ich: das Kreuzworträtsel lösen, -der CB- bzw. Amateurfunk und Interesse an allen technischen Dingen. Er verbrachte schon über 1 Jahr in diesem Krankenhaus, und wartete auf eine neue Wohnung. Genau: für Wohnstätten / ambulant betreutes Wohnen. Er hatte seine ganzen Habseligkeiten mit im Krankenhaus, -und das war nicht viel. Sicher musste er viele Dinge zurücklassen, -aus seiner alten Wohnung. Aber wenn man eben in solche Wohngruppen kommt, muss man sich auch wieder von vielen Sachen (die einem lieb geworden sind), trennen. Er hatte wirklich bloß ein paar Koffer, die seine Habseligkeiten waren.

Immer wieder schaute er aus dem Fenster, -am Wochenende, und wartete auf seinen Besuch, -seine Angehörigen. Er hatte Abitur gehabt, -spielte darum „in einer anderen Liga", wie ich. Und hat seine spitze Zunge schon einmal eingesetzt, wenn es um Fragen des Krankenhausalltages, -speziell in diesem Krankenhaus-, ging. Wir waren ja da nur „Fußvolk", -bekamen aber genauso alles mit. Kurze Zeit, darauf, sollte auch er Glück haben: er bekam so eine Wohnung für Behinderte, -direkt, in Zschadraß, -am Hainberg (ich komme später auf den Hainberg noch zu sprechen). Erst Jahre später sollte ich ihn wiedersehen, -durch einen Zufall: ich war erneut in der Klinik in Zschadraß eingeliefert worden. -Und er machte gerade „Nordic Walking", mit seinen Wanderstöcken durch die Klinik. Er sah schon sehr heruntergekommen und verfallen aus (vor allem, im Gesicht!), durch die vielen Tabletten. Allerdings, - als echter Freund sagte ich ihm auch, dass er nicht gut aussehen würde. Wir kamen dann darauf, -und er sagte mir (in diesem Zusammenhang), dass wir sowieso alle viel zu viele Tabletten nehmen würden. -Wie war! Sicher hatte auch er seinen „Horizont bereits überschritten". Aber, -auch an diesem Tag: es machte nichts, und ich unterhielt mich mit ihm gut. Er versuchte eben, -durch körperliche Aktivität (das Nordic Walking) sich noch fit zu halten. Er beteuerte ja auch, dass er wenigstens mit seiner Wohnung und seiner Lebenssituation soweit zufrieden wäre.

Ich möchte in diesem Zusammenhang gern noch auf meine anderen Mitpatienten eingehen. Naja, -da gab es ein junges Mädchen. Und es kann sein, dass sie (zusätzlich noch), eine „echte" Geisteskrankheit, wie Schizophrenie hatte. -Jedenfalls wussten wir von ihr, dass sie sich versucht hat, mit Benzin zu übergießen, und anzuzünden. Zu dem Zeitpunkt, als ich sie kennenlernte, war sie schon mit Tabletten „stabilisiert". Das merkte man. Auch das Medikament: „Haloperidol ©" war ihr nicht fremd. Sie klagte aber unter Schlafstörungen, und war noch bis spät, in der Nacht in „unserem" Gesellschaftsraum / Essenraum, und hat Fernsehen geschaut. Sie wollte, dass Abhilfe für sie kommt (so sagte sie zum Oberarzt im Gruppengespräch). Ich kann heute selber nachts nicht schlafen, und weiß, wie schön es ist, wenn man wenigstens für ein paar Stunden „die Augen zu bekommt". Ich hatte sie dann den einen Tag vor dem Restaurant auch einmal mit ihren Angehörigen gesehen. War es ihre Mutter? -Und noch eine andere Frau. -Ihr „soziales Netz"! -Eingehäkelt.

Ja, aber das schwächste Glied war sie, -das sah man. Dann war da eine Mitpatientin, -schon etwas älter, -vielleicht 55-60 Jahre alt. Sie war in die Klinik eingeliefert worden, wegen Alkoholismus. Sie sagte ja selber, -der Alkohol hätte mit ihrem Körper gemacht, was er wolle. Sie musste dort sicher erst einmal ausnüchtern, -und wieder zur Besinnung kommen. Ein weiterer Mitpatient, dort, war schon ein etwas älterer Mann. -Ein Psychose - Patient. Denn eines Tages, -in der Gruppentherapie sagte er: „Herr Doktor, -ich kann doch nicht verrückt geworden sein". Und eines Abends, -vor dem Abendbrot Essen bedrohte er sogar vor dem Krankenhaus den Oberarzt mit dem Abendbrot - Messer. Der Doktor musste ihn erst einmal wieder zur Besinnung bringen, damit er sein Messer nicht mehr vor sich hält, und er mit friedlich zum Abendbrot Essen wieder mit noch oben kommt. Im Großen, und Ganzen war er aber friedlich. Und er konnte (scheinbar), mit Hilfe, sein Leben selbst bestreiten. Ich sah ihn später nämlich in Wurzen, wo ich gerade zur Ergotherapie war, -entlang laufen.

Dann war da auf unserer Station (Station P5/P6) noch ein junges Mädchen. - Ihren Wohnort möchte ich aus Datenschutzgründen hier nicht bekanntgeben. Jedenfalls besaßen ihre Eltern ein Hotel. Und sie war in die Drogenszene „abgerutscht". Später sollte ich sie in der Tagesklinik in Grimma wieder treffen (wie viele andere, bekannte Gesichter). Dann gab es noch den Opa, mit seinem Rollator. Ein Rentner, -schon seit vielen Jahren. Wie man darstellt, -und versucht einzuordnen, hängt sehr viel vom Autor (dieses Buches) ab. -Um überhaupt „einen Boden zu finden", -werde ich es so darstellen: er musste wohl von seiner Familie verstoßen worden sein. So hielt er sich eben jetzt in der Psychiatrie auf. Ich weiß nicht, ob er einen (Pflege-) Heimplatz innehatte, - fest stand aber, dass er sagte: er sei in guter gesundheitlicher Verfassung, weil er noch einmal neu mit Organen ausgestattet worden ist. Er zeigte dann auch viele Bilder von seiner Familie, -bei einem Gruppennachmittag. -Für ihn sollte ich einmal ein spezielles Pflaster aus der Apotheke aus Colditz mitbringen, - wenn ich wieder einmal in der Stadt war. Denn von der Station (so sagte er) bekam er ein solches Pflaster nicht. Ich weiß aber heute leider nicht mehr, ob ich ihn diesen Wunsch erfüllen konnte. Ich glaube, -sie hatten gerade keines von diesen Pflastern. Aber ich berichte später noch, von meinen ausgedehnten Spaziergängen in die Stadt Colditz (mit Einkäufen). Dann kam ein neuer

Patient auf die Station: Ein schon etwas älterer Herr. -Er sah Gegenstände herumfliegen, -im Raum. So, Maurerziegel, -oder so. Durch die Tabletten ging es aber weg, -wie er es auch den Oberarzt mitteilte.

Jetzt komme ich einmal auf den Wirt von der Begegnungsstätte zu sprechen: Ja, -für ihn war es wohl so, dass die Menschen, die hierherkamen, in die Klinik, -alles Asoziale waren. Menschen, -die ihr Leben nicht in den Griff bekamen. Die gescheitert sind (aus welchem Grund, auch immer). –Ich stellte dort eine Ausnahme dar, und passte nicht in sein Konzept. Ich litt ja unter Magersucht (Anorexia nervosa), -habe mit meinem Leben abgeschlossen, und wollte dann nichts mehr essen. Einfach sterben. Ich weiß nicht genau, -denke aber, dass seine Theorie darin bestand, dass die meisten Menschen, die dorthin gekommen sind, sich bloß „hängenlassen", -nach dem Motto: „ich will nicht mehr, -nun macht ihr einmal!" -Mit Ausnahme des Essens. Das heißt, er dachte wohl: Durchgefüttert werden sie doch (trotzdem) wohl alle. Auch, wenn sie auf ihren schlechten Lebenszustand aufmerksam machen wollen (mit z.B. ihrer Drogen- oder Alkoholsucht). Ich denke, er kalkulierte nicht ein, dass (wie in meinen Fall) das Abmagern ein Weg zum Sterben sein kann.

Im Bezug, auf das Mädchen, von unserer Station sagte er: sie habe in ihrem Leben „noch nichts auf die Reihe bekommen". -Sie solle nun endlich einmal „ihren Arsch hochnehmen", und aus ihrem Leben etwas machen. Ich sehe das dort aber differenzierter: -die vielen Selbstmorde in Deutschland beweisen es. -Denn, ob ihr adäquat in der Psychiatrie geholfen werden konnte, wissen wir ja noch gar nicht. Naja, -und dann war ja schon Januar 2010. Es lag noch Schnee. In das Restaurant, auf dem Gelände bin ich oft gegangen, -entweder um mir (wie immer) ein paar Rätselzeitschriften zu kaufen (und sie dann, auf der Station zu lösen), oder irgendwelche anderen Verrichtungen, -wie z.B. Zahncreme kaufen, oder Duschgel. Auch Postkarten gab es dort. Seinerzeit sogar noch mit Abbildungen von dem Ort Zschadraß (meistens Aufnahmen von Klinik- Gebäuden). Alle Impressionen werden wir von Zschadraß wohl nicht „einfangen können", -aber, wenigstens, die meisten.

2 Dinge sind es, auf die ich -im Bezug, auf das Krankenhaus in Zschadraß auf alle Fälle noch eingehen möchte: Zum einen sind da meine ausgedehnten Spaziergänge, die ich dort unternahm. Ob,- in die anderen, kleineren Orte, die landschaftlich sehr schön gelegen sind, -oder in die (größere) Stadt Colditz. Zuerst, die kleinen Dörfer: ich muss (jetzt, im Nachhinein) noch so lachen, denn: eines schönen Tags musste, -oder wollte ich die Überreste, die vom Papier schöpfen auf der Station übriggeblieben sind, -entsorgen. 2 ganze Taschen, voll, mit Altpapier, -und Rest- Papierbrei. Irgendwo musste ich ja hin, damit, -und auf der Station konnte es nicht bleiben. Ja, -auch beim Papier schöpfen entstehen Abprodukte. Und ich wanderte dann von Zschadraß von einem kleinen Dorf, in das nächste (die Entfernungen waren nicht weit, -gottseidank!). Bis ich einen geeigneten Papierkorb (ich weiß leider nicht mehr den Namen des Ortes) fand, wo ich mich meiner Papier- Schöpf- Überreste entledigen konnte. Das war viel. So, -wie alte Telefonbücher, und so. Gottseidank hatte ich mich meines Unrates entledigt! -Es war Winter, und es lag Schnee, -so viel kann ich mich noch erinnern. Aber, -so richtig gesund war ich nie. Ich meine, im Bezug, auf meine Essstörung. Zwar nahm ich an Gewicht zu, -so richtig zufrieden war ich aber damit nie. Und dann war ich da noch so gerne nach Colditz gelaufen. Das ging so: Über den Hainberg, -so einen kleinen Wanderweg durch den Wald, wo man von dem (hochgelegenen) Ort Zschadraß in die (größere) Stadt „Colditz" laufen konnte. -Da hatte man ganz schön abgekürzt, -gegenüber den Autofahrern, die einen Umweg fahren mussten. Ich habe das immer genutzt, -sofern die geringste Möglichkeit dazu war. Denn mobil war ich, -laufen konnte ich. „Laufen können sie ja!", -so sagte einmal eine (Kranken-) Schwester zu mir. Ja, -aber, wenn man richtig essgestört ist, wird auch das zum Problem. Ich, -jedenfalls, war zu dieser Zeit stabilisiert, -das heißt, -war gut ernährt. Und konnte deswegen auch so lange Strecken gehen.

Wiederum: dass es keine Selbstverständlichkeit war, sagte ein Pfleger zu mir: Er sagte: Ihren Zimmernachbarn hätten wir solche langen Strecken nicht zutrauen können! Vielleicht stimmt das auch, -denn er war etwas mollig, -konnte vielleicht nicht mehr so lange Strecken laufen. Aber ich erinnere mich, wo ich (noch vor Weihnachten) den Hainberg hinuntergelaufen bin, -durch den Wald, über den kleinen Fluss und in der Schlecker Drogerie mir Kekse gekauft habe. Solche Cookies, -mit Schokolade, darin. Diese schmecken sehr gut, und die gab es (in dieser Art) nicht, in unserem Restaurant, -auf dem Klinikgelände. Und in der Begegnungsstätte gab es sie auch nicht. Ja, und (auch) in der Psychiatrie gibt es keinen Stillstand. -Und ich war auch einmal beim Friseur gewesen, -in Colditz, -kam dann mit einem sehr schönen Haarschnitt zurück, nach Zschadraß, -in die Klinik. Es sah zwar gut aus, -aber meine Mitpatientin regte über mein Gesicht auf, was so viele Narben enthielt. Zurecht!

Aber ich war froh, einmal beim Friseur gewesen zu sein (dass ich gleich drangekommen bin, und dass meine Frisur so gut aussah). Ich habe alle Läden in Colditz „abgeklappert". Den FidJi- Laden (der Vietnamese), -wo ich nach Tigerbalsam geschaut habe. Das Haushaltwaren Geschäft wegen einer neuen Schere für mich. Oder, im Colditzer Warenhandel, wo ich so ein Wandthermometer erhalten habe. -Das war so ein kleines Bild zum Aufhängen, an die Wand, wo auch ein Thermometer verarbeitet worden ist. So, -wie ein Andenken. Dieses kaufte ich (mindestens 2x, -oder sogar 3x, -für meinen Mitpatienten, eines noch mit). Da war (neben dem Thermometer) auch noch so eine Postkarte von Colditz noch mit drin. Meine Idee war nun die, in der Ergotherapie die (darin enthaltene) Postkarte von Colditz gegen die Postkarte von Zschadraß auszutauschen. Von der Größe, her, passten sie nämlich. Und das tat ich dann auch so. -Alles hat perfekt geklappt. Auch in dem Netto- Markt war ich mehrmals gewesen. Imposant: unmittelbar dahinter fließt der Fluss: „Zwickauer Mulde". Und, -wo ich später mit dem Auto dort war, hatte ich auch Zeit zum Verweilen, dort. Und auszuruhen. Dort gab es viele Dinge preiswert zu kaufen. Aber, es war auch etwas weiter zu laufen.

Viele sagen, dass das Coditzer Schloß sehr sehenswert ist, -oder die alte Burg. Ich war aber in beiden nicht gewesen. Aber bei: „Trägers Preisbombe" war ich (es ist ein Sonderposten- Markt), -und habe dort Schreibwaren Artikel gekauft, -z.B. ein Zeichendreieck, Kugelschreiber, usw. Aber einmal habe ich mich (abends) in Colditz verlaufen,- fand nicht mehr zurück, in die Klinik. -Ich hatte dann Passanten gefragt, denn die Zeit war schon fortgeschritten. Und sie sagten mir auch den Weg, -zurück, in die Klinik. Es gäbe wohl 2 verschiedene Wege, -und mit ihrer Beschreibung kam ich nicht zurecht. Ich bin dann einfach losgelaufen,- ein ganzes Stück durch den Wald, -auf der Landstraße. Bin noch gerannt, zeitweise. Ich sah schon aus Kilometern Entfernung das Klinikgebäude. Aber ich habe es noch geschafft. Mit hochrotem Kopf, zwar, -aber ich war noch rechtzeitig zum Abendbrot zurück, -in der Klinik. Denn, darauf hätte das Personal sicher bestanden. Aber es ist ja (zum Glück) noch einmal alles gut gegangen. Und dann war ja noch… der Sport!...
Sport ist wichtig, -damit der Körper noch in Bewegung bleibt. Alle Muskeln müssen jeden Tag (wenigstens etwas!) gefordert werden, damit die normalen Stoffwechselvorgänge im Körper noch gut stattfinden. Da war so eine junge Frau, von der anderen Station (Station P3/P4). Auf dieser Station fand aber sinngemäß das gleiche statt, was wir auf unserer Station machten. Naja, -jedenfalls fiel sie mir gleich auf. Weil sie so sexy aussah. Sie war nur ein paar Jahre älter, wie ich. Und hatte schon Kinder (oder, zumindest, eins), wie ich später herausfinden sollte. Aber jedes Mal, wenn ich sie sah, -beim Sport, -war ich ganz erregt. Beobachtete jede, ihrer Bewegungen. -Das war schon fast animalisch, -tierisch.

Sie war sich bestimmt ihrer Reize voll bewusst, -und hat das voll ausgenutzt. Ich glaube, -es war von der Klinikleitung sogar so gewollt, -das wir uns, wenn es irgend geht, dort verlieben. Ich hatte sie dann später, -in unserem Gruppengespräch am Nachmittag (dem „sozialen Kompetenztraining") wieder getroffen. Sie hat ihre Meinung dort offen kundgetan. Sie sagte: „ich glaube, irgendetwas läuft in dieser Klinik falsch!", -und weiter: „Wo ich den Schwestern erzählte, dass es vorangegangenes Wochenende zu Hause nicht gut lief, -bekomme ich dieses Wochenende gleich 2 Tage geschenkt, -als Übernachtung, zu Hause." In diesem Zusammenhang erwähnte sie auch ihr Kind. So, -oder so sinngemäß hat sie es erzählt. Ich kann sie verstehen, -denn mir ging es ähnlich. Ich sagte dann dort, -in der Gruppe, daraufhin zu der Psychologin, -das nach 2 Wochen, -hier, eigentlich Besserung eintreten sollte. – Aber da sind 2 Dinge zu beachten: Zum einen war ich Psychiatrie-Neuling. Und zum anderen stimmte das nicht, -auch bei mir nicht!

Denn, an meinen Seelenzustand hatte sich absolut nichts verbessert. -Ich wollte halt nur wieder (für immer) nach Hause (und habe darum „mitgespielt"). Ich weiß nicht, ob ich es hier schreiben soll, -aber mit fällt in dem Moment gerade ein, das ich später noch ein Antidepressivum namens: „Mirtazapin" verordnet bekommen habe. -Das habe ich auch eingenommen, -nehme es heute wieder. Ein Patient im Internet schrieb einmal: „das ist, als hätte man 1 Glas Bier zu viel getrunken." -So würde es sich anfühlen. -Dem kann ich nur beipflichten. Zum Schluss meines ersten Aufenthaltes im Krankenhaus in Zschadraß stand auch noch eine Begutachtung meiner Person durch eine Arztkommission an. -Es waren ungefähr 20 Ärzte in dem Raum, -und ich musste „Rede und Antwort stehen". Die Befragung führte der Chefarzt der Klinik, Dr. med. Ulf Künstler, durch. Natürlich ging es darum, wie es zu meiner „Entgleisung" aus meinem sozialen Leben gekommen ist. Ja, -auch! Ich musste Weiteres erzählen, wie ein ganz normaler Tag, bei mir zu Hause abläuft, usw. Die junge Psychologin wollte mich einfach zu ihrem Fall - Beispiel nehmen. Ich stimmte dem zu, -hatte nichts dagegen. Im Ergebnis der Befragung kam heraus, dass ich unter einer autistischen Persönlichkeitsstörung leide, -dem sogenannten „Asperger- Syndrom." Dies teilte mir die Psychologin daraufolgend, -als Ergebnis der Befragung mit. Dann war da dort auch noch ein anderes Mädchen, -die auch gut aussah. –Sie war Architektin (oder aus einem Vermessungsbüro), -irgend, so etwas. Sie war von der Station P3/P4, und ich sah sie bei unserem „sozialen Kompetenztraining".

Sie hatte Alkoholprobleme, -mit Selbstmordabsichten. Aber, sie war bei unserem sozialen Dienst, und sie wollte eine berufliche (oder medizinische) Rehabilitation durchführen. Aber auch von ihr weiß ich nicht, was aus ihr geworden ist. -Wir haben uns nur zu kurz gesehen. Manchmal denke ich, für mich wäre eine berufliche Rehabilitation auch das Richtige gewesen. Ich weiß nicht. -Aber vielleicht war ich dafür einfach nur zu krank. Im Sport sah ich erst einmal (beim Ankleiden) die Unmenge an Menschen, die dort im Krankenhaus im Moment untergebracht waren. So viele Menschen, die alle Hilfe gewollt haben. Auch ein junger Mann war darunter, den ich später in der Tagesklinik in Grimma wiedergetroffen habe. Er war ein Psychose- Patient, und man sah, wo er so lief, -auf dem Fußweg, so, seine spastischen Bewegungen. Ein drittes junges Mädchen, was mir gefiel, soll nicht unerwähnt bleiben (fast noch ein Kind): -sicher mit Drogenproblemen… Ihr Vater sagte bloß, -wo sie alle im Schnee gelaufen sind: „lauf langsam, mein Hase!" Sie sind mir entgegengekommen, wo ich zur Therapie gelaufen bin.

Bei dem Restaurant gab es auch eine schöne Serviceleistung,- „der mobile Einkaufswagen". -Einmal in der Woche kam eine Frau mit den wichtigsten Artikeln (Keksen, Zahncreme, Schokolade, Duschgel, usw.) zu uns auf die Station, und hat sie dort verkauft. Das war gut für Patienten, die bettlägerig waren, und so nicht herauskamen, von der Station. Später wurde dann aber diese Dienstleistung eingestellt. So wird eben alles etwas schlechter.

### Aufenthalt in der Tagesklinik Grimma (02/2010 – 04/2010)

Direkt im Anschluss an meinen Klinikaufenthalt in Zschadraß folgte der Besuch der (psychiatrischen) Tagesklinik in Grimma. Der Oberarzt der Klinik in Zschadraß (Herr Dr. Somberg) war auch gleichzeitig der leitende Arzt in der Tagesklinik in Grimma (Grimma war eine Zweigstelle von dem Krankenhaus in Zschadraß). Zunächst muss ich vorausschicken, dass ich das Gebäude der Tagesklinik Grimma schon kannte. -Hatte mich dort von Jahren schon einmal vorgestellt, -und „Tuchfühlung genommen". Und damals abgecheckt, -also 1 oder 2 Jahre eher, -wo mir es schon so schlecht ging, -ob sie mir eventuell dort helfen können. Vielleicht auch durch meine (damalige) Chefin bedingt, die mir riet, doch einmal die Tagesklinik in Grimma aufzusuchen (ich berichtete!). Also, von der Liegenschaft, her, kannte ich es schon. Und an den ersten Tag, wo ich mich dort vorstellte, kann ich mich genau erinnern. Ich bin zumeist dort mit dem Auto hingefahren, -aber auch mit dem Zug. Die (Kranken-) Schwester sagte mir dort, wann ich (früh) morgen dort antreten soll.

Ich merkte, dass sie es versuchte, so unkompliziert, wie möglich zu machen. Natürlich hatte ich meine verordneten Tabletten genommen. Und es ist wohl so, dass, -wenn man sich es zutraut, kann man damit auch mit dem Auto fahren (es darf nur halt nichts passieren). Ich war sehr mutig, -von meiner Seelenverfassung, her. War aufgeschlossen, für alle neuen Dinge, die da kommen würden. Natürlich blieb mir zwar auch nichts anderes übrig, -aber ich denke, die Neugier, auf das, was kommen würde, überwog (vielleicht auch durch den Überschwang, wegen der Tabletten, die ich nahm). Ich hatte damals noch den Renault Twingo ©, -als Auto. Auch das sollte sich schon bald ändern... Am ersten Tag, wo ich in die Klinik kam, bekam ich als erstes die Schlüssel für ein Schließfach, wo ich meine Sachen, meine Tasche tagsüber unterbringen konnte. Ich weiß heute nicht mehr, wann wir begonnen hatten, früh. 8.00 Uhr, oder so. Da waren die Schwestern schon da, und da ging der normale Betrieb der Tagesklinik los.

Viel zeitiger waren die Schwestern auch nicht gekommen, wie wir. Denn eines Tages traf ich früh den Leiter der Klinik, der (selbst) erst einmal aufgeschlossen hatte. Er hieß Herr Sachweh. Prinzipiell, -jedenfalls bei dem ersten Besuch dieser teilstationären Einrichtung, wurden 2 Gruppen gebildet, für die unterschiedliche Therapien dann vorgesehen waren: Nämlich eine Psychose- Gruppe, und eine Depressions- Gruppe. Ich gehörte zu Zweiterer.

Ich weiß nicht, warum, -vielleicht durch die Nähe zu meinem Wohnort, -aber ich fühlte mich in der Tagesklinik von Anfang, an, heimisch. Wenn ich, -was selten vorkam, mit dem Zug in die Tagesklinik gefahren bin, kam ich auch immer an der Schwimmhalle Grimma vorbei. Dort habe ich als Kind das Schwimmen gelernt. Und dann ließ ich meine Gedanken in Erinnerungen schwelgen.

In der Klinik, selbst, wurden viele Ausflüge unternommen. Man versuchte damit sicher, die Mobilität der Patienten so weit, wie möglich noch zu erhalten. Der Tag, dort, begann erst einmal mit dem gemeinsamen Frühstück. Wir waren ungefähr 15-20 Tagesklinik- Patienten. Soweit ich mich erinnern kann, wurden Patienten eingeteilt, für Dienste. Zum Beispiel den Dienst: Frühstück vorbereiten. Diese Patienten mussten ein paar Minuten eher kommen, und haben das Frühstück für alle vorbereitet. Die Teller auf den Tischen verteilen, -die Brötchen im Backofen aufbacken, -den Kaffee kochen. Damals wurde das alles auch schon mit Gummihandschuhen gemacht. Zum Beispiel wurde dann auf Tellern der (Fleisch-) Aufschnitt arrangiert. Und die Wurst. -Ich habe das dort gern gemacht. Auch war man nie alleine, -das heißt, immer 2 Patienten hatten die gleiche Arbeit zu machen. Das machte Mut, denn so konnte man den schon erfahrenen Mitpatienten um Rat fragen, wenn man nicht weiterwusste. Bei dieser Tätigkeit musste darauf geachtet werden, dass Wurst, wo das Verfallsdatum schon nahte, zu Oberst aufgelegt wurde. Eigentlich waren das alles nützliche Tätigkeiten, die man sich so aneignen konnte.

Denn es gab (auch) Patienten, die mit der Verrichtung solcher täglicher Arbeiten Schwierigkeiten hatten. Das konnte man vor allem dann zu Hause brauchen. Denn nichts anderes wird ja zu Hause gemacht, z.B. die Brötchen schmieren. (Wenigstens) diese Tätigkeiten können dann zu Hause von den Patienten nachgeahmt werden. Und nichts anderes war ja auch der Sinn der beiden Therapien: Kochen und Backen. -Das sich die Menschen zu Hause Mittagessen zubereiten können (weil es preiswerter ist, als Fertiggerichte). Oder sich vielleicht auch einmal einen Kuchen backen können, -zu Hause. Es wurde bei der Zubereitung von jedweden Essen immer strikt auf Hygiene geachtet. Ich bin ja selbst ein sehr Hygiene - liebender Mensch. Aber eine Sache ging dort gar nicht (aus meiner Sicht, gesehen): ein Aquarium in der Küche! Das hatte mit Hygiene nichts zu tun, -vor Allem, wenn es saubergemacht worden ist (und andere Personen gleichzeitig dort Essen zubereiteten). Die Tätigkeiten, die mit der Nahrung, dort, zu tun hatten, nahmen einen großen Raum ein. - Weil es zu Hause ja auch so ist. Und in anderen Tageskliniken ist es sicher ähnlich. Ich kann mich erinnern, -da wurden dann mittags ein paar Leute für das Kartoffelschälen „abgestellt", und so weiter. Weil ich einer der Patienten war, die dort mit dem eigenen Auto da waren, war ich auch öfter dran mit den „Lebensmittel - Einkaufsfahrten", am frühen Morgen. Buchstäblich alles haben die Patienten selber gemacht: -die Einkaufszettel schreiben, was alles benötigt wird, usw. Natürlich gab es auch einen Therapieplan. Jeder Patient hat von den Schwestern so einen Zettel ausgehändigt bekommen, wo ein auf ihn individuell abgestimmter Therapieplan darauf stand.

Ich war ja, -wie gesagt, in der „Depressions- Gruppe"). Es wird sich wohl die Waage gehalten haben, -die Anzahl der Psychose- und der Depressionspatienten. An manchen Therapien haben alle Patienten (gemeinsam) teilgenommen. Bei den Diensten gab es zum Beispiel auch noch den sog. Zigarettendienst. Er war dafür verantwortlich, dass vor der Tagesklinik keine Zigarettenstummel herumlagen, und dass die Aschenbecher immer geleert und sauber waren. Großen Wert wurde auf die körperliche Bewegung der Patienten gelegt. Und darum gehörte das Nordic Walking zum festen Bestandteil der Therapien in dieser Klinik. Und das habe ich immer gehasst: das Entlang - Laufen mit den Ski- Stöcken (Anmerkung: es sind keine Ski- Stöcke, sondern spezielle Nordic Walking- Stöcke, -aber mir war das egal, und schon aus Trotz sage ich immer Ski- Stöcke dazu)! Es war ja noch Winter, -es lag Schnee. Aber das Wetter wurde schon langsam besser, -das heißt, es war schon viel heller, am Tag. Und die Anzahl der sonnigen Tage wurde immer mehr. Die Sonne hatte schon viel mehr Strahlungskraft, -in den Märztagen. Das Nordic Walking habe ich dort kennengelernt.

Die Schwester, -selbst eine große Anhängerin dieser Sportart, -zeigte mir beim ersten Mal alles ganz genau. Wie die Hände richtig in die Schlaufen der Stöcke kommen. Wie die Stöcke richtig geführt werden, beim Laufen, usw. Aber ich war mit meiner Einstellung, -im Bezug, auf das Nordic Walking nicht alleine: die meisten der Mitpatienten zogen die Nordic - Walking - Stöcke nur hinter sich hinterher. Wenn sie denn die Stöcke überhaupt mitnahmen, zur Therapie. Das ging eine Weile gut, bis sich der Leiter der Einrichtung einmal mit allen Patienten (im Gruppengespräch) unterhielt. Die Schwestern, allein, konnten nicht auf Einsicht hoffen, -seitens der Patienten her. Kalt war es trotzdem noch, an diesen Tagen, draußen. Es gab auch immer eine große, und eine kleine Runde, bei dem Nordic Walking. Für Patienten, die eben nicht so weit laufen konnten (wie ich), war das ideal.

Bei der Tagesklinik befindet sich in der Nähe gleich eine große Waldgegend (mit zumindest, 1 Steinbruch). Auf dem Weg, dorthin, ist auch eine wasserwirtschaftliche Anlage. Naja, jedenfalls, wo wir (nach ca. 500m) den Wald erreicht hatten, ging ja das Nordic Walking erst einmal richtig los. Den einen Tag, -es war klirrend kalt, sind wir bis nach Waldbardau (oder Großbardau) gegangen. Bis, wo der Bahnübergang war. Einige sind sogar noch ein Stück weiter gegangen (aber nur, bis auf Sichtweite, -bis in die Wohnsiedlung, die so als Ring angeordnet war. Auf dem Rückweg sahen wir dann noch ein paar Waldarbeiter, die Shredder- Arbeiten durchführten. Naja, - und an einem anderen Tag sind wir eine große Runde im Wald mit dem Nodric- Walking- Stöcken gelaufen. Selbst den Schwestern wurde es schon „Angst und Bange", -weil auch die schwächsten von uns diese Riesenrunde gegangen sind. Sie müssen wissen, -es gab nämlich auch „normale Spaziergänge", -ohne die Nordic - Walking -Stöcke. Aber dazu komme ich später noch. Naja, -und an dem besagten Tag waren wir (auch ich!) beim Eintreffen, -wieder in der Klinik, richtig durchgeschwitzt. Selbst das Unterhemd war klitschnass. Man mag es kaum glauben, -selbst im Winter. Aber durch die starke Betätigung an frischer Luft kam es eben dazu. Die

Schwester hat uns jetzt empfohlen, möglichst viel zu trinken. Was wir auch taten.

Die Tagesklinik hat schon viele Jahre Erfahrung, bei der Tätigkeit, was sie dort machen. Vor allem, die Schwestern, dort, sind sehr routiniert. Auf dem Begleitschreiben, welches ich von der Klinik in Zschadraß ausgehändigt bekam, standen auch die Medikamente drin, die ich zu erhalten hatte. Diesen Brief habe ich in der Tagesklinik in Grimma abgegeben. Noch am gleichen Tag stellte die Schwester die Medikamente zusammen, die ich mit nach Hause nahm. Es waren die (schon erwähnten) Medikamente: Mirtazapin und Promazin (oder Promethazin). Nach ein paar Wochen wurde aber die Medikation angepasst: das Promazin (oder Promethazin) wurde abgesetzt. Was ich schade fand. Denn lieber wäre mir gewesen, das Mirtazapin abzusetzen. Wegen der starken Nebenwirkungen, -vor allem, wegen der starken Gewichtszunahme (was bei mir, -als essgestörten Menschen eine zentrale Rolle spielt!).

Denn das Promazin (Promethazin) hatte eine beruhigende Wirkung ausgeübt (und sonst, weiter, -nichts). Das war erst in Tropfenform, -später in Tablettenform. Das gefiel mir eigentlich sehr gut, immer etwas sediert zu sein. Warum die Ärzte das so gemacht haben, weiß ich nicht. Vielleicht nur aus der Logik heraus, dass, -wenn ich eine Depression habe, das Antidepressivum (Mirtazapin) das richtige für mich wäre. Und es war auch so, dass, -ich glaube 1x pro Woche, der Oberarzt (Herr Dr. Somberg) in die Tagesklinik kam. Dort hatte er immer Einzelvisiten bei den Patienten durchgeführt. Er schaute dann, wer die Klinik schon wieder als gesund geheilt entlassen werden konnte. Der Leiter der Tagesklinik, der Oberarzt, die Ergotherapeutin, die Mitarbeiterin vom Sozialdienst, und, -habe ich noch jemanden vergessen, zu erwähnen? -Sie, alle, saßen dann im Halbkreis in einem Raum. Und hereinbestellt wurde dann ein Patient, nach dem nächsten. Natürlich wurden seine Fortschritte während des Klinikaufenthaltes in Grimma analysiert. –Wie hat sich der Patient entwickelt? Hat er sich positiv entwickelt?

Es wurden Fragen gestellt, -wie man sie so fühlt, und so. Ich bin da herein gegangen, und habe gleich gesagt: „…und jetzt kommt das schwärzeste Schaf, von allem…" -Das habe ich eigentlich ironisch gemeint. Leider verstand der Oberarzt (als Wortführer) in dieser Beziehung keinen Spaß. -Und, ich hätte es wohl besser nicht gesagt. Wie gesagt, -es war ein Scherz. Aber er sagte nur darauf: „Oh, -es muss ihnen ja schon wieder sehr gut gehen!" -womit ich nicht gerechnet hätte. Aus Sicht der Ärzte gehört man nämlich als essgestörter Mensch zu den Personen, die am meisten für ihr Schicksal selber können (und, sich nicht helfen lassen wollen!). Der Anteil, das (auch) dieser Mensch krank ist, wird dabei „unter den Tisch gekehrt". Es ist doch so: -der essgestörte Mensch will nichts essen, -kann aber auch nicht (aus verschiedenen Gründen). Bei den Mädchen ist es zum Beispiel das sog. Körperschemabild. Und bei mir der Wunsch zum Dahinsiechen (bis sterben). Na klar ist es einfacher, einen Schizophrenie- Patienten in der Psychiatrie zu behandeln. Man gibt ihm Tabletten, und seine Wahnvorstellungen gehen weg. Problem gelöst… Wie, auch immer, -ich gab mich gütlich, und habe gesagt, ich sei „auf gutem Wege". –Was auch stimmte (zumindest, -körperlich). Ich erinnere mich unterdessen, an die schönen Physiotherapie Stunden in einem Aerobic- Studio, was in der Innenstadt von Grimma lag. Wir sind dort immer zu Fuß von der Tagesklinik in Grimma (durch den Park) in die (innen-) Stadt gelaufen. Dort angekommen, haben wir an den verschiedensten Trainings- Geräten Sport betrieben. Zum Beispiel, -an dem „Stepper", -dem „Butterfly", -dem Laufband, dem Ergometer, usw. Alles Geräte, die in diesem Fitnessstudio vorhanden waren. Speziell für uns (für die Tagesklinik in Grimma) waren dann dort Stunden freigehalten worden, damit wir wieder körperlich genesen konnten.

Sie merken schon,- die Tagesklinik in Grimma gehört zu den Highlights meiner „Laufbahn in der Psychiatrie", -wenn man es so nennen möchte. Selbst der Fußweg, -dorthin, war ein Erlebnis. Es war nämlich so, -na, erst einmal sind an dem Wehr des Flusses „Mulde" vorbeigekommen. Für die Schifffahrt war dort so ein Kanal. So kann ich mich daran erinnern. Es sah bald aus, -wie ein Bahnhof für Züge. Naja, und dann sind wir in die Stadt gelaufen. Hin, zu den Fitness- Studio. Dies hat dort der Tagesklinik sicher viel Geld gekostet (das Fitness- Studio mit in den Therapieplan aufzunehmen). Naja, und auf dem Rückweg, dann, haben wir Enten gefüttert, -auf dem Teich im Stadtpark. Mit Brot, was wir aus der Tagesklinik dazu mitgebracht haben. Über die Tagesklinik Grimma könnte ich ein eigenes Buch schreiben. Bei dem Entenfüttern war das so: ich habe mir das Brot geben lassen, -war schon eifrig dabei, Enten zu füttern.

Da sah ich plötzlich das Schild am Ufer des Teiches. Dort stand darauf: Enten füttern, verboten! Fast zur gleichen Zeit kamen uns ausgerechnet noch 2 Polizisten entgegen, die dort im Stadtpark patrouillierten. Sie haben aber (gottseidank) nichts gesagt. Vielleicht auch, weil sie mich mit meinem zerkratzten Gesicht gesehen haben,- und mich deshalb als kranken Menschen eingestuft haben. Ja, -ich hatte mir zu dieser Zeit wieder das Gesicht zerkratzt, -aus Nervosität. Leider. Aber ich finde auch, dass Seitens, her, von den Schwestern hätte eingeschritten werden sollen, was das Entenfüttern betrifft. Und zwar im Vorfeld. Oder, -ob sie es gar nicht wussten, dass es verboten war, im Stadtpark Enten zu füttern? Ich bin der Meinung, dass wir, als kranke Menschen nicht noch zusätzliche Probleme brauchten. Uns konnte es keiner verdenken, weil wir Enten füttern wollten. Wir wussten es eben nicht besser. Aber, -wie gesagt, die Schwestern hätten es wissen, und einschreiten müssen. So haben wir uns zusätzlich in Gefahr gebracht, was nicht hätte, sein brauchen.

Und da war da die Sache mit dem Fitness- Studio. Natürlich war es schön, - und manchmal begannen wir unser Programm dort auch vor dem großen Spiegel mit Bewegungsübungen (zunächst, erst einmal ohne Geräte). Und das war auch sehr schön, nämlich bei Musik (Gymnastik zu betreiben). Eine Schwester war während unseres Aufenthaltes dort, aber trotzdem immer mit anwesend. Ich hatte dort immer den Gedanken: dass die junge Fitness- Studio Trainerin erst einmal das erreichen solle, wie ich, im Leben. Ich dachte mir: hier sieht man nur erfolgreiche, junge Menschen. Und weiter: dass sie erst einmal so alt werden solle, wie ich. Und lebenserfahren. Trotz ihres (aufgebauten) Fitness- Studios. Später sah ich dann aber, nämlich anhand ihres an der Wand hängenden Diploms, -das sie schon 1 Jahr älter war, wie ich. Tja, -so kann man sich täuschen. Mir egal, -es war eben halt nur eine Enttäuschung mehr. Nach dem Aerobic- (oder Fitness-) Studio trennte sich unsere Patientengruppe auf: nämlich die, die mit dem Bus wieder zurück in die Tagesklinik gefahren sind, und die die dorthin liefen. Ich kenne beides, -bin aber meistens gelaufen.

Im Aerobic- Studio hatten wir zum Beispiel auch einmal so eine Übung gemacht, -zur Körperwahrnehmung. Da hatten wir uns gegenseitig mit Igelbällen abgerollt. Und spürten, wie sich das anfühlte. Auf dem Rücken, zum Beispiel. Bei meinem 2. Klinikaufenthalt in Grimma war aber leider das Aerobic- Studio nicht mehr mit dabei. Es wurde sicher aus Kostengründen weggelassen. Trotzdem war es immer eine schöne Sache, auch wenn der Weg, dorthin immer sehr weit war.

Jetzt komme ich aber erst einmal auf meine Mitmenschen zu sprechen, die dort waren. -Die (Mit-) Patienten. Für mich, als Autisten (besser: Asperger- Patienten) ist es schwer, über andere Menschen, -ganz im Allgemeinen, zu berichten. Denn, es ist wirklich so, dass für mich ein Mensch ein besseres Auto darstellt. Normalerweise wird ein Mensch vor allem charakterisiert, durch sein Seelenleben, -durch seine sozialen Eigenschaften. Etwas, was ihn einmalig macht, auf dieser Welt. Und so, nie wieder vorkommt. Sicher, -es gibt die 4 Grundtypen: Choleriker, Sanguiniker, Melancholiker und Phlegmatiker. Und trotzdem ist jeder Mensch in seinem Wesen einzigartig. Zum Beispiel: war er vielleicht ein sehr anhänglicher, treuer Mensch? –Ich charakterisiere die Menschen aber erst einmal anders, nämlich: ist es ein sehr großer, kräftiger Mensch. -Dann wird er auch eine gute Grundgesundheit haben. Und auch, -eine hohe Lebenserwartung.

Daraus folgend: 2. Menschen, die gleich aussehen, sind auch gleich (das dem nicht so ist, -da habe ich einmal eine große Schlappe erfahren!). 3. Menschen sind nur bessere Tiere, und dass bisschen, was da noch „obendrauf kommt", ist vernachlässigen bar. Nämlich sein Charakter, seine Sozialkompetenz, seine Höflichkeit und Kontaktfähigkeit, -seine Wesensart, sein Naturell, sein Temperament. All dies, spielt für mich jedoch keine Rolle. Wenn ein Mensch z.B. krank ist, wird er repariert, wie ein defektes Auto. Man könnte auch sagen, -sehr sachbezogen, -keine Gefühle zeigend. Ich denke, einmal, als Mann hat man eh ein kein so breites Repertoire an Gefühlen. Na klar, -Trauer ist eins davon, und Freude. Das erste Mal aufgefallen ist mir, dass ich etwas anders bin, bei der Beerdigung meiner Uroma. Sie lebte lange, -war bis ins hohe Alter noch rüstig. Es war so: bei der Urnenbeisetzung fing ich plötzlich an mit Lachen. -Ich war mir meiner Gefühle nicht bewusst.

Mein Bruder, zum Beispiel entgegnete mir daraufhin mit Unverständnis. -Ich meine, es war ja ein Gefühl, was ich zeigte, -nur, eben das falsche. Richtig wäre gewesen, ein Gefühl der Trauer zu versuchen, auszudrücken. Zum Beispiel, durch ein ernstes Gesicht (und heruntergezogenen Mundwinkeln). Ich merkte dann auch, dass es die falsche (oder nicht adäquate) Gefühlsregung von mir war. Meine Mutter sagte dann auch nichts dazu. Und somit verging der Tag. Auf der anderen Seite bilde ich mir aber ein, ein Mensch zu sein, der ein sehr hohes Empathie Vermögen hat. Ich kann mich gut in andere Menschen hineinversetzen, und ihre aktuelle Stimmung herausfinden. Wenn es einem Menschen schlecht geht, -das kann ich eben (trotzdem) sehen. Ich bin vielleicht auch ein bisschen „der Affe, im Tierreich", der auf den anderen Menschen ihrer Gefühle herumtrampelt... Wie auch immer, -für mich gestaltete sich die Situationen der Tagesklinik wie folgt: Zunächst, einmal, habe ich viele von den „alten" Mitpatienten aus der Klinik in Zschadraß in der Tagesklinik in Grimma wiedergetroffen. -Den schon besagten jungen Mann, -den Psychose- Patient. Ich glaube, er hieß Matthias. Ich sollte ihn als Freund gewinnen, -berichte später noch von ihm. -Das Drogen Mädchen (wo ihre Eltern ein Hotel hatten, -ich berichtete von ihr). -Eine schon etwas ältere

Mitpatientin von der Station P3/P4 in Zschadraß, die Depressionen hatte (ohne Alkoholprobleme). Sie hatte eine große Hühnerzucht, zu Hause, -lebte auf dem Land. Sie war schon therapieerfahren. -Einen (für mich fremden), ganz jungen Mann. Er kam aus der (psychiatrischen) Klinik in Altscherbitz und hatte Amnesie.

All, über diese Menschen, werden wir später noch mehr erfahren. Es war auf einen einfachen Nenner zu bekommen: jeder Mensch (so auch ich) spielt in einer Gruppe eine gewisse Rolle. Die Psychiatrie beherbergt immer sehr viele Menschen, auf engem Raum. Da ist das soziale Miteinander gut zu studieren. Meine Rolle war nun die: ich war der Mensch (oder Patient), der von jedem anderen Patienten seine Tabletten (zum Probieren) hätte erhalten können. Das war sozusagen meine „Aufgabe". Ich hatte ja nichts weiter zu tun. Und, aus Erfahrung aus meinem früheren Leben (z.B. als Verkäufer,- ich berichtete!) weiß ich, dass man einige der Tabletten, die verschrieben werden, als Drogen verwenden kann. Verstehen Sie mich bitte nicht falsch, -ich bin kein Drogenabhängiger. Das wäre ja auch immer nur eine zusätzliche Möglichkeit gewesen, die ich mir nicht hätte, verbauen wollen. Böse Zungen behaupten, dass jedes Medikament, das der Oberarzt (und kein anderer!) den Patienten verschrieben hat, -auch mir zugänglich war. Nämlich, wenn ich es gewollt habe.

Ich selbst bekam ja nur ein Antidepressivum (was keine Drogeneigenschaften besitzt). Wie gesagt, ich wollte mir diese Möglichkeit nicht verbauen, und hatte dann sogar die Wahl, wen ich hätte fragen können, um einmal ein paar Tabletten (mit Drogeneigenschaften) erhalten zu können. Und darum war ich der Patient, der in der „Rangordnung" unter allen anderen Patienten stand. Viele lächelten dann schon, weil sie wussten, um was es ging. Aber es war eben mein Weg. Vor allem, die Psychose- Patienten, -also, die „echt" kranken, hatte ich dann im Blickfeld. Viele bekommen nämlich (wegen ihrer Psychose, - ich erkläre es gleich!) das Medikament: Tavor ® verordnet, was eine Droge par excellence ist. Auch Matthias, -der Psychose Patient bekam es. Es wäre ein leichtes gewesen, ihn darum zu bitten. Mehr noch. Er kam sogar einmal (nach dem Klinikaufenthalt) zu mir nach Hause, mit seinem Auto. Wir haben uns bei mir zu Hause gut unterhalten, -etwas Limo getrunken. Er hatte keine Arbeitsstelle, -lebte als Frührentner. Ich habe ihn einmal zusammen mit seiner Oma an der Tankstelle getroffen. Ansonsten weiß ich nichts Näheres über ihn. Ich habe ihn dann später nie wiedergesehen.

So eine Psychose ist, wenn die Gedanken durcheinandergewirbelt sind. Ich hatte dann später selbst eine solche (2016). Mit Wahn (Wahnsinn). Man ist nicht mehr Herr seiner eigenen Gedanken. Nun war es auch so, dass viele der Psychose- Patienten, -vor allem, die jungen Männer schon sehr ruhig geworden sind. Abgeschlossen hatten, -wie auch immer. Sie hatten Erfahrungen gemacht, mit der Polizei, zumeist, wegen Drogen. Wollten aber damit jetzt nichts mehr zu tun haben und (sicher) ein neues Leben beginnen.

Dann war da die Hühnerhalterin. Bei ihr war es wohl so, -sie sagte es selber, dass selbst ihre Psychologin es nicht sah, wenn sie traurig war. Ich sah das aber immer, und sagte es ihr auch. Sie hat mir einmal in die Tagesklinik ein paar Eier mitgebracht, -als Dankeschön für mein selbstgeschöpftes Papier von mir, was ich ihr gab. So glich sich eben alles aus. Sie hatte Depressionen, -ich weiß aber nicht, warum. Auch zu ihr habe ich keinen Kontakt mehr. Sie war eine ganz ruhige Frau, mit der man sich schnell anfreunden konnte. Einmal war ich mit ihr (schon für Ostern) verschiedene Zweige pflücken, -unten, gegenüber der Tagesklinik. Es war ein Auftrag der Ergotherapie. Sie erklärte mir da den Unterschied der Depressions- und der Psychose Gruppe. Und, dass eine Psychose nichts Gutes ist (mit Wahn). Die Station brauchte wohl etwas neue Zweige. Den alten „Papierbaum", der damals von den Patienten gestaltet worden ist, habe ich selber im Papiercontainer entsorgt. Nach dem täglichen Frühstück in der Tagesklinik war erst einmal eine Mußestunde für die Patienten „angesagt". -Es gab die 2 Möglichkeiten: eine Runde Spaziergang machen, an frischer Luft. Oder sich sportlich betätigen. Genug Sportgeräte, dazu, hatte die Tagesklinik. Z.B. eine Tischtennisplatte, -einen „Stepper, -oder ein Ergometer (Fahrrad).

Ich kann mich noch an die morgendlichen Spaziergänge zum Sonderposten - Markt „Pleitegeier" erinnern. Das waren nur 5 min. Fußweg. Der Markt befand sich mit auf dem Gelände des GGI Gewerbeparks Grimma. Das war wieder so ein Lieblingsgeschäft von mir. Viele Artikel, die man täglich braucht, -z.B. Klebeband, waren dort preiswert zu erstehen. Auch gab es dort (-und ich habe mich „eingedeckt", damit) Räucherstäbchen und -kerzen zu kaufen. Preiswerte CDs, -und sogar noch Schallplatten. Ja, so hat eben jeder seine Einkaufsmärkte, wo man ganz spezielle Artikel (nur dort) kauft. Früh, -auf dem Weg, dorthin, tauschten wir unsere Psychiatrie - Erfahrungen aus. Um uns besser kennenzulernen. Aber ich hatte da immer den Eindruck, dass da nicht viel dabei „herumgekommen ist".

Heute möchte ich aber erst einmal schreiben, über das, was die Klinik ausmachte, -sie einzigartig machte. Dem Herrn Sachweh, - die Klinik, -und die „Ich-Einheiten". Der Herr Sachweh war ja der Leiter der Klinik. Es war so, dass jeder Patient, früh, in der Klinik, berichten musste, was er sich am Vortag (Nachmittag, oder Abend) noch hat, Gutes tun können. Dies musste jeder Patient machen. Und jeden Früh, -in der Morgenrunde wurde jeder Patient abgefragt, -danach. Dies nannte man dann dort: „Ich- Einheiten". Die sog. „Ich- Einheiten", und der Leiter der Klinik sind untrennbar miteinander verbunden. Dies machte die Klinik zu etwas Besonderen. Ich weiß heute leider nicht mehr, ob die „Morgenrunde" erst nach dem Frühstück in der Tagesklinik war. -Von dem „Ich- Einheiten" erfuhr ich das erste Mal in der Klinik in Zschadraß. Dort sagte eine junge Mitpatientin zu mir, als ich sie fragte, nach ihren Erfahrungen in der Tagesklinik in Grimma dazu Folgendes: -Sie habe es als schwer empfunden, -die „Ich- Einheiten", in Grimma. Ich war also schon „geimpft", -wegen dieser Einheiten, als ich nach Grimma kam.

Wie schon gesagt, -vor der ganzen Runde musste jeder Patient erzählen, was er abends noch gemacht hat. Viele Patienten sagten dann dort, früh, dass sie sich einen schönen DVD- Abend gemacht haben. Einzig, Einkaufen gehen zählte (alleine) nicht. Die wäre zu wenig gewesen. (und ist ja eigentlich nichts richtig Gutes, was man sich tuen kann, -zumindest, wenn es um „normale" Einkäufe geht). Die Hühnerhalterin sagte z.B., dass sie ein schönes Vollbad genommen hätte, -als Aromatherapie. So, mit Rosmarin, -und so. Oder, andere Patienten sagten, sie hätten noch einen ausgedehnten Spaziergang mit dem Hund unternommen. Oder sie seien vielleicht am (späten) Nachmittag noch Angeln gegangen. -Alles Aktivitäten, die sich positiv auf die Psyche auswirkten. Ich hatte da oft auch angegeben, dass ich noch am Nachmittag geräuchert hätte.

Der Leiter der Klinik verstand es erst nicht richtig, und fragte mich, ob ich evtl. Fisch geräuchert hätte. Dem war aber nicht so. Ich erklärte dann, dass ich mit Räucherwerk geräuchert hätte. Also, - mit Räucherstäbchen (oder Räucherkerzen), um so ein gutes Raumklima, -vom Duft, her, zu erzeugen. Daraufhin sagte er mir (als Wortführer, -denn es saßen alle Therapeuten im Raum), dass das Räuchern das sich etwas Gutes tun, schlechthin sei. Ich hatte mich so in einen rauschartigen Zustand versetzt (oder, zumindest in einen angenehmen). Oder mancher sagte auch, dass sie noch ein spannendes Buch gelesen hätten. Im Nachhinein, betrachtet, sehe ich die „Ich- Einheiten" als etwas sehr Wichtiges an. -Man kann darüber geteilter Meinung sein, -aber bei Menschen, die eine Depression haben (so, wie ich eine hatte), ist es gut, wenn sie sich ein Mal pro Tag etwas Gutes tun. Auch, wenn es (zur Not) unter Zwang ist.

Es war ja noch (meteorologischer) Winter. Und ich war dann aber oft mit meinem Auto hinausgefahren, -an das Waldbad, -bei uns. Das ist so ein See, der früher einmal genutzt worden ist, als Freibad, im Sommer. Viele Klassen konnten da dort auch ihre Schwimm - Stufen ablegen. Es gab Sprungbretter. Ja, selbst eine Mittagsversorgung für die Kinder war vorhanden. Während der Kinder- Feriengestaltung, die angeboten worden ist. So in den

Sommermonaten. Am Waldbad angekommen, habe ich mich (sehr gut) erholen können. Vom Stress des Tages. Obwohl in der Tagesklinik schon darauf geachtet worden ist, dass erst gar nicht so viel Stress bei den Patienten entsteht. Ich hatte dort meine Kamera mit, -habe alles fotografiert. Aber ich habe dort auch (selbst hergestellte) Böller gezündet. Davon habe ich noch jede Menge (digitale) Bilder und Filme. Es war der perfekte Kontrast, -die Stille der Winterlandschaft (noch!), und die lauten Explosionen. Nämlich, weil ich sie später, in Zeitlupe auf dem Computer noch einmal anschauen konnte. Die moderne Technik (einer Digitalkamera, -welche ich von meiner Nachbarin für Urlaubsreisen bekam) machte es möglich. Ich kann es heute erzählen, weil es schon verjährt ist (es ist über 10 Jahre her). Denn, legal ist es nicht, sich Böller selber herzustellen. Für mich war das aber „das Salz in der Suppe".

Danach bin ich dann meistens 1 Runde um den (zugefrorenen) See herumgelaufen. Dies war alles sehr entspannend, für mich. Das, mit dem Böllern konnte ich natürlich nicht in der Tagesklinik mit erwähnen. Aber scheinbar auch, durch die Tabletten bin ich gelenkt worden, auf das Äußere zu achten, meine Wahrnehmung. Nämlich auf die Bäume im Wald, -die verschneite Winterlandschaft. Das wir immer etwas unternehmen mussten (auch im Winter). An viele Sachen kann ich mich eigentlich gar nicht mehr erinnern. Auch ich hatte dann, auf meinem Programm, den einen oder anderen DVD- Abend. Ja, das waren so die „Ich- Einheiten" in der Klinik. -Die Frage: „Was haben Sie gestern erreicht, -was konnten Sie gutes für sich tun? Da steckt schon viel Intelligenz dahinter, -viel Sinn. Na, und dann gab es dann noch die „normalen" Spaziergänge, -also ohne Nordic - Walking Stöcke. Oft sind wir durch die Kleingartenanlage gegangen (di sich in der unmittelbaren Nachbarschaft zur Tagesklinik befand). An manchen Tagen war es noch sehr kalt, aber wir hatten uns immer ausgetauscht, -unterhalten. Manchmal war das (Eisen-) Tor zugeschlossen, sodass wir „außen herum" um die Gartenanlage gehen mussten.

Ich unterhielt mich mit Matthias über die Tabletten Einstellung von ihm. Denn, -auch er war nicht zufrieden, mit seiner Medikation. Er fragte mich dann, ob man eventuell den Oberarzt noch einmal fragen könne, sodass dieser an Matthias `es Tabletteneinstellung etwas ändern würde. „Aber selbstverständlich!" -sagte ich. Denn fragen könne man immer (was auch stimmt). Der Doktor war ja dafür bekannt, dass man mit ihm über Tabletten (-änderungen) nur schwer sprechen konnte. Und ich selbst war ja auch nicht so zufrieden mit meiner Medikation (mir war es aber erst einmal egal, denn ändern konnte man die Tabletteneinstellung später allemal noch). Einmal sind wir bis in die Einkaufsmeile, dort, im GGI Gewerbepark gelaufen. Das war so ein kleines Einkaufszentrum (für das Neubaugebiet), wo es z.B. Lebensmittel gab aber auch Drogerieartikel, Parfümeriebedarf, Zeitschriften, eine Lottoannahmestelle, usw.

Wir haben dort Genuss Training durchgeführt (Sinnesschulung). Und zwar so, dass wir dort, im Drogeriemarkt (ich weiß aber heute leider nicht mehr, ob es ein Schlecker Drogeriemarkt war, oder ein anderer) an verschiedenen Flaschen von Shampoos oder Parfümen gerochen haben. Diese vorsichtig geöffnet, und einmal daran „geschnuppert", wie es riecht. Ob es ein angenehmer Duft ist, mit den man sich anfreunden kann, oder nicht. Vorher hatten wir allerdings in der Tagesklinik so einen Zettel ausgehändigt bekommen. Dort stand genau darauf, wie man bei so einem Sinnestraining vorgehen muss, um es richtig zu machen. Man kann zwar auch seinen Geschmackssinn trainieren (beim Essen), aber auch seinen Geruchssinn. Wir hatten uns dann eine Zeit ausgemacht, wann wir uns vor dem Einkaufszentrum wieder treffen wollten (weil wir uns dort trennten). Viele Patienten hatten das auch gleich genutzt, um ihren Einkauf, -dort, schon für zu Hause zu tätigen. Mit neuen Eindrücken kehrten wir dann wieder zurück in die Tagesklinik. Ich selbst habe dieses Einkaufszentrum noch gut in Erinnerung. War ich doch dort mit meinem Auto (und ein paar Mitpatienten) zum Einkaufen geschickt worden. Es ging darum, u.a. Kartoffeln (die dort preiswert waren) für unsere Mittagsversorgung einzukaufen.

Wie ich schon erklärte, waren es immer ein paar Patienten, die alles gemeinsam machten. Wir bekamen (von den Schwestern) immer einen gewissen Fond an Geld, und nun: „sieh einmal zu!" Nämlich, -es musste reichen für die Kartoffeln, das Gemüse, usw. für das Mittagsessen der gesamten Tagesklinik. Dies war aber (als Training) immer nur an einen Tag in der Woche so. Die anderen Tage bekamen wir unser Mittagsessen aus der (psychiatrischen) Klinik in Zschadraß. Ein PKW fuhr jeden Tag zu uns, nach Grimma, und belieferte uns zu diesem Zweck. Ich habe ja meistens dort mittags, so gut, wie gar nichts gegessen. Auch meine Mitpatienten sahen dies, und sprachen mich darauf an. Sie hatten aber dann zumeist Verständnis dafür, als ich ihnen erklärte, dass ich essgestört sei. Man konnte ja die Menge des Essens, was man sich auf den Teller machte, selbst bestimmen (was gut für mich war, denn ich nahm dann nicht so viel). Wie auch immer. Freitagnachmittag war es dort (absichtlich) alles anders: es war mehr Ruhe eingekehrt. Es gab Kaffee und Kuchen, -und auch der Leiter der Klinik, -der Herr Sachweh, war anwesend. Denn er wollte wissen, was sich in der Woche so alles zugetragen hat.

Den Abschluss am Freitagnachmittag bildete ein Patientensprecher (meistens Matthias). Nämlich, in der Gruppenrunde sagte er (Kraft seines Amtes waltend): „Nehmt alle eure Tabletten, -auch am Wochenende! Trinkt ausreichend, und achtet auf die Sonneneinstrahlung!" Denn bei vielen Medikamenten darf man sich nicht zu lange in der Sonne aufhalten, -man bekommt dann Hautschäden. Auch ich nahm so ein Präparat. Und weiter: „Hier ist noch die Telefonnummer, -wenn es Euch am Wochenende nicht gut gehen sollte." Dies war die Notfall - Nummer vom psychiatrischen Dienst in Zschadraß.

In der Küche der Tagesklinik waren so viele (Kaffee-) Tassen. Jede der Tassen hatte eine andere Beschriftung. Nämlich mit unterschiedlichen Psychopharmaka - Präparaten. Na, z.B. stand auf der einen Tasse „Stilnox ®" drauf (was ein Schlafmittel ist). Dies gefiel mir so gut, dass ich es mir in der nächsten Zeit bei mir zu Hause als Aufgabe gemacht habe, viele Pharmafirmen anzuschreiben, und jeweils sie um eine solche (kostenlose) Tasse zu bitten. Allen voran der Hersteller „meiner" Tabletten: Mylan Dura. Diese Tasse habe ich auch heute noch. Auch der Port, -durchgeführt in der Klinik, selber, sollte nicht zu kurz kommen. Dafür hatten wir so einen großen Gruppenraum, wo nichts weiter drinstand. Die Schwester leitete den Sport an, -und jedes Mal war es ein bisschen anders: Einmal übten wir mit (kleinen) Hanteln, das andere Mal waren es Übungen mit dehnbaren Gummibändern (sog. Thera- Bändern) usw.

Mir fielen diese Übungen allesamt schwer, da ich (körperlich) so sehr ausgezehrt war. Die Schwester sagte dann schon, dass jeder die Sportübungen nur soweit mitmacht, wie er es auch kann. Im selben Raum fand auch die Aromatherapie statt, -wo eine Duftlampe angeschaltet worden ist, und leise Musik. Um ein angenehmes Raumklima zu erreichen. Wo wir gut 1 Stunde haben, entspannen können. –Auch dies war eine Therapie. Den Tagesabschluss bildete dann immer die progressive Muskelentspannung. Oder manchmal: Autogenes Training. Dazu saßen wir alle in einem Raum auf Stühlen (manche legten sich auch hin, -deckten sich zu) und hörten gespannt der Schwester ihren Erzählungen zu. -Dazu lief leise Musik im Hintergrund. Die Schwester hatte eine beruhigende Stimme. Sodass wir leicht in Trance versetzt worden sind.

Entweder es war eben die sog „progressive Muskelentspannung" (nach Jacobson), wo man seine Muskeln anspannen muss. Oder, im anderen Fall war es das sog. „autogene Training", nach Schultz, wo man sich Muskelempfindungen nur vorstellen muss. Ich, selbst war ein „autogener Training - Typ". So sagte es die Schwester zu mir. Die Anforderungen des Tages machten eh schon müde, -und dann noch die Tabletten, dazu. So geriet man richtig in einen Schwerezustand hinein. Aber es war ja auch schon Ende des Tages. Und hernach konnte man dann in Ruhe nach Hause fahren. Entweder mit den öffentlichen Verkehrsmitteln, dem Taxi, oder mit dem eigenen Auto. Nun komme ich zur Ergotherapie, in dieser Klinik. Aus sie war fester Bestandteil des Therapieplans, -war aber (gottseidank) nicht all zu oft. Es war alles vorhanden, -selbst ein Brennofen für Ton. Ich habe dort aber (zunächst, einmal) ein Körbchen aus Peddigrohr (Rattan) geflochten. Ich kannte dies schon aus der Klinik in Zschadraß. Bei so einer Arbeit brauchte ich immer viel Anleitung von der (Ergo-) Therapeutin. Lediglich das „Weiterflechten", -das Fortsetzen (der Reihe) konnte ich, wenn sie schon den Anfang gemacht hat. Zum Schluss wurde das Körbchen noch mit Klarlack gestrichen, sodass es „wetterfest" wurde.

Viele dieser Körbchen habe ich später meinen Eltern geschenkt (denn ich brauchte ja selber nicht eines / wofür auch?). Aber für Ostern, usw. konnte man diese Körbchen immer gut verwenden…

So, nun möchte ich aber erst einmal erzählen, über das Ehepaar (2 junge Leute), die oft die Tagesklinik besucht haben. Die Frau kannte ich schon, von Zschadraß, her. Beides, psychisch schwer gestörte Menschen. Sie besuchten oft die Tagesklinik (gegen Früh und Mittag), obwohl sie im Moment keine „eingeschriebenen" Patienten dort waren. Das Verhältnis, dort, kannte ich nicht. Beides waren auch schwere Raucher, -sie standen oft, dicht vor der Klinik, am Aschenbecher. Ich fragte das Mädchen (oder die Frau) dann auch, und sie sagte mir daraufhin, dass es beiden im Moment nicht gut ginge. Mit dem jungen Manne habe ich oft „gefachsimpelt", dort, über „unsere" Tabletten. Er war schon sehr Tablettenerfahren, -sagte mir, was geht, und was nicht geht. Das heißt: welche Tabletten sich zusammen einnehmen lassen, und welche nicht (Anmerkung: scheinbar gibt es Psychopharmaka, die man nicht zusammen einnehmen darf). Und das wusste er eben alles.

Beide Personen waren schon sehr „heruntergekommen", -wie konnte es auch anders sein, bei der Klientel, mit dem wir es zu tun hatten. Die (junge) Frau sollte ich später noch einmal wiedertreffen, in einem anderen Klinikaufenthalt in der (psychiatrischen) Klinik in Wermsdorf und außerdem noch ambulant in der Klinik in Grimma. Beides waren sicher schwere Psychose- Patienten, -also

„echt" Geisteskranke. Ich konnte aber beide sehr gut leiden, denn auch mit ihnen hätte ich (im Notfall) Tabletten tauschen können. Ganz einfach zu sehen, wie die unterschiedlichen Tabletten (bei mir) wirken, -unabhängig von der ärztlichen Verordnung. Ich hatte den jungen Mann (dessen Namen ich leider nicht kenne) die sog. „Rote Liste" abkopiert. Das ist das Arzneimittelverzeichnis, was sonst nur Ärzten zur Verfügung steht. Was man aber zu der Zeit sich selber (als Raubkopie) im Internet herunterladen konnte.

Das war zum Beispiel dafür gut zu sehen, was man selber für Medikamente verordnet bekommen hat, und die, der anderen Patienten. Diese Liste gibt es auch als (dickes) gedrucktes Buch. Aber eben leider nur für Ärzte.

An einem Tag in der Tagesklinik war das dort so: Wir hatten gerade eine Mußestunde, -eine Pause. Denn an diesem Vormittag besuchte wieder der Oberarzt aus Zschadraß die Tagesklinik. Wie jede Woche hatte er dort seine Visiten durchgeführt. Wir waren alle etwas „aufgekratzt". Weil für jeden die Frage im Raum stand, wie lange es für ihn dort noch weitergehen würde. Ein Patient weinte sogar, als er erfuhr, dass er bald die Tagesklinik verlassen müsse. Eine Mitpatientin fing ihn dann auf, -tröstete ihn. So nutzten wir vorher die Zeit, um uns noch ein bisschen zu unterhalten. Es ging ganz allgemein um unsere Erfahrungen, die wir so im Leben gemacht haben. Allen, voran, um Erfahrungen mit Medikamenten, oder Drogen. Jeder konnte seine Erlebnisse dazu beitragen. Matthias, z.B. sagte, dass er unter Einnahme des Medikamentes Tavor ® alles ganz klargesehen hatte. Am Baum, -jedes Blatt, -glasklar. An manchen Tagen haben die Schwestern ihn in der Klinik zum Lachen gebracht (eben, mit diesem Medikament). So ein Matthias gefiel mir jedenfalls besser als einer, der (gleichsam) spastisch in Zschadraß herumlief. Auf dem Fußweg (so, mit Muskelzuckungen, -ich berichtete).

Das Drogenmädchen (sie war wirklich noch sehr jung, -aber schon „auf die schiefe Bahn geraten") erzählte ihre Erfahrungen im Umgang mit Drogen. Sie hätte den einen Tag alles in Gelb (der Farbe) gesehen. Sie hätte Haschisch geraucht, -oder Marihuana. Und da wäre es zu diesem Effekt gekommen. Ich kann dem teilweise beipflichten, mit meinen Erfahrungen. Ich muss dazu aber „etwas weiter ausholen".

Als ich noch Verkäufer war, 1993, hatte ich auch schon so meine Erfahrungen mit (zumindest) berauschenden Tabletten gemacht. Jedenfalls so, um zu sehen, was Drogen sind. Als Verkäufer ist man da „einfach näher dran", -kommt leichter in Kontakt mit solchen Substanzen. So war es auch bei mir. Ich möchte nun heute, im Einzelnen nicht mehr schildern, von wem ich solche Tabletten erhalten habe. Aber die Wirkung ist immer gleich: man kommt in eine Hochstimmung, -in ein Hochgefühl hinein. Zudem verzogen sich bei mir die Mundwinkel, -und ich habe (unfreiwillig) begonnen, zu lachen. Das war mir richtig peinlich, -mitten im Kundengespräch. Ja, -es ist schon so, man hat den Eindruck, schier alles sei möglich, auf dieser Welt. Und ein paar Stunden hält der Rausch ja auch an. Ich kann mich noch daran erinnern, dass ich an diesem Abend noch einen veränderten Herzschlag hatte, und an die Appetitlosigkeit.

Dieses Erlebnis führte aber dazu, dass ich mir selbst solche Tabletten besorgen wolle, -und das ging über den Weg zum Psychiater. Denn ich wollte für alle Fälle gerüstet sein, d.h. wenn ich einmal einen Tag niedergeschlagen bin, in der Verkaufsstelle. Das ich das (selbst) korrigieren konnte, und wieder in einer sehr guten Stimmung war (von mir aus, -auch in einer Hochstimmung). So ging ich also 1993 zum Psychiater, -erklärte ihm mein „Problem". Ich wollte ja „State of the Art" sein. Als moderner Mensch selbst noch die Gemütsstimmungen korrigieren zu können. Ein Mensch, der immer gute Laune hat. Völlig unbeschwert. So, wie es von der modernen Gesellschaft heute verlangt wird. - Das stimmt nicht ganz: wie es von der modernen Gesellschaft heute erwartet wird. Ich vertrete heute eine andere Auffassung, dazu, -komme später noch darauf zurück.

So ging ich also von dem von mir gewählten Psychiater nach Waldheim. Ich muss anfügen, dass es zu dieser Zeit, -kurz nach der Wiedervereinigung

Deutschlands, noch nicht sehr viele ambulante Psychiater gab. In Wurzen gab es eine Psychiaterin, die aber nur für die Kinder- und Jugendpsychiatrie verantwortlich war. Aber ein Kind war ich ja nicht mehr. Naja, -jedenfalls sagte ich ihm (dem Psychiater), dass ich so Tabletten kenne, wo man „high" wird, -davon anfängt, zu lachen. Und, dass ich diese auch gernhätte. Reden kann man ja schließlich über alles. Und es hätte gut in meinen „Steifen hereingepasst": Ich war jung, dynamisch, erfolgreich (ich hatte zu dieser Zeit sogar 2 Arbeitsstellen), -sah schon bald meiner Laufbahn in der Bundeswehr entgegen. Und da passte es natürlich sehr gut, auch noch mit Drogen (oder sinngleichen Tabletten) Erfahrungen gemacht zu haben. Sodass ich hätte, meinen (späteren) Armeeangehörigen darüber berichten können. Ich selbst war ja ein Mensch (und bin das auch heute noch), der nicht so das „Gruppentier" ist. Dies war immer ein Defizit von mir. Ich sah andere Menschen, wie sie sich in einer Gruppe unterhielten, -und dabei offensichtlich einen persönlichen Vorteil daraus zogen. So etwas wollte ich auch gerne haben. Wenigstens, etwas. Das fiel mir das erste Mal so richtig auf, bei mir, in der Lehre (Berufsausbildung). – Wir hatten dort vormilitärische Ausbildung. Das war eben damals, -in der DDR- in der Berufsausbildung noch mit enthalten. Oftmals verwendeten wir dafür die Gelände der Nationalen Volksarmee mit, -z.B., wenn es in das Gelände ging. Zum Robben (Gleiten), -oder so. Naja, -und an den Tag erinnere ich mich noch ganz besonders gut: Zusammengefasst für dies, -nennen wir es einmal „Sportübungen" waren die 2 Berufsschulen der Köche (Gastronomen), und der Verkäufer (wir).

Allerdings nur die Jungen (oder jungen Männer der jeweiligen Klassen). Und da unterhielten sich die Jungen in einer kleinen Menschengruppe über das Leben. Sie standen da, bei ihrem Motorrad (oder Motorrädern?). Rauchten (was mir ja als Kind seitens der Eltern her, -verboten war). Und unterhielten sich über „Gott und die Welt". -So kann man es sehen, oder auch: sie unterhielten sich über sehr tiefsinnige Themen des Lebens. -Über (erste) Liebe, Freundschaft, usw. Mich hat das dermaßen geärgert, weil ich nur außen stand, im Kreis (das kann man wörtlich nehmen), und nichts mit zu der Diskussion beitragen konnte. Natürlich hatte sich ein Rudel gebildet, -in der Gruppe. Eine Hierarchie. Mit (sehr wohl) einem Leittier, -der am meisten in die Diskussion verwickelt war. Meine Frage, die ich mir stellte, war da nur: „Wo stehe ich, hier?" –Nicht 1 Wort konnte (oder traute ich mich nicht) ich zu der Diskussion beitragen.

Meine Gedanken habe ich mir schon gemacht über die (angesprochenen) Themen. Ich habe mich (nur) damit getröstet, dass meine Zeit noch kommen würde, wo ich in Aktion trete (was dann aber eben leider nie war…). Es muss wohl so gewesen sein, dass ich von der (Menschen-) Gruppe nicht dafür vorgesehen worden bin, meine eigene Meinung kundzutun. Sie war hier nicht gefragt, -hätte auch keine anderen Ergebnisse bei der Diskussion gebracht. Ich bin, sozusagen, in Reserve gehalten worden. Die von den Mitgliedern gefasste Gruppenentscheidung stellte ja eh einen Kompromiss in der Gruppe dar. -Ob mit meiner Meinung, -oder ohne ihr. Ja, -aber da stellte ich eben fest, dass mir sozial (menschlich) vieles fehlte.

Zum Beispiel für „Nicht- Autisten" erklärt: Liebe stellt eben mehr dar, als nur den puren Sex. Oder so herum erklärt: Auch die Männer verfügen (im Normalfall) über ein ganzes Repertoire an Gefühlen. -Die Grundgefühle (Emotionen) habe ich ja auch. Wie, z.B. Ärger, Angst oder Ekel. Aber bei den „höheren" Gefühlen sieht es bei mir schon schlecht aus, z.B. Eifersucht, Zurückweisung, Leidenschaftlichkeit, Unwürdigkeit und Einsamkeit. Bei Männern ist es allerdings so, dass es gar nicht von der Gesellschaft gewollt ist, ein besonders gefühlsbetonter Mann zu sein. Man gilt dann schnell als „Softie". Der Mann ist der, der für den Lebensunterhalt der Familie sorgt (und sonst, weiter, nichts). Das war selbst zu DDR- Zeiten so. Das Kinder aufziehen, -ich meine damit die Liebe zu den Kindern, und die Fürsorglichkeit ist (weitgehend) Sache der Mutter. Bei mir ist das zum Beispiel auch so, dass, wenn sich eine (junge) Frau besonders aufstylt, -und hübsch macht, -das das dann damit bei mir ins Gegenteil umschlägt, und ich sie dann mit einem Papageien aus dem Tierreich vergleiche, -und dann mit Lachen anfange.

Genau, wie es den Typ Mensch gibt (und, das lernte ich in der Psychiatrie kennen), der zu viele Emotionen hat. Bei dem sich im Leben nur noch alles um seine Empfindungen dreht, -er deswegen aus dem „Empfindungskarussell" gar nicht mehr heraus kommt.

Der Anteil am logischen Denken ist dann in dem Moment gering. Er hört nur noch auf sein „Bauchgefühl", -ist sich möglicherweise seiner (vielen) Gefühle gar nicht mehr bewusst. Natürlich spielt dort auch die Lebenserfahrung, -die Prägung, eine Rolle. Irgendetwas, was der Mensch erlebt hat. Und ihn ebenso werden ließ, wie er jetzt ist. -Vorsichtiger geworden (wenn nicht gar, übervorsichtig). All dies, gibt es. Zurück, aber, von diesem kurzen Exkurs, - wieder zu meinem Psychiater - Besuch. Ja, -da saß ich nun beim Psychiater, - ein Medikament haben wollend. -Und ich bekam auch eins: das Insidon ®. Wie sich aber herausstellte besaß es keine Drogeneigenschaften. Stattdessen war es so, -und jetzt komme ich zu den „Farben - Sehen", dass ich eine besondere Beziehung zu der Farbe „Rot" entwickelte. Alles das, was rot war, sah ich intensiver. Aber erst, nach 14- tägiger Einnahme des Präparates. Dieses Medikament soll ja angstlösend und stimmungsaufhellend sein.

In den ersten Tagen, als ich es in den Händen hielt, war ich natürlich enttäuscht, -weil es nicht das war, was ich wollte. Naja, und dann kam ja auch mein „Karriereknick", -im September des Jahres 1993. Wo ich nicht zur Armee durfte…
Da stellte sich dann die Frage der Einnahme dieses Medikamentes mir zwar erneut, -aber unter anderem „Vorzeichen". Nämlich so: sollte ich das Medikament nehmen, um meine Traurigkeit etwas wettzumachen? -Oder sollte ich so weiterleben, mit meiner Traurigkeit. Ich hatte beides probiert. Ein bisschen einmal die Tabletten genommen. Eine Zeit lang, und niedrig dosiert. Aber die Traurigkeit (und das ist vielleicht nicht einmal das richtige Wort, dafür) war stärker. Heute würde man sagen: Depression mit Selbstmord-gedanken. Wie schon erwähnt, kam es, wie es kommen musste: -ich wurde

entlassen, aus den Möbel - Handelsbetrieb. Ich berichtete schon darüber, - wollte es hier nur am Rande erwähnen.

Wichtiger war mir das intensive Farben- Sehen, was auch bei mir auftrat. Und so komme ich auch hiermit wieder zurück, in unsere Tagesklinik in Grimma. Zu den Highlights (wenn man es so nennen möchte) in der Tagesklinik zählte zweifellos der Besuch der Bowlingbahn, die sich mit auf dem Gelände, dort befand. Es war außerdem auch noch ein Restaurant dort mit drin. Ein Fond dafür, musste wohl (seitens der Klinik) dafür dagewesen sein. Es war jedenfalls ein gelungener, schöner Nachmittag, wo wir dort waren. Natürlich kann man auch ohne Alkohol Spaß haben, -zumindest etwas! Es fiel allen, eigentlich, dort schwer. Weil, -wenn man schon so krank ist, dann auch noch zu versuchen, Spaß zu haben. Aber darum ging es nicht. Wichtiger war, mal etwas Neues, Anderes zu sehen (als nur, immer den Klinikalltag). Die meisten von uns hatten wahrscheinlich schon Schwierigkeiten, mit der „Abarbeitung" der Tätigkeiten, dort, -die zu verrichten waren (so komisch, wie das klingt). Ich meine, die Kugeln schieben, und sich wieder hinsetzen. Für einen Menschen mit Depressionen (wie viele von uns waren) ist jeder Handgriff eben schon eine Belastung. Nun habe ich schon fast alles „was die Klinik hergab", -hier aufgeführt. Ein bisschen noch: Zu erwähnen ist auf alle Fälle noch die Wahrnehmungsübung. Wenn wir spazieren waren, bis an den Waldrand, hat die Schwester uns eine wichtige Übung beigebracht: Die Wahrnehmungsübung: Am besten funktioniert sie mit geschlossenen Augen. Es ist die sog. 5-4-3-2-1- Methode, nach Erickson und Dolan. Ich höre 5 Dinge. Es wurde versucht, 5 Dinge zu hören, und sie dann später noch aufzählen zu können (z.B. die Vögel im Wald, die Autos auf der Straße, die Schritte eines Spaziergängers, usw.)

Die Gedanken waren dann auf die Außenreize gelenkt. Je mehr man Geräusche gehört hat, und sie dann wiedergeben konnte, desto besser. Die Gedanken waren dann, -in dem Moment nicht mehr bei den Sorgen, die einen sonst belasten. Man konnte sich nur auf eins konzentrieren, -und das waren im

Moment die Geräusche. Dasselbe geht auch mit dem Sehen: „Ich sehe 5 Dinge", -aber es wäre wohl am Anfang etwas schwerer, -so, wie die Schwester uns sagte. Denn man ist da noch zu oft abgelenkt. Dies ist eine sehr schöne Methode, -und ich nutze noch oft, und gerne. Diese Erfahrung gemacht zu haben, möchte ich nicht missen.

An einem Nachmittag, -es wird in etwa zu ¾ der Zeit gewesen sein, wo ich dort war, habe ich, -in Absprache mit dem Klinikleiter, einen Papier - Schöpf - Nachmittag dort veranstaltet. Das war „ganz groß aufgezogen", und ich brachte alle Utensilien, die dafür notwendig waren, mit. Papier geschöpft habe ich schon lange Zeit, vorher, sodass ich genug Erfahrung hatte, dieses Wissen auch weitergeben zu können. Dazu hatte ich, -und das war ja auch so gewollt, - seitens der Klinikleitung, alle Patienten mit „eingespannt", in die notwendigen Tätigkeiten. Da gab es welche, die haben mit dem Pürierstab Papierbrei hergestellt, -andere Patienten, wiederum, schöpften den Papierbrei aus dem Wasser mit einem Sieb. Und wieder andere pressten das (überschüssige) Wasser aus dem entstehenden Filterkuchen heraus.

Entstanden sind dabei (wie schon in der Klinik in Zschadraß), -so Hartpappen. Die noch feucht waren, und erst trocknen mussten. Ich denke einmal, dieser Nachmittag hat allen Patienten viel Spaß gemacht. Obwohl dabei mein Pürierstab kaputtgegangen ist. Wir hatten dafür extra, von der Klinikleitung noch ein Buch, -so eine alte „Rote Liste" erhalten, die wir zerschreddern durften. Selbst ein Küchenmixer (aus der Patientenküche der Tagesklinik) kam dann noch zum Einsatz. Zum Abschluss wurde das (entstandene) Papier „gegautscht" mit Schraubzwingen. Gautschen, -das ist die Fachbezeichnung dafür, wo aus dem Papier noch das restliche Wasser herausgepresst wird. Auch hatte ich noch (zusätzlich) etwas schon fertigen Papierbrei mitgebracht, so dass alle „Arbeiter" gleichzeitig anfangen konnten. Zu meinem (treuen) Mitpatienten Mario komme ich später noch, -das ist ein Kapitel für sich.

Hierzu nur so viel: das ist der schon besagte junge Mann mit Gedächtnisverlust (Amnesie). Er kam aus Brandis (wie ich). Ist dort aber erst hingezogen. Er stand mir oft mit Rat und Tat zur Seite.

Am 16.03.2010 habe ich aber mein neues Auto gekauft. In Schwarzbach bei Colditz. Es war ein Nissan Micra Europe (F). Dieses Auto habe ich bis heute. Geholfen, beim Kauf haben mir meine Eltern, -insbesondere mein Vater, der mit mir dorthin, in das Autohaus gefahren ist. Das waren damals 5500.- €. Was viel Geld, -schon damals, -für mich war. Man muss aber sagen, dass das Auto in Ordnung war, -die Scheinwerfer waren noch nicht verbleicht, -ich hatte gleich 1 Satz Winterräder mit dazu bekommen, und so weiter. Das Auto war somit sein Geld wert. Jeden Tag konnte ich nun ab diesen Zeitpunkt, mit diesem Auto in die Tagesklinik fahren. Was mich sehr freute.

Der Autohaus- Händler hatte vorher noch eine Probefahrt „über die Dörfer" mit mir gemacht, um zu sehen, ob ich mit dem Auto klarkomme (insbesondere, weil ich ja fast nur auf einem Auge sehen kann). Aber ich kam damit klar, -alles ging gut, und so habe ich dieses Auto für mich gekauft. Die Schwestern, in der Tagesklinik staunten auch, über meinen Neuerwerb (das Auto). Am letzten Tag, in der Klinik war ich dann (mit 2 Mitpatienten) noch einmal einkaufen gefahren, mit dem neuen Auto. Auf der Heimfahrt ist mir dann allerdings ein großer Lapsus passiert: Beim Rückwärtsfahren an das Klinikgebäude bin ich mit meinem linken Kotflügel an eine Säule der Klinik gefahren. Ich habe ja kein räumliches Sehvermögen, und konnte so den noch verbleibenden Abstand beim Rückwärtsfahren / Rangieren nicht richtig einschätzen. Also bin ich dort angeeckt. -Es war auch gleich eine Beule am linken Kotflügel des Autos. Es hat aber, -außer den 2 Mitpatienten, die in meinem Auto saßen, zum Glück keiner gesehen.

Und ich habe es nicht „an die große Glocke gehangen", -insbesondere nicht den Schwestern erzählt. Stattdessen haben meine Eltern das Auto in einer Karosseriewerkstatt in den nächsten Tagen reparieren lassen. Das hat dort

300.- € gekostet, und man hat dann später davon nichts mehr gesehen. So gut ausgebessert haben sie es, dort. Ich war froh, darüber. Und das mir meine Eltern geholfen haben, dabei. Und so ging der Klinikaufenthalt dann dort, zu Ende. Am 30.03.2010 verließ ich die Tagesklinik in Grimma.

Im Frühjahr des Jahres 2010 war ich oft mit dem (schon erwähnten) Mario zusammen. Er war, -genau, wie ich, Patient der Tagesklinik in Grimma. Nur, dass er eben vorher in der (psychiatrischen) Klinik in Altscherbitz (Schkeuditz) war. Ich weiß eigentlich gar nichts genauerer über ihn, -nur, dass er aus Leipzig kam, und nun nach Brandis gezogen ist. Einmal war ich zusammen mit ihm, und unserem Sozialdienst (aus der Klinik) in dem kommunalen Jobcenter in Wurzen. -Es ging wohl bei ihm um eine Arbeitsstelle. Bei mir war das zwar auch so, aber es sollte bei mir eigentlich erst einmal festgestellt werden, inwieweit ich noch auf dem Arbeitsmarkt eigesetzt werden kann…

Den Mario habe ich einmal mit meinem Auto von Beucha abgeholt. Da war er noch in der Tagesklinik (und ich, sicher nicht mehr). Er rief mich an, und ich sah ihn schon auf der Landstraße. Er hatte sein Ergotherapie Projekt „mit unter dem Arm". Ich weiß nicht mehr, was es war, -wohl ein (Bast-) Körbchen, oder so. Das klappte gut. Mit dem Mario unternahm ich im Frühjahr des Jahres 2010 viel. Er selbst, hatte ja keinen PKW, -besaß (zu der Zeit) auch keinen Führerschein, soweit ich weiß. Ich war ja zu der Zeit (körperlich) noch so schwach, -und trotzdem unternahmen wir an dem einen Tag mit meinem Auto einen Ausflug zu unserem Steinbruch. Es muss wohl zu Ostern gewesen sein. Um die Zeit, herum. Und es war (einigermaßen) schönes Wetter, -ein bisschen war es warm. Obgleich ich, -mit meiner Essstörung eigentlich immer an Wärmemangel leide. Ich friere so schnell. Naja, -und wir dann oben, am Kamm des Steinbruches (am „Westbruch") und haben philosophiert. Uns über viele naturwissenschaftliche Themen unterhalten. Ich war ja schon wesentlich erfahrener auf dem Gebiet, wie er. Unter anderem, durch meine frühere Tätigkeit in der ZAF Cunnersdorf (ich berichtete!). Auch lieh ich ihm ein Buch (über die Chemie), was ich nicht brauchte. Dort war alles schön populärwissenschaftlich beschrieben. Er wollte u.a. eine „Antigravitationsmaschine" bauen. So, wie es die Nationalsozialisten schon versucht haben.

Er hatte sein Wissen oft aus Rundfunk und Fernsehen. -Ich war da schon sehr viel „abgekühlter". Wusste, was realistisch möglich war. Aber auch ich war einmal ein „Heißsporn", -hatte eine Zeit, wo ich alles Mögliche erfinden wollte. Und dann war ja die Sache, über die wir uns wirklich unterhalten konnten: -das Energieproblem (in Deutschland), -und die „Nachhaltigkeit". Und dieses Problem war ja auch zu der Zeit schon, im Internet voll ausgebaut. Ich recherchierte da viel, weil mich es selber sehr interessierte, welche Lösungsansätze es gab, für dieses Problem. Es stellt auch heute noch eine der brennendsten Fragen unserer Zeit dar. Heute, 11 Jahre danach, hat sich eigentlich in der Beziehung nicht viel verändert. Die Lösungsansätze sind (im Wesentlichen) die gleichen geblieben. Lediglich hinzugekommen ist die Elektromobilität (die Elektroautos), -evtl. noch das Wasserstoffauto. Aber es geht immer zu Lasten der (etablierten) Kraftwerke. Und in der chemischen Industrie sind ein paar energieeinsparende Prozesse hinzugekommen.

Ich hatte ja immer, zu damaliger Zeit, -und auch heute noch, die Algenkraftwerke im Blick. Wo in Glasröhren gleichsam $CO_2$ zu Kohlenhydraten durch Algen verwandelt wird. Sie können dies wohl besser, als Pflanzen. Und weil ich ein „Vollblutchemiker" bin sehe ich dies (auch heute noch) als eine Lösungsmöglichkeit für unser Energieproblem. Zumindest, der Ansatz, dazu. Deutschland ist gut angebunden, -durch Importe von Erdöl, und Erdgas, sodass ein schrittweiser Übergang zu erneuerbaren Energien möglich sein sollte. Aber zurück, zu Mario: naja, -ich sagte ihn, dass ich in Leipzig eine Quelle kennen würde, wo wir Quecksilber herbekämen. Er würde dies benötigen, für seine Gravitationsversuche. Anmerkung: Eigentlich war es Quatsch, -denn Blei ist viel schwerer, als Quecksilber. Wir einigten uns aber auf Quecksilber. Und dann sagte ich ihn, dass er aber herein gehen müsse, in die Firma, um nach Quecksilber zu fragen. Denn, -mich würden sie schon dort kennen. Er hatte nichts dagegen. Ja, -die Quecksilber - Firma in Leipzig - Plagwitz… -Ich sollte später noch einmal Kontakt zu ihr haben…

Eigentlich war es eine schöne Zeit, -trotz, dass sie so kurz war. Aus unserem Versuchen ist nichts geworden, -nicht, einmal, im Ansatz. Er bekam dann wieder eine Arbeitsstelle, und alles „verlief im Sande". Einmal war ich mit ihm zum Globus - Markt nach Wachau gefahren. Ich erinnere mich noch genau. Denn er musste für mich eine Absperrung dort öffnen, damit ich (mit dem Auto) durchfahren konnte. Dies tat er auch, -und so musste ich nicht rückwärtsfahren. Ich kann doch wegen meines einen Auges nur so schlecht sehen. Aber, wir amüsierten uns prächtig, -im Globus - Markt. Ich schaute dort auch, wegen einer neuen Armbanduhr für mich. Danach sind wir wieder zurückgefahren. Und ein anderes Mal war ich mit ihm auf dem Recyclinghof (Wertstoffhof) gewesen. Auf „meinem" Recyclinghof, -wie ich oft sagte! Das war der Hof in Brandis. Damals noch jener, am ehemaligen ACZ (Agrochemischen Zentrum) in Brandis. Er gehörte dann zu „Becker Umwelttechnik". Dort haben wir dann gemeinsam aus den (zumeist) Elektronikschrott noch einen (einigermaßen guten) Monitor für seinen Computer, zu Hause „ergattert". Lediglich ein Kabel, dafür fehlte noch. Was er dann aber von mir, zu Hause, erhielt. Er bestätigte ja selber, damit „einen guten Griff gemacht" zu haben. Auch habe ich einmal, einen alten Tageslicht - Schreibprojektor (Polylux ©) soweit wiederhergerichtet, dass er wieder funktionsfähig war. Diesen stellte ich dann vor seine Wohnungstür. Ich hoffe (auch heute noch), dass er sich darüber gefreut hat.

Wir waren aber auch am Wochenende auf dem Recyclinghof, -wo keine Angestellten dort waren. Das war natürlich illegal. Zu dem Zweck mussten wir (lediglich) ein Gitter aushängen, -und kamen so in den Recyclinghof hinein. Das, mit dem Mario nahm dann ein jähes Ende: Es war so, dass er mich eines Tages bestohlen hatte. Wir wollten gerade zusammen ins Grüne fahren. Und er war mit bei mir zu Hause. Ich wollte noch vorher schnell (mit ihm) auf die Sparkasse fahren, hatte meine Geldkarte (Sparkassen - Karte) zu dem Zweck in den Hausflur gelegt. Wo ich alles fertig gemacht habe, und ich mit ihm losfahren wollte, lag die Geldkarte nicht mehr da. Ich wusste sofort, dass er sie weggenommen hatte, -ließ mir aber nichts anmerken. Ich fuhr mit ihm ohne die Karte los, das Geld abheben, -zumindest einen geringen Betrag konnte ich vom (Sparkassen-) Schalter auch ohne diese. So machte ich das dann auch. Ich war sehr erbost, darüber. Natürlich habe ich mich mit meinen Eltern, hinterher, über den Vorfall unterhalten.

Vielleicht wollte er auch bloß einen Spaß machen, und mich testen, wie weit ich gehen würde. Ich verstand aber keinen Spaß, in der Beziehung (und, auch meine Eltern nicht). Und den folgenden Samstag kam er wieder zu mir, -hat bei mir geklingelt. Als keiner geöffnet hat, -denn, er war ja nicht mehr erwünscht, bei mir, sprang er einfach über den Zaun, und wollte zu mir. Vielleicht auch bloß, um die Karte zurückzugeben. Aber, es war zu spät, dafür. Mein Vater jagte ihn dann weg, -für immer! Ich habe dann eine neue Geldkarte auf meiner Sparkasse beantragt (und auch erhalten). Leider war damit das Kapitel: „Mario", ein für alle Mal, beendet. Ich trauere dem heute noch hinterher.

Im Juni des Jahres sollte es schon an der Volkshochschule in Leipzig für mich weitergehen. Dort nahm ich an einem Aufbaukurs des Computer - Betriebssystems: Linux teil. Der Lehrgang ging aber bloß ein paar Tage. Linux kannte ich schon, -und so tiefgreifende Kenntnisse wurden ja dort dann trotzdem nicht vermittelt. Ein Linux (besser: Unix ©) Grundkurs hatte ich bereits 1996 besucht. In meinem Unix © Grundkurs, 1996, kam ich zum ersten Mal in Kontakt mit dem (freien) Linux, Der Lehrer gab mir so ein Paket mit nach Hause. Auf ihm war (damals noch) die „Deutsche Linux Distribution". - Ein schon voll ausgestaltetes graphisches Betriebssystem, -kostenlos. So etwas kannte ich überhaupt noch nicht. Vor allem, die Vielzahl der (kleinen) Programme, die bei diesem Betriebssystem kostenlos dabei waren, gefiel mir sehr gut. Das freie, -nicht kommerzielle Betriebssystem „Linux", -was ein Unix Derivat ist, hat auf der Welt eine Verbreitung gefunden, die es (bisher) nie wieder so gab. Über Linux könnte man sicher „ein Buch für sich schreiben". Leider half auch dies nicht, meine schweren Depressionen (vor allem, meine Selbstmordabsichten, mit 46 Jahren sterben zu wollen), zu beseitigen. Nennen wir es einmal so: es war ein kleiner Lichtblick, -etwas was uns den Tag recht gut versüßen konnte. Denn ich hatte ja mit Computern eigentlich nichts zu tun. Außer, eben, in meinem Privatleben. Und das war für eine ganzheitliche Genesung, bei mir zu wenig gewesen. Mein Cousin, -der Fleischer von Beruf ist, hatte mir später die erste Suse – Linux - Distribution gegeben. Darüber freute ich mich sehr. Aber ich hatte den Eindruck, dass gerade in der ersten Zeit (seines Entstehens) das Linux so stark war. In diesem Jahr gab es seitens des Arbeitsamtes (oder der Jobbörse) keine akzeptablen Arbeitsangebote für mich.

Aber ich habe wieder etwas gewonnen, -bei meinen Preisausschreiben. Nämlich eine Eintrittskarte in das Erlebnisbad: „Riff". Das ist in Bad Lausick. Nicht weit entfernt von eben jenem Colditz, wo ich meine Untersuchung für die Rente hatte. Ich kann mich auch dort noch genau erinnern: Es war Winter. Und ich war doch so spindeldürr. -Und dann noch das zerkratzte Gesicht, dazu…

Aber es war egal, -es hat Spaß gemacht, an diesem Tag. Zum Beispiel, auch mal zur '"Salzgrotte" hinausschwimmen. Die war ja im Freien, -und es lag trotzdem Schnee. Durch die hohe Wassertemperatur hat man aber (dennoch) nicht gefroren. Jedenfalls, -nicht viel! Und dann gab es da noch die „Saunazone". Das war ein Erlebnis! -Gerne denke ich noch daran zurück. Meine Eltern waren aber auch zu dieser Zeit, schon, in Australien.

Dann, im Juli in dem Jahr war noch ein anderer Lehrgang an der Volkshochschule in Leipzig: „Webauftritt mit Typo 3". -Ich hatte ja schon Erfahrung im Umgang mit (Personal-) Computern. Mir fiel der Lehrgang leicht. Der Dozent war wieder der Leiter des Rechenzentrums von Leipzig. Bei solchen Lehrgängen muss man ja immer annehmen, was man bekommt, das heißt, wenn so ein (Computer-) Lehrgang gerade angeboten wird, muss man eben „zugreifen". Sonst hat man dann gar nichts. Aber auch dieser Lehrgang ging vorbei. Dann hat sich mein Gesundheitszustand wieder verschlechtert. - Ich muss so wenig gewogen haben.

## Klinikaufenthalt im FKH Hubertusburg / Wermsdorf (08/2010 - 11/2010)

Auf alle Fälle ging ich erneut in ein Krankenhaus, -diesmal aber nach Wermsdorf. Dies ist dort eine sehr große psychiatrische Klinik, -eine der größten auf dem Gebiet, die es in der DDR gab. Es sind 6 Stationen (mit ca. jeweils 20 Betten).

Der Unterschied ist nur der, dass zu DDR- Zeiten die Patienten in der „Hubertusburg" untergebracht waren. Dies ist ein altes Schloss von 1721, - Und wir waren untergebracht in „neu" gebauten Klinikgebäuden. Die Hubertusburg (als Schloss) gibt es auch heute noch. Sie ist aber eine baufällige Ruine. Laut Internet finanziert die Sanierung dieses Objektes alleine der Freistaat Sachsen. Im Jahr 2004 waren schon über 22,2 Millionen Euro investiert worden. Bei unseren (ausgedehnten) Spaziergängen sind wir oft an der Hubertusburg vorbeigekommen, -ich komme später noch darauf zu sprechen. Für mich war das aber eine neue Erfahrung, -eine so große psychiatrische Klinik. Ich sollte dann später die meisten meiner Klinikaufenthalte in Wermsdorf durchführen. Wermsdorf ist sozusagen zu der „zweiten Heimat" von mir geworden.

Ich weiß eigentlich gar nicht mehr, woher ich wusste, dass es in Wermsdorf eine Klinik gab (war es von Hörensagen aus meinen vorangegangenen Klinikaufenthalten?). –Sodass mich mein Hausarzt dann dort hat einweisen können. Viele Menschen, die dort hinkommen, -als Patienten, kommen zunächst auf die Station P6 (so, auch ich). Das ist so eine „Auffangstation", wo noch nicht klar ist, was die Patienten haben. Dies ist ein Krankenhaus - Komplex für sich. Die anderen Stationen gliedern sich wie folgt auf: die Station P1 ist die Geronto- Station, auf der die alle Menschen kommen, die schon sehr alt (und psychisch krank) sind. Die Stationen P2 und P4 sind (Langzeit-) Psychotherapiestationen. Die Station P3 ist die Alkoholstation. Und die Station P5 ist die geschlossene Station.

Bei der Station P6 merkt man noch sehr deutlich ihren strengen Krankenhaus - Charakter. Das heißt, viele Patienten haben neben ihren psychischen auch körperliche Probleme. -Sind evtl. bettlägerig, usw. Zum Beispiel, dass die Schwestern viel mehr Hilfsdienstleistungen hier anbieten. Oder, auch die Betten sind (zur Not) mit Sauerstoffanschluss ausgestattet. Das ist alles bei den beiden Psychotherapie -Stationen, P2 und P4, nicht so. Dort wird schon vorausgesetzt, dass die Patienten zumindest alleine laufen können. Um den dann dort angebotenen Psychotherapien (die über Monate gehen können) folgen zu können. Ich bin dort sehr gut behandelt worden, -zunächst, erst einmal, wie gesagt, auf der Station P6, um mich wieder körperlich fit zu machen. So dass ich wieder ein bisschen, wenigstens, an Gewicht zugenommen habe. Auch Tabletten waren wieder „mit im Spiel", -leider. Es musste eben sein. Da hat selbst diese Klinik keine Ausnahme gemacht, - obwohl bei Magersucht eigentlich keine Tabletten verordnet werden. Naja, - und eines schönen Tages sagte die Schwester zu mir, ob ich mich darüber freuen würde, wenn es für mich noch länger dort geht. -Natürlich, auf einer anderen Station (na klar tat es das!). Anmerkung: die Schwester hatte sich selber darüber gefreut, dass gerade ein Therapieplatz auf der Station P2 freigeworden ist. Und sie mir (so) helfen konnte.

Und dabei war das ganz komisch, -fast schon magisch: Ich hatte durch Zufall wieder die junge Patientin, aus der Tagesklinik Grimma dort wiedergetroffen, wo ich erzählte, dass es ein Ehepaar war (die beide Psychosen hatten, -und denen es so schlecht ging). Aber, eben, nur die junge Frau. Ich sah sie gleich an der Raucherecke stehen, wo ich hinkam, nach Wermsdorf. Und ich dachte mir gleich: „Na, da bist du ja wieder in bester Gesellschaft, -hier." So dass ich überhaupt keine Schwierigkeiten hatte, mich dort anzufreunden. Ich habe ja selber geraucht, dort. Man findet eben leichter Kontakt. Oder, -wie eine Mitpatientin mal sagte: „Wenn du hier nicht rauchst, bist du der An-Gearschte", -nämlich darum, weil man dann die Pausenzeiten, dort gar nicht (sinnvoll?) ausnutzen kann. Und das stimmt auch. Wie auch immer, -ich sah sie dort wieder.

Naja, -und worauf ich hinauswill: jeden Früh unternahmen wir (durch die Schwester angeleitet) Spaziergänge. Von der Station P6. Und auf dieser Station gehen die Spaziergänge (wegen der Klientel) meistens nicht weit. Selten wird das Klinikgelände verlassen. Naja, -und den einen Tag sollten wir durch das Hauptgebäude gehen. Das Gebäude, wo sich auch die Station P2 darin befand. Meine Mitpatientin (von Grimma) sagte: „Das ist aber komisch, -hier sind wir noch nie langgegangen.", -und wunderte sich darüber. Vielleicht war sie auch etwas empört. Zumindest hörte es sich so an. Ich muss dazu sagen, dass es für diese Mitpatientin nie (!) eine Option gewesen wäre, auf die Station P2 zu gehen. Sie hätte gehört, -es wäre dort zu schwer (und die „schweren Fälle" werden ja eh nur auf der Station P6 behandelt). Für sie war es keine Option dorthin zu gehen, -und sie sagte mir es auch.

Für mich war es schon eine Option, -nein, eine feste Möglichkeit, zunächst, erst einmal, in der Klinik bleiben zu können. Und deswegen war dieser Spaziergang auch mein erster „Kontakt" zum späteren Aufenthalt auf der Station P2. -Die erweiterten Möglichkeiten, die ich! hatte (im Gegensatz, zu ihr). Ich bin mir aber sicher, dass sie das „straffe Programm", was später, auf der Station P2 abgelaufen ist, hätte auch schaffen können. Es war halt bei ihr sicher bloß die Angst vor dem Neuen. Einen Versuch wäre es auf alle Fälle wert gewesen. Später sah ich sie in Grimma, -in der Tagesklinik noch einmal wieder. Als Tagespatientin. Sie sagte mir, dass sie jetzt 5 Jahre keine psychiatrische Klinik mehr besucht habe (und ich war fast bloß in psychiatrischen Kliniken, in der Zeit, gewesen). Aber, es ist egal. Ich komme vielleicht später noch einmal darauf zurück. Jetzt ging es erst einmal darum, auf die neue Station zu kommen, -damit es für mich weiterging. Ich denke so: auf dem besagten Spaziergang wollte die Schwester vielleicht -mir- einen Gefallen tun, -um mich schon an die neue Station zu gewöhnen. Ich weiß nicht… Zunächst, aber, führte ich ein Vorgespräch mit dem Stationsarzt auf der (schon besagten) Station P2. Er wollte meine Krankengeschichte wissen, damit er mich dort aufnehmen konnte.

Bereits auf dem Weg, -als ich durch die Station P2 durchlief, fielen mir die vielen, -noch jungen Menschen auf dem Stationsgang auf. Ich weiß nicht, womit sie sich gerade beschäftigten, -aber ich fragte eine Patientin nach dem Weg zum Arzt. Sie wies mir dem Weg. Wie sich dann später herausstellte, sollte im Schnitt das Lebensalter der meisten, Patienten, dort, um 10 Jahre jünger, als ich gewesen sein. Dies gefiel mir sofort. Denn ich bin gern mit jungen Menschen zusammen. -Ich gehörte dann schon zu den (wenigen) alten, lebenserfahrenen Menschen. Damals war ich 40 Jahre alt. Ich komme später noch darauf zu sprechen, wie die verschiedenen Ansichten des Aufenthaltes in einer Psychiatrie bei Menschen sind. Und so ging ich dann (in Begleitung der Schwester) in das andere Klinikgebäude. Ich, -mit „Sack und Pack", -also meinen Koffer. Und die Schwester trug die sog. „Kurve", -also meine Patientenakte.

Wir gingen in den großen Gebäudekomplex, -größer, als ein Hotel. Und, -will man dem Lied von Joachim Witt, „Goldener Reiter, -1980" glauben, -ist sein Vergleich der Klinik mit einem Einkaufszentrum hier glatt untertrieben. Anmerkung: Wermsdorf ist nur eine kleine Gemeinde, -nur das größte darin, ist die Mega- Klinik. Viele Personen, aus dem Ort finden in der Klinik darum ihre Arbeit, -sei es als Krankenschwester, -oder als technisches Personal. Der (große) Gebäudekomplex, -selbst ist 4 Etagen hoch. Von unten, nach oben: Das Erdgeschoß ist klar, -das sind alles Funktionsräume für die Diagnostik, Physiotherapieraum, Labor, Zentrale Aufnahme, Psychiatrische

Institutsambulanz (PIA), usw. -Die erste Etage ist die sog. Neurologie. Hier kommen alle Menschen hin, die z.B. einen Hirnschaden haben. -Oder auch Wirbelsäulenerkrankungen, Epilepsie und Parkinsonerkrankungen.

Die 2. Etage beherbergt die Stationen: P2 und P1 (P2=Psychotherapie, -vor allem der jüngeren Patienten / P1=Gerontopsychiatrische Station). Auf der 3. Etage befinden sich die 2 Stationen: P3 und P4 (P3=Alkoholstation / P4=Psychotherapiestation, -vor allem, für ältere Patienten). Es versteht sich von selbst, dass die Fenster auf den Stationen nur ankippbar sind. Zu groß ist die Gefahr, dass ein Patient aus dem Fenster springt. Mir ist bekannt, dass ein Patient, dort, vom Dach gesprungen sein soll. -Tödlich. Es wurde auch viel diskutiert, auf der Station, darüber.

Es ist nicht möglich, alle Erlebnisse, die sich (in den zahlreichen) Klinikaufenthalten in Wermsdorf von mir, hier zugetragen haben, hier wiederzugeben. Zu unterschiedlich sind die einzelnen Erfahrungen, die ich an den verschiedenen Stationen in Wermsdorf erlebt habe. Ich war bisher auf der Station P6, P5, P2 und die P4. Es kann daher nur ein „Abriss", -hier. sein. Also, wo ich auf der Station „P2" war, bei meinem ersten Aufenthalt, war das so: Vergleichsweise, zu meinen späteren Aufenthalten, muss ich sagen, dass der Zusammenhalt der Patienten beim ersten Mal besser war. Wir waren ein eingeschworenes Team. Vielleicht lag es daran, dass die Patienten damals noch mehr Freiheiten hatten. Da wäre zum Beispiel als wichtige Sache die Essenversorgung zu erwähnen. Bei meinen 1. Aufenthalt, dort, war es nämlich so, dass das Essen noch aus Leipzig kam, -jeder, auf seinem eigenen Tablett. Am Vortag wurde die Bestellung durch eine Küchenkraft aufgenommen. Sie kam die Station, und fragte jeden einzelnen Patienten, was er gern am nächsten Tag essen möchte. Vor allen Dingen, für die Mittagsversorgung. Frühstück und Abendbrot gingen aber auch (mit etwas „Versatz") zu ändern. Und dann kam, -gemäß der Bestellung am nächsten Tag das gewünschte Mittagessen an. Man hatte immer die Möglichkeit, aus „Vollkost", „leichter Vollkost", und „Vegetarisch" zu wählen. In den letzten 2 Jahren wurde aber die

Essensversorgung umgestellt. Und zwar so, dass das Tablett System komplett weggefallen ist. Heute ist es so: -auf jeder Station gibt es eine Essensfrau. Sie hat so einen Wagen. So einen schiebbaren Essenswagen, wo vorn so eine Plexiglasscheibe dran ist.

Natürlich wird auch hier (durch Strom) das Essen bis zur Ausgabe warmgehalten. Aber die Essensfrau portioniert das Essen für die Patienten. -Aus ihren Töpfen und Tiegeln. Die Patienten stehen dann in der Schlange an. Mittags sagt jeder, was er am Vortag bestellt hat. Und beim Frühstück und Abendbrot sagt jeder Patient, was er gern hätte. An Brot und Brötchen, -sowie den Belag.

Wenn man, -so wie ich, dort, auf die Station kommt, wird man erst einmal eingewiesen. Das ist hier ein bisschen unterschiedlich: bei der Station P2 übernimmt dies der sog. Patientensprecher. -Ein Mitpatient führt einen durch die ganze Station, -erklärt alles. Vor allen, -die Verhaltensregeln. Bei der Station P4 weist einen im Wesentlichen die Schwester ein, -erklärt dort alles Wichtige. Der Unterschied auf den beiden Stationen hängt vor allem damit zusammen, dass auf der Station P2 die jüngeren Patienten sind. Sie sollen alles, so weit, wie es geht, -selber machen. Sich selber unterweisen. Durch die Übernahme dieser Aufgabe wird die einweisende Person in ihrem (eigenen) Selbstvertrauen gestärkt. Sie erkennt, dass auch sie etwas kann. Dazu fähig ist, Aufgaben auszuführen. So war es jedenfalls, bei mir. Bei der Einweisung wurden auch die Regeln auf den Stationszimmern erklärt, -und die Brandschutzregeln.

Wir waren etwas, über 20 Personen, „Männlein", -wie „Weiblein", -auf der Station. Das waren alles ganz gemischte Krankheitsbilder, z.B. „ADHS"-Patienten waren dabei, oder solche, mit Angststörungen. Oder autistische Störungen (so, wie ich). Viele Borderline- Persönlichkeitsstörungen waren dabei. Es war doch klar: -egal, in welcher (psychischen) Verfassung der Mensch gerade war: der Therapieplan musste vom zweiten Tage, an, strikt eingehalten werden. Denn am ersten Tag, dort, hatte man noch „Welpenschutz", -brauchte an Therapien nicht teilnehmen. Man merkt damit, dass die Klinik in Wermsdorf schon viele Jahre Erfahrungen mit psychisch Kranken hatte. An dem zweiten Tag ging es dann richtig los, mit den Therapien. Ja, -das stimmt, aber so schwer waren die Therapien, dann dort, auch nicht. Es gab immer noch genug Raum, für Freizeit. Je schneller man sich an den (Tages-) Ablauf, dort, gewöhnt hatte, desto leichter fiel es einem.

Viele Patienten kamen auch immer wieder, dorthin, weil ihnen dort noch am besten geholfen worden ist. So beherbergte die Klinik viele „Stammgäste", wo die Therapeuten schon wussten, um was für Patienten es sich handelte. Es war auch so, dass durch eine (kleine) Gesetzesänderung, -damals, auch Psychotherapeuten Diagnosen stellen konnten. Wie, z.B. bei mir die Diagnose: „Dysthymie", die mir mein Psychologe (oder Psychotherapeut), gestellt hat.

Im Folgenden möchte ich gern die Liegenschaften der Wermsdorfer Klinik aufzählen: Da gibt es ein Verwaltungsgebäude, wo das Sekretariat drin ist, -aber auch die Bibliothek. Diese gliedert sich in die Ärzte- und die Patientenbibliothek auf. Dann gibt es ein (eigenständiges), großes Gebäude der Ergotherapie. Auch hier fehlt es an nichts, -alle Ergotherapie Aufgaben werden angeboten. Dann gibt es auf dem Gelände eine Kegelbahn. Je nach Station wird 1 oder 2-wöchig Kegeln durchgeführt. Eine große Cafeteria im Hauptgebäude gibt es. Man kann dort aber auch Mittagessen. Und viele Ärzte und Therapeuten nutzen dies. Dann ist das (schon erwähnte, -eigenständige) Gebäude der Stationen P5 und P6 zu nennen. Zudem befinden sich dort drin die Pädiatrien (Kinderheilkunde) mit einer Kinderklinik im Erdgeschoß. Des Weiteren ist auf dem Gelände noch ein kleiner Lebensmittel - Kiosk vorhanden. Er heißt: „Birgits Shop". Und man kann darin Waren des täglichen Bedarfs erwerben, -also Lebensmittel. Bis hin, zu Zeitungen, Getränken, (kleinen) Spielwaren, Souvenirs.

Bei Souvenirs meine ich so kleine Dinge, die man als Krankenhaus- Geschenke nehmen kann (Kissen, Teddybär, Andenken- Tassen). Eben ein richtiger

„Tante-Emma- Laden"! Dann ist die Sporthalle zu nennen. Dies war früher die Küche des Krankenhauses, -ist dann aber umgenutzt worden. Wo ein großer, leerer Raum ist, in dem Sport gemacht werden kann. Das Gebäude ist aber baufällig, -und es ist nur noch eine Frage der Zeit, bis darin gar kein Sport mehr gemacht werden kann. Dann gibt es da noch die Raucherinsel. Eigentlich ist das Rauchen im gesamten Krankenhaus verboten, -außer, auf der Raucherinsel. Etwas abseits gelegen, -in der Parkanlage. Ich habe mich daran immer gehalten, -aber viele Patienten rauchten unmittelbar vor den Gebäudekomplexen. Was aus meiner Sicht nicht sein musste. Wenn sie es uns schon gestatteten, dort überhaupt zu Rauchen. Das Personal hielt sich aber daran, -geraucht haben auf dort vor allem die Reinigungskräfte und die Therapeuten.

Dann gibt es noch im Hauptgebäude eine (kleine) Schwimmhalle. Ja, -viele Therapien, -gerade wenn man auf der Station „P6" ist, fanden dann „außer Haus" statt. Zum Beispiel die Entspannungstherapie (progressive Muskelentspannung). - Sie fand im Hauptgebäude, im Physiotherapieraum statt. So, -und im Dorf, mit ca. 10 min. Fußweg von der Klinik entfernt befindet sich die Reittherapie (mit den entsprechenden Stallungen / bei der Frau Ohms). Ich war ja kein Neuling mehr, -in der Psychiatrie. Durch meine Aufenthalte in den ersten 2 Kliniken wusste ich zumindest, was die Ergotherapie ist, -worum es dabei ging. Und auch, die vielen anderen Therapien (Entspannungstherapie und, und, und) kannte ich bereits. Das erste, wo ich auf die Station gekommen bin, war, dass die Schwester mit mir ein Aufnahmegespräch geführt hat. Da ging es um die Anamnese, -was ich für Vorerkrankungen hatte, usw. Sie unterwies mich in groben Zügen. Die Feinarbeit sollte dann der Patientensprecher machen. Leider kann ich mich nicht mehr erinnern, -aber ich denke es war ein Mädchen (eine junge Frau), die mich auf der Station eingewiesen hat. Trotzdem hatte ich in Wermsdorf immer ein gutes Gefühl, das auch ich meinen Platz dort finden würde. Auch bin ich von den Mitpatienten angenommen worden. So, wie ich war.

Denn, etwas hatte ja jeder, dort. Im Anschluss zeigte mir die Schwester das Zimmer. Es sind so 2- Personen Zimmer. Manchmal auch 3. Gerade, auf der Station P2 kam es oft vor, dass, -weil wir so viele Patienten waren, 3 Menschen in einem Raum untergebracht waren. Aber auch das störte dort nicht, denn wir konnten uns dort alle irgendwie gut leiden. Einen großen Raum nahm nämlich das „Wohnen", dort ein. Das heißt, wenn man schon so viele Monate in einer Klinik lebt, richtet man sich (irgendwo, dort) häuslich ein. Und ich nahm gleich Kontakt zu meinen Zimmernachbarn auf. Ich weiß es nicht mehr genau, -aber ich glaube, er hieß: Tino. Er war 2 oder 4 Jahre älter, als ich. Er litt an Borderline- Persönlichkeitsstörung. Dies konnte ich mir schon denken. Natürlich, wegen seines Verhaltens. Ich bin mit ihm aber gut klargekommen (und er mit mir sicher auch). Viele Monate war er schon dort, -und so richtig geheilt war er trotzdem nicht, wo er wieder entlassen wurde. Man gewöhnt sich sehr schnell aneinander. Er war wie ein großer Bruder zu mir (obwohl ich selber einen größeren Bruder habe!). Er sagte einmal zu mir: „Tibor, -ich würde nie zulassen, das dir einer etwas antut!".

Da habe ich mich sehr bestätigt gefühlt. Es war schön, so einen Freund gehabt zu haben, auch wenn es im Leben an sich nur noch um das „Faustrecht" geht, -leider! Ich möchte im Folgenden einmal kurz darauf eingehen, wie die unterschiedlichen Menschen damit umgehen, dass sie „in der Psychiatrie gelandet sind". Es war so, -als ich in der Klinik in Zschadraß war, hat mich (unterschwellig) der Oberarzt versucht, zu prägen. Zu prägen, -in der Art, -als dass es etwas ganz Schlimmes sei, dass ich in eine psychiatrische Klinik gekommen bin. Das rührt noch von früher her, nämlich, als die Wert- und Moralvorstellungen des größten Teils der Bevölkerung noch andere waren. Und es ist ja auch wirklich so, -ich sagte es bereits, das die Psychiatrie das Letzte ist, -das Letzte der Gesellschaft.

Mein Hausarzt, der versucht hat, mir die Psychiatrie „schmackhaft" zu machen, -scheiterte damit. Ich hatte meine (vorgefasste) Meinung über die Psychatrie. Und die hat sich ja dann auch bestätigt. Die Meinung des

Oberarztes in Zschadraß, -und übrigens auch diejenige des Oberarztes in Wermsdorf (von der Station P2 und P4) sahen so aus: es wäre eine große Schande, sich in einer psychiatrischen Anstalt zu befinden. (Für Autisten: einen Ansehensverlust!) -Diese Meinung berücksichtigt aber leider das Folgende nicht: es gibt (echt) kranke Menschen, z.B. die Schizophrenie haben. Und denen dort geholfen werden kann. Zwar ist es auch so, dass (gerade bei Schizophrenie) von manchen Experten behauptet wird, sie brauchten nicht in eine Psychiatrie eingewiesen werden. Es bestünde keine Notwendigkeit, dazu. Denn Psychosen können alle Menschen, -mehr, oder weniger, bekommen. Das stimmt schon, -und diese Meinung muss man auch verstehen.

Aber da ist dann die Frage, warum es diese Einrichtung (die Psychiatrie) überhaupt gibt. Ich denke, vielleicht ist es doch gut, dass es die Psychiatrie gibt. Denn es ist eine Möglichkeit mehr, die wir haben. Ich habe die Erfahrung gemacht, dass den meisten Menschen dort, trotzdem nicht geholfen werden konnte. Und jeder muss sich darüber sein eigenes Urteil bilden. Wenn auch für viele es nur eine neue Erfahrung war, -der Besuch der Psychiatrie.

Und es ist so, dass viele junge Menschen eine ganz andere Auffassung, dazu haben. Sie betrachten die Psychiatrie nur als eine (zusätzliche) Erfahrung in ihrem Leben. Das Stigma, was der Psychiatrie anhaftet, lassen sie „außen vor". Stattdessen sehen sie ihren Klinikaufenthalt als das, was eben objektiv darstellt. Das zum Beispiel (auch) täglich Neues auf sie einwirkt. Bei den Patienten der Station P4 sieht das schon etwas anders aus. Sie sind in der Regel schon älter. Auf die Frage, die hier im Raum steht, nämlich: „Wie hat es zu Ihrer Entgleisung kommen können, -wie war es möglich, dass Sie in eine Psychiatrie kommen konnten, -werden die meisten darauf antworten: „Ich bin krank, -lasst mich darüber, hinaus, alle in Ruhe!" „Ich weiß im Moment (selbst) nicht weiter." So, -oder ähnlich es sich für die meisten Patienten auf der Station P4 wohl darstellen.

Vielleicht auch der Satz: „Kommen Sie erst einmal so weit, wie ich!", der dort mit drinstecken könnte. Aber auch die Station P4 kann nicht zaubern, und man versucht dort, jeden Menschen separat zu helfen. Angepasst, an sein jeweiliges Krankheitsbild. Im Gegensatz, dazu, die Station P2: dort herrscht Gruppendynamik vorrangig vor. Man versucht alles, in der Gruppe zu lösen. Probleme des Einzelnen werden angesprochen, -und man versucht (z.B. bei Eheproblemen) in der Patientengruppe dafür, eine Lösung zu finden.

Ich, -als Autist, würde sogar so weit gehen, und sagen: auf der Station P2 geht man noch um, wie mit Kindern. Natürlich, der Wert wird gelegt, auf die Gruppenmeinung. Oder, sagen wir einmal, dort umgegangen wird mit den Patienten, wie mit heranwachsenden Jugendlichen. Das muss keineswegs schlecht sein, -im Gegenteil! Denn offensichtlich musste es ja dort Defizite gegeben haben, wenn man wieder einen Schritt zurückgeht, im Leben, und versucht, noch Dinge nachzuholen. Arbeitstechniken sich aneignen, die für das spätere Leben noch entscheidend sein würden. Auch die Tatsache, dass auf der Station P2 größtenteils auf Medikamente verzichtet wird (soweit es geht) sagt aus, dass die Medikamente ja eh nicht viel bringen. Wenn der Mensch nicht will, wird es so nichts, und durch Tabletten auch nichts. Im Gegensatz, dazu wird auf der Station P4 viel mit Tabletten gearbeitet, -aber es ist die Frage ob sie (auf Dauer) so viel bringen.

Wie es bei meinem ersten Klinikaufenthalt, -dort war: wir waren ein verschworenes Team. Es kommt immer ein bisschen darauf an, wann man gerade hinkommt. Ob man Glück hat, mit dem (Patienten-) Klientel. Zum Beispiel auch das Verhältnis Männer und Frauen sollte in etwa ausgeglichen sein, usw. Wo ich das erste Mal dort war, waren viele Jugendliche dort, die neben ihren psychischen Leiden auch noch körperliche Behinderungen hatten. Man nahm sie aber auf die Station „P2", weil sie schon so viele Therapieerfahrungen hatten, -die die genauen Abläufe in der Psychiatrie kannten. Und deshalb den Anforderungen, dort, gewachsen waren. Und dadurch, dass wir (fast) alle irgendwo behindert waren, konnten wir uns auch so gut leiden. Denn, die meisten von denen, siechten eben so dahin. Viele waren zum Beispiel auch schon polizeibekannt, -hatten Erfahrungen mit Drogen gemacht. Wir haben uns dort nicht „die Hosen mit der Kneifzange angezogen". Wir haben dort die Therapien, so gut es eben ging, mitgemacht, -und mehr war nicht drin. Auch verletzten sich viele der Patienten in der Klinik selber. In meinen späteren Klinikaufenthalten habe ich dann diesen (festen) Zusammenhalt nie wieder festgestellt.

Die Klinik ist bekannt, für ihre Diagnosestellung: „Persönlichkeitsstörung vom Borderline Typ". -Auch ich habe so eine Diagnose, -später, dann dort, erhalten. Und, in der Tat, sind viele Menschen heute „überdreht". Sie haben zwar eine große Impulsivität. Aber enorme Probleme in zwischenmenschlichen Beziehungen (sie können schlecht Beziehungen halten). Oder die raschen Stimmungswechsel, -das schwankende Selbstbild, usw. Und ich kenne Mädchen, bzw. junge Frauen, wo diese Diagnose erst nach monatelangem Aufenthalt, dort, gestellt worden ist. Ganz einfach, aus dem Grund, weil sie sich erst dann geöffnet haben, und über ihre (wahren) Gefühle sprechen konnten. Ich sage mal im Spaß: wer in der Klinik in Wermsdorf war, und nicht die Diagnose „Borderline- Persönlichkeitsstörung" erhalten hat, hat etwas falsch gemacht.

Tja, in der Gruppe wurde eben über alles diskutiert, -auch wenn es schwer war. Nur so können die Probleme bewältigt werden, wenn man sich damit auseinandersetzt. Versucht, -es aufzuarbeiten. Man sieht ja keinen Menschen an, ob er eine gebrochene Persönlichkeit ist. Das schöne in Wermsdorf ist das, dass wenn es in der Gesprächstherapie partout nicht geht, -wenn der Belastungsdruck zu groß wird, kann man erst einmal auf die geschlossene Station (Station P5) kommen. Dort geht es dann um überhaupt nichts mehr. Zumindest, vorläufig! -Diese „Verzahnung" ist dort besser gewesen, wie in den anderen Kliniken. Es liegt, -wie bereits erwähnt, vielleicht auch an ihrer enormen Größe. Auch bei der Borderline- Persönlichkeitsstörung gibt es im Normalfall keine Tabletten.

Nur, wenn andere Störungen, -wie z.B. eine Angststörung hinzukommen, werden Tabletten gegeben. Eine wichtige Sache auf der Station P2 sind die sog. „Dienste". So etwas gibt es zwar auch auf der Station P4, -aber eingeschränkt. Dienste werden immer montags (abends) vergeben, wenn die Planaufstellung gemacht wird. Jeder Patient hat somit 1 oder 2 Dienste für die nächste Woche. Z.B. der Verantwortliche für das Durchführen der Reinigungsarbeiten. Was immer donnerstags stattfindet, -und alle Patienten machen müssen. Dies heißt auch „lebenspraktisches Training", -und dahinter verbirgt sich nichts weiter, als das ganze Patientenzimmer sauber zu machen, -wischen.

Oder, ein anderer Dienst ist z.B. der Verantwortliche (im Wermsdorf - Jargon auch „VA" genannt) für die Tanztherapie am Freitag. Dies ist immer so ein Disco- Abend, und soll zur Entspannung der Patienten beitragen. Ich weiß nicht, ob es den Leser hier so gefällt, wenn ich alle Dienste, die es gibt, hier der Reihe nach, aufzähle. Ich will ja auch nur erzählen, dass auf die Dienste (seitens der Therapeuten, und Schwestern, her) großen Wert gelegt wird. Wenn man sich auf die Therapie einlässt (und das tun die meisten hier, wenn sie eine längere Zeit dort waren), kommen alle Facetten der menschlichen Verhaltensweisen „ans Tageslicht". Wie sich ein Mensch gegenüber den anderen Menschen verhält. Getreu dem Motto: „Nackt ist ein Mensch auf die Welt gekommen, -und nackt muss er auch wieder gehen!" Zum Beispiel das Herausbilden eines „Herdentiers (eines „Leittiers") Gemeint ist hier ein Anführer der (Patienten-) Gruppe. Welchen Rang nimmt man selber in der Gruppe ein? Für Autisten erklärt: ungefähr so, wie im Tierreich (naja, - jedenfalls, fast!). -Aber auch mir ist nichts Menschliches fremd (das bilde ich mir jedenfalls ein). Komischerweise hatten wir das erste Mal keinen ausgesprochenen „Leitwolf". Wohl aber Personen, die ein erster Anlaufpunkt (auch für mich) waren. Um sich zu orientieren, und irgendwo dann dort sich in die Gruppe einzufügen.

Aber es gibt genug Raum (der Identitätsfindung), dort, in Wermsdorf. Und sei es in der Ergotherapie, -wie bei mir, wo ich meine ersten Kontakte zu meinen Mitpatienten aufgebaut habe. Und erste Gespräche geführt habe. Das Eis zu brechen. Und später, dann, war ich schon „der Alte". Aber dazu komme ich später noch. Der Therapieplan war schon „dicht gestrickt", -und trotzdem gab es immer noch genug Raum für die Freizeit. -Zeit, die jeder so verbringen kann, wie er möchte. Und dann ist da noch die Sache mit der Außenwelt: Diese existiert natürlich weiterhin, -die Familie, und so. Die „große Welt". Das Einkaufengehen, und so. Aber in Wermsdorf wird eben geübt, wie ich meinen Lebensablauf täglich bestreiten kann. Die wichtigsten Dinge werden erfasst: Das Übernehmen von Aufgaben, was auch später „draußen" wichtig ist. Zum Beispiel, der „Hausputz", -wie schon besprochen. -Die gesellschaftlichen Aktivitäten, wie, z.B. der Disco - Besuch. Denn ein Leben besteht eben nicht nur aus der Arbeit. All, dies wird dort geübt, -trainiert.

Wer mich kennt, weiß, dass ich nicht nur „in den höchsten Tönen, jubelnd", schreibe. Es gibt aus meiner Sicht auch Kritikpunkte in Wermsdorf. Da gibt es auf der Station P2 eine Therapie, die sich „Bilanzierung" nennt. Nach 3 Monaten wird jeder Patient dort das erst Mal bilanziert. Die Gruppe sitzt dazu in einem Raum zusammen. Jeder einzelne Patient muss sich nun dazu äußern, wie sich der Auserwählte (die zu bilanzierende Person), entwickelt hat. Hat er sich positiv entwickelt, in seinem Wesen? Wie erfüllte er die ihm gestellten Aufgaben, -seine Dienste? Um solche Fragen geht es dort. Hat er sich sehr zurückgezogen, oder konnte er sich der Gruppe öffnen? Ich halte das aber für problematisch. -Ich kenne Patienten, die eigentlich nur darauf hingearbeitet haben, ein möglichst gutes Bilanzierungsergebnis zu erhalten. Sich in der Abarbeitung ihrer täglichen Arbeit besonders Mühe gegeben haben.

Und sich auch sozial so verhalten haben, wie man es bestmöglich von ihnen erwartete. Zum Beispiel auch „Leisetreter" geworden sind. Mir kommt dort aber der Mensch zu kurz. So, wie er nun mal ist. Dass er auch einmal „mit der Faust auf den Tisch haut." Freilich, wonach soll man einen Menschen heute beurteilen, -wenn nicht vorrangig nach der Erfüllung seiner (Arbeits-) aufgaben? Aber ob, z.B. der absolute Menschenfreund draußen, -außerhalb der Psychiatrie erwünscht ist, ist zumindest fraglich. Natürlich berücksichtigen die Patienten bei solchen Bilanzierungen immer, dass nicht jeder Mensch alles kann (z.B. auch gesundheitliche Einschränkungen). Das stimmt schon. Angepasst, an sein jeweiliges Leistungsvermögen. Aber mir scheint trotzdem, dass die Verhältnisse draußen, in der „freien Welt" noch andere sind, als wie sie in der Psychiatrie geübt werden. Nicht umsonst gibt es auch die sog. „Belastungserprobungen". Das sind Tage, wo man das Wochenende einmal nach Hause fahren kann. Um zu sehen, wie es dann dort zuhause „läuft". Diese Belastungserprobungen (BE`s) sind sogar seitens der Klinik, her, gewollt. Wie bereits erwähnt, fielen mir dort die Therapien körperlich schwer. Wir hatten aber mehrere Patient/-innen, zu der Zeit, auf der Station die an Bulimie / und / oder Magersucht litten. Diesen wird es wohl ähnlich gegangen sein, wie mir. Ich hatte (fast) jede Therapie als meine „Arbeitsaufgabe" des Tages angesehen, und sie versucht, so gut, wie es geht, zu meistern. Das Hauptaugenmerk lag dabei auf den Einsatz von Körperkraft. Da blieb dann immer wenig Raum, auch einmal „das Große, Ganze" zu sehen. Ich möchte im Folgenden einmal eingehen, auf die 3 wichtigen Funktionen, die man auf der Station P2 innehaben kann: Der Gruppensprecher, -der Kulturfunktionär („Kulti") und der Sportfunktionär („SpoFu"). Der Gruppensprecher separat, und die anderen 2 Dienste, zusammen werden jeweils im Abstand von 2 Wochen neu gewählt. Prinzipiell muss man sagen, dass es erst einmal 2 große Gruppen auf der Station gibt.

Die jedoch alle das gleiche machen, -nur, zeitversetzt. Dies deshalb, weil so viele Patienten auf der Station sind (ich glaube, 23). Also, die 2 großen Gruppen, -die Gruppe 1 und Gruppe 2. Und dann gibt es noch: Woche „A" und Woche „B". Wo eben immer gewechselt wird. Der Gruppensprecher (auch der „Kulti" und „SpuFu") wird in das Amt hineingewählt. Jeder, in der Gruppe gibt sein Votum ab, -und wer die meisten Stimmen erhält, ist dann der neue Gruppensprecher. (Vereinfacht ausgedrückt.)

Wie der Name schon sagt, vertritt er die Gruppe, hin, zu den Schwestern, -ist Bindeglied. Er hat noch eine Reihe anderer Aufgaben, z.B. neue Patienten einweisen, -Leitung des Abends „Planaufstellung". Das andere weiß ich leider nicht mehr. Der Kulturfunktionär war für alles verantwortlich, was mit der Kultur zu tun hat, -auf der Station: zu allererst: die Leitung des „Kulti"-Abends. Von diesen Patienten musste ein Abend vorbereitet werden, die irgendetwas mit Kultur zu tun hat. Zum Beispiel ein Abend, mit dem „Tabu" - Karten. Oder einmal hatten wir auch einen Sinnes -Trainings - Abend, wo man in so Boxen mit der Hand hereinfassen, und erraten musste, was dort drin war (z.B. Schrauben, Federn, usw.).

Der Sportfunktionär hatte einen „SpoFu"- Abend zu organisieren, wo es irgendwie um Sport geht. Mehrfachaufzählungen waren da möglich, -das heißt, -ein Teil der Patienten brauchte einen Ball, weil sie Volleyball spielen wollten. Ein anderer Teil brauchte Tennisschläger, weil sie Tischtennis spielen wollten. Oder, -so, wie ich, die Boccia- Kugeln für das gleichnamige Spiel. Auch der „SpoFu" und der „Kulti" hatten noch weitere Aufgaben in der Woche (die ich leider nicht mehr weiß). Auch ich wurde dort zum Gruppensprecher gewählt (ob ich „Kulti" oder „SpoFu" war, weiß ich nicht mehr). Führte das Amt 2 Wochen aus, -und ich denke, dass ich den Anforderungen gerecht geworden bin.

Nun einmal zu einem kleinen Schwank, der sich zugetragen hatte: es war noch früh, am Morgen. Wir waren fertig gewesen, mit den Frühstücken. Also gingen wir hinunter, um zu rauchen. Wir nahmen aber schon unsere Sportschuhe mit, denn in kurzer Zeit, schon, sollte der Sport in der Turnhalle losgehen. Es war noch ziemlich dunkel, und, ob es geregnet hat, weiß ich leider nicht mehr (ich glaube, es hat ein bisschen genieselt) Wir waren zu dritt. Und mit der neuen Mitpatientin, die dabei war, lies es sich gut unterhalten. Wir wollten ja so vieles von ihr wissen. Und beim Rauchen merkten wir gar nicht, wie die Zeit verging. Plötzlich war es schon so spät, und wir hatten buchstäblich nur noch 5 min. bis zum Beginn des Sports. Freilich, -bis zur Turnhalle waren es nur 3 min. Fußweg. Aber das Anziehen der Sportschuhe, usw. kostete ja alles noch Zeit. Das Zuspätkommen wäre ja mit einem Punkt geahndet worden. Anmerkung: damals gab es noch so ein Punktesystem bei Regelverstößen. Man hatte dann mit Repressalien zu rechnen. Ich glaube, bei 3 Punkten haben sie einen nach Hause geschickt. Schlussendlich war es so, dass wir es gerade noch geschafft haben. Ich war völlig außer Puste, -von dem Rennen. 1 min. hatten wir noch, bis zum Beginn. Trotzdem hatte (zumindest, ich) die Überlegung: -es ist ja egal, Hauptsache, wir haben es noch geschafft!

Eine Sache, die ich auf der Station P2 immer gern gemacht habe, ist das „lebenspraktische Training". Damit ist nichts anderes, als das Saubermachen des Zimmers gemeint. Es war immer Freitag, nachmittags. Schon der Zeitpunkt war klug gewählt. Man kam da schon immer in eine Art Wochenend- Stimmung, hinein (lediglich die Tanztherapie, -abends war noch). Es war ja auch in eigener Sache, damit wir uns wieder wohlfühlen, in unserem gereinigten Patientenzimmer. Es waren ja nur 2 große Räume, und irgendwie ging es eben. Ich meine, in Bezug auf meine Kraftlosigkeit. Ich bin ja selbst ein sehr Reinlichkeit liebender Mensch.

Ich hatte das immer so gemacht: vorher habe ich mir meine Sporthosen angezogen, -ein T-Shirt (damit ich nicht so schwitze), -und meine Sportschuhe. Das sah schon erst einmal gut aus. Aber ich denke einmal, es hatte auch einen praktischen Wert: denn, durch die Sportschuhe hatte ich einfach mehr „Grip" (auf dem Linoleum). Naja, den Spiegel putzen, die Toilette saubermachen. Und im Aufenthaltsraum den Nachttisch- Schrank. So etwas, alles, eben. Dafür waren nur 25 min. Zeit. Die Musik wurde laut aufgedreht, -auf den Zimmern der Patienten. Das heißt, ich hatte ja keinen CD- Player, -wohl, aber, mein Zimmernachbar.

Eine Schwester sagte einmal, es wäre die Therapie, wo es die meisten Punkte geben würde (ich erinnere: es sind Straf- Punkte, wenn etwas nicht so gelaufen ist, wie es hätte tun sollen). Ich vermute, dass viele Patienten es eben nicht so genau nahmen, mit der Zimmerreinigung. -Ich tat dies aber! Es war auch genau getimt: nicht 1 min. später durfte man wieder am Material- Ausgaberaum sein. Und das Putzzeug wieder abgeben. Und dann gab es noch einen „Verantwortlichen für das lebenspraktische Training". -Einen Patienten, der die Eimer herausgab, und das Putzen zu Beginn erklärt hat. Diese Funktion habe ich auch gern gemacht. Aber eigentlich hatte ich auch immer ein bisschen Angst davor. Denn gerade, wenn es so um das Saubermachen geht, -wo jeder „Etepetete" ist, -es noch anderen erklären wollen, war schwierig.

Nachdem das lebenspraktische Training beendet war, habe ich erst einmal, unten, ein paar Zigaretten geraucht. Dies war alles sehr entspannend für mich. Denn, -bis zur Essensbestellung war ja noch eine halbe Stunde Zeit…

Im Folgende möchte ich einmal kurz berichten, wie ich verschiedene Personen wahrgenommen habe: -da war zum einen die junge Frau, die eine narzisstische Persönlichkeitsstörung hatte. Sie gebar sich so, als wenn sich alles nur um sie drehen würde. So, als wenn die anderen ihre Leistung nicht genug würdigen würden. Eigentlich tat sie mir leid. Als, wenn sie eine Extraportion Zuneigung gebraucht hätte. -Und das zog sich so bei ihr durch. Soviel ich weiß, bewarb und bewarb sie sich bei Firmen um eine Arbeitsstelle. -Und hatte doch keinen Erfolg! Als Außenstehender hätte man gesagt, ob nicht irgendwo anders der Fehler zu suchen sei. Ich möchte sie gern bezeichnen als die Frau, die so gerne wollte, -aber leider nicht konnte! Na, und dann: bei der „Pantomime", -aus Spaß wurde Ernst. Die Pantomime ist eine Therapie, wo die Patienten nonverbal, -also nur durch Zeigen mit Händen und Füßen einen kleinen Satz erraten müssen, den die Therapeuten speziell für die betreffende Person „zugeschnitten" haben.

Eigentlich eine Therapie, wo man mal so richtig abschalten konnte. Aber es ist ja nur ein Spiel gewesen. Und wenn wir partout den Lösungsbegriff nicht erraten konnten, dann half auch kein „verrücktspielen". Also, sich dermaßen

das soll ein kleines MRT sein....

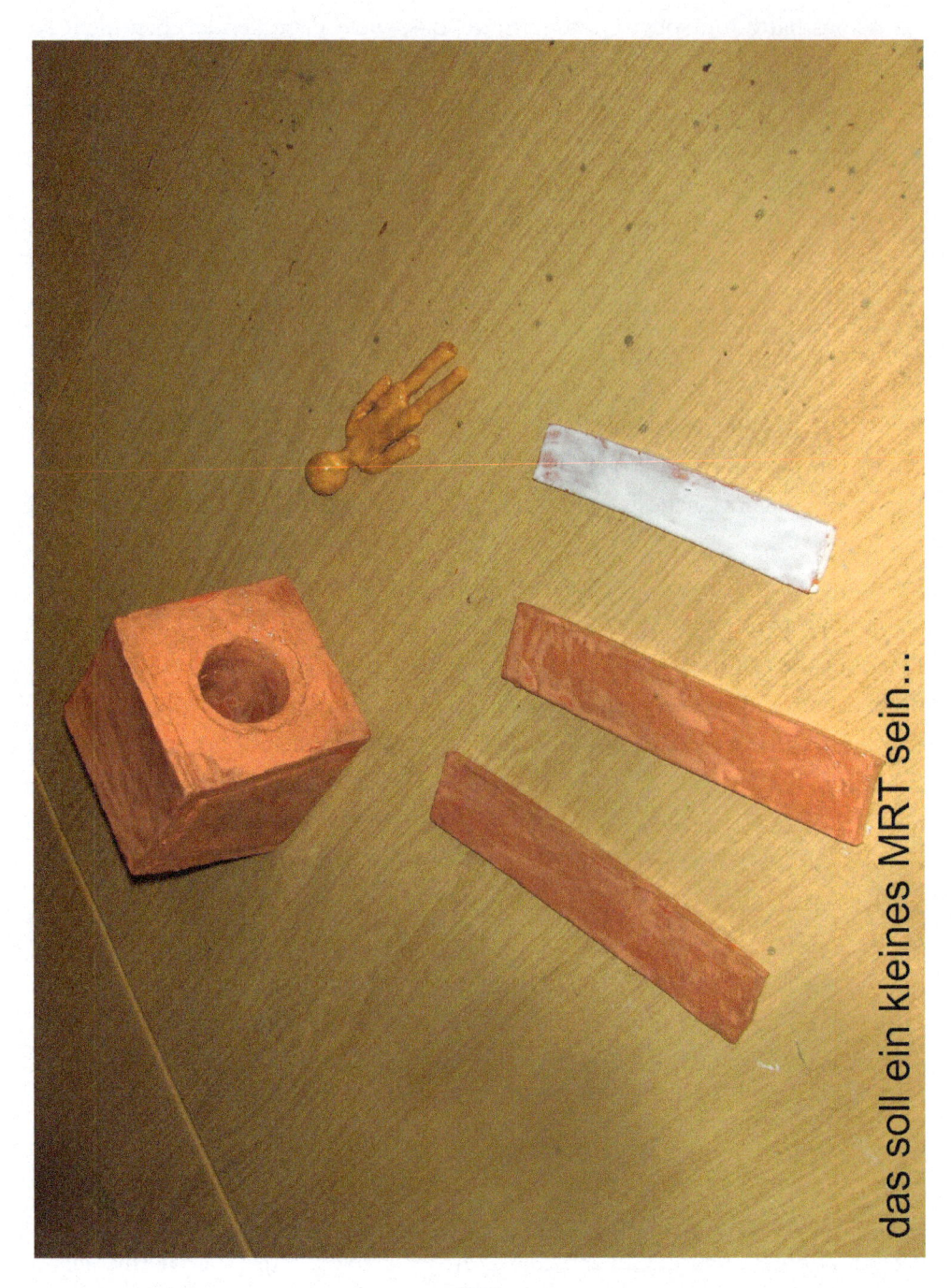

hineinzusteigern, und es (vergleichsweise) als das Wichtigste im Leben zu betrachten, diese Pantomime - Aufgabe zu lösen. Dann erzählte sie einmal, wie sie alle Dokumente und Fotos von der „Hub" (gemeint ist die Hubertusburg, - also die Klinik) sorgfältig in einem Karton gesammelt hat, und aufheben will, als Andenken von Wermsdorf. Natürlich habe auch ich ein paar Dokumente noch von Wermsdorf. -Das stimmt schon. Nur, mir kam das dort, bei ihren Schilderungen, irgendwie ärmlich vor. Sie selbst könne ohne Schlaftabletten überhaupt nicht mehr schlafen. Ja, -so musste man sich sie vorstellen. Deswegen haben wir sie trotzdem alle geliebt.

Dann war da mein Zimmernachbar, Tino. Soweit ich weiß, hatte er Missbrauch, als Kind. Ob er nun aus diesem Grund zur Borderline- Persönlichkeit geworden ist, weiß ich nicht. Fest steht: er hatte diese Diagnose. Er war ein lieber Kerl, -aber auch er hatte Stimmungsschwankungen. Und zwar, enorme. Eines Tages, -ich ging gerade in unser Zimmer hinein, rief er mir aus dem Bad zu. Ich solle einmal schnell die Schwester holen, -er habe sich wieder schlimm verletzt. Mit Rasierklingen.

Ich sah dann aber nur das Resultat: dass er mit weißen, dicken Mullbinden um beide Arme aus dem Schwesternzimmer kam. Und ein anderes Mal lag er, -am Tag, schon, zugedeckt in seinem Bett. Und die Schwester brachte ihm schnell ein paar Medikamente - Tropfen im Becher. Er solle es trinken, -der Therapeut hätte es so angeordnet. Ich habe es nicht gesehen, aber sicher weinte er, in seinem Bett. Vorausgegangen war dem, dass er ein (Einzel-) Therapeutengespräch hatte. Und bei den Borderline- Persönlichkeiten muss man da immer aufpassen, als Therapeut, dass man nicht zu weit „bohrt", mit seinen Fragen. Auf alle Fälle muss er wohl in der Aufarbeitung seiner Lebensgeschichte an einem kritischen Punkt angekommen sein… Hinterher ging es ihm aber besser. Tino gehörte sicher zu den Menschen, die schon sehr früh in ihren Leben Verantwortung übernehmen mussten.

Bei Tino fällt mir sogar noch eine dritte Sache ein: -ich habe das in Wermsdorf das erste Mal gesehen. Die sogenannten Skills. Das sind (meist bei Borderline- Persönlichkeiten) Austauschhandlungen für schädliches Verhalten. Ein schädliches Verhalten ist zum Beispiel das sich „Ritzen", -sich schneiden. Bis das Blut kommt. So, -und der Skill ist nun etwas, was man stattdessen machen kann. Nämlich genau dann, wenn der Belastungsdruck zu groß wird, und man sich am liebsten gleich wieder schneiden möchte. Wir haben das dann dort (bei späteren Klinikaufenthalten) alles gelernt bekommen, -bis ins Detail. Und bei Tino war es so, -so empfahl ihm es ihm sein Therapeut, -er solle stattdessen diese Piri-Piri (Peperoni) essen. Das sind so ganz kleine, scharfe Paprikas. Man versucht damit, sich wieder „zurückzuholen", -wieder Empfindungen zu spüren. Diese gab es im EDEKA- Markt in Wermsdorf zu kaufen. Ich habe das dann auch einmal für mich probiert, ob das auch etwas für mich wäre. Mit mäßigem Erfolg. Tino hatte die en gros gegessen.

Mit ihm konnte man überdies „Pferde stehlen", -zumindest, wenn es ihm gut ging. Er war sozusagen, der Bär, im Tierreich. -Und stellte diesen sogar einmal dar, nämlich bei einer Abschlussfeier. Na, -nun noch kurz: jeder Patient, der Wermsdorf wieder verließ, durfte sich beim „KBT" etwas wünschen. Was speziell für ihn gemacht wurde. „KBT", -das heißt Kommunikative Bewegungs- Therapie, und das ist, wie Sport. Schwer zu erklären. Jedenfalls, bei diesen „KBT" ging eine Mitpatientin, und verlies uns. Und sie wünschte sich (als ihr Abschiedsgeschenk) einen Zoo. Dargestellt, von den Mitpatienten. Ich war z.B. einer, der 2 Affen, usw. Jeder hatte sein „Debüt", und es gab viel zu Lachen. Ja, und so ist mir Tino in Erinnerung geblieben, -als dicker Bär! Bei seinem Entlassungstermin aus der Klinik war auch noch nicht alles zu 100% in „trockenen Tüchern". Bei seiner Entlassung war er vielleicht auch noch nicht stabil. Und, mir bleibt zu hoffen, dass er sich in der „Außenwelt" wieder hat einleben können.

Dann war da die junge Frau mit ADHS- Syndrom. Sie bekam (genau, wie ich) diese eiweißhaltige Trinknahrung (Kosmonauten Nahrung) von der Station.

Aber sie: weil sie ein Kind bekam. Ich hatte mich mit ihr gut unterhalten. Und die Patienten mit diesen Aufmerksamkeit - Defizit - Syndrom sind oft sehr spontan und kreativ. Fassen oft schnelle Entschlüsse. Für mich, manchmal, etwas zu schnell. Aber, naja. Wie ich mitbekam, klappte es wenigstens mit ihrem Freund. Ob sie Ritalin ® bekam, weiß ich nicht, denn sie war ja kein Kind mehr.

Als nächstes war da so eine kleine Patientin, mit Brille. Sie hatte Angst- und Panikstörung. Konnte nicht alleine mit dem Fahrstuhl fahren, -nur in Begleitung der Schwester. Was hat sie manchmal gewimmert, als sie mit uns mit dem Fahrstuhl fahren sollte. Es ging bei ihr so weit, dass, wenn wir Spaziergänge in Wermsdorf unternahmen, sie nur in unmittelbarer Nähe der Schwester mitgehen konnte. Auch bei weiß ich nicht, ob sie ein Mittel gegen ihre Angst- und Panikstörung bekam.

Dann sind noch 3 Personen zu erwähnen. Zum einen den Lehrer. Ich glaube, - er war Lehrer in einer Sonderschule. Er ist aber in die Psychiatrie gekommen, weil er Selbstmordabsichten hatte. Ich weiß nicht, ob er während seines Klinikaufenthaltes wieder etwas mehr Zuversicht und Lebensmut erlangen konnte. Ich hatte das Gefühl, er hatte Angst, dass er schon kognitive Beeinträchtigungen haben könne. Das heißt, dass sein Geist schon gelitten hatte. Dafür spricht auch, dass er sich immer so Ginko- Präparate (und sonstiges!) in der Dorfapotheke kaufte. Naja, als Lehrer ist das ja sicher eine wichtige Sache, noch klar bei Verstand zu sein.

Er hatte auch mir versucht, mit Ratschlägen und Tipps zu helfen. Das, was er hatte, nannte sich wahrscheinlich eine Depression. Als Nächstes möchte ich über Melanie sprechen. -Schwerbehindert- (na klar, das waren ja die meisten sowieso, hier!) Ebenfalls Borderline- Persönlichkeit, -auch mit „Ritzen". Aber sie litt zudem noch an einer schweren Augenerkrankung, -war, damals schon, stark sehbehindert. Wie sie erzählte, würde ihr Sehvermögen immer mehr abnehmen. Sonst aber ein Engel, von einem Menschen, immer hilfsbereit.

Zwar schon mit Drogenerfahrungen, -aber nur „leichtes Zeugs", -Haschisch, usw. Viele Patienten, dort, hatten Mehrfachdiagnosen, -so auch sie. Sie hatte im Weiteren Bulimie. Und darum habe ich mich mit ihr auch oft über Essstörungen unterhalten. Sie half mir, einmal, eine Musik CD (von der Schwester) zu abzukopieren. Auf dieser war nämlich noch ein Sport- Übungs-Programm aus DDR- Zeiten darauf. Eine Rarität! Ich habe diese CD bis heute. Und wenn ich einmal wieder in Erinnerungen schwelgen will, höre ich mir diese an. Allerdings, diese CD wird im (Standard-) Therapieprogramm in Wermsdorf nicht verwendet.

Zum Abschluss wäre da noch Sina zu erwähnen. Ein hochintelligenter Mensch (mit Abitur). Sie hatte eine sog. „schizoide Persönlichkeitsstörung". Aber sie lebte in ihrer eigenen Welt. Nach ihren eigenen Angaben hatte sie versucht, - noch bis zur 8. Klasse, durch Vergabe von „Gummibärchen", -Freunde für sich zu gewinnen. Aus ihrer Schulklasse. Scheinbar, -ohne Erfolg. Sie war noch eine junge Frau, -und ihre Eltern traf ich einmal, bei uns, im Treppenhaus. Mit mir, jedenfalls, wollten die nichts zu tun haben (mit meinem ruinierten Gesicht!). Nach eigenen Angaben wurde Sina getrimmt, auf das 1ser Abitur, von ihren Eltern, -mit dem Preis, dafür, in der Psychiatrie „zu landen". Schlimm, -so etwas. Tja, -man mag heute sagen: Menschen, ohne Zahl. -Die vielen, verschiedenen Schicksale, die es gab…

Das waren so die wichtigsten Mitpatienten von mir bei meinem ersten Aufenthalt in Wermsdorf. -Es folgten viele neue Patienten, die kamen. Und ich gebe zu, -es machte mir einen Heidenspaß, dass, wo ich Gruppensprecher war, die neuen Patienten (vor allem, die Patientinnen!) einzuweisen. Das begann erst einmal, bei einer gepflegten Zigarette, unten, vor dem Klinikgebäude. Ja, -da waren wir schon die alten (und mein Therapieende war schon in absehbare Nähe gerückt…).

Eine Eigenheit von Wermsdorf war der sog. „Tageseigenbericht". -Immer 17.00 Uhr (bzw. 17.30, bei der zweiten Gruppe), musste ein sog. „Eigenbericht" geschrieben werden. Die Schwester nannte es einmal: „Die besinnliche Stunde." Eigentlich verbarg sich dahinter die Erfassung der Geschehnisse des Tages. Was ist am Tag passiert? Hat es mich weitergebracht, in meinem Aufenthalt, -hier? Was habe ich erlebt? War es positiv, -oder negativ, für mich? Solche Fragen. Und das sollte alles niedergeschrieben werden.

Der Ablauf der Therapien am Tage, -reichte nicht (denn, dass wussten die Therapeuten alleine). Ganze Romane konnte da man schreiben. Aber, es reichte immer eine halbe Seite aus. Allein, schon die Geschehnisse, -pro Tag, in der Ergotherapie… Wie ich später mitbekommen sollte, hatten auch andere Kliniken solche „Tageseigenberichte", -insbesondere die Klinik in Altscherbitz (Schkeuditz). Die Schwestern, -und auch die Therapeuten lasen am darauffolgenden Morgen, dann, den Eigenbericht, -und versuchten, zu helfen. Für mich war immer wichtig, auch die „Depresssionsstärke" mit anzugeben, die ich am Vortag hatte. So starke Schwankungen hatte ich aber eigentlich immer nie. Meistens so, auf der „3", -auf einer Skala bis „10". Die Depressionen waren in Wermsdorf meistens nicht so stark. -Ich kam gut mit dem Konzept, dort, gut zurecht.

Eine andere wichtige Sache in Wermsdorf war der sog. „Lebenslauf". Ich weiß nicht mehr genau, ob er immer donnerstags, oder freitags stattfand. Und später ist er aus Gründen, die ich noch nennen werde, auch abgeschafft worden. Jeder Patient musste, wenn er schon ca. 3 Monate in Wermsdorf war, einen Lebenslauf abhalten. In der Gruppe. Das heißt, alle saßen im Kreis, und der betreffende Patient musste aus seinem Leben erzählen. Im Kern ging es darum, warum er hier, -in die Psychiatrie gekommen ist. Das war eine gefürchtete Therapie von den Patienten, -auch ich hatte davor Angst. Ich glaube, es war eine ¾ Stunde, in der man sprechen konnte (besser: musste!).

Vor mir kam Tino dran, -mein Zimmernachbar. Lediglich ein kleines Stofftier konnte man, -als erzählender Patient, -in der Hand halten. Vom Zettel ablesen „war nicht". Das versuchte einmal eine Patientin, -wurde aber abgewiesen, damit. Wie auch immer, -schon bei Tino seinem Lebenslauf war es ein Grauen, zuzuhören. Es war auch gestattet, den Raum (als zuhörender Patient) zu verlassen, wenn es zu viel wurde. Tino berichtete von seinem Missbrauch in der Kindheit, und, wie er aufgewachsen ist. Man konnte nur mit dem Kopf schütteln. -Aber wir waren ja auf alles gefasst… Und dann kam ich dran, -1 Woche später. Ich glaube, der Stationsarzt saß bei meinem Lebenslauf mit drin. Hörte sich alles an.

Manchmal saß auch die (Psycho-) Therapeutin, -die Frau Oelschlaegel, -mit drin. Aber bei mir war es, -glaube ich, -der Stationsarzt. Auf alle Fälle war mein Stresspotential an dem Tag sehr hoch. Aber 2 Sachen waren da, die es hat mich möglich machen lassen, diesen Lebenslauf überhaupt abzuhalten: -zum einen hatte ich ein Konzept, -wollte alles ein bisschen ins Komische ziehen (obwohl es das nicht war!). Und zum anderen kannte ich alle Patienten, die mir zuhörten, wusste, dass sie mich unterstützen würden. Und so kam es dann auch. Und meine Angst, die ¾ Stunde nicht ausfüllen zu können, war völlig unbegründet. Im Gegenteil: -ich musste aufpassen, dass ich nicht „überziehe". Ich muss dazu erzählen, dass wir eine neue Patientin hatten. Und sie hatte scheinbar Probleme, mit dem Denken. Sie hatte eine Psychose, -so viel weiß ich. Bekam auch starke Medikamente. Ich kann hier nur mutmaßen, -und ich weiß noch nicht einmal, ob es so etwas gibt. Aber mir kam vor, als wollte sie sich mit Drogen das Leben nehmen. -Dies misslang aber. Zurückgeblieben ist jedoch eine geistige Schädigung. Wie gesagt, -es ist eine Vermutung. Sie war noch jung, -kam deshalb auf die Station P2.

Auf alle Fälle wurde sie im Anschluss an meinem Lebenslauf gefragt, was sie für Eindrücke hätte. -sie sagte nur, es wäre viel für sie gewesen, -an Informationen. Zu viel. Wo ich fertig war, mit erzählen, herrschte allgemeine Stille vor, -Fassungslosigkeit! Zeit, um die Eindrücke auf sich wirken zu lassen.

Ohne Worte. Selbst Tino sagte im Anschluss zu mir, dass er völlig traurig sei, - beinahe den Raum verlassen hätte. Der Lehrer, der neben mir saß, im Lebenslauf (und das war gut, so!), -rechts neben mir, -und das weiß ich noch, sagte gleich im Anschluss, wo ich fertig war, -mit trockener Kehle: ich hätte es gut gemacht, -hätte den Lebenslauf gut „herübergebracht". Und ich war auch selber froh, dass ich es hinter mir hatte. Vielleicht sogar, ein kleines bisschen Stolz auf mich selber.

Ja, -nun wussten die Mitpatienten über mich Bescheid, -konnten mich noch besser einschätzen. Später, dann, -ich sagte es bereits, -wurde der „Lebenslauf" abgeschafft. Zu groß müssen wohl die psychischen Belastungen gewesen sein. Wenn Patienten dort von ihrem Innersten erzählen. Mir machte es aber trotzdem nichts aus, -weiß, dass auch der Lebenslauf Bestandteil von Wermsdorf war. Und es war ja auch so angelegt, das noch am selben Abend ein Diskothekenabend (im Fachjargon: Tanztherapie) dort war. Also, wo man (sehr wohl) wieder „herunterkam".

Apropos Tanztherapie: na klar war es so, dass es Spaß gemacht hat. Tanztherapie, -das organisierten 2 Patienten, -Freitag, Abend. Ich war da auch mal dran, -mit einer Mitpatientin. Und damals (nicht mehr heute) war es so, dass auch immer Knabbereien und Getränke eingekauft worden sind. Wir hatten (von der Schwester) dafür einen kleinen Fond. Und so zogen wir, am Nachmittag los, zum Netto- Markt, und haben Salzgebäck eingekauft. Und das war so, wo ich dran war, mit meiner Mitpatientin, dass sie sagte: „Den Spaß machen wir uns, -wir kaufen ganz scharfes Zeug ein, -Chili- Chips, -scharfen Dip, und so". Und so machten wir es dann auch. Ich muss dazu erzählen, dass heute oft die Tanztherapie („Disco - Abend") von den 2 Stationen P2 und P4 gemeinsam durchgeführt werden, -im Ergotherapie Gebäude. Aber das war eben damals nicht.

Jedenfalls, -an dem besagten Abend sollte es trotzdem schiefgehen! Ich hätte es nie gedacht, dass es so weit kommt... Was war geschehen? -Wir haben alles schön vorbereitet, -dekoriert, und so. Auch mit dem Chili - das war alles perfekt. Aber allein, durch die falsche Liederauswahl wollte an dem Abend keine richtige Stimmung aufkommen, -niemand tanzte. Oder war es nur Opposition? (Auch) ich hatte die Situation falsch eingeschätzt. Und ich muss gestehen, ich würde so etwas nie wieder machen… Aber ich sagte zu ihr: „Na, -wollen wir nicht lieber die klassischen Lieder spielen, -die, die immer gespielt werden?"

Und das war wohl zu viel. -Brachte „das Fass zum Überlaufen". -Sie zog ihren USB- Stick aus dem HiFi- Radio, und verließ rennend den Raum. Die Musik war aus. Die Schwester war ja auch nicht im Raum. Wie wir dann später erfuhren, war meine Mitpatientin aus der Klinik „abgehauen". Keiner wusste, -wohin. Für mich war es damals zu unwichtig, -leider. Denn ich weiß nicht mehr, -ob sie wieder zurückgekommen ist, in die Klinik. Ich glaube nicht, - denn ich sah sie ja nicht mehr (solange ich dort war, -in der Klinik).

Jetzt möchte ich gern etwas über die Reittherapie schreiben. Eine solche Therapie wird in Wermsdorf auf der Station P2 angeboten (nur, dort). Gerade, weil es junge Menschen, dort, sind. Sie sollen so eine Beziehung zu dem Tier herstellen. Ich, -mit meiner autistischen Störung bekam dann auch diese Therapie dort angesetzt. Unter den Patienten auf der Station wurde gemunkelt, dass gerade jener diese Therapie verschrieben bekommt, der sie am wenigsten haben möchte. Bei meinen zahlreichen Aufenthalten im Krankenhaus Wermsdorf war ich mehrmals zum therapeutischen Reiten geschickt worden.

Die Pferdepflegerin, dort, ist die Frau Ohms. Man geht zu Fuß etwa 15 min., von der Klinik aus, bis zur Ortsmitte. Zum sog. „Alten Jagdschloss". Das ist so ein großer Innenhof. Das Rathaus befindet sich dort, die Kirche, ein Standesamt und die Tourist- Information. Dies alles, auf der rechten Seite. Und auf der linken Seite sind die Stallungen für die Pferde. Als ich das erste Mal dort war, wusste ich nicht, wo wir uns treffen sollen. Aber alles klappte prima, -ich habe mich mit der Frau Ohms (über die vielen Jahre) angefreundet.

Naja, -und das Reiten begann immer gleich: Das Pferd wurde aus dem Stall geholt, draußen, vor dem Gebäude festgebunden. Dann wurde es erst einmal gestriegelt. Und die Hufe saubergemacht. Danach durfte man das Tier (meist) führen, an der Leine. Lief von dort bis zu der 3 min. entfernten Reithalle. Dort angekommen begann die eigentliche Reittherapie. Wie man sich das eben so vorstellt, -man saß auf dem Tier, -wurde geführt, von der Pferdepflegerin. Und drehte dort seine Runden (in der Reithalle). Natürlich fragte sie, wie man sich jetzt fühlen würde, -was man empfinde. Den Sinn, des Ganzen habe ich, ehrlich gesagt, auch nie richtig verstanden. Aber es ist egal, -es gehörte eben irgendwie mit dazu. Und es war auch so, dass meine Mitpatienten immer ein paar Brötchen (vom Frühstück) aufgehoben haben. -Diese habe ich dann auf der Station getrocknet, -aufgeschnitten. Na, ein paar Tage. Die wurden dann steinhart. Und dann habe ich sie mitgenommen, zu der Reittherapie.

Das Pferd hat sich natürlich darüber immer gefreut. -Aber auch die Frau Ohms, selbst, hatte immer ein paar „Leckerlis" in ihrer Tasche. Wenn das Tier artig war, -und alles so gemacht hat, wie wir uns das vorgestellt haben. Immer 6x Reiten waren das. Schön war es trotzdem, -weil es einmal ein anders Erlebnis war. Den letzten Tag hatten wir sogar ein kleines Hindernis aufgebaut: das „Springreiten", -wenn man so will. Die Frau Ohms gab mir viele Tipps, für das Leben, wieder zu Hause. Denn das war ja das große Ziel: wieder zu Hause „zurechtkommen". Zum Abschluss durfte man das Pferd noch bis in den Stall bringen. Naja, -ich sage es einmal so: wer das denn mochte. -Für mich waren es bloß ein paar Schritte, mehr zu gehen.

Ich hatte keine Empfindungen für das Tier, -leider! Und wieder zurückgekommen, in der Klinik gab man den Therapiezettel ab. Und da hatte ja meist schon die (schon erwähnte) „besinnliche Stunde" begonnen. Also die halbe Stunde, wo man den Tageseigenbericht schrieb. An (bereits) begonnenen Therapien brauchte man aber nicht mehr mit daran teilnehmen. Also folgte das Abendbrot Essen, -und der Rest des Tages. Allerdings: meist noch, -nach dem

Abendbrot, war noch eine Therapie. Zu dem Reiten ist nichts mehr dazu zu sagen. Ich komme vielleicht später noch einmal darauf zurück. In einer meiner weiteren (Klinik-) Aufenthalte in Wermsdorf.

Wenn man über Wermsdorf schreibt, darf man den Fall „Jahnke" nicht unerwähnt lassen. „Jahnke", -er heißt genau: Karl Hans Janke war Patient in der Klinik in Wermsdorf. Er litt unter Schizophrenie und lebte von 1950-1988 in dieser Klinik. Damals noch im Schloss Hubertusburg, -was zu DDR- Zeiten als psychiatrische Klinik genutzt wurde (ich berichtete!). In seiner Freizeit war er Tüftler und Erfinder. Er baute z.B. Modelle von (möglichen) Weltraumflugkörpern. Viele seiner Zeichnungen sind bis heute erhalten. Es sollen noch ca. 2000 sein. Vom nachfüllbaren Kugelschreiber bis zum Vorläufer vom (heutigen) Navigationssystem. Der Weihnachtsstern, -ein elektrisch betriebener Roller für Erwachsene. Aber auch Raketenantriebe (ohne Atomkraft) erfand er. Nur unter Ausnutzung von elektromagnetischem Wellen. Laut Internet gab Janke selbst an, 300-400 technische Neuerungen erfunden zu haben. In seiner Zeit, -damals, sah man ja noch in der Kernenergie die Zukunft der Menschheit. Er aber, hatte meist Raketenantriebe unter Ausnutzung elektromagnetischer Wellen, im Blick. Mich beeindruckte besonders, dass er z.B. Teile der Pflanze mit Antennen verglich. Ihre Blätter. Auf so etwas muss man erst einmal kommen! Er beschrieb aber auch nie bis ins Detail, wie z.B. seine Weltraumantriebe funktionierten. Auf alle Fälle wurde sein Schatz (die vielen Modelle und Zeichnungen) mit der Wiedervereinigung Deutschlands auf dem Dachboden der Klinik geborgen.

Es gibt eine ständige Ausstellung Jankes in der Gasse, die zum Schloss Hubertusburg führt. Dort kann man alles im Original sehen. Wir haben da z.B. in unserer Klinik einmal eine DVD gesehen. In ihr ging es um das Lebens- und Schaffenswerk Jankes. Alles wurde erzählt. Genau genommen sind es sogar 2 DVDs. Und ich habe beide noch in meinem Besitz. Der Verein „Rosengarten e.V." unterhält die Ausstellung. Der Film über den Herrn Janke wurde auch schon mehrmals im Fernsehen gebracht. Ich stehe dazu folgendermaßen: Ein

Teil seiner Erfindungen war gut, -auch heute noch. Man kann sie wirklich als Erfindungen, bzw. Neuerungen bezeichnen. Aber ein anderer Teil war nicht praxistauglich. Er hat viele, seiner Erfindungen auch eingereicht, z.B. bei der „Interflug" (das war die ehemalige Fluggesellschaft der DDR). Ist jedoch abgewiesen worden, -mit der Begründung, seine Erfindungen gehören mehr in den Bereich: „Kunst". Also die bildende Kunst, -Bilder, usw.

Auch im Radio wurden schon viele Berichte über ihn gebracht. Mittlerweile sind alle seiner (noch erhaltenen) Zeichnungen im Internet veröffentlicht worden. Soviel ich weiß, war er sogar in Peenemünde, mit dem Wernher von Braun, zusammen. Aber der Herr Janke wollte nichts mit Kriegswaffen zu tun haben, und hat sich deswegen distanziert. Wir, -als Patienten von Wermsdorf hatten bei der (Dauer-) Ausstellung von ihm immer ermäßigten Eintritt. Haben viel diskutiert über ihn, -im Anschluss an den Janke - Abend, -bei uns, auf der Station. Der Verein „Rosengarten e.V." will (oder muss) natürlich auch Einnahmen finanzieller Art haben. Und darum werden jedes Jahr z.B. auch neue Kalender verkauft. Solche, wo die Erfindungen Jankes drauf abgebildet sind. Diese Hochglanz- Kalender. Aber auch, z.B. Postkarten, oder Kugelschreiber von dem Herrn Janke sind darunter. Alle erhältlich, in der Ausstellung Jankes. Der Verein „Rosengarten e.V." will (oder muss) natürlich auch Einnahmen finanzieller Art haben.

Ich möchte aber im Folgendem auf etwas Neues zu sprechen kommen: Nämlich darüber, was in der Ergotherapie „abging". Es war nämlich so, dass – in den ersten Jahren die „Therapie - Aufträge" noch leger gehandhabt worden sind. Das, was wir in der Ergotherapie zu „produzieren" hatten. Eigentlich hatte jeder Patient immer freitags, -in der „kunsttherapeutischen Visite" ein Projekt zu zeigen. Das, was in der Ergotherapie gemacht worden ist. Aber nicht irgendetwas. Sondern etwas, was einem der Therapeut eine Woche vorher aufgetragen hatte. Was einen (festen) Therapiebezug hatte. -Wie, z.B.: „Stellen Sie Ihre Mitpatienten als Tiere dar!" Dann musste man das umsetzen, - und sich Gedanken machen, wen man als welches Tier sieht. Dann habe ich es so gemacht, -in der Ergotherapie, die einzelnen Patienten zu fragen, wie sie sich sehen würden, -als Tier. Das half mir dann schon etwas weiter. Aber, -wie bereits erwähnt, waren die Therapieaufträge in den ersten Jahren „globaler" gefasst. Und es muss wohl so gewesen sein, dass mein erster Therapieauftrag hieß: „Zeigen Sie uns etwas, über Ihre Hobbys!" Und so machte ich das dann auch. Habe jede Menge Laborgeräte aus Ton gebaut, -in der Ergotherapie. So, -Schmelztiegel waren darunter, aber auch Pfannen und Schalen.

Eigentlich angeregt von dem Buch, was ich aus meinem ersten Klinikaufenthalt (in Zschadraß) erhalten hatte (vom Stationsarzt, -ich berichtete!). Dort wurde geschrieben, von dem Mittelalter, den Alchemisten, und so. Und da waren viele Laborgeräte drin, -Retorten aus Steingut (bzw. Ton). Das war die ideale Anregung für mich, selbst so etwas in der Ergotherapie zu bauen. Und dann wurden die „Exponate" vorgestellt, -in der sog. „kunsttherapeutischen Visite". Geleitet hat diese in dem Moment der Stationsarzt. Aber auch die Psychotherapeutin übernahm manchmal diese Aufgabe.

An dem Tag war es aber gerade der Stationsarzt. Ich muss voranschicken, dass der Stationsarzt ein ausgebildeter Psychiater war. Und, wo ich meine Laborgeräte vorstellte, stellte er dazu kluge Fragen. Und man merkte, dass er „vom Fach" war. Die genaue Fragestellung weiß ich heute leider nicht mehr, aber ich erzählte ihm (und der Gruppe), dass ich gerne auch so ein Alchemist geworden wäre. Wie diejenigen, im Mittelalter. Warum? Weil es eigentlich eine saubere Arbeit ist. Und man auch immer ein bisschen zu den Akademikern gehören würde. Ich wäre also (um beim Mittelalter zu bleiben), im Hofstaat nicht der allerletzte gewesen. Sondern würde zum „bessergestellten" Klientel gehören. Zur Intelligenz!

Das war ein erhebendes Gefühl für mich, -es vor der (Patienten-) Gruppe auszusprechen. Und dass ich die Akzeptanz (in dem Moment) von der Gruppe hatte. Denn, -wie ich bereits beschrieb, gehört man als Chemiker auch ein kleines bisschen zur „oberen Schicht", -die mit Arbeit nicht so viel zu tun haben wollen. Jedenfalls, keine körperliche. In diesem Moment merkte ich, das die Therapie, dort, mir etwas gebracht hat, -zumindest etwas. Ich erhielt dann, später, andere Therapieaufträge. Zum Beispiel, Menschen „zu bauen". Die Reflektion mit meiner Essstörung (Anorexie) war einfach zu wichtig. Und die hat auch irgendetwas mit Menschen zu tun.

Jedes Jahr, -in der 2. Oktoberwoche fand in Wermsdorf das Horstsee-Abfischen statt. Aber es ist so, dass, ab dem Jahr 2020 erstmalig diese Veranstaltung abgesagt werden musste. Wegen der Corona Pandemie. Heute, wo ich diese Zeilen schreibe, ist März 2021. Niemand kann zum gegenwärtigen Zeitpunkt sagen, ob auch in diesem Jahr das Fest wieder ausfällt. Es sieht wohl ganz danach aus. Trotzdem möchte ich meine Eindrücke schreiben. Weil auch dies ein schönes Erlebnis war. Wir sind ja von der Klinik an den betreffenden 3 Tagen extra eine gewisse Zeit freigestellt worden. Um zu diesem Fest gehen zu können.

Das war noch so ein warmer Spätsommertag. Geregnet hatte es jedenfalls nicht. Die Straße, wo es nach Mutzschen geht, wurde komplett abgesperrt. Und dort stand dann Bude an Bude. So, wie man sich ein Volksfest vorstellt. Mit, -auf der einen Seite Riesenrad und Schießbude. Dann die Stände (Buden) mit allerlei Artikeln, was man preiswert kaufen konnte.

Souvenirs, Schmuck, Vasen, -aber auch Käse, Fisch, Waffeln. Einfach, alles. Und dann gab es den offiziellen Rahmen: -das eigentliche Abfischen, was gezeigt wurde, -am Horstsee. Mit den Netzen und den Booten. Ich habe mir von dort Nähzeug mitgebracht, -brauchte es auf der Station. Die Mädchen (junge Frauen) von unserer Station mögen sich Schmuck mitgebracht haben, -ich weiß es nicht. Man hatte genug Zeit, um die Straßen in aller Ruhe „entlang zu Pilgern". Zur „besinnlichen Stunde" musste man wieder in der Klinik sein.

Es gäbe noch vieles zu berichten, über Wermsdorf, wo ich das erste Mal dort war. Zum Beispiel, wo ich im Gras gelegen habe, -am Anger. Einfach nur in die Luft gesehen habe, und an gar nichts denken musste... Ich möchte es aber erst einmal dabei bewenden lassen. Mit Wermsdorf. Freilich gab ich noch eine sehr schöne Abschlussfeier, dort. Es war ein Kaffeetrinken mit Schwarzwälder Kirschtorte. Ich kaufte extra 3 Torten im Edeka- Markt, -damit es für alle reichen würde. Und das tat es auch: selbst die Schwestern und die Therapeuten bekamen noch ein Stück davon ab.

Im November 2010 bin ich wieder nach Hause gekommen. Aber schon 1 Monat später ging ich wieder in ein Krankenhaus. Diesmal aber in die:

## Aufenthalt in der psychiatrischen Klinik Altscherbitz (bei Schkeuditz, 12/2010 - 01/2011)

Altscherbitz, -das ist ein Stadtteil von Schkeuditz (bei Leipzig). Ich kannte diese Klinik schon von vor über 13 Jahren, wo ich bei der Fa. Dressler (DLS Leipzig, -ich berichtete!) als Wachmann tätig war. Wir bewachten seinerzeit dort die sog. „forensische Psychiatrie". Das sind psychisch kranke, die straffällig geworden sind. Seither hat sich dort (baulich) vieles verändert. Die Strafanstalt befand sich in der Mitte des Klinikgeländes. Mit Stacheldraht, und so. Ob sich dieses Gebäude noch im Jahr 2010 dort befand, weiß ich allerdings nicht. Ich war ja dort in einem „normalen" Krankenhaus untergebracht.

Ich glaube, sie hieß auch Station P6. Alles war im Vorfeld schon verabredet, - die Aufnahme, dort, und so. So lange war ich ja denn dann dort auch nicht. Ich hatte in der Zwischenzeit schon richtig viele Krankenhauserfahrungen gesammelt. Mein Zimmernachbar freundete sich gleich mit mir an. Er war schon wesentlich älter, wie ich, und schenkte mir dann später u.a. so eine Ferrari - Kappe (die ich noch bis heute habe). Erstmal stand natürlich die

Diagnosestellung im Vordergrund, und die Medikation. Den Asperger - Autismus von Wermsdorf konnten die Ärzte mir dort bestätigen. Aber es kam noch neu hinzu: „Hyperkinetische Störung des Sozialverhaltens", F90.1. Oh Gott, -was für ein Wortungetüm! Als Tabletten bekam ich dort das erste Mal die Zyprexa ®. Sie wirkten eigentlich dämpfend, beruhigend.

Ich kam damit erst einmal gut zurecht. Außerdem bekam ich noch (niedrig dosiert) ein Antidepressivum. Da weiß ich nicht mehr, was es für eins war. „Die Klinik hat Etwas!" -so beschrieb es mein Zimmernachbar. Er wollte damit zum Ausdruck bringen, dass die Klinik etwas Besonderes sei. Und das stimmte auch: in ihr war nämlich ein spezielles Raucherzimmer. Da ich ja dort auch geraucht habe, war dies für mich sehr interessant.

Nämlich, -man konnte noch bis sehr spät abends oder am zeitigen Morgen dort hereingehen, und seine Zigaretten rauchen. Das Fenster stand dabei meist offen. Dies war sehr entspannend für mich. Ansonsten bot diese Klinik aber auch alles an: Ergotherapie, Musiktherapie, usw. Es gab dort sogar eine Station für die (Langzeit-) Psychotherapie. Ähnlich, wie in Wermsdorf. Ich sehe sie heute, noch, vor meinem geistigen Auge: junge Menschen, -die ärmsten der Armen. Mit ihrer Kanne Kamillentee… -So blieben sie mir in Erinnerung.

Auch in dieser Klinik wurde großen Wert daraufgelegt, dass immer möglichst viel los war. -Das viel unternommen worden ist. Und das machten wir ja auch: z.B. die Spaziergänge bis in die Stadt „Schkeuditz", hinein. Es war ja auch so kalt, draußen (weil schon Winter war). Einige Patienten besuchten das Planetarium. Dies wurde von den Schwestern, her, angeboten. Prinzipiell konnte man, -von der Klinik, aus, in beide Richtungen gehen. Nämlich nach Leipzig, oder nach Schkeuditz. Straßenbahn gab es natürlich auch, -aber wer nutzte die schon? Nach Leipzig, -da war nach ca. 10 min. Fußweg so ein kleines Einkaufszentrum. Mit Blumen- und Zeitungsladen. Ja, -wie ich soeben im Internet sah, war dort auch ein Netto- Supermarkt. Ich habe dort mal Kugelschreiber gekauft.

Na, -und in die andere Richtung kam man halt nach Schkeuditz. -In das Stadtzentrum. Ich war dort in der Apotheke, -weiß aber nicht mehr, was ich dort gekauft habe. Aber eins weiß ich noch genau: dort, -in einem Geschäft habe ich die 2 Sachen gekauft: Raketen (klar, -es war ja Silvester!) und Eiskonfekt. Jaja, -der essgestörte Mensch… Über die Feiertage sollten alle Patienten nach Hause gehen. Und so tat ich das dann auch. Wo ich Silvester zu Hause war, ist mir auch etwas aufgefallen: -wie jedes Jahr war ich auch diesmal am Silvesterabend „losgezogen", mit meinen Raketen.

Und den alten Friedhof in Brandis angesteuert (er liegt mitten, in der Stadt!). Es hatte sich über die vielen Jahre als gut herausgestellt, dass ich mein Silvesterfeuerwerk (größtenteils) nicht zu Hause abbrenne, -sondern, auf dem besagten Friedhof. Klar, -man muss sich ja auch ausprobieren, wie etwas am besten geht. Sov störte ich keinen in der Nachbarschaft, und konnte schon am zeitigen Abend meine Böller und Raketen alle zünden. Meist habe ich es gefilmt, damit ich es noch meinen Eltern zeigen konnte. Und, -an diesem Abend stellte ich fest, dass ich alles viel bunter gesehen habe. -Die aufsteigenden Raketen im Nachthimmel. Die Fremde gezündet haben. Und, -es war mir klar, dass ich unter den starken Tabletteneinfluss diese Dinge viel stärker wahrnahm. Ob es am Zyprexa ® lag, -oder am Antidepressivum, wusste ich aber nie…

In der Klinik wurde dann auch mit mir ein Fahrtauglichkeitstest durchgeführt, -am Computer. Es ging im Wesentlichen darum, ob ich noch in der Lage war, ein Kraftfahrzeug zu führen. Schließlich stand ich ja unter erheblichen Tabletteneinfluss. Natürlich habe ich bestanden. Aber mir gefiel das schon damals nicht: die Tabletten nehmen, -und dann noch mit dem Auto fahren. -Ich komme aber in Kürze noch einmal darauf zurück…

Zwischen Weihnachten und Silvester war ich in der Klinik, und eine Mitpatientin im Gruppenraum fragte noch, wer mit zur Andacht in die Kirche gehen möchte. Ich hatte da irgendwie eine andere Besorgung zu machen. In der Klinik gab es auch einen sog. Snoozle- Raum. Das war ein Zimmer, wo bloß so eine bequeme Liege darinstand, -ein CD- Player, usw. Dort sollte man bei angenehmer Beleuchtung gut entspannen können. So, jedenfalls, war die Theorie. Eine Besonderheit der Klinik war, dass sie Fußbodenheizung hatte. Das war sehr angenehm, wenn man barfuß im Zimmer stand. -Übrigens: Frühsport wurde im Stationsgang durchgeführt.

Meine Eltern haben mich auch dort besucht. An dem Tag, wo sie kamen, lag so viel Schnee. So, -das sie bald nicht haben, kommen können. Aber es hatte geklappt, -und ich habe mich so darüber gefreut! Auch sind in diesem Zusammenhang die 2 Einrichtungen, dort, zu erwähnen: -Die Cafeteria, und die Bibliothek. Die Cafeteria ist klar: das ist ja in jeder Klinik. -Man konnte dort verweilen, einen Kaffee trinken, und sich schön unterhalten. Und die Bibliothek: das war dort schön, -eine Riesenauswahl an Büchern, VHS - Kassetten, CDs und DVDs war dort. Auch alte Bestände, -aus DDR- Zeiten, waren vorhanden: Schallplatten! Von dieser Bibliothek, aus habe ich sogar einmal einen Online - Chat, mit meiner Mutter, -zu Hause durchgeführt. -Es kostete nicht viel, -die halbstündige Nutzung des Online - Terminals. Ich war dann, -nach meinem Klinikaufenthalt, dort, mit meinem Auto auch in die Klinik gefahren, -habe mir dann dort DVDs ausgeliehen. Weil es ja kostenlos war. Jedoch: eigentlich waren es auch bloß „Klassiker", -alte Filme. Aber es ist egal, -von dieser Zeit habe ich noch ein paar Filme da. Vor allem: „Mr. Been", -über den ich immer wieder lachen kann.

In der Klinik war es auch so, dass auf dem Flur Meerschweinchen in einem Käfig gehalten worden sind. Es sollte beruhigend auf die Patienten einwirken. Auch ein extra eingerichtetes Patiententelefon war vorhanden, wo die Patienten kostenlos telefonieren konnten. Den einen Tag sind wir losgeschickt worden, in die nahe gelegene Helios- Klinik. Der Weg zu Fuß dauerte nur ca. 10 min, -und wir sollten dort ein EEG schreiben lassen.

Jetzt möchte ich erst einmal über einen Lapsus, -der mir passiert ist, berichten: Eines Tages, -dort, in der Klinik, schrieb mir meine Mutter, dass ich von der Polizei in Grimma Post erhalten hätte. Es wäre eine Vorladung / Stellungnahme. Was war geschehen? -Leider muss ich jetzt etwas weiter „ausholen", -sehr weit… Der Leser möge es mir verzeihen. -Ich hatte über die vielen, vergangenen Jahre bis dato immer so kleine Böller gebaut, -zu Hause. Ich will hier keine Anleitung, dazu geben, wie man solche baut, -aber es erscheint mir wichtig zu erwähnen, weil es einen (festen) Bestandteil in meinem Leben darstellte (und bis heute darstellt!). Außerdem ist es ja verjährt.

Für mich, -als Hobby-Chemiker war es immer wichtig, -und gerade, wenn die tristen Herbsttage waren, -meine Stimmung „aufzuhellen". Und bis Silvester war es ja immer noch so lange hin. Also baute ich eben selber Böller (aber nur solche kleinen, -ungefähr in der 10- fachen Stärke, wie man sie kaufen kann). Wie oft war ich da auf dem alten Friedhof, bei uns, im Ort gewesen. Und habe sie gezündet. Die Leute erschrocken…

Zudem kam ja noch, dass man (neuerdings, -naja, seit dem 90ger Jahren) alles Filmen konnte. Sich es später, -quasi, in Zeitlupe noch einmal alles anschauen konnte. Und darum ist eine lustige Episode, die ich gern erzählen möchte, -die Folgende:

Mein ehemaliger (Straßen-) Nachbar, -er war schon lange Rentner. Auch seine Frau. Sie sind später von hier weggezogen, -leider. Sie trennten sich, weil der eine in der Stadt leben wollte, -und der andere eben nicht. Für die Frau habe ich ein paar Mal ausgeholfen, am Computer. So auch, das letzte Mal, wo ich sie sah. Die RAM-Bausteine waren locker geworden, durch Reinigungsarbeiten. Ich weiß nicht, was aus ihnen geworden ist. Aber sie verabschiedete sich von mir, -sagte, dass nun neue Mieter in ihr Haus einziehen würden. Wahrscheinlich wusste sie die ganzen Jahre, mich nicht richtig „zu nehmen". Oder sie war sich einfach unsicher.

Es war jedenfalls Silvester - Nachmittag. Und ich war auf dem „Schützenplatz". Wirklich nur 3 min. Fußweg, von mir, entfernt. Habe dort (in aller Ruhe) meine Böller gezündet. -Alles klappte prima. Und zwar so, dass gleich mehrere Böller hintereinander, -in unmittelbarer Abfolge zündeten. Dann war einfach der „Erschreckens - Effekt" höher. -Ich war ja selber darüber erfreut, wie laut sie knallten! So, regnerisches Wetter war an dem Tag. Naja, -und es war ja auch schon dunkel gewesen. Auf alle Fälle kam ich mit meinem Nachbarn in den darauffolgenden Tagen „ins Gespräch". So, -über den Gartenzaun.

Er sagte mir, dass er sehr erschrocken sei, -Silvester. Und, dass er sich schon gedacht hätte, -das ich es war. Insgeheim musste ich so lachen, darüber. Und habe mich gefreut, diesen Effekt erzielt zu haben… Ja, und dann wurde viel gebaut, -das Haus „an der Ecke", zum Beispiel. Wo es noch nicht stand, habe ich dort 3 Böller gezündet. Ironischerweise hat sogar ein Anwohner (der selber Polizist ist), mit seinen kleinen Kindern dabei dort, -auf der Straße, zugeschaut. Auch dies hat mich sehr gefreut. -Ich sagte dort nur, dass sie einen möglichst hohen Abstand halten sollten, -und es ist ja auch nichts passiert. Ich kann mich erinnern: seine Kinder lachten so laut, als die Böller explodierten. Aber es war so wichtig, -in meinem Leben, -und darum habe ich es auch hier erzählt!

Wie ich schon erzähle, filmte ich meine „Knaller - Experimente" (auch im Sommer!). Und weil das dann trotzdem nicht reichte, schickte ich diese Filmaufnahmen noch an mannigfaltige Institutionen. -Ich gebe zu, dass ich ein kleines bisschen exhibitionistisch veranlagt bin. Unter anderem schickte ich eine DVD mit diesen Aufnahmen eben auch an die Mitgas- GmbH in Sachsen. Und das war denn dann doch wohl ein Fehler! Sie sahen es eben nicht so, -als Ulk (wie ich), sondern übergaben die DVD der Polizei. Schade. Und von denen bekam ich eben (die schon besagte) Post: „Verstoß gegen das Sprengstoffgesetz", -oh jeh!

Aber meine Eltern standen zu mir. Haben dies auch in der Klinik zur Sprache gebracht, das Vergehen. Die Ärztin sagte darauf, dass man das erste Mal wohl mit noch keiner so hohen Strafe zu rechen hätte.
Mag ja sein, -aber wir hätten es ihr auch nicht sagen brauchen. Doch das war eben damals so.

Meine Eltern wollten zu dieser Zeit zu meinem Bruder nach Australien fliegen, -was sie dann auch taten! Aber sie regelten trotzdem noch meine Vorladung beim Polizeipräsidium in Grimma.

Auf dem Polizeipräsidium wurde dann ein Verhör durchgeführt. Der Polizist, dort, war noch ein junger Mann. -Konfrontierte mich mit der DVD (und dem darauf enthaltenen Film). Er gab alles in seinen Computer ein. Und zwar fragte er mich einmal als Beschuldigter, -und dann noch einmal als Zeuge. Er hat es bei einer Verwarnung bewenden lassen. -Sagte, dass er mich auf dem Präsidium nicht wiedersehen möchte. Ich kann mich erinnern: Da saß noch ein anderer Mann, an seinem Schreibtisch. Außerdem sah ich so einen kleinen Tisch - Aufsteller, dort. Es war ein Wimpel, für die besten Schiessergebnisse beim Wettkampf. Scheinbar war er auch ein Waffennarr, -so, wie ich! Aber der Tag ging dann vorbei…

Nach diesem kurzen Exkurs wieder zurück, zu der Klinik in Altscherbitz. Für mich stellten sich nämlich von Anbeginn, dort, -gleich 2 Fragen: -die erste Frage war: Wie geht das an, -Auto fahren, -und diese Art Tabletten einnehmen? -Denn Auto fahren war für mich elementar. Auf der anderen Seite wollten die Ärzte mir durch die Tabletten ein besseres Leben ermöglichen. Hier musste (idealerweise) eine Lösung gefunden werden, wo beides geht. Aber zur Not, -zur größten Not, -würde ich auch auf die Tabletten verzichten.

Das Autofahren war (und ist es auch heute, noch!) einfach zu wichtig, um darauf zu verzichten. Also hier waren noch viele Fragen offen…

Und die zweite Frage war: wie kann ich der (starken) Gewichtszunahme entgegenwirken, die mit der Einnahme dieser Art Tabletten einhergeht? Glücklicherweise gab es (zumindest, -hier!) eine Lösung. Und die nannte sich: Das „BELA - Ernährungsprogramm". Ich, selbst hatte zwar keine Ernährungsberatung in der Altscherbitzer Klinik. Jedoch gab es dort einen Raum, der für solche Seminare vorgesehen war. In unserer Freizeit stöberten wir auch in diesem Raum herum. Und da sah ich sie: so eine dicke Mappe! In ihr befand sich das Schulungsmaterial in Form von Folien für den Tageslicht - Schreibprojektor. „BELA" bedeutet: Bewegung - Ernährung - Lernen - Akzeptieren.

Dieses Trainings- und Lernprogramm wurde von der Pharmafirma „Lilly" entwickelt. Es beschreibt, wie man durch gesunde Ernährung (auch etwas Sport) der starken Gewichtszunahme durch die Tabletten entgegensteuern kann. Mir gefiel diese Mappe sofort. Am liebsten hätte ich sie mit nach Hause genommen. Hauptsächlich Obst und Gemüse essen, und Bewegung mit dem Thera - Band. Natürlich habe ich mir das BELA - Programm, gleich, wo ich zu Hause war, aus dem Internet heruntergeladen, und durchgelesen. In der Klinik habe ich ja nur „überflogen". Ich bekam zu der Zeit, dort auch „meine" hochkalorischen Drinks („Kosmonauten Nahrung"). Mitte Januar sollte es für mich dann dort zu Ende gehen. Es erfolgte ein nahtloser Übergang der Weiterbehandlung in der:

## (Psychiatrische) Tagesklinik in Eilenburg (01/2011 – 02/2011)

Diese Klinik, wiederum, war ein direkter „Ableger" von der Klinik in Altscherbitz. Man geht darum so vor, um die Patienten wieder langsam, an das Leben „draußen" vorzubereiten. Also, erst die stationäre Behandlung, dann die teilstationäre. Und, -zu Hause wieder angekommen, -wenn geht: der Besuch einer Selbsthilfegruppe. So war es auch bei mir. Während beiden Klinikaufenthalten hatte ich viel Zeit. Zeit, -nachzudenken, wie es mit meinem Zwiespalt weitergehen würde: Nämlich die Tabletteneinnahme versus das Autofahren. Es fand also eine Interessenabwägung statt.

Ich entschied mich für das Autofahren, -stellte die Tabletteneinnahme ein. Der Nutzen, den ich durch die Tabletten hatte, war zu wenig. Zwar war es schön, etwas sediert (beruhigt) zu sein, -ja! Es kam aber sonst nichts dabei heraus. Dem gegenüber stand das Autofahren. Das ich mobil bin, -einkaufen fahren kann, -und so. Aber dort, der wichtigste Gedanke war die Perspektive. Denn ich plante schon zu dieser Zeit, wieder einer Beschäftigung nachzugehen. Wo ich mein Auto mit hoher Wahrscheinlichkeit dazu brauchen würde. Anmerkung: ich lebe auf dem Land, -und da ist so ein Auto essentiell! Mein Hausarzt, der mich fragte: „Und, wenn Sie das Auto erst einmal stehen lassen?", -hatte dann nämlich für meine Zukunft keinen Plan. Sonst hätte er ihn mir schon mitgeteilt. Er selbst fährt ja mit dem Auto.

Na, und dann bestand ja auch die (schon besagte) Möglichkeit, Auto zu fahren, und Tabletten zu nehmen. Ich war da aber immer ein Gegner, davon. Nämlich, -weil ich doch schon so schlecht sah. Und dann noch die Bewusstseinstrübung, durch die Tabletten? Nein! Soviel Vernunft hatte ich. Zwar sagte mir einmal eine Psychologin (aus Zschadraß), das durch die modernen Medikamente möglich wurde, dass viele psychisch Kranke trotzdem mit dem Auto fahren können. Aber wir befinden uns hier in einer rechtlichen „Grau Lage". Denn, wenn es zum (Verkehrs-) Unfall kommt, hat man auf alle Fälle eine Mitschuld. Die Medikamenten Hersteller machen es sich hier einfach, denn sie schreiben in ihren Beipackzettel (sinngemäß): „Führen Sie nur dann ein Fahrzeug, wenn Sie sich dazu in der Lage fühlen!" Na, bitte. Da haben wir es.

In der (Tages-) Klinik in Eilenburg wurde auch das ganze Standard - Programm an Therapien angeboten. Ja, -ich traf sogar eine ehemalige Mitpatientin von Wermsdorf dort wieder. Sie zeigte mir dort ihr Buch aus Ton, was sie in Wermsdorf hergestellt hatte. Es gab dort 2 Patientengruppen: eine Kurzzeitgruppe, und eine Langzeitgruppe. Ich war jedoch in der Kurzzeitgruppe. Auch einen Therapie - Hasen (oder war es ein Kaninchen?) gab es dort, -auf dem Flur. Ich war dort jeden Tag mit dem Taxi hingefahren worden. Dies war schon eine kleine „logistische Meisterleistung", weil ja auch noch so viel Schnee lag. Spaziergänge wurden viel unternommen, unter anderem sahen wir die Sprungschanze von Eilenburg (nahe unserer Klinik).

Zwischenzeitlich ist auch einmal routinemäßig Blut abgenommen worden. Ich ahnte schon Schlimmes... Aber noch sollte es dort weitergehen. An Patienten hatten wir übrigens alles, dort. Auch solche, denen aus Sicht der Ärzte nicht geholfen werden konnte. Die „Passung" stimmte nicht. -Was auch immer das ist. Und dann wurde mit mir dort ein (erneuter) Fahrtauglichkeitstest durchgeführt. Das Ergebnis war ernüchternd. Ich wäre angeblich nicht fahrtauglich, weil die Reaktionszeit zu lange war.

Was aber Quatsch war, denn ich nahm seit langer Zeit schon gar keine Medikamente mehr. Tja, -das war ein „Eigentor", -meine lieben Herren Ärzte, und Therapeuten! (Warum ich so einen Rochus auf die Ärzte habe, hat einen festen Grund. Und ich komme gegen Ende dieses Buches darauf zurück.) - Natürlich sagte ich dem Therapeuten nicht, dass es nicht sein kann. Stattdessen dachte ich mir nur meinen Teil. Dort gehörte es fast schon „zum guten Ton", in irgendeiner Art straffällig geworden zu sein. Oh Gott, -in was für eine Klientel sind wir da hereingekommen?

Naja, -und dann wurden so Patientennachmittage durchgeführt. Wo jeder Patient vor der Gruppe von seinem Hobby (oder etwas Ähnlichen) erzählen musste. Eine Patientin hatte zum Beispiel einen Film gezeigt, von der Hochwasserkatastrophe in Sachsen 2002. Und als ich dran war, habe ich einen Nachmittag gestaltet (naja, 1-2 Stunden), von meinem damaligen Hobby, -dem Raketenmodellbau. Dies ist eine legale, sehr sinnvolle Freizeitbeschäftigung. Im Rahmen der gesetzlichen Bedingungen! Viele Jahre habe ich dieses Hobby durchgeführt. Später hatte ich keine Zeit mehr, dafür. Und meine Mitpatienten haben sich so dafür interessiert.

Eigene Videos, die ich „gedreht" hatte, habe ich gezeigt, davon. Ebenso, wie die (kleinen) Raketen, selber. Aber manche Patienten waren einfach nur zu müde, um meinen Ausführungen zu folgen. Dann habe ich noch etwas an das Whiteboard gezeichnet, -habe erklärt, den Schwer- und den Druckpunkt der Raketen, und so. Ich hatte ja mal vor vielen Jahren so einen Lehrgang als Ausbilder (ich berichtete!). Und der kam mir jetzt zu Gute.

Dann kam es, wie es kommen musste: Eines schönen Tages, dann, bat mich der Dienstarzt zu einem Gespräch unter 4 Augen. Er hätte anhand der Blutwerte festgestellt, dass ich keine Tabletten nehme. Ich bestätigte ihm dann noch die Richtigkeit seiner Annahme. Er sagte mir, dass er mich aus der Klinik entlassen werde. Was mir gar nicht so unlieb war, -denn ich hatte der Klinik sowieso nichts abzugewinnen. Er würde mir aber noch die Gelegenheit geben, dass ich mich richtig von meinen Mitpatienten verabschieden kann. -Ich wusste gleich gar nicht, wie ich auf diese „nette Geste" von ihm reagieren sollte. Jedenfalls kam alles so, wie wir es abgesprochen hatten. Und somit war mein letzter Tag in der Klinik der 04.02.2011.

Die nun folgenden Jahre sollten die schönsten meines Lebens werden…

## Geringfügige Beschäftigung als Zusteller für Prospekte beim MPV Leipzig (03/2011 - 11/2016)

Diese Tätigkeit ging fast 6 Jahre, -allerdings immer mit Unterbrechungen durch mehrere Krankenhausaufenthalte. Aber meine Vorüberlegungen waren schon viel früher da. Ich meine, die Frage, was ich gern einmal machen möchte. Es muss wohl nach meinem Klinikaufenthalt in Zschadraß (oder Grimma) gewesen sein. Da war ich nämlich freiwillig zur Ergotherapie nach Wurzen gefahren. Nichts besonders, -halt. Und schwer fiel es mir außerdem (körperlich schwer). Aber, es war aufgesplittet. Nämlich, -einmal immer am Montag in den „offenen Treff". Und am Mittwoch in die Ergotherapie (Arbeitstherapie).

In der Ergotherapie, dort, habe ich einmal einen Reagenzglasständer gebaut. Wegen meines Interesses für die Chemie. Naja, -und immer am Montag war der „Frauentreff". Also die Selbsthilfegruppe, aber, von mir aus, auch der „Kaffeeklatsch". Und das war auch wichtig. Nur auf die Dauer war es mir eben zu weit, immer, mit dem Auto nach Wurzen zu fahren. Was ich aber sagen will, ist Folgendes: Bei einem Gespräch an einem Montag sagte eine junge Frau, dass sie nun Zeitungs- Zustellerin sei. Sich etwas gesucht hätte, was sie machen kann.

Und da „spitzte ich natürlich die Ohren". Ob es nicht auch etwas für mich wäre? -Eine genaue Vorstellung, davon, hatte ich schon. Natürlich, weil bei uns im Ort immer ein junger Mann gefahren ist, mit seinem Fahrrad. Er trug Zeitungen aus. So, Werbeblätter. Das gefiel mir sofort. Naja, und dann waren ja auch immer Anzeigen, in genau diesen Zeitungen. Wo Zeitungs- Zusteller gesucht worden sind. -Bedarf war also da! Die Firma hieß „Medien - und Prospektvertrieb Leipzig", -kurz: MPV.

Und als ich von der Klinik in Eilenburg „raus" war, wollte ich schon etwas machen. Etwas, was für mich nicht zu schwer war. -Eine geringfügige Beschäftigung! Und da fiel mir das wieder ein, mit den Zeitungen. Das hatte ich schon lange „auf meinem Plan". -Und jetzt war der richtige Zeitpunkt, es in die Tat umzusetzen. Rasch machte ich einen Termin mit dem damaligen Vertriebsinspektor, -den Herrn Hartmann, aus. Das war am 03.03.2011. Und schon am 09.03.2011 sollte es losgehen… Bei einer guten Tasse Kaffee, -bei mir, zu Hause regelten wir alles. Meine Eltern waren ja zu der Zeit noch bei meinem Bruder, -in Australien.

Bei dieser Arbeit sollte ich sehr wohl mein Auto brauchen, -ohne dem ging gar nichts! Sogar einen Zuschuss für die Benutzung desselben, bekam ich. Im Gespräch mit dem Vertriebsinspektor ging es auch um den sog. „Zustellbezirk". -Das sind die Straßen, wo die Zeitungen ausgetragen werden sollen. In meinem Fall war das so eine Neubausiedlung im Nordwesten von Brandis. 4 oder 5 Straßen. Es war nicht zu schwer, -wie sich später herausstellen sollte! Zunächst, -erst, einmal, bekam ich aber einen befristeten Arbeitsvertrag.

Der MPV Leipzig hatte seinerzeit 2 Zustellaufgaben zur Verfügung: 1. die sog. „Wurzener Rundschau". Sie musste immer mittwochs (spätestens donnerstags) ausgetragen werden. Da kam der Fahrer, welcher die Zeitungen anlieferte immer dienstags Abend. Hierzu ist zu sagen, dass dort die Zeitungen ankamen, -aber auch separate Werbezettel und Faltblätter. Diese mussten dann noch eingelegt werden. Das habe ich immer gleich noch am selben Abend gemacht. Seihe dem, der Fahrer kam so sehr spät. Dann habe ich erst am Nächsten Früh die Werbeblätter eingelegt.

Ja, und 2. gab es da noch eine Zeitung, die am Sonntag ausgeliefert werden musste. Sie nannte sich: „Sachsen Sonntag". Das habe ich aber seltener gemacht. Außerdem war dies auch ein anderer Zustellbezirk. Nur, der Vorteil war hier, dass nie Werbeblätter eingelegt werden mussten. Freilich, -gerne habe ich auch dies gemacht. Ich kann mich noch genau an die ersten paar Mal erinnern, wo ich die Zeitungen zugestellt habe.

Es war ja Winter, und ich bin dann am Tag gefahren, weil ja so viel Schnee lag. Außerdem musste ich mich ja erst einmal mit den Straßen vertraut machen. Genau lesen, was ich laut Plan zu beliefern hatte. Ich hatte mir zu dem Zweck so eine kleine Straßenkarte von Brandis ausgedruckt. Denn in dem Teil von Brandis, war ich so gut, wie noch nie. Weil ich auch so ein „Stubenhocker" bin.

Der, -wenn es die Arbeit nicht erfordert, überhaupt nicht das Haus verlässt. Aber das sollte ja nun, -zum Stück, weit, anders werden.

In der ersten Zeit hatte ich sogar meinen Pocket- PC mit, -den mir mein Bruder einmal geschenkt hatte. Der kam jetzt zum Einsatz. Weil da das Straßennetz von Brandis drauf war (sogar, mit GPS!). So hat eben alles im Leben seinen Sinn! Zwar war das auf der kurzen Strecke gar nicht notwendig. Aber ich arbeitete gern mit so viel Technik. Je mehr, -desto besser! -Und meine Digitalkamera habe ich mitgenommen, -fotografierte „alles". Insbesondere mich, -beim Zeitung austragen.

Am Abend, -das war ja nicht nur das Einlegen der Werbeblätter in die Zeitungen. -Ich habe sie auch gleich noch gebündelt. In so kleine Pakete, mit Bindfaden. Damit ich sie gut tragen konnte. Das werden immer so 20 Zeitungen gewesen sein. Denn, am Anfang meiner Tätigkeit hatte ich noch keinen „Zeitungsroller" (Zustellwagen). Auch machte ich es so, dass ich gleich mehrere Kopien meiner (abzuarbeitenden) Straßenliste mitnahm. Sorgsam strich ich einen erledigten Bereich, nach dem Anderen, ab. Denn eines wollte ich gleich von Anfang an, sicherstellen: das mir die Qualität meiner Arbeit so wichtig war. Das ich z.B. kein Haus bei meiner Zustellung vergesse!

Eine andere Austrägerin (eine schon ältere Frau) sollte ich gleich, zu Beginn meiner Zusteller - Tätigkeit dort treffen. Sie hat sich sozusagen mit mir angefreundet, -ist gleich mit mir „warm" geworden. Sie musste herzlich lachen, als sie die gebündelten Pakete der Zeitungen in meinem Auto liegen sah. Aber, -und das gab ich ihr zu erkennen: jeder Zusteller trägt „seine" Zeitungen etwas anders aus! -Sie gab mir aber noch ein paar wertvolle Tipps mit „auf dem Weg", -an diesen Tag. Zum Beispiel sagte sie, dass das dann zur Routine wird, -und ich die Straßenkarten überhaupt nicht mehr brauchen würde. Wie Recht sie hatte…

Zur Menge der Zeitungen ist zu sagen, dass es manchmal so viele waren, dass im Fond des PKWs kein Platz mehr war. Dann nutzte ich noch zusätzlich den Kofferraum. Aber, -es hat von Anfang an, -Spaß gemacht. Da war es nun, -das Beschäftigungsverhältnis, dem ich so sehr entgegengesehnt habe!

Der geneigte Leser mag an dieser Stelle der Ansicht sein, dass ich es nicht überbewerten soll. Ich meine, meine geringfügige Beschäftigung. Das stimmt. Trotzdem war es für mich viel. Zum einen, weil ich ja schon zum damaligen Zeitpunkt behindert war. Und da wäre eine vollwertige Stelle zu viel gewesen (so war es ja nur 1 Tag, in der Woche). Und zum anderen, weil ich ja sonst noch nie eine längerdauernde Beschäftigung hatte. Ich werde es versuchen, zu erklären, warum diese Tätigkeit so wichtig für mich war. Aber an einer späteren Stelle, -im Buch.

Jetzt soll es erst einmal darum gehen, dass ich in dieser Zeit auch 2 Bekanntschaften kennenlernte. -Denn Freundschaften, -das wäre zu viel gesagt, zu beiden. Das war sowieso komisch: Denn, -ich kam gerade „frisch" aus der Klinik, da sprach mich eine Frau im Einkaufszentrum an. Sie war vielleicht 5 Jahre älter, als ich. Und ihr Sohn (zum damaligen Zeitpunkt), zirka 30 Jahre alt. Die beiden wohnen nicht weit von mir entfernt. Ich weiß zwar nicht genau, -wo. Aber sie laufen immer, wenn ich sie sehe, immer die Waldstraße mit mir zusammen, entlang. Bis ich dann in „meine" Schützenstraße einbiege.

Sie fragte mich, ob ich denn noch mit dem Mario zusammenwäre. Im Sinne, von: „gute Freunde". Von dem beiden weiß ich ja nicht einmal ihren Namen. Aber die Frau musste wohl wissen, dass ich in einer Klinik war. Sie erzählte viel von sich. Das sie eben Borderlinerin sei, usw. Und von ihren psychischen Problemen. Ich kenne beide ja schon über viele Jahre, hinweg. Vor allem jetzt, -da ich nicht mehr mit dem Auto fahre, sehe ich beide oft. Sie sind immer mit ihren Fahrrädern unterwegs. Einkäufe tätigen. Selbst bis zum Edeka- Markt, in der Beuchaer Straße fahren sie manchmal. Das ist ja schon weit entfernt, von mir zu Hause. Ich meine, wenn man zu Fuß geht. Aber auch ich gehe hin und wieder zum Edeka- Markt. Nämlich, dann, wenn ich einen speziellen Artikel beim Penny- oder Norma Markt nicht bekomme.

Die Frau selber, war, glaube ich, noch nicht in einer Klinik. Aber sie hat wohl eine (ambulante) Psychiaterin. Die meisten Probleme hat oder hatte sie mit ihrem Sohn. Denn bei ihm muss auch nicht alles so „100%ig" sein. Weil er (auch) schlecht vermittelbar ist, -auf dem Arbeitsmarkt. Man kann mit ihm eben nicht viel anfangen. Einen PKW hat er nicht. Ich denke sogar, dass er nicht einmal einen Führerschein besitzt. Mit seiner Gesundheit weiß ich jedoch nicht, -wie es mit ihr bestellt ist. Vielleicht hat sie für ihren Sohn ja sogar eine Vormundschaft inne.

Sie sorgt sich sehr um ihn, -fällt (soviel ich weiß) für ihn alle Entscheidungen. Einen Vater, -indes, habe ich dort nie gesehen… Mit der Frau kann man gut über Alltagsprobleme sprechen. Weil wir ja beide psychisch kranke Menschen sind. Nach dem Motto: „Wie machst Du denn das?" Sie fragte mich einmal, was man machen könne, wenn man mit seiner (eigenen) Psyche nicht klarkommt. Ich habe nur gesagt, dass man da nicht viel machen kann. Ich meine, -sie ist Borderlinerin! Da ist das eben so. Das ist genau so etwas, wie, wo mal eine Mitpatientin aus der Tagesklinik in Grimma sagte: „Ich möchte gerne eine Freundschaft eingehen." -Sie war ebenfalls Borderlinerin. -Zum Lachen, so etwas. DAS(!) geht eben gerade nicht. Nicht, bei Borderlinern.

Naja, und dann war da die andere Bekanntschaft: Auch eine Frau, -3 Jahre älter, als ich. Und mit Sohn. Der heute vielleicht 35 Jahre alt ist. Er ist Legastheniker. Beide trugen Zeitungen aus. So, wie ich. Daher kannte ich sie sozusagen „dienstlich". -Das stimmt genau, denn ich war -selten- dort, bei ihrer Wohnung. Und wollte irgendetwas wissen, wegen der Verteilung der (Werbe-) Zeitschriften. Auch sie fragte mich dann später oft, wegen meiner Rente. Ob sie denn schon „durch" sei, usw.

Überhaupt war es so, dass ich bei meiner Tätigkeit (als Zusteller) mit sehr vielen Menschen in Kontakt gekommen bin. Plötzlich war ich irgendwie „bekannt", -im Ort. Die Leute brauchten erst eine Zeit, um sich an mich zu gewöhnen. Denn ich hatte ja damals noch mein zerkratztes Gesicht. Musste (zeitweise) aufpassen, dass das Blut nicht auf die Zeitungen tropfte. Später, erst, stellte ich mein „Kratzritual" ein. Und große Pläne hatte ich auch, von Anfang an. Aber dazu komme ich später noch. Na, jedenfalls sprach mich den einen Tag z.B. einmal eine Frau an. Wo ich gerade am Zeitungen austragen war. Sie „steckte" mir, -Ralf hätte jetzt auch eine Tochter. Es wäre der Ralf, aus meiner ehemaligen Schulklasse. Sie wollte sicher damit zum Ausdruck bringen, dass sein Leben (im Moment) in Ordnung wäre. Meines war das aber auch! Denn ich war ja beschäftigt. So, wie sich das für einen braven Bürger gehört!

Zwar geringfügig beschäftigt, -ja. Nur für mich reichte die Belastung durch meine Tätigkeit schon aus. Ich hatte also mein Alibi. War sogar ein kleines bisschen stolz auf mich. Denn wie ich schon sagte, hatte ich mit dieser Tätigkeit meinen „Horizont" bereits erreicht. Viel mehr wäre eh nicht „drin" gewesen. -Zumindest, nicht dauerhaft. Und vom Arbeitsamt (genau genommen, der Hartz 4 - Betrieb) wird man weitgehend in Ruhe gelassen. Wenn man einer geringfügigen Tätigkeit nachgeht, und „irgendwie" krank ist. Offiziell gibt es so etwas natürlich nicht. Die Angestellten, auf den Arbeitsämtern sind immer „gehalten", die Arbeitslosen (Arbeitssuchenden) in vollwertige Stellen zu vermitteln. Aber die Praxis, hier, sieht eben anders aus.

Ich hatte nämlich die Erfahrung gemacht, dass auch die Bemühungen des Arbeitslosen bei der Stellensuche anerkannt werden. Und das war gut so. Es ist nun mal so, dass so eine geringfügige Stelle ein erster Anfang sein kann. Ein Anfang, zum Wiedereintritt in das Arbeitsleben. Viele werden da jahrelang drin gehalten, -in dieser Schleife…

Im Mai, in diesem Jahr bekam ich ein ärztliches Gutachten von meinen Hartz 4- Betrieb. In ihm stand drin, dass ich nur noch unter 6 Stunden arbeiten gehen kann. Es war ein erster Anfang. Bis zu meiner Rente (auf Zeit) sollte es aber noch 4 Jahre dauern. Aber so hatte ich erst einmal „Welpen Schutz". Konnte nicht mehr für alle Arbeiten eingesetzt werden. Jedes bisschen, -in diese Richtung war gut für mich. Denn ich hatte (und hab) ja nicht mehr die körperliche Kraft, zum Ausüben einer vollwertigen Arbeitsstelle. Auch aus diesem Grund passte es gut „in den Kram", dass ich mir eine geringfügige Stelle gesucht habe.

Wie ist denn aber nun die Geschickte ausgegangen, mit der Frau? Natürlich musste ich reagieren. Und zwar sofort! Irgendetwas sagen, darauf. -Ich muss da voranschicken, dass wir 2 Ralfs in der Schulklasse hatten. Ich probierte es erst einmal, mit dem „falschen". Ich fragte: „Ralf Witt?" Ich wollte Zeit gewinnen, zum Nachdenken. Verhielt mich betont passiv. Denn ich wusste schon, in diesen Moment, dass es sich um Ralf Noack handeln würde. -Klar, der wohnt ja auch „dort unten" (gemeint ist die Neubausiedlung, wo ich Zeitungen austrug). Die Frau muss seine Mutter gewesen sein, -oder eine Tante. „Nein", - sagte sie prompt: „Ralf Noack!"

Da hatte ich sie also, -meine Bestätigung! Na und, -dann ist er eben weitergekommen, wie ich. -Du hast stattdessen ja dein „Zeitung austragen", - dachte ich in diesen Moment. Ich sagte ihr daraufhin nur sachlich: „Bitte richten Sie den Ralf einen schönen Gruß von mir aus, wenn Sie ihn sehen!" - Mit dieser Wende (im Gespräch) hatte sie sicher nicht gerechnet. Und sie entgegnete mir daraufhin freundlich: „Das werde ich tun, -vielen Dank!" Ja, -so war das.

Mit dem Beginn meiner Zusteller Tätigkeit recherchierte ich natürlich auch im Internet über die „Zusteller- Interna". Und da schrieb jemand, der selber diese Tätigkeit ausübte: „Wirst schon sehen, wie das dann ist, -als Zusteller". Er meinte damit, wie man als Zusteller mit den anderen Menschen in Kontakt kommt. Und zwar, ob man es manchmal will, oder eben nicht. Dies konnte ich nur bestätigen. Ich musste sogar ein wenig lachen, als ich in diesem Forum las.

Man „kommt viel herum", -wie man so sagt. Erfährt Neuigkeiten von den Familien, und so. Auch, wenn man nur bis an das Gartentor kommt. So gibt es zum Beispiel Informationen, die im Wohnviertel bleiben. Weil sie nur dieses Viertel etwas angehen! Den „Buschfunk". Leider verfüge ich als Autist, -wie bereits gesagt, nicht über so ein großes Repertoire an zwischenmenschlichen Gefühlen. Das war aber egal. Denn etwas bekam ich ja trotzdem immer mit, von dem sozialen Gefüge dieses Wohngebietes. Aber, ich kann es hier nicht so ausführlich wiedergeben, wie ich es mir wünschen würde.

Bald schon, sollte ich die Straßenkarten nicht mehr brauchen. Und auch spät abends (im Dunkeln) konnte ich von nun ab, Austragen gehen. Denn, ich kannte ja alle Briefkästen, wo sie waren. Zudem hatte ich ja noch meine Stirnleuchte. Ein paar Stunden war ich da immer mit dem Austragen der Zeitschriften beschäftigt. Meine Internet - Recherche hatte aber noch einen anderen Grund: Es ging mir in der Hauptsache eigentlich um etwas anderes: Nämlich, die „Gos" und „No-Gos" bei der Zusteller Tätigkeit.

Das, was seitens der Zeitungs- Vertriebsbetriebe, her, gewünscht wurde, beim Austragen. -Und was eben nicht. Zunächst einmal ist ja das Zeitungs- Austragen eine Tätigkeit, die konzipiert wurde, -als Schülerarbeit. Kinder und Jugendliche ab 13 Jahren dürfen dies tun. Sich ein paar Euro „dazuverdienen". So ist es gedacht. -Oder vielleicht müssen sie sich (schon in diesem Alter) ein paar Euro „dazuverdienen". Nämlich, wenn das Taschengeld nicht ausreicht, für ihre Bedürfnisse. Bei meiner Zusteller Tätigkeit stellte ich dann aber fest, dass diese Tätigkeit hier viele Menschen ausüben, die sich im normalen Erwachsenenalter befinden. Bis hin, zu Rentnern (gut, dann lässt die Leistungsfähigkeit ja wieder nach).

Faktisch alle Menschen, die ich als Zeitungszusteller traf, stufte ich als sehr akkurat ein. Das Bild, was man vielleicht von einem Zusteller hat, -nämlich, dass er es nicht so genau nimmt, mit seiner Tätigkeit, -traf hier also nicht zu.

Arbeit war nun einmal Arbeit, -auch, wenn die Bezahlung noch so schlecht war! Getreu dem Motto: „Dienst ist Dienst, -und Schnaps ist Schnaps". Aber wahrscheinlich liegt es auch daran, dass Menschen, die in irgendeiner Form mit Papier zu tun haben, sehr ordentliche Menschen sind. Nämlich, wie man das Papier schon anfasst, -und handhabt. Eben, weil es ein Material ist, was leicht kaputtgehen kann. Und es einer besonderen Sorgfalt, im Umgang, damit, bedarf. Zum Beispiel schon alleine die Tatsache, dass die Zeitungen nicht in den Regen kommen durften, usw. Und dann die Zeitungen austragen, -bei „Wind und Wetter!". Das war schon oft eine kleine logistische Meisterleistung. -Jedenfalls, für mich. Denn wie oft war es so, dass wieder „Waschküche" draußen war.

Aber es war auch so, -das ich im Laufe der Zeit mich daran gewöhnt habe. Das heißt, dass mir das schlechte Wetter nicht mehr so viel ausmachte. Nennen Sie es Abhärtung, -oder wie, auch immer! Dadurch, dass ich „an der frischen Luft" war, war ich auch körperlich etwas gesünder. Diesen Eindruck hatte ich jedenfalls. Das stimmt schon: -ich hatte es den Ärzten nicht geglaubt, wenn sie sagten, das ein Mensch auch bei schlechtem Wetter das Haus verlassen muss!

Von verschiedenen, großen Zeitungsvertriebsfirmen wurden im Internet die Regeln genannt. Regeln, an die sich jeder Zeitungszusteller zu halten hat. Sozusagen die „Basics". Na, zum Beispiel, dass ich vor dem Austragen die Anzahl der Zeitungen überprüfe. Die mir angeliefert worden. Damit sie dann auch reichen, während meines Austragens. Dies fiel mir jetzt, -im Moment gerade ein. Oder z.B. das ich respektiere, wenn am Briefkasten ein Werbe-Verbotsschild dran ist (das ich dann eben keine Zeitung reinstecke!). Alles, -so etwas, eben.

Ich studierte diese Regeln aus dem Internet genau. Verglich die verschiedenen Prospekt- Vertriebsbetriebe miteinander. Also, die Auffassungen, was alles zu beachten ist, beim Zeitung austragen. Verstehen Sie mich bitte nicht falsch, - ich wollte nicht der perfekte Zeitungs- Zusteller werden. Ich wollte aber zumindest wissen, was verlangt wird. Damit ich mitreden kann. Bei jeder Tätigkeit, die ein Mensch ausübt, ist es wichtig, dass er eine möglichst hohe Fachkenntnis, darüber hat. Das hat mich mein Opa (mütterlicherseits) gelehrt. Er hat es ja auch weit gebracht, mit dieser Methode (als Diplomingenieur). Man ist dann eben kein „Aushilfskellner", -in dem Moment. Nein, -dieser Aspekt war mir schon sehr wichtig! Nicht zuletzt, aus dem Grund, dass, wenn ich mal in derselben Firma „weitergemacht" hätte, -hätte ich schon ein gutes Grundlagenwissen gehabt. Es war ja sogar auch so, dass in dieser Firma Vertriebsinspektoren gesucht worden sind. -Damals konnte ich noch mit dem Auto fahren. Das wäre auch etwas für mich gewesen. Oft ist es doch so, dass jemand klein in einer Firma anfängt, und sich dann „hocharbeitet". Ob mir die Tätigkeit als Vertriebsinspektor gefallen hätte, steht ja, -erst einmal, „auf einem anderen Blatt". Nur Möglichkeiten, wären in der Firma dazu da gewesen.

Ich glaube jedoch nicht, dass mir die Tätigkeit als Vertriebsinspektor mehr gefallen hätte, als das Zeitungs- Austragen. Das Zeitungs- Austragen war eine besondere Arbeit. Eine, die man der Jugendlichkeit zuschreibt. Vielleicht, weil sie so einfach ist: Nur, dass Zeitung hereinstecken, in jeden Briefkasten. Und sonst, weiter nichts. Später sollte man sich dann, -so die Theorie, komplizierteren Arbeiten zuwenden (in seinem Arbeitsleben). So muss es wohl von den „Oberen" angedacht gewesen sein. Nur, -soweit bin ich jedoch nie gekommen.

Für mich war es schon legitim, wenn ich eine, -also irgendeine(!), Arbeitsstelle vorweisen konnte. Bei mir (als Autist) war es ja eh egal. Ob ich etwas (beruflich) mache, -oder nicht. Nur meine sprichwörtliche Vernunftbegabung sagte mir, dass ich irgendetwas machen solle. Ich meine, beruflich. Denn einen Sinn, dahinter gesehen hatte ich (und habe ich es bis heute) nicht. Überhaupt war ich ein Mensch, der besondere Rechte hatte. Ich meine es so: Dadurch, dass ich so sehr behindert war, kamen für mich ja viele Arbeitsstellen nicht in Frage. Ich musste selber entscheiden: kommt die jeweils angebotene

Arbeitsstelle für mich in Frage, oder nicht? Traue ich sie mir zu? Ich musste da ganz oft selber entscheiden.

Ehe es dann wieder so weit gekommen wäre, dass ich schon nach kurzer Zeit wieder entlassen worden wäre. Von diesen Arbeitsstellen hatte ich schon genug. Die „sichere Bank" schien mir da das Zeitungs- Austragen zu sein. Ungefähr so, wie ein Selbstständiger, -oder noch besser ein Künstler sich seinen Tag einteilen kann. -So war das auch bei mir. Der normale Weg ins Arbeitsleben ging ja bei mir auf Grund meiner Behinderungen nicht. Nämlich, dass man sich seiner Arbeit stellt, und versucht, sie nach Möglichkeit, auszuführen. Denn es spräche nichts dagegen, dass man es kann. So war es bei mir eben nicht. Stattdessen verfolgte ich den 2. Weg: Was kann ich jetzt noch, mit meinen vorhandenen Möglichkeiten machen? Gibt es nicht irgendetwas, was ich noch machen kann?

Mein Opa (mütterlicherseits) sagte einmal das Folgende zu mir: „Wenn ein Mensch nicht so kann, wie er will, dann muss er eben so wollen, wie er kann. Da ist viel Wahrheit drin. Und dennoch habe ich ihn für diesen Spruch gehasst. Denn er konnte sich nicht hineinversetzen, in meine Lage als Rehabilitand (Behinderter). Mir kam das auch manchmal so vor, als hätten sie sich für mich etwas Besonderes einfallen lassen. Dazu aufgefordert, selber zu denken. Das Privileg haben ja nur ganz wenige, -in dem Staat. Die Behinderten gehören dazu. In ihrem (eng) begrenzten Entscheidungsspielraum, den ich eben versucht habe, zu verdeutlichen.

Die Melanie, -eine ehemalige Mitpatientin aus Wermsdorf, ist da ein gutes Beispiel (ich berichtete!). Denn sie war noch mehr sehbehindert, als ich. Ihre Rente war dort ihr Lebensinhalt (ohne die überhaupt nichts ging). Und dass bisschen, darüber hinaus, womit sie (sonst) noch den Tag verbrachte, war die schon erwähnte (sonderbare) Freiheit. -Die Freiheit, im Denken und Handeln!

Als ich vor vielen Jahren einmal eine Busreise unternahm, sagte die dortige Reiseleiterin in die Gruppe: „Wenn jemand selber anfängt, zu denken, geht es im Staat schief". Freilich, -sie sagte dies in Bezug auf das Einsteigen der Fahrtgäste in die unterschiedlichen Busse. Dieser Satz sollte aber allgemeine Bedeutung haben. In einem gewissen Umfang müssen auch gesunde Menschen Freiheiten im Denken und Handeln haben. Das stimmt schon. Aber, je mehr man einen Menschen einschränkt (vor allem, gesundheitlich), -desto empfindlicher und feinfühliger wird er. Im Fall der Melanie weiß ich leider nicht, welche (wahre) Einstellung sie zu ihrem Leben hatte. Wie sehr sie noch an ihren Leben hang.

Sicher wird (auch) bei ihr nicht ein Tag, wie der andere gewesen sein. Am Ende war es wahrscheinlich doch eine Mischung aus ihrem Lebensmut, und ihren (schweren) Leidensdruck. Auf alle Fälle war sie genau, wie ich: ein schon „fertiger" Mensch, -in jeder Beziehung! Natürlich ist auch ein Selbstständiger (oder ein Künstler) nicht frei von Arbeit. Nur, die Einteilung seiner Arbeit ist anders, als bei einem Angestellten (z.B. in einer Firma). Das Wichtigste, dort, ist, dass er irgendwann, einmal, mit seinen Werken in Erscheinung tritt. Wie er das macht (im Vorfeld), bleibt ihn überlassen. Und dann muss er ja auch noch mit seinem geschaffenen Werk Erfolg haben.

Trotzdem finde ich die Selbstständigkeit die gesündere Betätigungsform eines Menschen. Als, das Angestellt- sein. Denn der Mensch wird dort viel mehr gefordert, in seinen Ideen- und Einfallsreichtum. Das, was eigentlich den Menschen ausmacht. Das Schöpferische. Z.B., dass was vor ihm noch kein anderer Mensch hinbekommen hat. -Seine Kreativität. Die Frage, die man vielleicht aus der Schulzeit noch hat: „Warum bin ich auf der Welt?", - bekommt hier erst richtig ihren Sinn! Sicher nicht, um jeden Tag in einer Fabrik am Fließband zu stehen. Wie ein Huhn. Die vielen, verschiedenen Hobbys und Freizeitaktivitäten, denen sich (Werks-) Angestellte in ihrer Freizeit zuwenden, geben davon beredte Kunde.

Naja, und so ähnlich war es dann auch mit meinem Zeitungs- Austragen: Ich hatte meine Freiheiten. Und das wussten die Zeitungs- Verlage ganz genau. Indem sie für ihre Zusteller - Tätigkeit warben, mit dem Slogan: „Das wo bestimmen wir, und das wie, Du!" (Gemeint ist damit, dass die Zeitungs-Verlage bestimmten, wo die Zeitungen hineinzustecken waren. Aber das „wie", bleibt einem bei dieser Tätigkeit selbst überlassen. Nämlich, -wie- man „seine" Zeitungen austrägt. Und, zum Stück weit, -auch, wann.

Wie ich schon eingangs erwähnte, gehört (gegenüber der landläufigen Meinung) zu dieser Arbeit ein enormes Maß an Kreativität. Allein, die Tatsache, ob ich die Zeitungen mit einem Zeitungsroller austrage, oder sie (zu Paketen gebündelt) mit der Hand, -macht einen großen Unterschied. Zu Beginn meiner Tätigkeit als (Zeitungs-) Zusteller trug ich sämtliche Zeitungen mit der Hand aus (ohne Zeitungsroller). Den konnte ich mir ja später, allemal noch kaufen (was ich auch tat).

Es war eben eine Tätigkeit, an der frischen Luft. Schon bald kam das Frühjahr, und meine Eltern waren zu der Zeit auch schon wieder zurück, aus Australien. Jedes Jahr, zu einer bestimmten Zeit (ich denke, im April), kann man kurz die verschiedenen Pflanzen riechen. Weil ich nur 1x pro Woche Zeitungen ausgetragen habe, war dies für mich nur an einem einzigen Tag im Jahr. Die Sträucher und Hecken, die so schön blühten. Einige, von denen kann man auch als Arzneipflanzen nehmen. Es ist wohl das Privileg des Postboten, das er diese Gerüche während seiner (beruflichen) Tätigkeit wahrnimmt. Eben, weil er sich vorwiegend draußen aufhält. Und so wartete ich jedes Jahr auf den Tag, wo die blühenden Pflanzen mich mit ihrem Duft beglückten.

...Tibor beim Zeitungen austragen

Ich habe es so gemacht: -Immer, wenn ich von zu Hause losgefahren bin, mit meinen Zeitungen, bin ich erst einmal auf so einen kleinen Parkplatz gefahren. Dieser befand sich in unmittelbarer Nähe meines Zustellbezirkes. Es war das Ende der sog. „Neubauernsiedlung". Dort ist auch so ein kleines Wasserrückhaltebecken (vom Abwasserzweckverband). Hier habe ich erst, einmal ein paar Zigaretten geraucht. -Den ersten Teil meiner Arbeit hatte ich ja bereits hinter mir. Das Zeitungen bündeln. Nun sollte der 2. Teil folgen: das (eigentliche) Zeitungen austragen.

Dort ging auch so ein kleiner Fluss lang: der sog. „Mittelgraben". An diesen habe ich oft gesessen, und habe meine Zigaretten geraucht. Vor allem, an den lauen Sommernächten. Und ich werde noch später, darüber, berichten. Auch machte ich es oft so, dass ich zwischendurch, -also, wo ich die Hälfte meines Zustellbezirkes mit Zeitungen bedient habe, -dort noch einmal eine „Zigarettenpause" gemacht habe. Dann war dies sehr entspannend, für mich. Das Austeilen der Zeitungen dauerte (dort) ca. 3,5 Stunden. Meist hatte ich Glück, -und ich kam nicht vor der absoluten Dunkelheit wieder nach Hause. Dies war natürlich Jahreszeit- bedingt immer etwas unterschiedlich. Schön war, dass, wo ich wieder nach Hause gefahren bin, das da auch in der (Klein-) Stadt wieder Ruhe eingekehrt ist.

Ich bin ja immer noch (zum Schluss) durch die Stadt durchgefahren. Die letzten Geschäftsleute schlossen ihre Läden. Nur der Pizza- Service hatte noch geöffnet. Und, -im Bio- Laden wurde noch frisches Obst und Gemüse angeliefert. Für den nächsten Tag. Den darauffolgenden Tag hatte ich frei. Brauchte nichts zu machen. Dies war schön. Natürlich wurde seitens meiner Firma her, immer versucht, das ich noch mehr Zeitungen ausliefere, -pro Woche. Und manchmal habe ich dem auch stattgegeben. Dann hatte ich am Sonntag noch einen anderen Zustellbezirk (in Brandis) mit Zeitungen beliefert. Dies war aber eher die Ausnahme.

Zunächst, erst einmal, sollte ich etwas Routine „hereinbekommen". Wie alles abläuft, -z.B. mit der Zeitungs- Anlieferung, bei mir zu Hause. Erst später, dann, unternahm ich noch mehr Aktivitäten (während meiner Zusteller - Tätigkeit). Wie, z.B. den Besuch des Recyclinghofes Brandis, -noch am späten Abend. Oder ich hatte (gleich zu Beginn meines Auslieferns) noch ein paar Modellraketen in den Nachthimmel geschossen. Natürlich war ich (mit 1 Tag Arbeit pro Woche) bereits körperlich ausgelastet. Trotzdem war ich froh, dass ich die Möglichkeit hatte, auch noch die Zeitungen am Sonntag auszutragen. Zumindest, hin und wieder. Weil das andere Zustellbezirke waren, lernte ich somit auch gleich noch den Rest von Brandis kennen.

Ich muss hier erwähnen, dass es bei der Zusteller Tätigkeit (gerade, in meinem Ort) immer freie Kapazitäten gab. Soll heißen: Eigentlich wurden die (Zeitungs-) Zusteller händeringend gesucht. Es wurde eher zu wenig ausgeliefert. Und, so ähnlich wird es wohl in den anderen Orten auch ausgesehen haben… Auch bei uns wurden ganze Straßenzüge gar nicht (dauerhaft) bedient. Bei mir war das nämlich z.B. so, dass ich für die Sonntagslieferung (meist) die Wahl hatte, zwischen 2 verschiedenen Wohnvierteln in Brandis. Trotz, das sonntags nie vorher noch Werbeblätter in die Zeitungen einzulegen waren, gestaltete sich dieser Tag (für mich) immer besonders schwierig. Freilich, -schön war es schon… Aber dadurch, dass diese Zustellbezirke besonders groß waren, dauerte mein Austragen (der Zeitungen) den ¾tel Tag.

Und die Sonntags - Zeitung, -so kann ich mich erinnern, war auch immer besonders dick. Aber auch hier ging ich genauso vor, wie bei meinen „Heim - Zustellbezirk", -der Hainbuchenallee. Ich bündelte die Zeitungen in tragbare Pakete. Verbrachte alles in meinen PKW. Und dann, wieder, -wie am Anfang, ging ich nach der Straßenliste vor. Arbeitete Straße für Straße in Ruhe ab.

Im Juli in diesem Jahr ging ich auch wieder für ein paar Tage in eine psychiatrische Klinik. Es war die Klinik in Altscherbitz. Diese kannte ich schon. Ich war dort eine knappe Woche. Für mich war es also nichts Neues. Doch ich lernte in dieser Zeit einen neuen Freund kennen. Den Frank, -aus Halle. Er war schon wesentlich älter, wie ich, und litt an Schizophrenie. Auch er war dort, um die Tabletten neu einzustellen. Er war mein Zimmernachbar. Und ich verstand mich mit ihm vom 1. Tage, an, gut. Wir hatten die gleichen Interessengebiete: Fernsehen schauen. Also, -die neuen Filme auf DVDs. Radio hören, fotografieren. Das Rauchen (klar!). Bücher lesen, usw.

In der kurzen Zeit, wo wir dort waren, wurde auch wieder viel unternommen. Ich meine, die Spaziergänge, -seitens der Klinik, her. Und der Kinobesuch. Anmerkung: ich berichtete bereits, dass sich auf dem Gelände der Klinik Altscherbitz so ein kleines Kino befand. Und es war ja auch so brütend heiß, während dieser Tage! An einem Tag gingen wir (mit unserer Patientengruppe) in die Stadt „Schkeuditz". Und haben dort Eis gegessen. Das heißt: wer mochte. Es war ja den ganzen Nachmittag Zeit. Hinterher sind wir auf den Markt geschlendert. Dort war gerade „Markttag". Viele Händler hatten ihre Buden aufgebaut.

Jeder, von ihnen, versuchte, etwas zu verkaufen: Schmuck, Hausschuhe, Parfüm, usw. Der Frank, und ich, liebäugelten da mit so einem kleinen Radio, was dort ausgestellt war. Es kostete ja nur 10.- €. Der Frank hat sich eins gekauft. Ich habe ja auch überlegt, aber ich stand (damals) auf den Standpunkt, dass ich mir nur die Gegenstände kaufe, die ich auch wirklich unbedingt benötige. -Und, keinen Ramsch. Jedoch, als wir wieder in der Klinik waren, ärgerte ich mich sogar ein kleines bisschen. Warum ich mir das Radio nicht gekauft habe. So hätte ich (wenigstens) in der Klinik etwas zu tun gehabt. Trotzdem trauerte ich meiner Entscheidung aber nicht lange nach. Zuviel Neues ist (in der Zeit) auf mich eingeströmt.

Und eine Sache sollte bei allen nun kommenden Krankenhaus - Aufenthalten neu sein: Das ich etwas vorweisen konnte, und einer (zumindest geringfügigen) Beschäftigung nachgegangen bin. Angepasst, an meine körperlichen Möglichkeiten. Das ich krank war, war ja klar. Nur, so gar nichts machen (beruflich) wäre denn dann doch etwas zu wenig gewesen.

So konnte ich bei allen (nun kommenden) Ärzten immer sagen, dass ich zumindest etwas mache. Und das Zeitungen - Austragen ging (körperlich) einmal besser, und einmal schlechter. Auf der einen Seite freute ich mich natürlich schon wieder auf zu Hause. Hatte ich doch dort meine Aufgabe. Aber, es ist auch schön, einmal etwas anderes gesehen zu haben. -Andere Menschen kennengelernt zu haben. Den Frank sollte ich noch mehrere Jahre als Freund haben. Wir tauschten uns kurz, vor Ende unseres Klinikaufenthaltes noch unsere Adressen aus. So konnten wir uns schreiben. Aber, wir telefonierten auch oft miteinander. Nahezu jede Woche schickte ich ihn DVDs zu, die ich mir bei einem Verleihshop bestellt hatte.

Damals war das noch nicht so ausgebaut, mit den Film- Streaming Diensten, wie heute. Und selbst, wenn: er hatte ja nur einen einfachen TFT- Flachbild Fernseher. Mit einem Blu-ray Player, daran. Da war die beste Variante (für ihn) die, ihm Film- DVDs hinzuschicken. Darüber freute er sich immer sehr. Aber, -er revanchierte sich auch dafür. Hat mir mal ein Paket zugeschickt, mit einem Weltempfänger drin, und einer Kamera. Später perfektionierte ich das Zuschicken der DVDs (zu ihm) noch: Ich stellte nämlich fest, dass eine DVD gerade noch so in einen Standart- Brief hereinpasst. Also, dass ich nur „normale" Briefgebühren zu zahlen hatte.

Nur, falten musste ich meine „Spezial- Briefe" selber. Weil die keinem normalen DIN- Format entsprachen. Aber die Post hatte da eben andere Abmessungen (wegen ihren Maschinen). Das ist so: eine DVD ist 12 cm groß. Und der (Standart-) Brief der Deutschen Post gestattete es, den Brief bis maximal 12,5 cm breit zu gestalten. Und, vom Gewicht, her, ging es auch: Eine

DVD wiegt ca. 16 Gramm. Und der (Standart-) Brief gestattet bis zu 20 Gramm Gewicht. So hatte ich -auch hier- einiges zum Basteln.

Die nächsten 2 Jahre sollten dann ohne Klinikaufenthalte „abgehen". Es war für mich eine Zeit, meine (Zeitungs-) Zusteller Tätigkeit zu festigen. Ich hatte zu dieser Zeit zwar auch noch Selbstmord- Absichten (mit 46 Jahren sterben zu wollen). Aber es sollte dann mehr so sein, dass ich friedlich einschlafe. Ich hielt eben an meinem Plan (damals) noch fest. Eben, weil ich es mir einmal in den Kopf gesetzt habe. Und von solchen gefassten Entschlüssen, im Leben, ging ich immer nie zurück! Auch das Zeitungen - Austragen hatte darauf keinen Einfluss.

Stattdessen entwickelte ich eine eigene Theorie. Im Bezug, auf meine eigene Situation. (Bereits, damals schon): Ich konnte nicht, -das war klar. Litt unter dem (vom Gesetzgeber vorgegebenen) Minimalgewicht. Das nennt sich dann: Anorexie, -also Magersucht! Und galt damit (eigentlich) als krank. Ich meine, körperlich krank. Und das ist etwas anderes. Durch den ausgemergelten, geschwächten Körper. Aber es gab viele, sog. „psychisch Kranke", die ihre Krankheit verwendeten, um sich möglichst gut in der „sozialen Hängematte" auszuruhen. Und Sozialleistungen beziehen, z.B. Arbeitslosengeld II. Dies stellte ich bei meinen (zahlreichen) Klinikaufenthalten bis dato fest. Tja, „krank" ist eben heute ein weit gefasster Begriff. Auch, in Bezug auf meinen neuen Freund „Frank" kam es mir manchmal so vor, als wenn er überproportional viel Freizeit hatte. Auf der anderen Seite sagte er mir, dass er wohl aber in einer Arbeitsbrigade mit drin gewesen wäre…

Geradezu so, als wenn die psychisch Kranken vom Staat vorgehalten werden. Ich versuchte mir, zu diesem Problem, mir mein eigenes Bild zu machen. Abzugrenzen, in die, die wirklich krank waren (und soziale Hilfe brauchten), und die, die nur auf Kosten des Sozialstaates leben wollten. Und so wunderte ich mich oft, welche Beschäftigungen (die psychisch Kranken) nachgingen. Welche Verschwendung von Lebenszeit es eigentlich war. Einmal hörte ich sogar, wie eine Schwester einen (noch jungen) Patienten als „Sozial - Schmarotzer" bezeichnete.

Na bitte, -da haben wir es! -Also gibt es sie ja doch, die Nichtstuer. Vor solchen Anfeindungen war ich jedoch (durch meine Tätigkeit), gefeit. Der Leser möge mich bitte nicht falsch verstehen: noch einmal, ganz klar: es ist richtig, Sozialleistungen zu zahlen, an Hilfsbedürftige. Ich bin aber gegen Steuerverschwendung an Personen, die nur nicht arbeiten wollen! Aber, wie findet man nun die „schwarzen Schafe"? Denn, -auch eine psychische Krankheit kann einen enormen Leidensdruck verursachen. Denken wir nur einmal an die Schizophrenie- Kranken, mit ihren Stimmen hören.

Aber zum einen ist das nicht meine Aufgabe. Und zum anderen war es mir dann auch egal, inwieweit sich jemand als psychisch krank einstuft. Ich habe diese Erfahrung gemacht: Manchmal konnte ich die psychisch Kranken auch verstehen. Wenn sie sich so sehr krank stellten, und nicht mit den Ärzten zusammenarbeiteten. Denn, -betrachtet es man nämlich von einer anderen Seite wird klar, was ich meine: Die schlechte Qualität des Gesundheitswesens, in diesen Bereich. Wenn man den Eindruck hat, dass dort die Ärzte gerade so ihre Pflicht tun. Und das Pflegepersonal „an der Grasnarbe steht", selbst Hilfe zu benötigen.

Ja, -diesen Eindruck hatte ich oft. Im Gespräch mit Mitpatienten, die „echt" psychisch krank waren. Und die Tabletten „rissen das Ruder (scheinbar) auch nicht herum". Kein Wunder, das die psychisch Kranken es dann einmal „anders herum" probieren. Und jetzt (!) erst einmal die anderen machen lassen. Die eigenen Anstrengungen waren (bis dato) hoch genug gewesen. Natürlich gab es auch den Patienten, der erst einmal blauäugig und sehr wohlwollend sich dort erst einmal alles angeschaut hat. Der betont unvoreingenommen an seinen Klinikaufenthalt herangegangen ist. Sich wollte, von dem Neuen, überraschen lassen. Und sich einmal ausruhen, -die Möglichkeiten des Sozialstaates einmal auszuprobieren… So etwas gab es.

Nun, den konnte ich (als „alten Hasen") eigentlich schon von Anbeginn „den Wind aus den Segeln" nehmen. Denn die Praxis sah anders aus. Reduziert man es nämlich auf das, was es objektiv war, stellt man fest, dass es nur noch die Essenversorgung war, die kostenlos (für einen) war. Alles andere waren Forderungen! Und das Essen sollte in den letzten Jahren (durch eine Umstellung) noch deutlich an Qualität verlieren. Ob die Spaziergänge, die Ergotherapie (Arbeitstherapie), oder die Gesprächsgruppen: Immer war es eigentlich ein: daran teilnehmen müssen.

Mit Ausnahme ganz weniger, freiwilliger Therapien (z.B. die Schwimmhalle). Ich muss aber auch so fair sein, dass ich einen Spaziergang (in meinem Fall) schon als Last empfunden habe. Als persönliche Anstrengung. Dies ist vielleicht bei einem, der eine psychische Krankheit hat (z.B. Schizophrenie), schon wieder ganz anders. Er empfindet es vielleicht als Wohltat, sich nach dem Mittagessen „die Füße zu vertreten". Tja, -so unterschiedlich sind die Sichtweisen. Deswegen kann ich auch nur für meinen Fall sprechen. Und mir fielen nun Mal (nahezu) sämtliche Therapien schwer.

Ich weiß aber, dass das bei einer bestimmten Patientenklientel, genauso war. Meine Theorie bestätigte sich in dem Moment, als ich mich mit einer (schwer kranken) Mitpatientin zusammenkam. Sie musste eh schon so viele Tabletten nehmen, -zudem noch, ihren Bedarf. Sie sagte ja selber, dass sie gar nicht so gern in der Klinik wäre, wenn es nicht unbedingt sein müsste. Für sie stand die Frage: Wann ist es denn hier vorbei? -Gegenüber anderen Patienten, denen Ziel es war, möglichst lange dort zu verbleiben.

Seitens des Pflegepersonals muss ich sagen, dass ich beides erlebt habe: die korrekte Erfüllung der Arbeitsaufgaben, und lustloses, oberflächiges Arbeiten. Ich kann schon verstehen, dass die Arbeit im Gesundheitswesen in der unteren Schicht der Gesellschaft angesiedelt ist. Aber, muss man sich deswegen so hängen lassen? Und zudem kommt ja noch, dass die Ärzte sowieso nur zum

Stück weit, helfen können. In einem, meiner späteren Klinikaufenthalte sollte ich dann noch mehr Einblick in diese Materie erhalten: die unterschiedliche Herangehensweise der 2 deutschen Staaten (bis zur Wiedervereinigung). Im Bezug, auf die psychisch Kranken.

Die Physiotherapeutin erklärte es unserer Patientengruppe so: In der ehemaligen DDR wurden die psychisch Kranken (dauerhaft) in der Psychiatrie untergebracht. -Sie wohnten und lebten dort. Heute beschreitet man einen anderen Weg: die psychisch Kranken leben in normalen Wohnungen (zu Hause). Allerdings, unter Zuhilfenahme von Tabletten. Man mag sich nun darüber streiten, was wohl der bessere Weg ist. Die Physiotherapeutin erklärte es (sinngemäß) so, dass heute die Tabletten schon weiterentwickelt sind. Und dass damit eine Unterbringung in normalen Wohnungen möglich wäre. So, jedenfalls, die Theorie. Rentner sind sie (zumeist) trotzdem. EU-Rentner.

Aber nun zurück, zu meinen Freund Frank. Im Grunde genommen war es doch so: Nach dem jetzigen Klinikaufenthalt ging die Welt für mich zu Hause normal weiter. Das Haupt - Augenmerk richtete ich auf das Zeitungen - Austragen. Und was dann noch an Zeit (pro Woche) übrigblieb, verwendete ich einen Teil, davon, für ihn. Ich hielt Frank bewusst „auf kleiner Flamme". Um dieses Hobby nicht zu meiner Hauptaufgabe werden zu lassen. Trotzdem entwickelte ich mich (auch) durch ihn weiter, -lernte dazu. Z.B. wie man die Videos richtig bearbeitet, -wie man eine Video - DVD erstellt, usw. Immer rief ich ihn an, -fragte ihn, ob er die DVD schon (per Post) erhalten hätte, und, ob sie sich abspielen lies. Das interessierte mich natürlich brennend.

Selbst mit 3D- Filmen experimentierten wir damals schon. Und Frank sagte ja von sich, dass er den besten (Flachbild-) Fernseher, und den besten Blu-Ray Player gehabt hätte. Und darum spielte ich damals mit dem Gedanken, mir nur für diesen Zweck einen Blu-Ray Recorder (für meinen PC) zu kaufen. Doch dazu kam es nicht. Die Blu-Ray sollte sich ja dann auch nicht so richtig durchsetzen, auf dem Markt. Die Freundschaft mit Frank sollte unterdessen nur wenige Jahre andauern. Ich erkannte damals noch nicht den Wert, der in so einer (Brief-) Freundschaft stecken kann. Freilich lud er mich auch ein, zu seinen Geburtstag im Dezember. Um nach Halle zu fahren. Und damals konnte ich noch selbst mit dem Auto fahren. Aber, mir war das damals schon zu weit. Vor allem, in der belebten Stadt: Halle. Sicher hätte er sich darüber gefreut. Er hatte mir auch Bilder geschickt, von seiner Frau, usw. Ich ließ die Freundschaft aber trotzdem langsam einschlafen, -über die Jahre. Denn, mir brachte sie keine Vorteile. Es war halt wieder nur ein „Strohfeuer". Aber, ein wesentlicher Grund dafür war, dass es mir zu schwer war. Denn, mein Gesundheitszustand hatte sich ja auch schon wieder verschlechtert. Und da war mir eben alles zu viel. Selbst, die DVDs zuschicken. Auch dafür braucht man Kraft.

In den 2 Jahren (2011 - 2013) waren vor allem 2 Dinge erwähnenswert: Zum einen meine Beschäftigung als Zeitungszusteller. Und da wurden viele Versuche mit anderen Zustellbezirken unternommen. Und, zum anderen, -in meiner Freizeit, das Stöbern auf dem Recyclinghof in Brandis. Im Juli 2013 war ich ja schon wieder in der Klinik in Wermsdorf. Für 3 Monate. Zunächst möchte ich erst kurz darüber etwas schreiben, was ich als (Zeitungs-) Zusteller erlebt habe. Es war Winter. Und einmal bat mich die Sekretärin von meinem Auftraggeber, ob ich nicht die Zustellung in Machern (meine angrenzende Stadt) übernehmen könne. Im Moment hätte sie dort keinen Zusteller. Und es wäre sehr wichtig, dass dort Zeitungen beliefert werden.

Ich habe da zugesagt. Es wäre ja nur für 1x, und später hätte die Sekretärin dann jemanden, für diese Tätigkeit. Am Ende war es für mich auch bloß eine neue Erfahrung. An dem Tag, -ich erinnere mich genau, hatte ich 2 Zustellbezirke zu beliefern. -Meinen Haus- Bezirk, und dann noch das Wohngebiet in Machern. Ich trennte es aber: an dem Vorabend belieferte ich meinen Heim- Bezirk. So wurde es nicht zu viel. Trotzdem war ich den ganzen Tag unterwegs. Es lag Schnee, und es war so ein regnerisches Wetter. Auch traf ich in Machern einen weiteren Zusteller (einen Fahrrad - Kurier), der einen anderen Bezirk bediente. Ich schätzte ihn auch als akkuraten Menschen ein. Einen beflissenen Arbeiter.

Bei den Machern war es besonders wichtig für mich, dass ich mich genau an die vorgegebenen Hausnummern hielt. Da war so eine lange Straße, wo das Ende nicht absehbar war. Dort musste ich schon ganz schön aufpassen, um keinen Fehler zu machen. Aber ich sollte an einem Haus einen Namen finden, die höchstwahrscheinlich eine Mitpatientin von Wermsdorf war. Ich war mir schon ziemlich sicher, dass es so war. Denn sie sagte zu uns, dass sie aus Machern kam. Ihren Namen weiß ich heute leider nicht mehr. Es war ein großes Wohnhaus. Und ich habe diese Erkenntnis einfach so stehen lassen. Naja, und dann war da ja das eigentliche (dichtbesiedelte) Wohngebiet in Machern. Auch dieses kannte ich schon. Denn eine ehemalige Arbeitskollegin von meiner Mutter wohnt dort.

Aber, es war dort auch so: „flächendeckend" war dort nicht zu beliefern. Nur einzelne Straßen (-abschnitte). Was es schwierig, -aber auch interessant machte. Manchmal musste ich auch selber entscheiden, was ich machte: -in der einen Straße war z.B. ein Geschäftshaus. Und da war kein Briefkasten dran. Ich dachte mir, dass der Geschäftsmann sicher trotzdem gern die Zeitung liest. Und da habe ich sie so zwischen die Tür geklemmt. In dem Wohngebiet waren auch strenge Parkreglungen. Ich fand aber ein Plätzchen, wo ich meinen PKW abstellen konnte. Denn ich wollte ja auch nicht allzu weit laufen. Natürlich fragte ich auch die Anwohner dort, nach der und der Straße. Sie halfen mir dann, -zeigten alles. Natürlich schaute ich auch immer ein bisschen neidisch, wenn ich gesehen habe, wie die (Neu-) Reichen gewohnt haben. Wo die dicken Autos vor der Tür standen. Sicher hatten sie durch ihre Arbeit schon ein bisschen Kapital angehäuft. Soll ja auch jeder so weit kommen, wie er mag...

Abschließend, in diesem Kapitel möchte ich noch über eine Sache berichten, wo ich darüber lachen musste: Es lag ja Silvester noch nicht lange zurück. Und da musste jemand versucht haben, einen Briefkasten, den ich zu bedienen hatte, zu sprengen. Mit Silvester - Böllern. Das sah man deutlich. Dieser Briefkasten sah schon arg ramponiert aus. Ganz traurig hing seine Klappe nach unten. Die Reste von den Böllern lagen noch darin. Gott, -wer sich daran nur vergangen hatte? Aber es war egal. Auch dieser Briefkasten wurde befüllt. Pflicht ist nun Mal Pflicht! Und damit ging ein schwerer Tag zu Ende…

Und was habe ich in meiner Freizeit gemacht? -Zu der Zeit, viel am Computer. Damals entstand gerade ein neuer Recyclinghof bei uns, in Brandis. Der gehörte dem KELL (Kommunaler Entsorgungsbetrieb Leipzig - Land). Er befindet sich mit auf dem Gewerbegebiet: Brandis - West. Dort war eine Parzelle dafür vorgesehen. So groß war sie nicht, -erfüllte aber ihren Zweck. Das dort die großen Metallcontainer stehen, wo der Elektronikschrott hereinkommt. Entsorgt werden kann dort jedoch alles: Bauschutt, Gartenabfälle, usw. Demgegenüber nun der andere Recyclinghof an der Naunhofer Straße, auf dem Gelände des ehemaligen ACZ (Agrochemischen Zentrums). Der hieß Becker Umweltdienste Leipzig GmbH. Diese Annahmestelle wurde „zurückgebaut", als KELL - Entsorgung öffnete.

Zwar konnte man noch nach, wie vor seine elektronischen Geräte dort abgeben. Aber nicht mehr in dem Umfang. Die meisten Bürger schafften von nun ab ihren Schrott von nun ab, eh zu dem neuen Recyclinghof. Bei Becker Umweltdienste standen dann zum Schluss z.B. keine geschlossenen Container mehr da, wo Elektronikschrott drin war. Nur noch eine große Lore, dafür, war vorgesehen. Die Chefin, dort, sagte mir, dass es wohl eine Kostenfrage war. Der Vorteil bei Becker Umweltdienste war aber, dass dieser Recyclinghof nicht so nah „an der Peripherie" war. -Er war weit abgelegen, vom Publikumsverkehr. So konnte man in Ruhe dort „herumstöbern". Wenn keiner da war. Und selbst, wenn die Angestellten dort da waren, so haben sie nichts gesagt. Zu meinen Aktivitäten.

Bei den KELL- Recyclinghof sah das da schon anders aus. Der war direkt an einer Landstraße gelegen. Das kamen oft Autos vorbei. Da blieb bei mir immer eine „Restangst". Denn, so ganz legal war das ja nicht, was ich dort tat… Aber es war auch so (so stellte ich später fest), dass ich wohl nicht der einzige mit diesem Hobby (dem Container - Suchen) war. Denn, an einem Wochenende, wo ich mal wieder bei Becker Umweltdienste war, traf ich dort einen schon etwas älteren Herrn an. Er suchte dort, gleichfalls, wie ich, Teile für den Computer. Damals, in der Übergangszeit, standen dort noch die 3 großen Metallcontainer. Ihr Inhalt: Computer und Elektronikschrott.

Erst hatte ich ein bisschen Angst, -dachte, der Mann sei vom Ordnungsamt. Diese Angst stellte sich dann aber als unbegründet heraus. Er öffnete dann sogar noch einen Container, und schaute nach. Das hatte ich mir aber nie getraut. Stattdessen begnügte ich mich mit der Hardware, die draußen so herumlag (weil sie nicht mehr in den Container gepasst hat). Und das war ja auch nicht wenig. Auf das Gelände von Becker Umweltdienste kam man übrigens nur mit so einer kleinen Anstell- Leiter, die dort so ganz zufällig dastand. Ich meine, zu den Schließungszeiten des Recyclinghofes. Ich verabschiedete mich dann noch von meinen „Spannemann", -und jeder ging seiner Wege. Von diesen Recyclinghof habe ich mir einmal einen Laptop mit nach Hause genommen. Er war nicht mehr der neueste, -aber noch voll funktionsfähig. Für meine Zwecke, was ich noch machen wollte, langte er aus: nämlich unser Hof- Bild im Internet darstellen. Anmerkung: Wir hatten zur damaligen Zeit schon eine Internet- Kamera zur Überwachung unseres Hofes. Dort habe ich natürlich den „Reibach" gemacht.

Aber ein was stellte ich (im Zusammenhang mit den Recyclinghöfen) ganz schnell fest: dass ich so ein reiner Computer - Techniker eigentlich nicht war. Die Freiheit, irgendetwas (handwerklich) zu basteln, was mir körperlich nicht zu anstrengend war. Da lag z.B. einmal ein alter Dia- Projektor auf dem Recyclinghof. Wo die Projektionseinheit noch drin war. Den wollte ich so umbauen, dass er auf ca. 20 m ein Bild auf unser gegenüberliegendes Wohnhaus projiziert. Ich tauschte zu diesem Zweck die Frontlinse aus. Gegen eine Linse von einem Tageslicht - Schreibprojektor (Polylux). Und so setzte ich das dann auch in die Tat um. Da konnte man sich richtig ausprobieren. Ich verwendete diesen Projektor in der Weihnachtszeit. Um ein weihnachtliches Motiv an die Häuserfront meines Nachbarn zu projizieren.

Der Projektor befand sich in meiner Bodenkammer, -strahlte von dort sein Licht ab. Letzten Endes baute ich die ganze Apparatur in eine Bananenkiste. Und, vom Licht, her, langte es auch zu. Wie der Versuch ergab. Vom Bauaufwand her, war es nicht sehr schwer. Und das war das Schöne, daran. Ich konnte ja beim Bauen so langsam vorgehen, wie ich wollte. Natürlich habe ich auch alles fotografiert, um später noch schöne Erinnerungen, davon zu haben. Oder, ich hatte damals, im Internet eine Anleitung gesehen (durch Zufall). Wie man sich aus einen ausgedienten DVD- Brenner (vom Computer) einen Laserpointer bauen kann. Na klar habe ich auch das ausprobiert. Solche DVD- Brenner gab es ja auf den Recyclinghöfen zur Genüge. Oder, den kleinen Christbaum, den ich baute. Aus ebensolchen Laserdioden.

Der Phantasie waren da eben keine Grenzen gesetzt. Ich konnte dann auch eine ehemalige Dozentin von mir besser verstehen. Wenn sie sagte, dass sie so gerne einmal töpfern würde. Zuerst vertrat ich nämlich die Auffassung: sie, als Dozentin, und dann das Töpfern, -das passt doch gar nicht zusammen! Aber, es muss wohl so gewesen sein, dass sie den Wunsch hatte, auch einmal etwas mit ihren Händen zu gestalten. Ja, -etwas (kleines) selbst zu bauen. Wie, bei einem Kind, wo die Überlegung nicht im Vordergrund steht, sondern (erst einmal) das Handeln. Das, alles, geht in dem Moment, wenn es (körperlich und geistig) nicht zu schwer ist. So, wie das in dem Fall bei mir war. Und dann macht es auch Spaß.

Um beim Beispiel der Dozentin zu bleiben: Sie konnte zwar in ihrem Beruf viel Wissen vermitteln. Aber etwas zu erzeugen, wie ein Künstler, -das ging auch in ihrem Beruf nicht. Abschließend möchte ich es noch an einem Beispiel von mir erklären, was die Sache so schön machte: Am Ende hatte ich so viele DVD- Brenner (vom Recyclinghof), das ich mich hätte „totschmeißen" können, damit. Ich hatte dort „die Qual der Wahl". Denn, so viele Laserpointer hatte ich ja dann doch nicht herstellen wollen. Und, wenn partout nichts mehr ging, blieb ja immer noch das Auslesen von alten Festplatten übrig. Einmal nahm ich mir einen alten 15" TFT - Flachbild - Monitor mit nach Hause. Den nahm ich vorsichtig auseinander. Denn ich benötigte davon nur das TFT- Modul (aus dünnem Glas). Die Durchlicht- Einheit mit den Leuchtstoffröhren entsorgte ich. Ich weiß heute nicht mehr, ob ich nach einer Anleitung im Internet vorgegangen bin. Auf alle Fälle gab es dort auch solche Anleitungen.

Dann legte ich das TFT- Modul auf meinen Tageslicht - Schreibprojektor (Polylux). Das passte ziemlich genau dort drauf. Ich hatte mir da so eine Art angeeignet, beim Basteln. Weil ich ja kein Elektroniker war. Wenn, -dann schon eher Chemiker. Ja, ich isolierte immer alles so, mit Zeitungspapier. Legte es immer unter die elektronischen Schaltungen. Bei den geringen Spannungen reicht das eben aus. Oder, ich nahm ein altes Bettlaken als Unterlage. Das Zeitungspapier ist vor allem trocken, und schön weich. So durchleuchtete ich also das TFT- Modul. Und, an der Wand sah man dann tatsächlich das Computer- Monitor - Bild prangen. Jeder Bastler hat auch immer ein bisschen seine eigenen Methoden, wie er etwas baut. -Ich habe es zum Beispiel oft so gemacht, dass ich die elektronische Leitungsführung (die Drähte) einfach, immer flach auf den Boden gelegt habe. In meinen Versuchsanordnungen.

Alles aufzuführen, was ich gebaut habe, wäre an dieser Stelle zu viel. Und darum werde ich es hiermit erst einmal gut sein lassen. Ich möchte stattdessen den Blick wieder auf mein Zeitungen- Austragen richten. Auf meine Empfindungen, -was ich dort erlebt habe. In meinen Heim- Zustellbezirk, -in der Hainbuchenallee, gab es dort so eine kleine „Buchtheke". So etwas nennt sich auch ein „öffentlicher Bücherschrank". Vor einem Wohnhaus hat der dortige Anwohner so ein Regal aus Beton gebaut. Mit Felsensteinen, und einer Überdachung. Er bietet dort öffentlich Bücher zum Tausch an. Aber auch Video - Kassetten und DVDs befinden sich in dem Angebot.

Jeden Abend, wenn ich mit meiner Arbeit fertig war, ging ich an diese „Büchertheke". Und habe nach interessanten Büchern für mich geschaut. Aber ich habe auch die gesamte „Büchertheke" abfotografiert. Mit meiner Digitalkamera. Diese Bilder zeigte ich meiner Mutter. Damit auch sie etwas hatte, von meinen „Büchertheken"- Besuch. Manchmal waren auch für sie ein paar interessante Bücher dabei. Dann musste ich mich beeilen. Versuchen, - gleich am nächsten Tag noch einmal zu der „Buchtheke" hinzugehen. Damit sich die gewünschten Bücher nicht schon jemand anderes mitgenommen hat. Das kam häufig vor, denn der (Buch-) Bestand wechselte täglich. Eigentlich war es so vorgesehen, dass jeder, der sich ein Buch mitnimmt, -ein anderes Buch dafür in die „Buchtheke" legen muss.

Des Weiteren befanden sich aber auch oft Gesellschaftsspiele in der „Buchtheke". Oder, Naschereien. Gerade, wenn so Feiertage waren, lagen oft Süßigkeiten in der „Buchtheke". Die Stadt Brandis sollte dann erst sehr viele Jahre später etwas Vergleichbares errichten. -Auf dem Markt gibt es jetzt eine sog. „Bücherbox", -eine ausgediente Telefonzelle. Dort werden auch sehr viele Bücher zum Tausch angeboten. Meistens gehe ich jetzt sogar in diese. Einfach, -weil es vom Weg her, nicht so weit ist. Der Inhaber der „Buchtheke" in der Hainbuchenallee ist selbst ein großer Lese- Freund. Und so hat er von Zeit zu Zeit aus seinem privaten Bestand das eine oder andere „Schmeckerchen" in die Buchtheke gelegt. Ich habe dort meistens Video- DVDs hingeschafft. Zur damaligen Zeit war ich oft mit einem Reiseunternehmen auf dem Polenmarkt. In Bad Muskau, -gleich hinter der deutschen Grenze. Und dort gab es eben preiswert diese Video- DVDs zu kaufen. Meistens amerikanische Spielfilme, Actionfilme. Neuerscheinungen, die in den Kinos liefen. Und, nachdem ich mir die Filme angeschaut habe, gab ich sie dann in die „Buchtheke". So hatten noch Fremde etwas davon.

Ziemlich zu Beginn meiner Tätigkeit als Zeitungs- Zusteller traf ich auch eine ehemalige Mitschülerin wieder. Die Grit. -Sie wohnt in dem Ortsteil, wo ich die Zeitungen ausgetragen habe. Soviel, wie ich weiß, -schon von Geburt an. Genau, wie ich, der schon immer in der Schützenstraße wohnt. Sie hat dann aber geheiratet. Und ich glaube (weiß es nicht genau), ihr Ehemann hat ein Baugeschäft. Auf der Straße sprach sie mich an. Ob ich denn auch schon eine Zeitung bei ihr hereingesteckt habe? Daraufhin sagte ich zu ihr, dass ich das noch tun werde. Eigentlich war es (in dem Moment) nicht mein Zustellbezirk. Aber es grenzte unmittelbar daran an.

Und weil ich noch eine Zeitung übrighatte, steckte ich sie eben noch in ihren Briefkasten. Die Grit kümmert sich (neben einer Mitschülerin aus der Parallelklasse) nämlich immer darum, dass bei bevorstehenden Klassentreffen alle Personen angeschrieben werden. Sofern die Adressen verfügbar sind. Überhaupt wohnten (bzw. wohnen) viele meiner ehemaligen Mitschüler in dem besagten Gebiet. Also, den Nordwesten von Brandis.

Auf die Frage zu antworten, zu welcher Jahreszeit ich am liebsten Zeitungen ausgetragen habe, -antworte ich so: Dadurch, dass ich meistens abends die Zeitungen zustellte, bekam ich von den Witterungseinflüssen nun nicht so viel mit. Klar gab es schon Unterschiede: -die warmen Sommerabende. Wo es noch lange hell war, draußen. Im Gegensatz, dazu die kalten (und dunklen) Winternächte, wo ich mit der Stirnleuchte gehen musste. Doch die Weihnachtszeit war immer etwas Besonderes. Auch, wenn es draußen kalt war. Denn, jeder Einwohner (ob Mieter, oder Hauseigentümer) hatte, so gut es ging, sein Haus geschmückt. Es weihnachtlich dekoriert. Egal, -ob nun draußen, im Garten. Oder drinnen, wenn man zu den Fenstern hereingeschaut hat. Jeder wollte etwas beitragen, zu der Stimmung im Advent.

Viele haben dort einen immensen Aufwand betrieben: meterhohe Tannen mit einer Beleuchtung versehen. Oder ganze Gitternetze aus Leuchtdioden. Bei einem Haus war z.B. so ein riesiges Gitternetz, was grün leuchtete. Es hing an der Hauswand herunter, wie eine Schärpe. Und endete dann vor der Garage, -auf dem Fußweg. Es sah aus, als hätte die Natur Schnee hingeschüttet, -nur, in grüner Farbe. Wie ein „zarter Anflug". Der Anwohner hat sich dort bestimmt große Mühe gegeben, es so hinzubekommen. Überhaupt hatte man den Eindruck, dass alle Mühen der Anwohner darauf abstellten, Passanten, die vorbeikamen, eine kleine Freude zu machen (so, wie mir!).

Über Geschmack lässt sich ja bekanntlich streiten. Und, wo ich immer anfange zu lachen ist, wenn ich die beleuchteten Rehe und Schlitten aus Plexiglas sehe (es gibt wohl auch beleuchtete Zuckerstangen). Das finde ich dann doch Kitsch. In „meinem" Zustellbezirk gab es auch ein paar (wenige) Firmen. Also, Wohnhäuser, die gleichzeitig als Firma genutzt worden. -Ein Versicherungsbüro, Nagelpflege, usw. Es kam (selten) vor, dass die Einwohner ihre alten Computer und Peripherie auf den Fußweg stellten. In der Hoffnung, dass irgendjemand noch so etwas gebrauchen kann. -Und diese Gegenstände mitnimmt. Wenn sie abends noch gestanden haben: auch gut. Dann mussten sie ihren Elektronikschrott später eben selbst auf den Recyclinghof schaffen. Aber ich sah (auch hier) einen Sinn, darin. Z.B. für Schüler, die noch nicht so viel Geld haben. Oder, wenn jemand noch einen Zweit - Computer braucht, - für die Datsche. An einem anderen Tag sah ich auch wieder einen Computer draußen stehen. Abends, wo ich nach Hause gefahren bin. Jedoch, in einer anderen Straße, die nicht mein Versorgungsgebiet war.

Ich (selbst) war ja mit Computern schon ganz gut ausgestattet. Durch meine häufigen Besuche, auf den Recyclinghöfen. Darum brauchte ich darauf nicht zurückgreifen. Ich möchte gern im Nachfolgenden etwas konkreter auf meine 2 anderen Zustell- Bezirke eingehen. Diese bediente ich aber seltener (ich berichtete!). Beide waren für das Zustellen der Sonntags - Zeitungen vorgesehen. Um es gleich vorwegzunehmen: beide hatten ihre Vorzüge. Also, Häuserblocks, wo mir das Zustellen leichtfiel. Und ich es darum auch gern gemacht habe. Über die Nachteile brauchen wir hier nicht sprechen, -das kommt bei jeder Tätigkeit vor. Ich kann mich zwar heute, -im Nachhinein, nicht mehr genau daran erinnern, welches Wohnhaus zu welchem Zustellbezirk gehörte. Nur grob.

Jedoch, bei dem einen Zustellbezirk war das „Gewerbegebiet West" mit dabei. Eben jenes Gebiet, wo sich auch der (neugegründete) Recyclinghof der Firma KEL, darauf befand. Das war dann für mich besonders praktisch: Dieses Gewerbegebiet belieferte ich ja sowieso zum Schluss mit Zeitungen. So konnte ich im Anschluss an meine Tätigkeit mir noch etwas Gutes tun. Und, auf den Recyclinghof gehen (sehr entspannend!). So verband ich die Pflicht mit dem Vergnügen. Zur damaligen Zeit hatte ich noch keinen Zeitungsroller (Zustell-Wagen). Aber, gerade am Wochenende war es schwer, die kompletten, langen Straßenzüge die Zeitungen (in Paketen) zu tragen. Doch ich machte die Tätigkeit ja noch nicht lange. Und ich wollte mich erst einmal ausprobieren.

Die Zeitungen für die Sonntags - Lieferung kamen immer am zeitigen Sonntag - Morgen an. Und mussten noch am selben Tag ausgetragen werden. Bei dem einen Zustellbezirk ging es zum großen Teil darum, die sog. „Siedlung West" zu beliefern. Das war ein eigenständiges, kleines Siedlungsgebiet, mit Eigenheimen. Und bei dem anderen Zustellbezirk war es vor allem die sog. „Neubauernsiedlung". Inklusive Gartenkolonie. Viele Bürger, mit denen ich ins Gespräch kam, wussten ihre Wünsche, -im Bezug, auf die Zeitungszustellung, ganz genau. Und sprachen sie auch aus. Z.B. wenn 2 Zeitungen hereingesteckt werden sollten. Oder, in welchen Briefkasten (wenn mehrere Briefkästen an einem Haus angebracht waren).

Auf diese Weise traf ich viele Mitmenschen wieder, die ich aus der Schulzeit kannte. Ich meine auch Klassen, die sich über oder unter mir befanden. Wie haben sie sich entwickelt? Was ist aus ihnen geworden? Wo wohnen sie jetzt, usw. In dem Zusammenhang fiel mir auf, dass viele Kinder zwar ihr Elternhaus verlassen haben, aber nicht weit weg, davon, wohnhaft geworden sind. Meist, 2 Straßen, weiter. Man konnte es an den Klingel - Schildern lesen. Einen Straßenzug nannte ich (für mich) z.B. „Tal der Gesetzlosen". Das waren ein paar Mehrfamilienhäuser (kleine Neubaublöcke).

Wo ich dort „meine" Zeitungen breitgetragen hatte, merkte ich gleich, dass dort der Mieter „das Sagen hatte". (Und, nicht so sehr die Wohnbau - Genossenschaft.) Lag es an den vielen Wohnungs- Lehrstand? Oder an den Mietpreisen? -Ich weiß es nicht. Tja, -so kämpft eben jeder heute, um einen maximalen Fundus an Rechten zu erhalten. Ich bin ja dort auch bloß ein paar Minuten durchgelaufen. Denn, auch ich wollte professionell sein. In einem anderen Wohnviertel, wiederum, hatte ich den Eindruck, dass das zwar alles saubere, schöne Wohnungen waren. Die aber auch ihren Preis hatten. Der Vorteil von solchen Neubaublocks war aber, dass man da relativ viele Zeitungen zustellen konnte, ohne weit laufen zu müssen. Einmal wollte sogar mir meine Chefin (aus Leipzig) einen Fehler nachweisen. Den ich begangen hätte.

Ich hätte ein Haus in der Pappelallee, beim Edeka- Markt, vergessen. -Hätte keine Zeitung hereingesteckt. Dies habe ich ihr wiederlegt. Richtig ist: zwar konnte man dieses Wohnhaus leicht übersehen. Aber nur, wenn man oberflächig gearbeitet hat. Ich wusste, dass da noch dieses einzelnstehende Haus zu beliefern war. Und so habe ich es auch meiner Chefin erzählt. Damit war die Sache „vom Tisch". Ich kann mir schon vorstellen, dass mich einige Leute beobachtet haben, während meiner Zustelltätigkeit. -Heraus geschaut haben, aus ihren Fenstern. Es war ja Sonntag - Morgen, wo man es gemeinhin etwas ruhiger angehen lässt. -Wer ist der neue Zeitungs-Bote? Und, -wird er die Arbeit auch längere Zeit machen?

Schließlich war es ja bei diesen Zustellbezirken so, dass einmal Zeitungen ausgetragen worden, und ein anderes Mal, nicht. Das sagte mir auch ein Einwohner, dort. Und, über die kostenlose Sonntags - Zeitschrift (mit Werbe- Beilagen), haben sich wohl viele gefreut. An eine Episode kann ich mich noch recht gut erinnern: Es war Winter. Und, es lag sogar etwas Schnee. Einer, dieser nasskalten Tage. Wo man keinen Hund vor die Tür schicken möchte. Ich hatte aber an diesen Sonntag auszuliefern. Also fing ich in Ruhe an. Die erste Straße hieß: „Am Bahnhof". Dort waren mehrere, verstreute

Wohnhäuser. Rund, um das (ehemalige) Bahnhofsgelände. Viel zu laufen, - machte aber Spaß.

Und, da sah ich eine Familie gerade herauskommen, aus ihrem Haus. Das waren vielleicht 5 Personen. Auf alle Fälle sah man, dass sie das (noch) einigermaßen stabile Wetter noch ausnutzen wollten. Um einen Spaziergang zu machen. Ich fand das ja an und für sich eine tolle Idee. -Jedoch „toppte" ich sie noch. Und zwar, darum: Ich war auch an der frischen Luft. Zudem bekam ich aber meinen „Spaziergang" noch bezahlt. Auch, wenn ich ein bisschen zu tragen hatte. Gut, -man kann nicht alles haben. Der Rest des Tages verlief dann aber normal. Ein anderes Mal stellte ich Zeitungen (auch) bei meinem alten Freund Mario zu. Wo er wohnte.

Dort schien sich aber die Begeisterung über die Zeitungen in Grenzen zu halten. Denn diese sollten nur unten, im Hausflur, komplett abgelegt werden. Den Mario gesehen, habe ich dort aber nicht. Was mir aber lieb, so, war. Ungewöhnlich waren die Herausforderungen, mit denen ich es zu tun hatte: lag doch 1 Haus direkt im Wald. In der sog. „Fasanerie". Das war ein Zahnarzt (es stand zumindest so auf dem Hausschild). Auch dieser Hausherr wollte eine (kostenlose) Zeitung am Sonntag haben. Für mich war es aber kein Problem. Dort noch, mit dem Auto hinzufahren. Richtig gruselig war es dort. Aber, wie sagt man: „Des Menschen Wille ist sein Himmelreich." Und so musste es diesen Einwohner ja dort wohl gefallen.

Eine Sache möchte ich hier (auf alle Fälle) noch erwähnen: Meine Auslieferungen an die „Neubauernsiedlung". Wie der Name schon vermuten lässt, wohnten dort sehr viele Bauern mit ihren Gehöften und Anwesen. Auch ein landwirtschaftlicher Produktionsbetrieb war dort. Das war so eine langgestreckte Straße. Und darum fuhr ich sie (Haus für Haus) auch mit dem Auto ab. Legte dort aber (ganz bewusst) Ruhepausen ein. Von meinen vorhergehenden Straßen. Dort konnte ich die Stille genießen, -sah den Gänsen beim Fressen zu, usw. So, wie man sich das eben vorstellt, auf dem Land. Ich versuchte, all diese Impressionen in mir „aufzusaugen". Herrlich, diese Ruhe.

Dort konnte ich mich sehr gut entspannen. Als wenn die Uhren hier etwas langsamer schlagen würden. Auf der anderen Seite der Straße war dann schon ein Teil der Gartenkolonie. Nicht minder, uninteressant. Denn hier gab es z.B. Gämse zu bewundern. Den Tagesabschluss bildeten (auf dieser Route) die 3 „Feuerwege". Welche die Gartenkolonie (von der anderen Seite) darstellte. Das war aber noch einmal ein ganz schöner „Kraftakt". Denn, auch in der Gartenkolonie hatten viele Anwohner den Wunsch, eine Sonntags- Zeitung zu erhalten. Dort machte ich so: manchmal fuhr ich mit dem Auto durch (und teilte so die Zeitungen aus). Und ein anderes Mal lief ich mit den Zeitungspaketen durch die „Feuerwege".

Aber auch meine Eltern waren in dieser Zeit nicht untätig gewesen: -Sie suchten für mich aus dem Internet die Adresse eines Arztes heraus. Er hieß Dr. Röpke, und war Spezialist für Menschen mit autistischen Störungen. Schnell vereinbarten sie mit ihm einen Gesprächstermin. Das Problem war nur: Er hatte seine Praxis in Berlin. Trotzdem wollten wir auf seine Diagnose auf keinen Fall verzichten. Galt er doch als Koryphäe auf diesem Gebiet.

### Fahrt in die Charité / Berlin am 02.07.2013

An den Tag kann ich mich noch genau erinnern. Obwohl er schon so lange her ist (fast 10 Jahre). Der Untersuchungstermin war für 15.00 Uhr angesetzt. Anmerkung: man sagt da „Untersuchung" dazu, -auch, wenn es keine körperliche Untersuchung war. Sondern „nur" ein Gespräch. Das ist aber bei den Psychiatern so üblich. Wir sind rechtzeitig zu Hause losgefahren, -schon am Vormittag. Schließlich hatten wir ja eine riesige Strecke vor uns. Für mich war schon die Fahrt ein Erlebnis. Und, dass meine Eltern so etwas mit mir unternahmen.

Die Strecke bis „Ortseingang" Berlin kannte ich schon von Busreisen, in diese Stadt. Man fährt Autobahn, und kommt dann auf dem Gelände der alten AVUS „heraus". Dort ist alles ziemlich zentral. Von weitem kann man z.B. schon den Funkturm sehen, -oder das Messegelände (in Wirklichkeit heißt es „ICC", -also „Internationales Congress Zentrum"). Jedem, der einmal Berlin besucht, kann ich nur empfehlen, sich beides anzusehen. Es lohnt sich!

Aber unser Ziel war ja der Stadtteil „Charlottenburg". Und das ist noch ein Stück, woanders (genau: Hindenburgdamm 30). Mein Vater ist zwar mit Navigationsgerät gefahren. Trotzdem war es schwer, in einer fremden Stadt mit Navigationsgerät zu fahren. -Sich darauf verlassen zu müssen. Das weiß ich aus eigener Erfahrung. -Der rollende Verkehr, der „Stopp - and Go", -der Stau, usw. Auf der Höhe der alten AVUS ist es dann noch zu einem kleinen Stau (auf der Autobahn) gekommen. Dieser löste sich aber rasch auf. Das war fast zu erwarten, „dort oben". Jedenfalls sind wir dann pünktlich im besagten Stadtbezirk angekommen. Auch einen Parkplatz fanden wir schnell. Meine Eltern haben dann erst einmal ein Picknick am Auto gemacht. Sie hatten (selbstgemachte) Brote, Eier und Tee mitgebracht.

Ich konnte aber nichts essen. So, auf der Straße etwas verspeisen, -das geht gar nicht. Und dann sah ich schon den Eingang von der Klinik. Sah eine Patientengruppe (ca. 15 Leute) gemeinsam an einem Tisch sitzen, -im Durchgang des Gebäudes. Offensichtlich waren sie gerade beim Kaffeetrinken. Ich ließ meine Gedanken kreisen, -entdeckte Parallelen zu „meiner" Therapiegruppe in Wermsdorf. Das war so ein warmer Sommertag. Aber nicht zu warm. Richtig angenehm. Anmerkung: ich friere (durch meine Anorexie) sehr leicht. Mir sind die warmen Tage lieber, als die kühleren. Und noch: es gibt tatsächlich Menschen, die sich an kühlen Tagen wohler fühlen.

Jedenfalls gingen wir dann herein, -nahmen im Wartezimmer Platz. Ein großer Raum war das. Außer meine Eltern und mir, war noch eine Patientin dort mit drin. Es sah so aus, als litt sie unter einer Psychose (mit Realitätsverlust). Nach einer kurzen Wartezeit wurde ich dann endlich hereingerufen, in das Arztzimmer. Da war er nun, -der Dr. Stefan Röpke. Dem ich nun „Rede und Antwort stehen" sollte. Er stellte mir Fragen, in Bezug auf meinen Autismus und der Anorexie. Und gab mir hinterher ein paar nützliche Tipps, im Umgang mit beiden Krankheiten. Er stellte bei mir die beiden Diagnosen: Asperger-Syndrom und Anorexie (Magersucht). So hatte ich es schon erwartet. Denn, meine Diagnosen aus Wermsdorf und Zschadraß sagten das Gleiche aus. Das Asperger- Syndrom ist nicht heilbar. Jedenfalls, -zur Zeit noch nicht.

Zum Abschluss des Gespräches fragte er mich, ob er sich mit meinen Eltern noch einmal kurz unterhalten dürfte. -Dies bejahte ich. Sinngemäß wir er ihnen das Gleiche noch einmal erzählt haben, wie bei mir. Danach verließen wir die Klinik wieder. Ich war über den Ausgang des Gespräches jedoch ein kleines bisschen enttäuscht. Denn ich hatte mehr erwartet. Nämlich, dass er mir zumindest das Angebot macht, mich in seiner Klinik aufzunehmen. Bei meinem schlechten Gesundheitszustand, in dem ich mich befunden habe. Ich hatte mich (insgeheim) sogar schon ein bisschen darauf gefreut. Aber er wird wohl nicht der Arzt gewesen sein, der das zu entscheiden hatte. Sei es drum!

Aber etwas ist vielleicht doch noch interessant: heute, da ich dieses Buch schreibe, stellte ich bei meinen Recherchen fest, dass der Dr. Stefan Röpke sogar zum Professor geworden ist. Und praktiziert noch an der gleichen Einrichtung. „Herzlichen Glückwunsch!" In der Abendsonne fuhren wir auf der Autobahn dann wieder heimwärts. Dort hatten wir noch ein schönes, kleines Erlebnis: Wir machten eine Pause auf einer Autobahn - Raststätte, -in der Nähe bei Schkeuditz. Dort haben wir alle 3 zusammen Kaffee getrunken. Und ließen so den Tag gemütlich ausklingen. Das war ein richtig schönes Erlebnis.

Leser, die jetzt denken, dass es zu diesem Kapitel Alles war, irren sich! Denn es sollte noch „eine Kleinigkeit" folgen: Ein paar Tage später nämlich, sagte meine Mutter zu mir, ich hätte wieder etwas gewonnen. Und ich solle mir das Paket doch einmal anschauen. Natürlich öffnete ich es sofort. Und, „Et voilà!" -zum Vorschein kam der Tablet - PC, den ich mir so sehr gewünscht habe. Es war also kein Gewinn, sondern ein Geschenk, das meine Eltern mir gemacht haben. Ein mehrere tausend Euro teurer Computer, -der beste, den es (damals) gab. Ich war völlig fassungslos. Sie taten dies, weil ich ein Gespräch mit dem Dr. Stefan Röpke so positiv gegenüberstand.

Ich glaube, bessere Eltern kann man sich nicht wünschen. Und darum an dieser Stelle noch einmal: „Ein herzliches Dankeschön!", -auch an sie. Jedenfalls war ich dann erst einmal eine ganze Zeit lang beschäftigt, mit dem neuen Tablet - PC. Diesen sollte ich dann 4 Jahre in Benutzung haben, ehe er später kaputt ging. Erst jetzt, noch einmal 5 Jahre später, sollte ich wieder einen vergleichbaren Computer mein Eigen nennen. Nämlich, das Nachfolgemodell! Und darum erinnere ich mich (auch) an diese Zeit gern zurück…


### Erneuter Krankenhaus - Aufenthalt in Wermsdorf (07/2013)


Im Juli des Jahres 2013 bin ich wieder in die Klinik in Wermsdorf hereingegangen. Ich kannte ja die Abläufe dort schon. Es war so gedacht, dass es wieder eine „Auffrischung" meines Gesundheitszustandes war. Denn, jedes Mal, wenn ich eine Klinik besuchte, ging es mir hinterher ein kleines bisschen besser. So auch dieses Mal. Der Leser mag es mir nachsehen, dass ich mich bei den zahlreichen Klinikaufenthalten (insbesondere die Klinik in Wermsdorf) nicht mehr an Details erinnern kann. Vor allen, wann ich welches Erlebnis dort hatte. Und darum werde ich versuchen, kleine Episoden zu erzählen. Dinge, die mir im Gedächtnis geblieben sind. Auch, wenn der zeitliche Ablauf vielleicht anders war. Aber alle Episoden haben sich tatsächlich zugetragen…

Da war zunächst, einmal, Steffi. Klar weiß ich noch ihren Nachnamen, -werde ihn hier aber aus Datenschutzgründen nicht bekanntgeben. Steffi war (zum damaligen Zeitpunkt) in die 30 Jahre alt. Eher, noch jünger. Sie war ein Wermsdorfer Original. Ich spreche im Folgenden von der aktuellen Zeitgeschichte. Wenn man Wermsdorf (die Klinik) erwähnt, muss man unbedingt auch auf sie zu sprechen kommen. Durch ihre häufigen Klinikaufenthalte. Namentlich auf der Station P2 (sie war nur dort). Mit den anderen, jungen Menschen zusammen. Die Therapeuten kannten sie schon sehr gut. Ja, sie bestanden sogar darauf, dass sie immer wieder käme. Offensichtlich musste sie an einer Krankheit leiden, die prädestiniert war, für den Aufenthalt auf der Station P2.

Ich glaube, sie litt unter Angst- und Panikstörungen. Irgend so etwas, -aus der Gruppe. Wie soll ich sie nun einmal beschreiben? Sie war ein Wildfang! -Als so etwas bezeichnet man ein Mädchen, was sich wie ein Junge aufführt. Und, das war schon ein bisschen extrem, bei ihr. Ich meine, sie kann ja auch nichts dafür, dass sie so war. Die wichtigste Eigenschaft von ihr, war folgende: Sie betrachtete ihren Aufenthalt in der Klinik als festen Lebensbestandteil. Etwas, worauf sie bauen, und worauf sie zählen konnte. Mir schien, dass die Klinik sogar wichtiger, als ihr Zuhause war. Aus ihrer Sicht gesehen. Die Therapeuten bestärkten sie sogar noch in ihren Ansichten. Ich kann mir das schon vorstellen: wenn man nie ein richtiges Zuhause hatte. Wo man sich wohlfühlte. Und, vielleicht auch häufiger Mietwechsel. Und seine Wohnung nur ein Dasein - Fristen war. Da konnte man schon auf solche Gedanken kommen. Dass es in einer Klinik vielleicht schöner ist, als zu Hause. Mit ihr hatten die Therapeuten jedenfalls „eine sichere Bank". Dass sie immer wieder zurückkommt, in die Klinik. Und genug Patienten- Klientel da ist. Wenn man es einmal von der Seite betrachtet.

Ob dort überhaupt noch eine Hilfe zur Selbsthilfe da war, wage ich zu bezweifeln. Die Hilfe wird wohl darin bestanden haben, dass sie wieder einmal, eine Zeitlang „Zuhause" war. Ich möchte sie ja hiermit auch nicht kritisieren. Wie ich schon an anderer Stelle sagte, muss jeder Mensch selber sehen, was für ihn das Beste ist. Steffi kaufte sich immer die kleinen Heftchen im Kiosk: „Der Landser". Also, so Romane über die Wehrmachtssoldaten. Abgesehen, davon, dass das auch mein Interessengebiet ist, finde ich es eher ungewöhnlich, wenn sich eine junge Frau dafür interessiert. Aber so hatte sie wenigstens ihre Beschäftigung (in der Klinik). Was sie zu Hause gemacht hat, weiß ich nicht. Sie war ja auch starke Raucherin.

Und, in der Gruppe hat sie schnell Anschluss gefunden. Weil sie schon ein „fertiger Mensch" war. Jemand, der seine Meinung hat, -und die auch vertritt. Steffi war ein Mensch, der genau dort anfing, wo andere Menschen aufgehört haben. Resigniert haben. Vor so viel Mut „zog ich meinen Hut". Ich weiß, dass sie als Kind einmal ein traumatisches Erlebnis hatte. Dazu kam aber noch etwas anderes: So, wie die Therapien in Wermsdorf ausgelegt waren, passten sie (augenscheinlich) genau auf Steffi. Man sagt da auch dazu: das therapeutische Setting stimmte. Mit Bravour absolvierte sie alle Therapien. Zum Teil, lag das an ihrer Routine. Die lange Zeit, in der Klinik. Das stimmt.

Aber, es war auch so, dass sie sich Mühe gab. Bei allen Therapien. Man hatte immer den Eindruck, dass sie Angst hatte, dass das bisschen, was sie geben konnte, auch reichen würde. Den Anforderungen, der Therapien gerecht zu werden. Und, -es reichte ja auch. Z.B. bei der Gestaltungstherapie. Wo in der Ergotherapie ein Exponat gebaut werden musste. Mit therapeutischem Hintergrund. Und man es dann „verteidigen" musste. Also erklären musste, warum man es so und so gebaut hat. Auch dort gab sie sich Mühe. Im Rahmen ihrer Möglichkeiten. Wobei das Schwergewicht auf den letzten Satz gerichtet ist. Sie verhielt sich eben so, dass sie am besten dort durch die Therapien „durchkam". Ohne, groß „anzuecken".

Ich habe einmal irgendwo gehört, oder gelesen, -im Bezug, auf das behindert - sein: „Ein Mensch ohne Macke ist Kacke!" -Und das ist auch ein bisschen meine Lebensphilosophie. Wenn man ein Mensch, wie sie ist, -ohne Facetten. So kann man das zwar tun. Aber, es zeugt nicht gerade von großem Einfallsreichtum. Gelinde, ausgedrückt. Wenn ich in die Klinik „wie auf Arbeit gehe", habe ich (irgendwo) das Ziel verfehlt. Steffi hatte aber auch ihre guten Seiten: So hat sie sich intensiv um eine Arbeitsstelle bemüht. Soviel ich weiß, wollte sie in Dresden, bei einer Werkschutzfirma „anheuern". Ihre Bemühungen, diesbezüglich, glaube ich aber. Auch, dass es sehr schwer ist, in so einem Wachschutzunternehmen eine Arbeitsstelle zu finden. Weil ich ja selbst schon bei mehreren Wachschutzfirmen angestellt war.

Ich weiß nicht. Es ist vielleicht auch zu einfach, um es so „herunterzubrechen". Denn, wenn man etwas schreibt, kann man auf die feinsten Nuancen ja doch nicht eingehen. Die aber wichtig sind, um sich ein möglichst genaues Bild zu machen. Und darum wird meine Schilderung vielleicht nicht genau das wiederspiegeln, was es war. Wie Steffi war. Einmal war ich durch Zufall dabei, wie sich Steffi mit einer Schwester unterhielt. Über eine ehemalige Ärztin, die dort, auf der Station war. Das Gespräch verlief fast schon kumpelhaft. Und, die Schwester hat auch noch mitgemacht. Jeder mag sich darüber sein eigenes Urteil bilden. Und, vielleicht „liege ich ja auch falsch". Ich fand es aber unangepasst. Weil Steffi nun mal kein Betriebsangehöriger war, sondern „nur" Patientin.

Die Diskussion hätte auch ganz anders verlaufen können, wenn sie seitens der Schwester „abgeblockt" worden wäre. Was ich (eigentlich) erwartet hatte. Vergleichsweise ist ja auch in einem Krankenhaus die Schwester diejenige, die „das Sagen" hat. Und, nicht, der Patient. So sehe ich das jedenfalls. Ich weiß (aus eben diesem Krankenhaus), das Schwestern, die ein kumpelhaftes Verhältnis mit den Patienten eingegangen sind, damit keine guten Erfahrungen gemacht haben. Das sagte die Schwester, selber einmal, im Gruppengespräch. Es ist ja letzten Endes auch egal. Nur, dass ich so entsetzt über Steffi war.

Über ihre Äußerungen. Ich kann 10x schon lange „dabei gewesen" sein. Manche Sachen kann ich nun mal nicht sagen. Weil sie gegen einfache Anstandsregeln verstoßen. Selbst, wenn sie stimmen.

Steffi war ein Unikum! -Und das soll (abschließend) eine kleine Begebenheit untermauern. Wir hatten wieder einmal Sport im Freien. Es muss schon am Nachmittag gewesen sein, oder, vielleicht am Abend. Jedenfalls waren wir auf der kleinen Volleyball - Anlage, von der Station P5/P6. Wir alle freuten uns schon auf das Ende der Therapie. Freuten uns, auf unsere „verdiente" Zigarette. Oder, auch mehrere. Und, es war so Vorschrift, dass immer erst der Verantwortliche die Therapie offiziell beenden musste. Aber eine Patientin konnte es gar nicht abwarten. Sie zündete sich ihre Zigarette schon an, kurz vor dem Ende der Therapie. Entweder, sie kannte diese Regel noch nicht, oder ignorierte sie einfach. Wie auch immer.

Jedenfalls sah das Steffi. Steffi schlug mit einer heftigen Handbewegung die Zigarette der Mitpatientin aus dem Mund. Und schrie: Kippe aus! Therapie! Nur, die 3 Worte. -Dies aber resolut. Tja, -was Steffi wusste, dass wusste sie eben. Und das sollte sogar noch gut gemeint sein, -ehe es die Physiotherapeutin sah. Demnach musste die Steffi mit den Rahmenbedingungen (der Therapien) ja zurechtkommen. Wie ich schon sagte: dass „Unterhaltungsprogramm" dort, war wie für Steffi gemacht. Aber vielleicht bin ich auch nur ein Mensch, der über so etwas zu viel nachdenkt…

Im nachfolgenden Kapitel möchte ich gern etwas näher auf „Birgits Shop" eingehen. Wenn man ein Essay über Wermsdorf schreibt, kommt man nicht aus, ohne Erwähnung auch dieses Ladens. Die Betreiberin ist gewissermaßen „die gute Seele von Wermsdorf". Ich berichtete eingangs schon kurz, dass es sich dabei um einen kleinen Lebensmittel - Kiosk handelt. Der sich mit auf dem Gelände der Klinik befindet. Geleitet wird er von der Verkäuferin (und Inhaberin): Birgit. Ihren Nachnamen weiß ich leider nicht. Sie ist schätzungsweise schon ein paar Jahre älter, wie ich. (Anmerkung: ich war, als ich dieses Buch schrieb, 50 Jahre alt.) Zudem hat sie noch eine Angestellte. Diese steht aber schon kurz vor der Rente.

Man muss sich die Klinik in Wermsdorf ungefähr so vorstellen: ein riesiger Park. Und in der Mitte, davon steht das große Krankenhaus. Im Park, verstreut, sind dann noch andere Gebäude, wie z.B. das Sekretariat, -die Bibliothek, das Ergotherapie Zentrum, usw. Das habe ich vereinfacht beschrieben. Naja, und jedenfalls 1 Gebäude (wenn man es so nennen möchte), ist „Birgits Shop". Ziemlich weit abseits gelegen. Am Rand des Klinikgeländes. Nämlich im selben Gebäude, wo auch die Kegelbahn drin ist. Dort ist dann auch schon eine(!) Zufahrtsstraße, die aus der Klinik herausführt. Das Besondere von Wermsdorf ist, dass sich direkt auf dem Klinikgelände Wohnhäuser von Privatpersonen befinden. Die (eigentlich) nichts mit der Klinik zu tun haben. Aber, das ist historisch bedingt. Sie stehen noch aus DDR- Zeiten.

Es würde hier zu weit führen, wenn ich auch noch auf diese Häuser eingehen würde. Hierzu nur so viel: Eigentlich sind es Katen, -„Bruchbuden". Meistens wohnen darin (Alters-) Rentner. Es gibt nur ganz wenig junge Einwohner, dort. Oft sitzen sie vor dem Haus (bei schönem Wetter), auf der Bank. Und sehen uns Patienten zu, wenn wir zu „Birgits Shop", oder zum Kegeln gehen. An den Häusern wurde seit der Wiedervereinigung Deutschlands nichts mehr gemacht. Das heißt, sie wurden nicht saniert. Die Anwohner werden wohl (in den allermeisten Fällen) bis zu ihrem Lebensende dort drin wohnen. Und danach gehen die Häuser in das Eigentum des Staates über.

„Birgits Shop" erfüllt in dem Krankenhaus Wermsdorf eine wichtige Funktion: Die Versorgung der Patienten mit Waren des täglichen Bedarfs. Allem, voran Lebensmittel, Kosmetik- und Hygieneartikel. Das fängt schon bei der Zahncreme an, wenn man welche braucht. Zigaretten (die dort viele benötigen). Handrasierer und Rasierschaum. Zwar hat die (im Hauptgebäude befindliche) Cafeteria auch ein paar Kosmetikartikel. Aber längst nicht in dem

Umfang, wie bei „Birgits Shop". Birgit hat daneben z.B. auch noch frisches Obst und Gemüse. Fleisch- und Wurstwaren. Kaffee, Eis, Süßigkeiten, Kuchen, Zeitschriften, Bücher. Bis hin zu kleinen Geschenken (z.B. Tassen oder Kopfkissen). Die man z.B. gut als Abschiedsgeschenk verwenden kann. Wenn ein Patient die Klinik wieder verlässt, und nach Hause geht. Da war es immer ein Brauch, dass die Patientengruppe für ihn ein kleines Abschiedsgeschenk gemacht hat. Ich komme später noch einmal kurz darauf zurück. Heißen Kaffee im Becher gab es genauso, wie Bockwurst mit Brötchen und Senf.

„Birgits Shop" wurde aber auch von dem Personal gern genutzt. Ich sehe heute noch die Therapeuten, die dort gleich früh eingekauft haben. Es gab auch Patienten, die keinen Ausgang hatten, und auf der Station bleiben mussten. Die ließen sich dann eben von den Mitpatienten etwas von „Birgits Shop" mitbringen. Auch ich war einmal „Bote", und habe (im Auftrag der Schwester) für einen Mitpatienten etwas mitgebracht. Er gab mir dafür seinen Einkaufszettel. Der Laden „Birgits Shop" war so wichtig, dass er selbst in der schwersten Corona (Covid-19) Krise offengehalten werden musste. Und, am Anfang der Pandemie, hat man ja nun wirklich alles „zugemacht", was nicht lebensnotwendig war. Es war so, dass zu Beginn dieser Pandemie die Patienten das Klinikgelände nicht mehr verlassen durften. Wie es heute ist, weiß ich nicht.

Aber damals durfte nicht in die Stadt gegangen werden. Was ein tiefer Einschnitt in die Privat - Rechte war. Umso mehr freute sich sicher die Birgit. Über ihren gestiegenen Umsatz. Weil ja nun alles in der Klinik gekauft werden musste. Das war ja gerade das Schöne an Wermsdorf. Dass man in der Freizeit in die Stadt gehen konnte, um dort (preiswert) Waren zu erstehen. Oder (wenn man länger dort war), z.B. der Gang zum Friseur. Freizeit gab es ja zum Glück genug, -auf den verschiedenen Stationen. Wann man Freizeit hatte (und damit die Möglichkeit, zu „Birgits Shop" zu gehen), hing davon ab, auf welcher Station man untergebracht war. Ich denke, dass es auf den 2 Psychotherapie -

Stationen, P2 und P4, die meisten Freiräume gab. Im Bezug, auf die Freizeit. Birgit kam vor allem dann ins Spiel, wenn nur 1 oder 2 Stunden Freizeit waren. Zeit, die, um in die Stadt zu gehen, zu knapp gewesen wäre.

Oder (ich erinnere mich), unmittelbar vor der Therapie: Kegeln. Wo sich unsere Patientengruppe vor der Kegelbahn getroffen hat. Und vorher noch einen kleinen „Abstecher" zu Birgits Shop gemacht hat. So konnte buchstäblich jede Minute Freizeit ausgekostet werden (die Zigarettenpause inklusive!). -Das war wichtig, um das Gegengewicht zu erhalten. Zu der Therapie, die gleich stattgefunden hatte. Man hatte so seine Gedanken eben noch bei seinen Privatleben. Oder, wie es einmal ein Mitpatient ausgedrückt hat. Als wir gerade unten standen, beim Rauchen. Vor dem Klinikgebäude. Irgendwie kam ich darauf zu sprechen, über die Sinnlosigkeit des Rauchens. In die Richtung muss wohl die Diskussion verlaufen sein. Doch er sagte darauf zu mir: „Aber vielleicht lenkt Dich das Rauchen ja auch ein kleines bisschen ab!" Und, er hatte Recht, damit.

Zu diesem Zeitpunkt befand ich mich entweder auf der Station P2 oder P4, - ich weiß es heute nicht mehr. An manchen Tagen war es wie gesagt so, dass nach dem Frühstück nicht gleich eine Therapie losging. „Freizeit im Gelände" nannte das sich dann. Für mich, als essgestörten Menschen, kam dieser Pause eine besondere Bedeutung zu: konnte ich doch so, -zu Beginn des Tages mir Kekse kaufen. Weil ich doch so schlecht Mittag dort mitgegessen habe. Ich ernährte mich hauptsächlich von Kohlenhydraten (die Doppelkekse, die es bei Birgit gab). Wichtig war eben bloß, dass ich nicht mit dem Gewicht zu sehr „durchgesackt" bin. Außerdem kaufte ich mir Seltersflaschen. Denn, die 1 Flasche Selters, die man auf der Station (offiziell) bekam, war ja doch zu wenig. Für den ganzen Tag. Meine Mitpatienten, die mich zurückkommen sahen, sagten einmal zu mir: „Na, Tibor, hast Du dir wieder Kekse gekauft?" -Da musste ich natürlich lachen. Und bestätigte ihre Annahmen.

Bei „Birgits Shop" kauften auch viele Personen ein, die am Rand der Klinik wohnten. Ja, selbst aus der Behindertenwerkstatt kamen öfter 2 Heimbewohner. Sie saßen auf der Parkbank vor „Birgits Shop". Und tauschten sich Neuigkeiten aus. So erfuhr auch ich einmal etwas, was so in der Behindertenwerkstätte „abging". Wenn man auf einer anderen Station war, - z.B. der Station P6, sah das mit der Pausengestaltung schon anders aus. Ich hatte den Eindruck (vielleicht auch durch Corona bedingt), dass dort weniger Freizeit war. Da beschränkte sich die Freizeit meist nur auf ein Eis bei „Birgits Shop". Dort kam man auch schlechter mit den Mitpatienten in Kontakt. Wahrscheinlich, weil dort der Krankenhaus - Charakter auf dieser Station noch mehr war.

Menschen, die zu ihrer psychischen Erkrankung auch noch irgendein körperliches Gebrechen hatten. Dort entstand auch keine richtige Gruppendynamik. Alles war mehr anonym (was Vor- und Nachteile hatte). Auf den anderen 2 (Psychotherapie-) Stationen war es aber ausdrücklich so gewollt, dass Patienten den anderen Patienten helfen. Ich habe „Birgits Shop" übrigens noch aus einem anderen Grund geschätzt: Es war doch so, dass ich so oft zu meinen Geburtstagen in dieser Klinik war. Und da brauchte ich natürlich ein kleines Geschenk für die Schwestern und Pfleger. Sozusagen, meine „Geburtstagsrunde". Meistens kaufte ich dann 1 Päckchen Kaffee und eine (kleine) Pralinenpackung. Das kam immer gut an. Und „Scheiben eingeworfen" hat es ja auch nicht. Leider war es so, dass die Birgit ihre Preise von Jahr zu Jahr kontinuierlich angehoben hat. Wegen gestiegener Betriebskosten. So das dann das Eis essen fast schon keinen Spaß mehr gemacht hat. Bei einem Preis von 2,50 € für so einen kleinen Becher. Wie ich mitbekommen habe, bezog sich das aber auf nahezu alle Artikel.

Unweit von „Birgits Shop", -aber schon außerhalb des Klinikgeländes, befand sich die Hubertusburg. Mit dem großen Schlossplatz, davor. Oft waren an Wochenenden Busse von überall hergekommen, mit Touristen. Die sich die Hubertusburg anschauen wollten. Jedenfalls war das vor der Corona-

Pandemie so. Birgit hatte an diesen Tagen immer ein gutes Geschäft gemacht. Weil viele Touristen ja auch gern einen kleinen Imbiss zu sich nehmen wollten. Und, der „Abstecher" zu Birgit dauerte (von dort) nur 3 min. Sie hatte ja auch ein großes Werbeplakat hängen. Sodass die Touristen ihren Laden leicht finden konnten. Auf der anderen Seite konnten wir, -als Patienten an den Wochenenden die Hubertusburg besuchen (wer mochte!).

Jedoch, zu dem „Unheil" über die gestiegenen Preise kam in den letzten Jahren hinzu, das der Samstag für sie Ruhetag war. Gänzlich. -Das war vorher besser gelöst. Doch ich gönne es ihr auch, dass sie mal an einem Tag in der Woche frei hat. Nur, wir (als Patienten) konnten dann an dem Tag eben nichts einkaufen…

Damit möchte ich das Thema: „Birgits Shop" gern beenden. Im folgenden Abschnitt möchte ich etwas erzählen über die Therapie: Wasser - Bewegungsbecken. Also, „unser" kleines Schwimmbad. Patienten der Station P2 (und der Station P6) konnten 1x in der Woche diese Therapie in Anspruch nehmen. Es musste nur beantragt werden, dass man es machen wollte. Und, es mussten noch Plätze frei sein. Regulär in dem Therapieplan vorgesehen, war es nicht. Ich habe mich da immer, -wenn es irgend ging, dafür angemeldet. Bis zu 8 Patienten konnten immer daran teilnehmen. Und, das war ja auch immer ganz zeitig, am Morgen. Noch vor dem Frühstück. Wenn die anderen Patienten Frühsport gemacht haben, sind wir ins Wasserbecken gegangen.

Mitzubringen waren eine Badehose und ein Handtuch. Die Therapie fand im Erdgeschoss des Hauptgebäudes statt. Zuerst ging es in die Umkleidekabine. Die Badehose anziehen. Danach war so ein Bereich, wo man sich duschen musste. Um sich ein bisschen abzukühlen. Und dann sah man auch schon das Becken: Das waren alles Fliesen. Ich schätze das Wasserbecken auf ca. 8x8 Meter. Und, stark gechlort war das Wasser. Ansonsten ließ es sich dort aber aushalten. Von der Wassertemperatur, her. Manche Physiotherapeutin ist mit hereingekommen, ins Wasser. Das hat scheinbar jeder Physiotherapeut anders gehandhabt. Es ging immer um irgendwelche Bewegungen im Wasser. Mit, oder ohne Hilfsmittel. So hatten wir manchmal Manschetten für die Füße (aus Schaumpolystyrol). Oder, manchmal hatten wir eine sog. „Schwimmnudel".

Die Therapie ging immer nur ½ Stunde. Nicht viel, wenn man alle Zeit einberechnet. -Das An- und Auskleiden, usw. Meistens haben wir die letzten 5-10 min. im Pool genutzt, für ein Basketball - Spiel. Es waren aber auch viele Übungen dabei, wo man sich auf seinen Mitpatienten verlassen musste. Z.B. wo man von seinem „Partner" durchs Wasser geführt wurde. Mit geschlossenen Augen.

Einmal fragte mich eine Mitpatientin, ob sie von mir eine Zigarette haben könne. Nach der Therapie. Dies bejahte ich. Man ist ja schließlich kein Unmensch. Bei unserer 2., insgeheimen Währung in Wermsdorf: den Zigaretten! Ihre geäußerte Bitte hatte bei mir, wiederum, einen Gedanken - Prozess ausgelöst. Nämlich: es wäre besser gewesen, wenn ich schon von dieser Therapie eine geraucht hätte. So wäre ich in besserer Stimmung gewesen. Anmerkung: ich hatte keine schlechte Laune, an diesem Tag. Jedoch wäre meine Stimmung etwas mehr gewesen, als der Normalzustand. Und das strebte ich ja an. Aber egal. Ich konnte ja noch den ganzen Tag rauchen.

Nur nicht gleich, nach dem „Wasserbecken". Denn, da war keine Zeit. Es ging gleich weiter, mit dem Frühstück. Ich erinnere mich, wie die „Badegäste" immer zum Frühstück mit den nassen Haaren dagesessen haben. Gegenüber den anderen, die „nur" Sport gemacht haben. So, wie wir dasaßen, -im Speiseraum. Zwar konnte man sich im „Schwimmbad" hinterher auch die Haare föhnen. Theoretisch, schon. Aber meistens fiel das immer etwas kurz aus. Es gab nur wenige Therapien in Wermsdorf, wo ich so richtig entspannen konnte. Doch das „Wasserbecken" gehörte dazu. Einmal an nichts denken zu müssen, -das war schön. Seine Gedanken im hier und jetzt haben. So etwas haben wir später noch zur Genüge gelernt bekommen. Aber es ließ sich auch hier anwenden.

Die „Seele baumeln lassen", wie man so schön sagt. Und im Wasser zu planschen, wie ein Kind. Herrlich! Leider sind viele meiner Mitpatienten (die noch wesentlich jünger waren, als ich) offenbar schon frühzeitig ihrer Phantasien beraubt worden. Diesen Eindruck hatte ich. Etwas, was bei mir erst sehr viel später kam. Wie kann ich, als noch so junger Mann schon so „abgebrüht" sein? Der knallharten Realität des Lebens ins Auge sehen? -Sich seine Chancen (…im Leben) sehr objektiv aufzuzeigen? -Ein amerikanisches Sprichwort sagt: „All works and no play makes jack a dull boy." Es heißt (sinngemäß) übersetzt: Nur Arbeit, und kein Spiel lassen aus Jack einen abgestumpften Jungen werden. Ja, da steckt viel Wahrheit drin.

Verstehen Sie mich bitte nicht falsch: Auch ich habe einen „Lebensplan", -eine genaue Vorstellung davon, was ich in meinen Leben (noch) für Chancen habe. Ich gehe nicht blauäugig durch die Welt. Doch war ich auch einmal ein Kind. Mit naiven, kindlichen Gedanken. Und mir scheint, dass viele Menschen (heute) niemals richtig Kinder waren. Sondern gleich schon, Erwachsene. In ihrem Denken und Handeln. Ich kenne da viele. Schlimm, -so etwas. Aber, es gibt Schlimmeres. Ich bezeichne sie gerne als „Proleten - Kinder". Die sich schon in der Schule unter ihren Mitschülern durchsetzen mussten. Ich kann es aber verstehen. Denn es gibt z.B. den Fall, dass der Vater in einer Familie schon frühzeitig gestorben ist. Der Sohn hat dann eben die Rolle des Vaters übernommen. Gleiches sieht man auch bei älteren Geschwistern: -diese übernehmen ja (im Allgemeinen) die Beschützerrolle für die jüngeren Kinder der Familie.

Und so gibt es eben viele Kinderschicksale. In einem Film hörte ich einmal, wie ein Lehrer sagte: „Kinder denken (prinzipiell) auch nicht anders, als Erwachsene." Und, das kann ja auch stimmen. Oft ist es dann die sehr einfache, aber logische Schlussfolgerung des Kindes, fortan proletarisch zu leben. („Um uns selber müssen wir uns selber kümmern!")

Ich möchte aber nicht ins Politische abdriften, -das ist nicht Sinn meines Buches. Wie ich schon an anderer Stelle sagte, muss sich jeder Mensch sein eigenes Urteil bilden. Und sei es, als Kind. Um aber wieder zurückzukommen, zur Therapie: „Wasserbecken": Eine Begebenheit aus der „Schwimmhalle", möchte ich gern hier wiedergeben. -Wir waren schon fertig, mit unserer Therapie. Waren in der Umkleidekabine, und zogen uns wieder an. Es war nur mein Mitpatient, und ich.

Da fragte er mich, wie ich denn mit meinen Zimmernachbarn zurechtkäme. Schließlich wäre der Altersunterschied so immens groß. Und, ob es da Probleme (zwischen uns) gäbe. Ich konnte jedoch alle seine Zweifel aus dem Weg räumen. Denn ich war (und bin das auch heute noch) sehr gern mit jungen Menschen zusammen (ich berichtete!). Dann bin ich schon der ältere, - erfahrenere. Ich gebe ja zu, dass das bei mir ein Defizit ist, weil ich keine eigenen Kinder habe. Oder, vielleicht auch, wegen meinem „verpassten" Lehrerberuf. Mein Zimmernachbar war ein paar zwanziger Jahre alt. Wir verstanden uns gut. Und es gab nur selten Fälle, wo ich den „Alten" „heraushängen" ließ. Er, selbst, war vorbestraft, wegen Drogendelikten.

Nach eigenen Angaben hatte er versucht, 1kg Ecstasy nach Deutschland zu schmuggeln. Und ist „erwischt" worden. Ihm stand seine Strafe noch bevor. Außerdem kam den einen Tag der Zoll unangekündigt auf unser Zimmer. Und hat eine Durchsuchung seiner Habseligkeiten durchgeführt. Oh, Schreck! -Mir ist gleich „das Herz in die Hose gerutscht". Aber, wegen mir waren sie ja nicht da. Ja, so war das. Eric (er hieß so) kam aus Dresden. Aus einem drogenverseuchten Umfeld, -so sagte er selber. Er bemühte sich in der Zeit, wo er in der Klinik war, intensiv um eine Arbeitsstelle. Hatte oft (irgendwelches) Probe - Arbeiten bei Firmen. Natürlich habe ich ihn auch einmal meine „Geschichte" erzählt. Bei einem nachmittägigen Kaffeetrinken in der Cafeteria.

Das war ein kluger, junger Mann. Nur, leider auch ein bisschen „auf die schiefe Bahn" geraten. Ihm bleiben 2 Sachen für seine Zukunft zu wünschen: 1. das seine Strafe (vom Gericht) nicht so hoch ausfällt. Und 2. dass er mir der von ihm angestrebten Arbeitsstelle glücklich wird. Mehr weiß ich über ihn nicht. Vielleicht noch das: dass er noch nicht „in festen Händen" war. Das beweist, dass er die eine, oder andere Liebschaft in Wermsdorf eingehen konnte. Auch Eric wünsche ich natürlich an dieser Stelle alles Gute.

Vielleicht war die Therapie: „Wasserbecken" gerade deswegen so schön, weil von vornherein klar war, dass die Übungen (körperlich) nicht zu schwer werden würden. Es gab auch eine „Untergrenze" an Teilnehmern: Wenn weniger als 4 Patienten sich dort einfanden, fiel die Therapie aus. Dann brauchten wir auch nicht am „Sport" mit daran teilnehmen. Diese Ausfälle kamen vor. Das passierte ganz schnell, wenn 1 Patient z.B. unpässlich war, und ein zweiter es verschlafen hatte. Ich handhabe es auch so: wenn ich eine geraume Zeit in der „Schwimmtherapie" war (und „mein Mütchen gekühlt habe"), habe ich mich wieder von der Liste ausgetragen. Sodass andere Patienten auch einmal in den Genuss der „Schwimmtherapie" kamen. (Vor allen solche, die das erste Mal dabei gewesen waren.) Auf dieser Station, -der Station „P2" ist mehr, als auf jeder anderen Station auf das „kollegiale Miteinander" geachtet worden. Oder, wie es der Oberarzt einmal sagte: „Wir sind hier eine Gruppentherapie." -Das sagt doch schon alles, -oder?

Jedenfalls gibt es zu der Therapie: „Wasser- Bewegungsbecken" nichts mehr zu berichten. Darum werde ich mich einem neuen Thema zuwenden. Dem Thema: „Cafeteria."

Eigentlich möchte ich gleich „nahtlos" dazu übergehen. „Nahtlos" deswegen, weil sich die Cafeteria im selben Gebäudekomplex befindet, wie das Schwimmbecken. Die Cafeteria stellt aber einen eigenständigen, großen Flachbau dar. Der ist unmittelbar mit dem Hauptgebäude verbunden. Sehr großzügig angelegt, der ganze Speiseraum. Vom Haupteingang des

Krankenhauses, der Rezeption, gelanget man schnell zu allen wichtigen Einrichtungen. So auch zu der Cafeteria. Vielleicht ist die Bezeichnung „Cafeteria" für diese Einrichtung etwas untertrieben: Es gibt dort zumindest eine Mittagsversorgung (für Gäste und Personal). Frühstück wohl eher, nicht. Aber dafür war dann der gesamte Nachmittag dort geöffnet.

Oft war ich am Nachmittag dort, und habe eine Tasse Kaffee getrunken. Ich muss bei diesem Kapitel voranstellen, das es mir sehr schwerfällt, darüber zu berichten. Wenn ich, als essgestörter Mensch, über meine Essgewohnheiten berichten soll. Zunächst einmal, war es doch wohl so, dass alles das, was mit dem Essen zu tun hatte, immer etwas Besonderes für mich darstellte. Vergleichsweise, einem Fest. Und die Cafeteria (die wie eine Gaststätte war), stellte sozusagen den Mittelpunkt des Aufenthaltes in Wermsdorf dar. Anmerkung: das kann man (auch) wörtlich nehmen, denn sie war örtlich im Zentrum des Krankenhauses. Wir, -als Patienten, aßen zwar (regulär) nicht dort drin. Sondern, auf der Station. Doch, wenn etwas Besonderes war, -ein Familientreffen am Wochenende oder so, gingen wir in die Cafeteria. Sonst war diese (weitgehend) dem Klinikpersonal zur Mittagsversorgung vorbehalten.

Es kam aber auch schon mal vor, dass wir „mitten, in der Woche" dort waren. Etwa, wenn sich Patienten noch näher kennenlernen sollten. Als Therapieauftrag. Und, wo ging das besser, als bei einer gemütlichen Tasse Kaffee, am Nachmittag?

Etwas, was ich mir dieser Cafeteria verband, war die absolute Sauberkeit und Hygiene selbiger. Wie auch, die Sauberkeit und Appetitlichkeit der gesamten Gastronomie in der Klinik. Bis zu jenem Tage, -vor etwa 5 Jahren, als das „Tablett - System" umgestellt worden ist, auf die Zubereitung der Speisen auf den Stationen. Damit begann die Qualität der Essensversorgung arg abzunehmen. Sicher waren es Kostengründe, die die Klinikleitung zu diesem Schritt bewog. Damals kam das Essen noch auf solchen Tabletts (aus Leipzig). Jeder Patient hatte dann sein eigenes Tablett mit Essen. Was er am Tag vorher für sich bestellt hatte. -Eine saubere Sache! Ich, -als essgestörter Mensch achte ja beim Essen eh prinzipiell darauf, dass alles hygienisch und sauber ist. Etwas übertrieben. Das ist eine Begleiterscheinung der Magersucht.

Ich esse nur sehr kleine Mengen. Aber, dass bisschen, was ich esse, soll dann wenigstens in Ordnung sein. Umso mehr freute es mich, dass ich dort eine Klinik gefunden hatte, wo die Essensversorgung so sauber war. Das kam aber nicht von ungefähr. Denn, die Cafeteria war sozusagen das „Aushängeschild" der Klinik. Man wollte sich dort keine „Patzer" leisten. Sämtliches Essen kam aber (früher) aus der St. Georg - Klinik Leipzig. (Selbst das, was in der Cafeteria mittags angeboten worden ist.) Später übernahm dies dann der Fremddienstleister: WISAG. Auf der anderen Seite wurden aber die Kuchen und Torten beworben, -aus eigener Herstellung. Appetitlich sahen sie ja aus, - die Erdbeertorten und Co. Zum Beispiel, wenn mich meine Eltern am Wochenende besuchten. Leider ist es so, dass ich in der Öffentlichkeit große Schwierigkeiten habe, etwas zu verzehren. Und so kam es, dass ich in dieser Cafeteria noch nie ein Stück Torte (oder Kuchen) gegessen habe. Wenn es hochkam, trank ich einen Kakao oder einen Cappuccino. Wenigstens hatte ich so die Gelegenheit, mit anderen Menschen näher ins Gespräch zu kommen.

Denn ich bekam oft den Auftrag von den Therapeuten, am Wochenende mit einem anderen Menschen auszugehen. Weil ich doch Autist bin, und damit ich nicht so alleine war. Was man da aber auch für (unterschiedliche) Menschen kennenlernt, -ihre Auffassungen. Wahnsinn! Mit der Zeit ist diese Tätigkeit schon für mich zur Routine geworden. Obwohl es mich eigentlich gar nicht interessiert, -die Lebensgeschichte der anderen Menschen. Ich hatte ja an den Wochenenden, dort, sonst nichts zu tun. Und so war ich eben „aktiv".

Jetzt möchte ich gern auf das Verhältnis der Therapeuten zu den essgestörten Patienten eingehen. Diejenigen, mit Anorexie und Bulimie. Es kam schon hin und wieder vor, dass sich unter den Patienten auch eine / einer mit einer Essstörung befand. Obwohl die Wermsdorfer Klinik nicht spezialisiert ist, auf diese Klientel. Der allgemeine Tenor (der Therapeuten) war, dass sie essgestörte Menschen so haben „nebenherlaufen lassen". Das Krankheitsbild zwar akzeptiert haben, -aber dem keine größere Bedeutung schenkten. Freilich: die Therapie mit dem „Körperschemabild" wurde auch angewendet. Aber, es war ja so, dass (auch) die essgestörten Patienten so stabil sein mussten, damit sie der Psychotherapie beiwohnen konnten. Anders wäre es dort nicht gegangen. In der Praxis sah es dann oft so aus, dass sich diese Patienten von einer Therapie zur nächsten „schleiften" (ich berichtete!).

Die Psychotherapeutin erklärte uns (Essgestörten) es einmal so: Die Essstörung ist nur ein Teil des Menschen. Es gäbe noch andere Elemente, die eine Person ausmachten. Oder, -als Therapieauftrag formuliert: Wer bin ich, -ohne Essstörung? Ich denke, ein Mensch, der (noch) sehr viel zu bieten hat. Und dann kamen wir ganz schnell auf unsere Hobbys, usw. zu sprechen. Eine Mitpatientin von mir (die selber an Anorexie litt) sagte einmal zu mir, dass die Essstörung in meinem Leben einen zu breiten Raum eingenommen hat. Im Moment. Das stimmte auch. -Und, dass die Wermsdorfer Klinik (nun) meinen „Plan B" im Leben darstellen würde. Oft bekam man (dort) von den Patienten lebenspraktischere Tipps, -als von den Therapeuten, selber. Die Zigarettenpause, -nach den Therapien, war dann immer eine wertvolle Zeit des Gedankenaustausches.

Die Cafeteria war bei weitem nicht die einzige gastronomische Einrichtung in der näheren Umgebung. Wenn man am Wochenende einmal, mit seinen Angehörigen eine Tasse Kaffee trinken gehen wollte. Es war nur die bequemste. Weil man nicht weit gehen brauchte. Über die Jahre verteilt, gab es noch mind. 2 sog. „Begegnungsstätten". Die eine befand sich in einem Flügel des Schlosses. Und die andere war schon mehr, Richtung Stadt hinein. Nichts, was man nicht hätte erreichen können, mit einem 10 min. Fußweg. Daneben gibt es in der Stadt noch ein Hotel, ein (Eis-) Kaffee, ein Restaurant und eine Schokoladenfabrik. Später wurde dann sogar im Rundell des Schlosses noch ein kleines Kaffee eröffnet. Weil dort der meiste Besucheransturm zu erwarten war. Nur, der Vorteil bei den Begegnungsstätten war immer der, dass es dort recht preiswert war. Ich kann mich erinnern, dass dort drin sogar ein Internet - Terminal aufgestellt war. Warum die Begegnungsstätten ihren Betrieb wieder einstellten, kann ich nur erahnen: Ich denke, das Geschäft hat sich nicht gerechnet.

Was wir Patienten allein in die Chocolaterie (Schokoladenfabrik) gelaufen sind, war enorm. Und die war ja nun wirklich am anderen Ende der Stadt. Wo ich das erste Mal davon hörte, wollte ich sie natürlich auch gern besuchen. Aus Neugierde. Das Schöne war, das sich schon ein paar Patienten trafen, die dort hingehen wollten. So brauchte ich nur mitgehen. Selbst, wenn es mir körperlich sehr schwerfiel, die weite Strecke zu laufen, so war es mir das doch wert. Denn ich wollte mitreden können, was in der Chocolaterie „abging". Und später konnte ich ja dann dort allemal allein hingehen. Und mir Zeit lassen, beim Laufen. Jetzt, -da ich den Weg nun kannte.

Im Zusammenhang mit der Cafeteria (des Krankenhauses) fällt mir aber eine Begebenheit ein, die ich dem Leser nicht vorenthalten möchte: Eines Tages war ich wieder einmal im Klinikpark spazieren gegangen, als ich eine alte Bekannte wiedertraf. Es war eine ehemalige Mitpatientin von der Tagesklinik in Grimma. Sie war jetzt, -in Wermsdorf, auf einer anderen Station, als ich. Ich berichtete an vorangegangener Stelle schon einmal von ihr. Ich erkundigte mich über ihren Ehemann (ebenfalls psychisch krank), und was es sonst noch Neues gab. Wir wollten zusammen in die Cafeteria gehen. Eine Tasse Kaffee trinken, oder sie vielleicht auch ein Eis essen. Doch dazu kam es nicht. Auf der Treppe, herunter in die Cafeteria, ist sie hingefallen. Sie hatte wohl einen epileptischen Anfall. Ich fühlte mich verantwortlich. Und, das Geschehene sah auch eine Küchenfrau aus der Cafeteria.

So, wie die junge Frau dalag, und nicht mehr ansprechbar war. Geistesgegenwärtig rief die Küchenfrau sofort auf ihrer Station an. Dort teilte man ihr mit, dass man im Moment nichts für diese Patientin tun könne.

Vielmehr müssten wir abwarten, bis sie selber wieder zur Besinnung kommt. Und aufsteht. -Was dann ja auch so war. Nach diesem Vorfall ist sie dann aber schnurstracks wieder auf ihre Station gegangen. Was sich dann weiter zugetragen hat, weiß ich nicht. Nur aus unserem gemeinsamen Kaffeetrinken ist an diesem Tag jedenfalls nichts geworden. Ich kenne diese Frau (und, eine weitere!) aber noch von einer anderen Seite. -wo man aufpassen musste. Sie litt (nach eigenen Angaben) unter ständigen Geldmangel. Auch, hier in der Klinik. Alles wäre zu teuer. Sie könne sich nichts leisten, usw. Und es fehlte nicht viel, dass sie auch mich nach Geld gefragt hätte. Sicher, ohne es zurückzuzahlen.

Nur für manche Dinge, -da war Geld da: für Zigaretten und für Eis. Ach ja: und, für eine Telefonkarte. -Viel mehr braucht man in dieser Klinik ja auch nicht. Einfach schofelig, so etwas! Ich denke so darüber: Jeder Patient in einer Klinik hat eben etwas mehr oder weniger Budget zum Bestreiten seines Lebensunterhaltes verfügbar. Aber ich kenne keinen, der „so eine Show abgezogen hat". Bisher hat es dort für alle gereicht. Zur (guten) Existenz. Denn normalerweise braucht man dort gar kein Geld, -hält man sich nur in der Klinik auf. In der Praxis ist es aber gut, wenn man wenigstens etwas Geld besitzt. Schon alleine dann, wenn man einmal zu „Birgits Shop" gehen wollte.

Und, als ob das nicht schon schlimm genug gewesen war, erlebte ich diese Patientin ein anderes Mal. Wieder in der Cafeteria. Wie sie sich ein Eis gekauft hat, und damit quietschvergnügt wieder herausgegangen ist. Tja, -diese Patientin verstand es eben „die Feste zu feiern, wie sie fallen". Auf der einen Seite das Wehklagen, und auf der anderen Seite gut zu leben. Das hätte ich einmal machen sollen, mit meiner Essstörung! Irgendetwas habe ich da wohl falsch gemacht, im Leben… Ich meine, es soll ja jeder seinen Spaß haben. Auch, wenn es (am Ende) nur noch um das Essen geht, was einem guttut. Vielleicht war es ja auch das einzige, was sie hatte. Wer weiß?

Vorwiegend in den letzten Klinikaufenthalten bin ich meist zum Hotel: „Seehof- Döllnitzsee" gegangen. So, an den Wochenenden. Und, wenn das

Wetter schön war. Dies deshalb, weil es ein bisschen abseits gelegen war. Noch nicht so bekannt, bei den Patienten. Weil, -ich brauchte auch den Abstand vom Klinikalltag. Von den anderen Patienten. So war ich dort alleine auf dem Freisitz, vor dem Hotel. Dort konnte ich mich gut ausruhen. Selbst, für die kurze Zeit am Wochenende war es aber gut, wenn man einen Plan hatte, was man da (alles) machen wollte. Denn, die Therapeuten fragten ja am Montag, was man am vergangenen Wochenende gemacht hat.

Eine andere Möglichkeit, an Süßigkeiten und Zigaretten zu kommen, war die Tankstelle. Vor allen, in den späten Nachmittags- und Abendstunden, war das nützlich. Das war auch nur eine kurze Wegstrecke. In den ersten Jahren, wo ich in Wermsdorf war, war die Umgehungsstraße noch nicht gebaut. Und man kam dann schneller an den Horstsee. Dort ist auch noch ein Gastronomie - Betrieb (mit Bootsverleih). Ich bin aber dort nie eingekehrt. Dort, in der Nähe befindet sich „Eskildsen", der Gänsemast- Betrieb. Wo ich oft war. Allein, der Spaziergang durch den Wald war schon ein Erlebnis. Am sog. „Franzosengrab" vorbei, was sich mitten im Wald befindet.

Ich möchte aber an dieser Stelle gern noch auf etwas anderes herauskommen: Ganz einfach, weil es etwas sehr Wichtiges war, während meines Aufenthaltes in Wermsdorf. Wie bereits erwähnt, konnte man sich für die Wochenenden „frei nehmen". (Ja, es war sogar erwünscht!). Entweder, man ist da nach Hause gefahren. Oder, man konnte auch im Ort verweilen. Man musste dazu nur ein Konzept vorlegen, was man den ganzen Tag (lang) machen wollte. Z.B. am Morgen der Besuch des Schlosses, und am Nachmittag ins Eiskaffee gehen. Vor allem, an den warmen Sommertagen war das so. -Wo das Wetter einen (weitgehenden) Aufenthalt im Freien gestattete. In Wermsdorf war ja (fast) immer eine Veranstaltung.

Oder, man hat wenigstens 1 Wochenend- Tag so genutzt. Ein ehemaliger Mitpatient bezweifelte zwar (mit mir, im Gespräch), dass man in Wermsdorf den ganzen Tag „herumbekommen" kann. Aber das stimmte nicht, ich hatte damit keine Probleme. Denn es war (seitens der Klinik) gewünscht, dass man erst am Nachmittag wieder in der Klinik erschien. Neben mir machten das ganz viele Patienten so. Die man dann, in der Stadt auch traf. Also, gesagt - getan! Ich legte mein Konzept den Therapeuten vor. Und, es ist „durchgegangen". Ich hatte somit den ganzen Tag frei. Nur, wenn es geregnet hätte, wäre ich wieder in die Klinik hereingegangen. Die wichtigsten Sachen habe ich mitgenommen, -das Geld, usw. Und dann ging es los. Mein Konzept, -das waren nur Anhaltspunkte. Wie ich den Tag dann in Wirklichkeit gestaltete, blieb mir überlassen.

Und so ging ich erst einmal zum Gänsemast - Betrieb. So war ich erst einmal möglichst weit weg, von der Klinik. Räumlich, -aber auch mit meinen Gedanken. Und das war ja auch (zum Stück weit) so gewollt: Man sollte machen, was einem gut tat! An diesem Tag waren (dafür) wirklich Idealbedingungen: ein warmer Sommertag, -schon an den frühen Morgenstunden. Danach ging ich erst einmal weiter, Richtung Stadt. Und jetzt kam das Eigentliche, Schöne: Wie werde ich den heutigen Tag verbringen? Welche Ziele setze ich mir? Schließlich hatte ich ja einen schier unbegrenzten Zeit Fond vor mir. Da ging ich erstmal auf die Böschung der Landstraße. Und habe mich ins Gras gelegt. So vor mich hingedöst. Es wird wohl eine Mischung gewesen sein: aus Neugierde (was wird der Tag bringen?), Erschöpftheit und gesteigertem Antrieb. Jedenfalls konnte ich dort sehr gut nachdenken. Und die Zeit schien (wieder) wie in Zeitlupe abzulaufen.

So, genau, stelle ich mir Freiheit vor. Zu tun, und zu lassen, was man will. Besuche ich heute das Schloss „Hubertusburg"? Schön. Wenn nicht, auch gut! Es gibt noch einen anderen Freiheitsbegriff. Und zwar, den: der Staat „Bundesrepublik Deutschland" definiert Freiheit immer so: ich kann mich von einem bestimmten Ort (Platz) wegbewegen, -kann ihn verlassen. Nicht, dass ich einen Ort auch erreichen kann.

Das meine ich aber hiermit nicht. Ich halte es da mit Johan Wolfgang von Herder: „Der Mensch ist der erste Freigelassene der Schöpfung…". Erst, einmal die Eindrücke auf sich wirken lassen, die Sonne, das Gras. Die damit verbundenen, verschiedenen Empfindungen. Das kenne ich sonst nur, wo ich mit meinem Auto im Sommer baden gefahren bin. An den Steinbruch. Auch dort konnte ich ausgiebig relaxen. Dieser Vergleich kommt schon ziemlich nah.

Na, jedenfalls bin ich dann weitergelaufen, in die Stadt. Einen strengen Tagesplan habe ich aber trotzdem nicht „geschmiedet". Vielmehr wollte ich mich überraschen lassen. An dem Touristen- Informations- Zentrum traf ich dann noch einen Mitpatienten von unserer Station. Er hatte sich auch den Tag freigeben lassen. Nachdem wir uns kurz unterhalten hatten, ging jeder seiner Wege. Heute kann ich mich nicht mehr daran erinnern, was ich an diesen Tag alles besucht habe. Aber, die „Hubertusburg" war dabei, genauso, wie „Birgits Shop". Am späten Nachmittag meldete ich mich dann wieder zurück, in die Klinik. Der Tag war genauso abgelaufen, wie ich ihn mir vorgestellt habe. Es war Wermsdorf - typisch, in seiner Freizeit so große Freiräume eingeräumt bekommen zu haben. Und darum denke ich auch heute noch gern an dieses schöne Erlebnis zurück…

Mein nächstes Kapitel möchte ich gern überstreichen, mit dem Titel: „Meine gemeinsame Ergotherapie mit dem jungen Autisten (Kind)". Jedes Jahr gibt es in der Wermsdorfer Klinik den „Tag der offenen Tür". Der findet immer im Sommer statt. Und da sind aus der Umgebung alle Bürger herzlich dazu eingeladen, sich einmal die Klinik anzuschauen. Meist gibt es einen „offiziellen Teil", mit Führung durch die Klinik. Wo alles gezeigt wird, wie sich heute die Psychiatrie aufstellt. Am Nachmittag ist dann immer ein Kaffeetrinken anberaumt. Aufgrund der Vielzahl der Gäste wird dazu immer die „Ergotherapie Zentrale" verwendet. (Und, der Vorplatz, davor.) So oft, wie ich diese Veranstaltung schon mitgemacht habe, so kann ich nur beteuern, dass es nie an etwas gefehlt hat: Es gab (kleine) Werbegeschenke genauso, wie Kaffee und Kuchen.

Oft fanden dann noch irgendwelche Fachvorträge statt, die man sich anhören konnte. Wir, -als Patienten waren an diesem Tag teilweise von den Therapien befreit. Es war so gedacht, dass unsere Station (die Station P2) zumindest ein kleines Rahmenprogramm macht. Damit auch wir unseren Beitrag zum Gelingen des Festes geleistet hatten. -Das war ganz unterschiedlich: mal war es eine Tombola, -ein anderes Mal eine Gesangsgruppe. Eine willkommene Abwechslung (zu unseren Klinikalltag) war es aber allemal. Auch mit der Zeit musste man es (an diesen Tag) nicht so genau nehmen: Wenn gesagt worden ist, die Veranstaltung beginnt 14.00 Uhr, -dann war die (Haupt-) Kaffeetrinken Zeit 16.00 Uhr, usw. Wichtig war nur, dass man sich dort hat, überhaupt einmal sehen lassen. Dies unterstrich die lockere Atmosphäre zusätzlich.

Ich (selbst) begann den Nachmittag mit Einkaufen gehen. Weil ich noch etwas aus der Stadt brauchte. Ich stieß später zu unserer Gruppe. Gemeldet hatte ich mich (an diesem Tag) für diejenigen Patienten, die sich drin, in der Ergotherapie aufhielten. Und so den Gästen zeigen sollten, was Ergotherapie ist. Am „lebenden" Beispiel. Und so saßen wir da, und malten irgendwelche Marmorfiguren an. Na, vielleicht ihre 5 Personen. Dies war immer dann (besonders) entspannend für mich, wenn nicht mehr viel Arbeit da war. Wenn die Mitpatienten für mich nur noch einen kleinen „Happen" zugedacht hatten. Wie es nun mal so war, kam schon ein ganz schöner Besucherstrom durch unseren Raum. Die sich alle für unsere Arbeit interessierten.

Als eine Frau hereinkam, mit ihrem Kind. Noch ein Knabe von vielleicht 6 Jahren. Der Zufall wollte es, dass neben mir noch ein Stuhl frei war. Und genau, dort, ließ sie ihn platznehmen. Das, was ich jetzt äußere, sind (wieder) alles Mutmaßungen. Aber ich denke mal, dass ich so „daneben" nicht liege. Denn auch ich habe mir im Laufe der vielen Jahre eine beachtliche Menschenkenntnis angeeignet. Also: ich merkte gleich, dass mit dem Kind etwas nicht stimmte. Solle er sich nur erst einmal in Ruhe hinsetzen… -Ich würde ihn schon gleich noch analysieren.

Und dann seine Mutter, die ihn so fürsorglich anleitete. Beruhigend auf ihn einredete. Aha: -der fehlende Blickkontakt! Und dann, wie er sich bewegte, die Dinge anfasste, -sich „gebar". -Schwer zu beschreiben. Eben, das gesamte Verhalten. All dies, lies mich vermuten, dass es sich um einen (jungen) Autisten handelte. Der bestimmt „noch schwerer dran war, wie ich". Dies vermutete ich weiterhin. Denn ich bin ja nur ein ganz „leichter" Autist. Und es sah so aus, als stünde er unter Tabletteneinfluss. Denn, bei den Autisten, da gibt es auch ganz schwere Fälle. Auf alle Fälle wusste ich, wie er „tickte". Nämlich, genau wie ich.

Und so saßen wir beide da: ich, mit meinen Marmorrelief. Und er hat (glaube ich) ein Bild ausgemalt. Ich verließ auch immer mal den Raum, -ging an „die frische Luft". Schon mal darum, um zu sehen, was die andere Patientengruppe machte. Aber ihn, -den jungen Autisten, konnte ich „zur Ruhe bringen". Eben, weil wir 2 „gleich getaktet" waren. Durch meine ausgeglichenen Art. So habe ich zumindest erreicht, dass er die Zeit, die er dort war, akzeptiert hat. Im „hier" und „jetzt" gelebt hat. Und, an seinem Bild aufmerksam gearbeitet hat.

Seine Gedanken gingen sicher in die Richtung: „Und, wie habt Ihr euch das nun vorgestellt, -soll das hier meine Zukunft werden, und ich das ganze Leben in der Psychiatrie verbringen?" „Bis ich so alt bin, wie der, nebenan?" Das kann ich mir schon vorstellen, dass das (möglicherweise) ein Teil seiner Gedanken waren. Wie auch immer. -Wir wissen es nicht. Es war aber ein Erlebnis, was ich aus Wermsdorf „mitgenommen" habe. Dass es ein schönes Erlebnis war, kann man nicht unbedingt sagen. Denn wir waren ja beide nur kranke Menschen. Aber es hilft, wenn man Menschen kennenlernt, die das gleiche Leiden haben, wie man selbst.

Bevor ich aber auf meiner Zeitreise wieder den Heimweg (aus der Klinik) antrete, möchte ich noch ein kleines Kapitel erzählen. Es geht um die Kegelbahn. Die war ja historisch gewachsen, -existierte schon zu DDR- Zeiten. Wahrscheinlich nahm man sie deshalb in die Therapien mit hinein, damit man eine Beschäftigung mehr hatte. Was man mit den Patienten zusätzlich machen könne. Und, weil sich diese Anlage mit auf dem Gelände der Klinik befand. Hätte ich (in Wermsdorf) nur die Station „P2" besucht, hätte ich glattweg behauptet, dass sich niemand ernsthaft für das Kegeln interessierte. Aber ich war auch auf der Station „P4", wo die schon älteren Patienten waren. Und es kam hin und wieder vor, dass doch Interesse für die Freizeitgestaltung „Kegeln" vorhanden war.

Denn, bei einem Aufenthalt, dort, -waren gleich 2 Patienten, die im Kegelverein „Riesa" aktiv tätig waren. Die hatten auch solche Trikots an. Sie haben uns (Neulingen) gezeigt, wie „richtig" gekegelt wird. Ich meine für die, die wenigstens noch etwas Interesse für diese Beschäftigung hatten. Man mag sich darüber streiten, ob das Kegeln eine recht sinnvolle Freizeitgestaltung ist, -oder nicht. -Genau, wie Tischtennis. Für mich ist das aber beides nichts. Ralf, -so hieß einer der Patienten, die Amateur - Kegler waren. Er muss wohl vor der Frage gestanden haben, ob er (in seiner Freizeit) überhaupt etwas Sportliches machen möchte. Und, da ist er eben einem Kegelverein beigetreten. Denn, ein Eigentum (an Gegenständen) wird dafür ja nicht benötigt. -Man geht einfach hin, und kegelt los.

Aber: „Jedem Tierchen sein Pläsierchen", -das ist meine Devise! Aus meiner Sicht, -aus der Sicht des essgestörten Menschen, stellt sich die Frage nach der Schönheit dieses Sports jedoch gar nicht: Es ist einfach (körperlich) zu schwer. Punkt. Und auf der Station „P2", -wo die jüngeren Patienten waren, hielt sich die Begeisterung (für diesen Sport) in Grenzen. Dies, -zur Einleitung.

Am Ende war es ja auch so, dass die Stunde, die wir dort waren, schnell herum ging. Und, die Aussicht, Kegel - Sieger /-in zu werden, bestand ja. (Es gab den

Erfolg beim Kegeln (05/2016)

1.-3. Platz.) Diese Patienten wurden dann noch am selben Abend geehrt, und bekamen eine Urkunde überreicht. Diese wurde auch noch aufwändig angefertigt, vom sog. „Sportfunktionär". -Einem Patienten, der dieses „Amt" (in der Zeit) innehatte. Außerdem gab es noch einen sog. „Rattenkönig". Dies war der Patient, mit dem meisten „Fehlwürfen". Anmerkung: ich war immer bestrebt, diesen Titel nicht zu erhalten, -hatte ihn bislang auch nicht. Auch ich habe mehrmals einen Siegerplatz erringen können. -Die Urkunden habe ich alle gesammelt. Vor allen, wo ich auf der Station „P2" war.

Denn, es war doch so: Es war immer ein „sich abfinden müssen, mit der Situation". -Das gleich gekegelt werden musste. Ich denke, dass ich hier für die meisten Patienten spreche. Und, dass man „das Beste daraus zu machen" versucht hatte. Während bei der Station „P4" alles in normalen Bahnen verlief, war dies aber bei der Station „P2" anders. Hier war (faktisch) alles möglich: -von der Begeisterung, der Euphorie. Bis hin, zur (krankhaften) Manie. Das gewinnen wollen, um jeden Preis. Oder, auch der Frust: das absichtliche „Ratten schieben". Weil irgendetwas vorher im Klinikalltag schiefgelaufen ist. -Hier sind alle Facetten an Emotionen sichtbar geworden. Aufgrund der langjährigen Kegelerfahrungen, dort, kann ich für mich sagen, dass ich am besten gekegelt habe, wenn ich in einer (leicht) optimistischen Grundstimmung gewesen bin. Wie oft, auf der Station „P2"! Denn, auch das übervorsichtige Kegeln war nicht gut. So stellte sich heraus. Denn es schien gerade die „Ratten" zu erzeugen, die ich so gern vermeiden wollte (das zu langsame Kegeln).

Einmal, wo ich fast schon Kegelsieger war, strengte sich ein anderer Patient (gegen Ende, hin) besonders an, zu gewinnen. Ich merkte aber, dass er im Zustand der Manie war (ein krankhaft gesteigertes Verlangen). Und darum habe ich es ihm dann auch gegönnt, als er Erster wurde. Ich war schon zufrieden, mit einen (guten) 2. Platz. Natürlich ist es schön, wenn die Emotionen ein bisschen mehr sind, als im Normalzustand. Ein „Nervenkitzel", der beim Sport dazugehört. Aber es sollte nicht so weit gehen, dass wir uns (vergleichsweise) noch streiten. Darum hatte ich es immer gern, wenn die Stimmung in der Gruppe noch einigermaßen in Ordnung war. Dann konnte auch ich „eine ruhige Kugel schieben".

All, dies trat bei der Station „P4" nicht so stark zu Tage. Stattdessen zeigte sich, dass Amateur - Kegler nicht zwangsläufig die besseren Kegler, -in der Praxis-, waren. Viel hängt (auch) bei dieser Sportart vom Zufall ab. Einige Patienten schienen hier einfach „ein glückliches Händchen" zu haben. Am Ende zeigte sich, das die Amateur- Kegler sich (trotzdem) vom Mittelfeld abhoben. In ihren Leistungen. Aber zum Sieg sollte es (an diesem Tag) nicht reichen. Die Therapie „Kegeln" stufte ich ein als: „-ich akzeptiere es / vielleicht kommt ja doch ein bisschen Spaß auf", -auf der Station „P2". Bis zu: „-das geht gar nicht", -auf der Station „P4" (es war nur „Zwang"). Und damit ist auch zum Kegeln alles gesagt.

Ich verließ die Klinik, und war erst einmal wieder zu Hause. Dies war im Oktober 2013. Es ging für mich dort weiter, mit dem Zeitungen austragen. - Ich hatte ja in der Zwischenzeit schon eine Menge Erfahrungen mit dieser Tätigkeit. Soll heißen: mir konnte keiner mehr so schnell etwas vormachen, dabei. Das ging ein knappes Jahr gut. Denn im Mai 2014 ging ich wieder in ein Krankenhaus. Weil es mir nicht gut ging. Ich würde es hier auch nicht erwähnen, weil es nur so kurz war (14 Tage). Wenn ich nicht dort eine Erfahrung gemacht hätte, die es wert ist, erzählt zu werden. Es war so, dass im Anschluss an diesen (!) Klinikaufenthalt sich eine 2- wöchige „ambulante" Therapie anschloss. Die sah so aus, dass ich mit dem Taxi jeden Tag in diese Klinik gefahren worden bin (später auch, mit meinem eigenen PKW). Anmerkung: dies war abermals die Klinik in Zschadraß.

Vorher wurde ein „Programm" aufgestellt, von den Ärzten. Also, ausgewählte „Module", die ich dort zu absolvieren hatte. Z.B. die Ergotherapie, die Gartenarbeit, die Entspannungstherapie, die Schulung für eine gesunde Ernährung. Aber auch die sog. „Tanztherapie, -speziell für Herren". Dort wurde aber nicht (klassisch) getanzt. Sondern der Therapeut führte eher so Bewegungsübungen durch (mit Körperwahrnehmung). Natürlich sollten wir auch alle etwas über uns erzählen. Und da war ein junger Mann, der mir imponierte: Er sagte, dass er ohne sein Taschenmesser nie mehr aus dem Haus geht. Wow! -Das war einmal eine Ansage. Welche schlechte Erfahrung musste er wohl gemacht haben, der ihn zu diesem Schritt bewog?

Ich konnte dies sehr gut nachempfinden. Wir mussten diese Aussage einfach so „im Raum stehenlassen". Auch mit dem Wissen, das ein Messer ab einer bestimmten Klingenlänge schon als Waffe gilt. Er hat dies auch irgendwie erklärt, gerechtfertigt. Ich weiß es aber heute nicht mehr. Meist ist ja so etwas Missbrauch in der Kindheit gewesen. Ja, das war es schon, was ich erwähnen wollte. Bei allen Therapien, die ich gemacht habe, war doch immer eine Sache dabei, die etwas Außergewöhnliches darstellte (und darum wert ist, erzählt zu werden). Meine Eltern waren zu der Zeit gerade bei meinem Bruder, in Australien. Und so beendete ich diese „ambulante" Therapie, -planmäßig.

Ab Juni 2014 war ich dann wieder zu Hause. Zu dieser Zeit, hatte ich immer noch den Wunsch, sterben zu wollen (laut meinem Plan). Es war zwar so, dass ich durch meine Beschäftigung etwas abgelenkt war. Das (jeden Tag) neue Eindrücke auf mich einwirkten. Die mir meine Selbstmordabsichten zu überdenken gaben. Und auch die Zeit, auf dem Recyclinghof wirkte sich eher lebensbejahend auf mich aus. Auf der anderen Seite stand aber dem gegenüber, dass ich täglich kleine Mengen an Gift (Borsäure) gegessen habe. Und auch, mein (ständig) zerkratztes Gesicht war beredtes Beispiel dafür, dass ich dem Tod näher zugetan war, als dem Leben. Zumindest war es mir egal. Zu dieser Zeit gestaltete sich für mich die Situation so: Ich wollte erst einmal abwarten, bis zum Jahr 2016, -was dann noch passiert. Ich hatte also keine sofortigen Selbstmordpläne. Und so ließ ich es auch erst einmal so weiterlaufen, wie bisher. Allem voran: der schlechte Gesundheitszustand. Dieses Jahr sollte aber noch von einem schlechten Ereignis überschattet werden:

## Der versuchte Diebstahl auf dem Recyclinghof in Brandis (um 2015)

Es war im Spätsommer. Wie so oft, am Wochenende, gelüstete es mich auch diesmal „meinen" Recyclinghof (in Brandis) zu besuchen. Ich meine denjenigen, von „KELL", -im Gewerbegebiet. Darüber habe ich schon viel berichtet. Was ich im Lauf der Jahre schon für schöne Erlebnisse mit diesen hatte... Wahnsinn!

Eine meiner bedeutendsten „Beutezüge" war der Erhalt von gleich 2 funktionsfähigen LCD- Beamern (LCD - Projektoren). Mit denen hatte ich zu Hause noch „alles Mögliche" gemacht: -angefangen von der normalen Leinwandprojektion (im Zimmer), bis hin zur „Weit - Distanz - Projektion", - am Nachbarhaus. Eine Schule hatte sie wohl entsorgt. Na, jedenfalls, an dem besagten Tag: Jedes Mal, bevor ich auf den Recyclinghof gefahren bin, habe ich aber noch mein Ritual abgehalten: ich habe mir mein Gesicht entstellt, mit einer kleinen Schleifmaschine. Richtig zerkratzt (und blutig) sah es dann aus. So, -und das Ganze unter Zuhilfenahme einer großen Menge Alkohol. Meist noch, in Verbindung mit Schmerztabletten (ich berichtete!).

Der Alkohol erfüllte gleich mehrere Funktionen. Zum einen wirkte er betäubend, gegen die starken Schmerzen beim Gesicht zerkratzen. Des Weiteren bin ich dadurch etwas mutiger geworden, um auf den Recyclinghof zu fahren. Denn es war ja eigentlich eine verbotene Handlung. Der Besuch des Recyclinghofes, wenn er verschlossen war. Wohlgemerkt, -ich bin mit dem Auto dorthin gefahren. Mit dem Fahren unter Alkoholeinfluss, -das war eigentlich nicht so problematisch. Denn, es war ja Wochenende, und da ist meistens keine Polizei unterwegs. Zumindest nicht, auf dem Dorf. Anmerkung: Brandis ist (trotzdem) eine Stadt!

Der Alkohol erfüllte aber noch eine wichtige Funktion: Nämlich, -als Entschuldigungsgrund. Sollte ich dort bei meinen Taten (wider aller

Erwartungen) von der Polizei aufgegriffen werden, war ich eben „volltrunken". Von meinen Werkschutz - Lehrgang, den ich von vielen Jahren einmal besuchte, wusste ich, dass eine Tat, die im Vollrausch passiert, strafrechtlich nicht verfolgt wird. Soweit, die Theorie. Für mich war es schon Routine: Alte Computer - Hardware, die ich zu Hause hatte, mit auf den Recyclinghof nehmen. Und, im Gegenzug, dazu, „neue" Hardware vom Recyclinghof mitbringen. Ganz oft machte ich das abends, -nach meinen Zeitungen austragen. Dann war ja niemand mehr „auf der Straße".

Bei diesen Recyclinghof war es so, das am Eingangstor unten ein Spalt war. Der gerade groß genug war, dass man „unten drunter" durchkam. Wenn man sich hingelegt hat. Die Einfahrt war asphaltiert, so dass ich mich dabei kaum schmutzig gemacht habe. Ich gebe zu, dass ich abends, wenn es schon dunkel war, oft Angst gehabt habe, dass mich dabei jemand „verpfeift". Zudem stand nachts dort immer ein Truck, -der Fahrer hatte dort genächtigt. Und diesmal war ich eben am Nachmittag dort. Die Container, wo der Computer - Schrott drin war, waren oben offen. An jedem Container war auch so eine kleine Leiter angeschweißt, sodass man da gut hereinkam. Zunächst war ja auch alles wie immer: Ich hatte meinen Kreuzschlitz - Schraubendreher mit. Anmerkung: man braucht nur 1 (speziellen) Schraubendreher, um nahezu alles bei einem Personal - Computer montieren zu können.

Ich war schon eine ganze Weile dort, als ich leise ein Funkgerät hörte. So, -aus der Ferne. Ich habe mir erst nichts dabei gedacht, dachte, ich hätte mich verhört. Oder, dass es maximal ein Mitarbeiter vom Wachschutz gewesen wäre. Aber, schon das war komisch. Denn, ich hatte dort noch nie jemanden vom Wachschutz gesehen. Sofort schoss mir der Gedanke durch den Kopf, dass sie auch mich nun einmal „erwischt" haben könnten. Gemeint ist die Polizei. Zunächst „wuselte" ich im Container aber erst noch ein bisschen weiter. Dann hörte ich das Funkgerät erneut. Und hatte nun Gewissheit, dass sie mich ertappt hatten. Wer, auch immer. Ich richtete mich auf, und sah hinter dem Zaun 2 Personen: ein Mann und eine Frau. Die hatten so graue

Dienstkleidungen an. Und, ich hätte sie in diesen Moment nicht für die Polizei gehalten.

„Kommen Sie da einmal heraus!" -sagten sie zu mir. Was ich auch tat. Vorher entledigte ich mich aber noch schnell meiner (diesmaligen) Sore. Zügig, aber nicht überstürzt verließ ich den Recyclinghof. Durch den kleinen Spalt am Zaun. Die 2 Personen gaben sich dann als Polizei zu erkennen, -außerdem stand es auch an ihrer Kleidung. Und so standen wir alle 3 vor dem Betriebstor. Die Beamten mochten nur unwesentlich älter, als ich gewesen sein. Zunächst, erst einmal sollte ich meinen Schraubendreher (den ich noch in der Hand hielt) vorsichtig auf den Boden legen. Sie hatten wohl Angst, dass ich diesen als Waffe verwenden könnte. Vorsichtig stieß er ihn mit seinem Bein außer meiner Reichweite. Mir war schon klar, dass sie so handeln mussten.

Denn sie waren Polizisten, die sich in einer ganz bestimmten Situation genau so zu verhalten haben. Nämlich, laut Dienstvorschrift. Überhaupt hatte ich den Eindruck, dass sie sich während der gesamten Prozedur sehr professionell verhalten haben. -Ich komme später noch einmal kurz darauf zurück. Dann sagten sie zu mir, ich solle mich so mit gespreizten Armen und Beinen an das Tor stellen. Da hatte ich sogar ein kleines bisschen Angst. Aber der Alkohol machte auch vieles wett. Oh Gott, -geradezu so, dass sie mir keine Handschellen angelegt hatten. Sie wollten dann auch meine Personalien wissen, und kurze Zeit später kam auch schon Verstärkung. Der VW-Mannschaftswagen.

Bei der Personalien - Überprüfung (per Funk) stellte sich heraus, dass ich schon „aktenkundig" war: „Verstoß gegen das Sprengstoffgesetz". Heute sollte es aber auch „ganz dick" kommen. -Der Beamte lächelte, und fragte, was ich da wohl gemacht hätte. So, im Gespräch. Denn, über irgendetwas mussten wir ja reden. Die Beamten klärten mich dann noch auf, dass sie mich bei einer strafbaren Handlung „erwischt" hätten. Der Vorwurf lautete: „Diebstahl von Elektronik - Schrott". Aber, dieses Gespräch sollte noch „ertragreicher" sein.

Ich sagte dann lapidar, das heute nicht mehr viel passiert. Und dies bestätigten die Polizisten mir dann auch. Außerdem nahm die Polizisten Bezug auf mein zerkratztes Gesicht, sagte: „Und wenn Sie wieder richtig gesund werden würden?" Das war blöd, weil: zu diesen Zeitpunkt hätte ich noch richtig gesund werden können! Damals. Und darum war es auch eine Überlegung wert. Zum Abschluss (des Eklats) rief der Polizist noch einen Krankenwagen. Zur Akutbehandlung meiner Wunden im Krankenhaus. Weil, -so lassen hatten sie es ja nun wirklich nicht können. Dieser kam dann auch zeitnah.

Mittlerweile war schon später Nachmittag. Für mich ging es dann dort so weiter: -Der Polizist packte noch einige wichtige Sachen in meinen Beutel, den ich für den Transport ins Krankenhaus benötigte: meine Brille und die Autoschlüssel. Damit war die Vorstellung dort beendet. Und es ging für mich Richtung Wurzen, -ins Krankenhaus. Mein Auto blieb (zunächst, erst einmal) dort stehen. Auch die Rettungssanitäter gaben mir noch ein paar wertvolle Tipps, wegen meinem selbstverletzenden Verhalten. In Wurzen angekommen ging ich in die Notaufnahme des Krankenhauses. Der diensthabende Arzt, dort, nahm sich meiner Wunden im Gesicht an. Beklebte sie mit Pflastern.

Außerdem gab er mir noch ein paar (bessere) Schmerztabletten mit. Diese sollte ich bei Bedarf nehmen. Und so ließ er mich wieder „meines Weges ziehen" (so sagte er selber). In der Zwischenzeit brach schon langsam die Dunkelheit herein. Ich ging dann zum Bahnhof in Wurzen. Um den nächsten Zug, wieder nach Hause zu nehmen. Gekommen ist aber eine S-Bahn, mit der ich bis Borsdorf fuhr. Dort stieg ich aus. Das war mir aber ganz recht so, denn: Ich hatte zwar noch einen langen Fußmarsch vor mir (ca. 3 km). Aber der Recyclinghof befand sich genau an dieser Strecke. Dort musste ich ja noch mein Auto abholen. So zog ich also los. In der lauen Abendsonne. Na, -sagen wir einmal: „frohen Mutes" sieht anders aus.

Und das klappte auch alles prima. Sodass ich, -zwar etwas verspätet, -aber doch noch zu Hause angekommen bin. Auf meinem Weg hatte ich genügend Zeit nachzudenken, wie ich meine Verteidigung aufbauen würde. -Mit dem „Vollrausch - Paragraphen", -so viel war klar. Und, über die Details nachzudenken, war sinnlos. Denn so gut kannte ich mich im deutschen Recht dann doch nicht aus. Aber: betrachtet man es einmal objektiv, war es eine Lappalie. Nämlich: Elektronik - Schrott, der keinen Wert mehr hat (weil aussortiert) so darzustellen, als Diebstahl, halte ich schon für ein bisschen übertrieben. Aber es gibt nun einmal Vorschriften. An die auch ich mich zu halten habe. Sei es, wie es sei.

Auf alle Fälle wartete ich die nächsten Tage schon gespannt auf einen Brief von der Polizei. Und, der kam dann auch. Es war eine Vorladung auf der Polizeidienststelle in Wurzen, -in der Lüptitzer Straße. Zu einer Anhörung. Und, diesen Termin nahm ich auch wahr. Ich war extra ein wenig eher angereist. Damit ich auf keinen Fall zu spät kommen würde. Dort meldete ich mich beim Empfang. Die Polizistin, dort, bat mich, noch eine Weile im Wartezimmer Platz zu nehmen. Ich weiß heute nicht mehr, ob ich mir im Vorfeld ein paar Notizen gemacht habe. -Was ich dann sagen will. Wahrscheinlich tat ich das. Auf alle Fälle wurde ich dann hereingebeten.

Eine Polizistin in Zivil nahm meinen Fall auf. Angelastet wurde mir: „Versuchter Diebstahl bei KELL". Sie bat mich, den Vorfall aus meiner Sicht zu schildern. Dies tat ich, -sagte, dass ich im Vollrausch gehandelt hätte. Was ja sogar stimmte. Die Details möchte ich hier nicht erzählen. Jedenfalls sind wir uns irgendwie einig geworden. Auch sie versuchte, mir (als Täter) zu helfen. Und damit das Strafmaß möglichst gering zu halten. Sie sagte, dass ich mein Auto gar nicht erwähnen sollte. Niemand könnte nachweisen, dass ich mit dem Auto dort war. Ich solle mich nicht noch mehr belasten, als, was nachweisbar war. Das Ende, dort, war dann so: Sie hatte zwar meine Darstellung akzeptiert. Doch eine Frage (und, das gab sie mir deutlich zu verstehen), blieb: Was ich dort, -auf dem Recyclinghof zu suchen hatte. Zu dieser Frage machte ich (einfach) keine Angabe. Und konnte dies auch nicht. Sie sagte dann noch (sinnierend): „Na, mal sehen, wie der Staatsanwalt das sieht, -was er dazu sagt." Und, damit entließ sie mich wieder.

Abermals wartete ich nun (die nächsten Tage) auf Post. -Wie nun weiter entschieden wird. Und der Brief kam dann auch, das dauerte gar nicht so lange. Der Staatsanwalt teilte mir darin mit, dass er das Ermittlungsverfahren gegen mich eingestellt hat. „Schwein gehabt!" -Mir fiel ein Stein vom Herzen. Hatte ich doch so keine (weiteren) Unannehmlichkeiten. Bei der Polizei sollte ich schon das 2. Mal Glück haben. Und darum möchte ich es auch nicht noch einmal herausfordern. Wie ich schon erwähnte, bin ich von den Behörden gut behandelt worden. Es hat aber nicht dazu geführt, dass ich „vom Saulus zum Paulus" geworden bin. Soll heißen: Mein Läuterungsprozess ging nicht so weit, dass ich mich nun fortan der Rechtspflege anschließe.

Anmerkung: bei einer Mitpatientin in Wermsdorf war das so, dass sie irgendwann einmal „Mist gebaut" hat. Und sie war auch ein geläuterter Mensch. Sie hatte sich dann gern als Polizei - Helferin betätigt. Ich berichte noch darüber. Man muss hier von folgender Grundüberlegung ausgehen: So hatte sie wenigstens eine Aufgabe. Und „handwerklich" machte sie ja die gleichen Arbeiten, wie eine ausgebildete Polizistin. Z.B. die Befragung und Spurensuche.

Ich bin später nie wieder auf diesen Recyclinghof gefahren. Na höchstens zu den Öffnungszeiten, um dort Schrott abzugeben. Rückwirkend betrachtet, waren es aber trotzdem schöne Erinnerungen, die ich mit der „Ära" der Recyclinghöfe verband. Weil ich so viel dazugelernt habe. Dennoch wollte ich diese Tätigkeit nicht bis an mein Lebensende machen. Ich meine, das Nachschauen, was andere Leute auf ihren Computern gespeichert hatten. Wenn ich das gewollt hätte, wäre ich beim Militärischen Abschirmdienst (MAD) wahrscheinlich besser aufgehoben gewesen. Nach einer Zeit war ich dann der Urlaubsfilme, etc. der fremden Menschen überdrüssig.

Es liegt nun einmal in meinen Naturell, dass ich ein Hobby eine gewisse Zeit ausübe. Dann aber schnell die Lust daran verliere. Und darum war es von mir sogar ein kleines bisschen gewollt, dass sie mich irgendwann einmal „erwischen". Um diesen Unfug ein Ende zu bereiten. So, wie es dann auch kam. Außerdem, -und auch das erwähnte ich bereits, war es mir ja auch so oft nicht gut. -Nicht gut genug, für jedwede körperliche oder geistige Arbeit, wenn sie noch dazukam. Und darum kam nur selten echter Spaß auf, bei der Ausübung dieser Tätigkeit. Nur, war es mir wichtig, diese 2 Punkte hier noch erwähnt zu haben. Wie gesagt, -so etwas ist schwer zu erklären. Ich habe es aber trotzdem hiermit versucht.

Anmerkung: Natürlich löschte ich später dann auch alle Daten „vorschriftsmäßig", um (im Nachhinein) keinen Ärger zu bekommen. :-)

## Ein Fehler, der mir fast das Leben gekostet hätte (09/2015)

Also ging es weiter, ohne Recyclinghof. -Ich war darüber nicht böse. Denn ich hatte damals, -in weiser Voraussicht, auch eine enorme Menge an Daten gehortet. Auf DVDs gebrannt. Die ich ja dann später noch auswerten / sichten konnte. Aber so konnte ich mich noch besser auf meine Tätigkeit (die Zeitungen austragen) konzentrieren. Unterdessen rückte mein (geplantes) Sterbedatum immer näher: 2016, -ich berichtete! Und, echte Hilfe kam ja nicht. Weder von den Kliniken, noch von den Ärzten. Man war eben auf sich allein gestellt.

In diesem Kapitel wird es darum gehen, wie ich beinahe zu Hause verblutet wäre, -die Rettungsfahrt ins Krankenhaus und die nachfolgende Unterbringung in der psychiatrischen Klinik. Hier der Tathergang:

In der Nacht vom 31.08. zum 01.09.2015 habe ich mich in meinem Gesicht wieder so schlimm verletzt. Das Ritual war wie immer: das Verwenden der Schleifmaschine. Doch diesmal habe ich es übertrieben. Es musste wohl so gewesen sein, dass nicht genug Blut geflossen ist. Und, da musste ich eben tiefer schleifen. Die Schmerzen waren enorm. Ich habe mich dann aber hingelegt, und ausgeruht. Unter meinen Kopf habe ich noch 2 Handtücher gelegt, zum Aufsaugen des Blutes. Richtig schlafen konnte ich in dieser Nacht nicht, denn ich lag ja immer auf dem Rücken. So bemerkte ich gar nicht, wie ich (über die Stunden) langsam, aber sicher, ausblutete.

Sonst hörte das starke Bluten immer nach mehreren Minuten wieder auf. Diesmal sollte es aber anders sein. Ganz dickes Blut war das. Das werden schon ein paar Liter gewesen sein, die ich in der Nacht verlor. Denn, am Morgen waren die ganzen Handtücher vollgesogen. Inklusive das (darunter befindliche) Bett. Eine Schwester aus der Notaufnahme erklärte es mir dann so, dass es eben nicht wieder so einfach aufhört mit bluten, wenn ein Blutgefäß verletzt worden ist. Und dabei würde es keine Rolle spielen, ob dies im Gesicht, oder woanders wäre.

Früh, wo ich aufstehen wollte, merkte ich schon, dass das ganz schlecht ging. In dem Moment, wo ich stand (oder auch nur saß), hatte ich überhaupt keine Kraft. Selbst, für das Stehen reichte die Kraft nicht. Da wurde ich zittrig, -mir wurde schwummerig. Darum habe ich mich an diesen Morgen „auf allen vieren" fortbewegt. -Anders ging es nicht. Die gefährliche Kombination bestand darin, dass der ohnehin geschwächte Körper durch die Magersucht an sich schon viel zu wenig Blutdruck hatte. Und dann kam noch der große Blutverlust dazu. Was den Blutdruck noch weiter in den Keller trieb. Die Sanitäter, die dann kamen, sagten mir, dass ich nur noch einen Blutdruck von 65 mm Hg gehabt hätte. Lebensbedrohlich!

Meine Eltern waren zu dieser Zeit gerade Einkaufen gefahren. Mir blieb nichts anderes übrig, als mir selber einen Sanitäts- Krankenwagen zu rufen. Denn, so wäre ich nicht „über den Tag gekommen". Der Sanka kam dann auch gleich. In der Zwischenzeit habe ich noch meine Krankenkarte herausgesucht. Und den Schlüssel. Soweit kann ich mich noch erinnern. Zum Aufräumen (der blutigen Laken) hatte ich aber keine Kraft. Stattdessen „robbte" ich durch die Wohnung. -Was die beste Fortbewegungsart (in dem Moment) war. Dies war so ein sonniger Tag, -schon am zeitigen Morgen. Und ich wartete nun am Fenster, wann die Sanitäter denn endlich kommen würden. Um mich aus meiner misslichen Lage zu befreien.

Oh jeh, -mir war wirklich nicht gut, an diesem Tag. In was für eine Situation habe ich mich da wieder gebracht? Als die Sanitäter kamen, warf ich die Haustürschlüssel weit aus dem Fenster. So, dass sie diese aufheben konnten. Denn ich selbst konnte (wie schon erwähnt) noch nicht einmal bis zur Haustür laufen. Zumindest das klappte also. Die Sanitäter sagten, dass sie keine Trage im Treppenhaus verwenden können (warum, auch immer). Und ich musste nun versuchen, mit der Beiden Hilfe, irgendwie sonst die Haustreppe herunter zu kommen. Dies erwies sich noch einmal als Problem. Aber auch das meisterten wir zusammen.

Zum Abschluss sagte ich noch zu den einen Sanitäter, -er möchte bitte noch einmal alle Fenster in meiner Wohnung schließen. Ebenso, die Wohnungs- und Haustür. Was er auch tat. Im Krankenwagen angekommen, wurde mir sofort eine Infusion gelegt. Als allererste Hilfe. Und dann ging es auch schon los: mit Blaulicht ins Krankenhaus nach Wurzen. Die Sanitäter haben während der Fahrt noch einiges über Funk an ihre Zentrale durchgegeben. Ich weiß aber nicht mehr, was sie damals sagten. Als wir in der Notaufnahme ankamen, wurden sofort an beiden Armen (schnelltropfende) Infusionen gelegt. Die Ärzte sagten zu mir, ich solle mich gar nicht erst bemühen, aufzustehen. Sondern, in Ruhe liegenbleiben. Und das war mich auch das Liebste, im Moment.

Kritisch schaute die Ärztin auf das Diagnosegerät für Puls und Blutdruck. Sagte: „Na, vielleicht können wir ja einen Schock verhindern." -Und, das konnten sie: ich hatte mich wieder stabilisiert. So warteten sie erst einmal ab, bis ich aus dem lebensgefährlichen Bereich herausgekommen bin. Das dauerte (geschätzt) noch einmal eine dreiviertel Stunde. Die Ärztin sagte weiterhin: „Wenn der Blutdruck wieder über 100 mm Hg ist, ist das OK!" Aber die Schwester aus der Notaufnahme sagte auch, dass es nicht das gleiche sei: -die Ringersche Lösung, und „richtiges" Blut. Jedenfalls wurden mir gleich dort noch (vorsichtig) die Haare gewaschen. Das verkrustete Blut entfernt. Die Wunden am Arm und in meinem Gesicht hatten nun wirklich aufgehört zu bluten. Sodass ich nicht genäht werden musste. Anschließend kam ich auf die Intensivstation, -wurde gleich im Bett dorthin gefahren.

Vom ersten Augenblick an, war aber das Personal dort, sehr unfreundlich. Ich hätte eigentlich von einer Intensivstation etwas anderes erwartet. Als wenn die Angestellten, dort, ihre Arbeit nicht gern machten. Harsch und ungehalten waren sie (auch) zu mir. Man kann doch aber nicht seinen Frust einfach am Patienten auslassen. Denn, der kann doch auch nichts dafür. Für die schlechten Arbeitsbedingungen. Oder, -was war es sonst? Nicht zum ersten Mal erlebte ich so etwas in einer Klinik (ich berichtete!). Na, wenigstens die Angestellten in der Notaufnahme machten ihre Arbeit noch gern. Ich kann ja auch nur davon erzählen, welchen Eindruck ich hatte. Aber ich musste ja vorliebnehmen mit dem, was war.

Der Aufenthalt auf der Intensivstation war eine Katastrophe: -erst wollten sie mir Mittagessen reichen, obwohl ich zur Magenspiegelung vorgesehen war. „Ach ja, -da haben wir einen Fehler gemacht!" Dann durfte ich mich während der gesamten Zeit, da ich dort war, noch nicht einmal früh waschen. Angeblich müsste ich ständig am EKG hängen. Anmerkung: ich war 4 Tage dort / naja, - am 4. Tag, früh, reiste ich schon wieder ab. Nur eine „Katzenwäsche", früh, war möglich, mit einer Schüssel am Bett. Bei den (diensthabenden) Ärzten, dort, sah die Situation auch nicht viel anders aus: Freude bei der Ausübung ihrer Tätigkeit? Fehlanzeige! Zumindest haben sie mich meiner angenommen. Auch auf der ITS (Intensivstation) bekam ich noch jede Menge Infusionen „verabreicht". Eines halte ich den Ärzten, dort, trotzdem zugute: sie haben im Nachhinein eine gute Epikrise erstellt. Wo alle Krankheiten, die ich hatte, erfasst waren. -Auch das endogene Ekzem, woran ich leide.

Letzten Endes einigten wir uns dann so, dass ich nach dem Aufenthalt auf dieser Intensivstation (wieder) in das psychiatrische Krankenhaus nach Wermsdorf überführt werde. Um dort den weiteren Genesungsvorgang durchzuführen. Vorher bekam ich aber noch 2 Blutkonserven „eingeträufelt". Die Ärztin, dort, hatte dies mir empfohlen. Und, da machte ich es auch so.

Zudem kamen wir bei der Visite auch auf das Thema zu sprechen, wie ich mir denn mein weiteres Leben vorstellen würde. Und, welche Chancen ich (noch) hätte. Ich habe dann gleich gesagt, dass ich die EU- Rente als Ziel habe. Anmerkung: …und es wird auch die Zeit gewesen sein, als ich sie erstmals mit meinen Eltern „ins Auge gefasst habe". Die Ärzte waren zwar einer anderen Meinung. Sagten, ich könne noch studieren, oder sonst noch irgendetwas anderes machen. Aber mein Ziel sah nun einmal anders aus. Ich bin ein Mensch, der bei solchen Diskussionen schon gern mal „einen Schritt zurückgeht". Soll heißen: Ich lasse meinem Gegenüber da seine Meinung haben, streite mich nicht herum.

Ich habe aber meine Meinung, und bleibe auch dabei. Bei solchen (schweren) Themen kann man da ja später noch einmal darauf zurückkommen. Und sich unterhalten. Vielleicht sind ja in der Zwischenzeit schon wieder neue Aspekte aufgetaucht, die eine bessere Annäherung der Fronten ermöglichen. Ich will nicht sagen, das die Ärzte, dort, mein Problem nicht erkannten. Nein, so war es bestimmt nicht. Denn, es war ja ganz offensichtlich, dass ich Selbstmordabsichten hegte. Nur ist es eben so, dass dort Tipps zu geben, schwierig ist. Tipps zum Weiterleben. Jeder Arzt versuchte nun dort, mir etwas von seinen Weisheiten mit „auf den Weg zu geben". -Eine vertrackte Situation.

Unterdessen schaute ich(!) schon nach vorn. Natürlich nicht so weit. Sondern nur, auf die Sache, die mich als nächstes erwarten würde: der (erneute) Besuch der Klinik in Wermsdorf. Das war ja nun wirklich nichts mehr Neues für mich. Somit konnte ich mich schon gut mental darauf vorbereiten. Neu war nur, dass ich diesmal im Rollstuhl gefahren worden bin. Anmerkung: in den Sanitäts-Krankenwagen gibt es so kleine Sitze für Personen. Die geschoben werden können. Eben, so kleine Rollstühle. Und in so einem wurde ich buchstäblich von der Intensivstation (in Wurzen) bis zu der Station P6 (in Wermsdorf) gefahren. Und, ich habe es genossen!

Endlich einmal eine Art Hilfe, die meinem schlechten Gesundheitszustand angepasst war (jedenfalls empfand ich das so). Und der Gedanke, der sich mir in dem Moment aufdrängte, war folgender: Wenn die hier schon einen behandeln, wie einen Schwerkranken, warum „das Pferd nicht einmal von der anderen Seite aufzäumen"? -Nämlich, sich einmal so richtig durchhängen lassen. Nicht mehr immer 100% geben, -so, wie es von einem verlangt wird. Sondern der Ansicht sein: „Jetzt seid Ihr dran!"

Und darum möchte ich gern hier, -an dieser Stelle im Buch, dazu etwas einflechten. Oft wir von guten Freunden (oder auch Mitpatienten) folgender Tipp gegeben: Man solle sich (in der Klinik) so verhalten, dass man den Anforderungen nicht gerecht wird. Oder, bestenfalls, sein Pensum gerade so schafft. -Der Gedanke, der dort dahintersteckt ist, dass die Schwestern dann ihre Anforderungen herunterfahren würden. So weit, bis der Patient seine Aufgaben schafft. Vergleichsweise wöllten sie damit nur ergründen, wie viel man diesem Patienten noch zumuten kann. Um das maximale noch aus dieser Person „herauszukitzeln".

Diese Herangehensweise kann ich für Wermsdorf leider nicht bestätigen. Zwar gab es vereinzelt, dass Patienten z.B. von den Therapien befreit worden sind. Das ging aber immer nur in Absprache mit seinem Therapeuten. Und, dann, mit Angabe vom Grund. In diesen Fall hatte man dann „die Schwestern im Nacken". Schwer, hier zu beschreiben. Und vor allem: für mich zu kompliziert. Und darum bin ich immer besser „gefahren", wenn ich alle Therapien mitmachte. Auch, wenn die körperlich sehr schwer für mich waren.

Und so sah es objektiv aus: Die Therapien existierten! Zwar konnte man der Meinung sein, dass sie zu schwer waren. Aber mitmachen musste man sie trotzdem. Im Zweifelsfall hätte man sich sonst von diesem Patienten getrennt. Ich habe das einmal miterlebt, dass eine Patientin nicht an der Ergotherapie teilnehmen wollte. Da sagte die Ergotherapeutin zu der jungen Frau: „Sie können diese Arbeit nicht ausführen, weil…?". Genau, dieser Wortlaut. Ja, und die Patientin fand darauf natürlich keine Antwort. Wie auch, -weil sie ja eigentlich nur nicht wollte. Solche Auseinandersetzungen konnte ich mir jedenfalls sparen.

Und darum zurück, zu meinem Antransport im Rollstuhl nach Wermsdorf: so schön gemütlich ging es dann dort nicht weiter. Selbst nicht, auf der Station „P6" (wo ich hinkam). Und diese Station eigentlich als „Babystation" galt. Weil das Programm dort, noch relativ leicht war. Zwar konnte ich mir „ruhige Gedanken" machen. Aber das Absolvieren der geforderten Tätigkeiten, dort, blieb mir damit trotzdem nicht erspart.

Apropos, -weil ich einmal beim „Austeilen" bin: hier gleich noch ein Beispiel des „schönen" Psychiatrie - Lebens. Zwar hatten wir das Thema schon. Ich möchte es hiermit aber noch an einem anderen Beispiel „untermauern". -Da gab es dort eine Frau, eine Patientin. Sie war (geschätzt) etwa 5 - 10 Jahre älter, als ich. Sie war ganz oft dort, in Wermsdorf. Und, ich behaupte, dass sie einen Großteil ihres Lebens dort verbracht hat. Anmerkung: auch jetzt noch, -nach der Wiedervereinigung Deutschlands, wo eine dauerhafte Unterbringung von Patienten in Psychiatrien eigentlich nicht mehr vorgesehen ist. Aber sie macht das eben so, ließ sich immer wieder einweisen. Und dagegen spricht ja auch nichts, wenn eine Krankheit vorliegt.

Ich weiß ihren Namen leider nicht mehr. Ich meine, ihren Vornamen. Aber, sie sagte ihn mir mal. Sie besuchte immer die Station „P5", -die „geschlossene Station". (Und nur diese!) Ich unterhielt mich einmal mit ihr im Park, an einem sonnigen Herbsttag. Und da erzählte sie von sich. Das sie schon über 30 Jahre Psychiatrie - Erfahrung hinter sich hätte. Konkret: hier, in Wermsdorf. Denn, sie wäre das erste Mal zu DDR- Zeiten nach Wermsdorf gekommen. Ihre genaue Krankheit kenne ich nicht. Denke aber, es wird wohl Schizophrenie gewesen sein. Weiterhin denke ich, dass sie sich wohl mit ihrer Situation abgefunden hat. -Dem Pendeln zwischen Wohnort und Krankenhaus. Sie hat sich damit arrangiert.

In dem Moment, wo ich diese Zeilen schreibe, fällt mir ein, dass ich sogar noch mehr über sie weiß: sie kommt nämlich aus dem gleichen Wohnort, wie ich. Aus Brandis. Außerdem kenne ich ihre Tochter sehr gut. -Diese arbeitet in einer nahe gelegenen Automobil - Werkstatt im Ort. Und vor ein paar Jahren, als ich noch mit dem Auto gefahren bin, grüßte ich sie jedes Mal (von ihrer Mutter), als ich in dieser Werkstatt war. Na, jedenfalls, zu der (langjährigen) Patientin: Ich möchte eigentlich auf etwas anderes hinaus. Die Patientin galt (in Wermsdorf) als Koryphäe, -als Unikum. Eben, weil sie schon so viele Jahre „dabei war". Und sie jeder kannte. Sie war ja auch „von ruhigem Wesen". Und sicher hatte sie oft mit ihrer Psyche „zu kämpfen".

Bei der Betrachtung (ihres Falles) ist es zunächst, erst einmal, doch wohl so: Da muss vieles zusammenpassen. Bei der langjährigen „Karriere" in der Psychiatrie. Es muss (dafür) die „richtige" Krankheit sein. Das Durchhaltevermögen über die vielen Jahre. Also, der Wille. Nicht, zuletzt, der Anspruch, den man im Leben hat. Also, ist es auch wirklich das Leben, so, wie ich leben will? Wie gesagt, da spielen viele Sachen herein. Man kann da keine Tipps geben, -das muss jeder für sich entscheiden.

Aber eine Sache bemerkte ich: Sie mochte dort „Königin" sein, oder sonst etwas. Aber aus den Therapien konnte auch sie sich nicht herausnehmen. Und zwar weder beim Kegeln, noch bei der Ergotherapie. Das kann ihr „geschmeckt haben", -oder auch nicht. Beim Kegeln weiß ich, das sie dort zumindest mit hingehen musste. Auch, wenn sie (aus gesundheitlichen Gründen) nicht „mitkegeln" brauchte. Jedoch macht das aus meiner Sicht auch keinen großen Unterschied mehr aus, ob ich dort „mitkegeln" muss, oder nur dasitze. Na, und bei der Ergotherapie entstand ja bei ihr auch irgendetwas (auch, wenn es nur ein kleiner Gegenstand war).

Na, bitte! Meine Rede. Auch hier gibt es sie also. Die „Wermutstropfen". Die das „schöne" Psychiatrieleben in einem anderen Licht dastehen lassen. Diese Aussage lasse ich erst einmal so stehen. Komme nun aber wirklich wieder zurück zu meiner Ankunft, dort, auf der Station. Ja, -das war ein Klinikaufenthalt, wie die anderen auch bloß. Dieses Mal dauerte er einen (reichlichen) Monat. Und ich kann hier nichts hineininterpretieren, was eben einfach nicht war. Darum werde ich hier auch nur die Kernaussagen erzählen, damit es nicht zu uninteressant wird. Zuerst war wieder ein kurzes Aufnahmegespräch mit der Schwester. Nachdem das beendet war, zeigte sie mir mein Zimmer. Dort lernte ich auch schon gleich meinen Zimmernachbarn kennen. -Ein schon etwas älteren Herren, -aber durchaus sympathisch.

Gleich, zu Beginn, entfernte ich erst einmal die „Klebchen", die ich noch auf der Brust hatte. Das waren noch die Elektroden vom EKG aus Wurzen. Überhaupt musste ich (an diesen Tag) einen Drang haben, mich zu säubern. Denn, ich war am Nachmittag dorthin gekommen, und bis zum Abendbrot war ja noch ein bisschen Zeit. Also habe ich „die Gelegenheit beim Schopf gepackt", und mich gleich noch geduscht. -Den restlichen Grind aus den Haaren gewaschen. Und das klappte auch alles prima. Ich fühlte mich gleich wieder, wie ein Mensch.

An den nächsten Tagen sollten dann wieder (wie gehabt) die Therapien losgehen. Gemächlich. Von Tag zu Tag lernte ich so auch die restlichen Patienten von der Station kennen. Manchmal gingen welche, oder es kamen neue hinzu. Auf dieser Station war es sowieso schwer, eine (soziale) Bindung aufzubauen. Und doch kristallisierte sich dann ein "Dreier - Gespann" heraus: Mein Zimmernachbar, -eine (noch junge) Mitpatientin aus dem Nebenzimmer, -und ich.

Uns, alle 3 verband, dass wir Raucher waren. Und, wir wollten ja so gern aufhören, mit dem Rauchen. Nur, leider ist das oft nicht so einfach. Und (im Nachhinein) eine lustige Begebenheit bestand nun darin, dass eines Tages mein Zimmernachbar auf uns beide zukam. Mit einer riesen Dose Tabak in der Hand. Anmerkung: in Wermsdorf lernt man erst einmal richtig, das Rauchen, und auch das (vorzugsweise) Selberstopfen der Zigaretten. Na, jedenfalls kam er mit seiner Tabakdose an, und sagte: „Und wenn wir diese Dose alle haben, hören wir auf, mit Rauchen." -Das war ein guter Vorsatz. Aber leider mussten wir darüber schallend lachen. Denn 1. war das eine sehr große Dose (die noch „ewig" gereicht hätte). Und 2. wussten wir (schon, zu Anbeginn), dass wir das sowieso nicht durchhalten würden. Na, -der Versuch war es jedenfalls wert!

Und so bekamen wir unseren Krankenhaus - Aufenthalt, dort, „herum". Zwischen Ergotherapie und Sport - „Unterricht". Wir 3 „klebten ja auch ganz oft zusammen." Und an viele Details, kann ich mich heute überhaupt nicht mehr erinnern. Vielleicht eine Sache noch: -der Vorteil, wiederum auf dieser Station war der, das es mit der „Morgen - Aktivierung" nicht so genau genommen worden ist. Soll heißen: Wenn das Wetter schlecht war, sind wir früh eben keine große Runde gelaufen. Sondern sind nur einmal kurz vor das Haus gegangen. Es lag ja auch im Ermessens - Spielraum der Schwester. Dies war schon erst einmal sehr entspannend. War es doch „der Auftakt des Tages".

# Mein Schicksalsjahr 2016

Den Rest des Jahres (2015) ging es erst einmal, wie gehabt, zu Hause weiter. - Zeitungen austragen, etc. Und, auch der Beginn des Jahres 2016 lief „normal" an. Bis zum Mai in diesem Jahr. Meine Eltern waren zu dieser Zeit gerade wieder bei meinem Bruder, in Australien. Ich erinnere: 2016 sollte eigentlich mein Sterbejahr werden. Und darum war auch die psychische Belastung (Nervosität) für mich in dieser Zeit schon extrem hoch. Meine Eltern beauftragten damals meinen Onkel und meine (Stief-) Tante, in der Zeit ihrer Abwesenheit, auf mich aufzupassen. Um mich ggf. dazu zu bewegen, dass ich wieder eine Klinik aufsuche, wenn es mir gesundheitlich schlechter geht. Was ich zum damaligen Zeitpunkt nicht wusste, war, dass mein Onkel selbst schon ein sterbenskranker Mann war. Und trotzdem versuchte er mir zu helfen, indem er mich regelmäßig zu Hause aufsuchte. Entweder wusste er um seine Krankheit (bzw. ahnte etwas), oder es war ihm egal. -Ich weiß es nicht. Zwar war er zu diesem Zeitpunkt schon (Alters-) Rentner, -aber eben, noch nicht lange. Man kann seine Arbeit darum wirklich nur als aufopferungsvoll bezeichnen.

Das dieses Jahr „das Jahr der Entscheidung" sein würde, war mir klar. Entweder weiterleben, oder sterben. Tausend Gedanken gingen mir in der Zeit durch den Kopf. Anmerkung: Das ist glatt untertrieben. Bei einen, meiner zahlreichen Klinikaufenthalte, die ich bisher unternahm, brachte ich mein Problem zur Sprache. Also das, mit dem Sterbewunsch, und der „Terminplanung". Das war in einem Gruppengespräch, mit einer Psychologin. „Die" hörten sich das ja auch dort nur (neutral) an. Seitdem waren schon wieder ein paar Jahre vergangen. Aber ich sagte es (auch) so, dass ich selbst nicht genau wüsste, was im Jahr 2016 passieren würde. -Wenn ich nicht sterben würde, würde ich wahrscheinlich in eine Psychose fallen. Ironischerweise sollte genau das dann auch wirklich passieren.

Obwohl ich zu diesem Zeitpunkt tatsächlich nur eine sehr vage Vorstellung von einer Psychose hatte. Ich wusste aber damals zumindest schon so viel, dass so etwas kein normaler geistiger Zustand ist. In dem Jahr 2016 war nämlich schon eine Menge vorausgegangen, was ich im Nachfolgenden gern schildern möchte. Doch alles, der Reihe nach. Je näher dieses Schicksalsjahr rückte, desto mehr hatte ich auch zwiespältige Gedanken. Nämlich solche, es einmal genau von der anderen Seite zu sehen. -Wie schön ich mir das Leben doch einrichten könnte. Wenn da nur nicht mein verflixter Plan wäre. Ich müsste dazu nur 1x im Leben nicht konsequent sein… Um all das, zu erreichen.

Zudem kam, dass es (nun) absehbar war, dass ich nicht so einfach sterben würde. Auch, wenn es mir noch so schlecht ging, mit meiner Magersucht. Es war dann eben nur ein erbärmliches Leben. Doch zum Sterben hätte das noch nicht gereicht. Oder, -was auch gegangen wäre: eben etwas später sterben. Gleichsam, einen Alters- oder Schwächetod. Das, zumindest, hätte „drin" sein müssen. Die Grundlage (auch hier, wieder): die Magersucht. Ja, -das war realistisch! Denn diese (meine) Krankheit hat eine Sterblichkeitsrate von 15%. Anmerkung: Sie können sich vorstellen, wie es den restlichen 85% ergeht. Ach, -wenn ich doch nur schon „darüber hinweg" wäre. -Mein „Sterbedatum" bereits überzogen hätte. Dann könnte ich eine Neuplanung im Leben vornehmen. Wie diese auch immer aussehen würde. Das dachte ich oft, in dieser Zeit.

Für mein Zeitungen Austragen hatte ich bereits große Pläne: Ich wollte mir die Haare blau färben (oder, zumindest grün). Naja, und dann noch so eine modische Steppweste anziehen (in rot), -beim Zeitungen austragen. Ich hatte mir sogar schon so etwas ausgesucht, in einem Bekleidungsgeschäft. Kurzum: ich wollte mich als Person(!) verwirklichen. Das Zeitungen Austragen gefiel mir ja schon erst einmal, weil ich so viele Freiheiten hatte (ich berichtete). Wie ich bereits im Kapitel „Geringfügige Beschäftigung als Zusteller…" schrieb, kommt es im Leben immer sehr darauf an, sich selber zu verwirklichen. Wenn das dann noch mit seiner Arbeit gepaart ist, -umso besser. Anmerkung: und das wäre ja bei mir gewesen. Ich meine damit, dass der Mensch genau das macht, was er im Idealfall machen möchte. Und sein Lohn wäre dann der hübsche Nebeneffekt. Ja, so etwas gibt es wirklich.

Bei mir war das z.B. so: Ich war zwar geachtet, in meinem Zustell- Bezirk. Akzeptiert, von den meisten Menschen, dort. Eben, weil ich immer pünktlich die Zeitungen ausgetragen habe. Aber das I- Tüpfelchen fehlte: ich war leider nur farblos. Also kein Unikum / kein Exot. Noch treffender formuliert: keine einzigartige Persönlichkeit. Ich hatte da als (mein) Vorbild einen Zeitungsausträger aus dem Internet. Ein gemaltes Bild, eine Abbildung. Was aber genau dem entsprach, wie ich hatte sein wollen.

Ich muss leider an dieser Stelle noch etwas tiefer darauf eingehen, warum es für mich so wichtig gewesen wäre, mich nach (genau) dieser Methode zu verwirklichen. Denn es beschreibt, wie ich dadurch ein erfülltes Leben hätte haben können (und möglicherweise wieder aus dem ganzen Schlamassel herausgekommen wäre). Das aus all diesen Plänen nichts geworden ist, ist sehr schade. -Ich erkläre später, was an dessen Stelle getreten ist, und wie es dazu kam. Eine Schwester (aus Wermsdorf) sagte einmal zu uns in die Gruppe: „Wenn ein Mensch plant, lacht Gott." Da steckt viel Wahrheit drin… Eines möchte ich aber jetzt schon vorausschicken: Durch eine Verkettung unglücklicher Umstände sollte selbst das (ordinäre) Zeitungen austragen für mich dann später nicht mehr möglich sein. Bis zum heutigen Tag. Und das traf mich tief.

Zuerst schauen wir uns an, was „die Anderen" zu sagen hatten, zu meinem Fall. Gemeint sind meine Mitpatienten. Schließlich hatte ich bis zu diesem Zeitpunkt schon eine Menge Psychiatrie- Besuche hinter mir. Und wenn es um meine Entscheidungen geht, die ich im Leben zu treffen habe, kann ich meistens nicht sehr gut denken. Z.B. hinterfrage ich viele Überlegungen 10x. Darum bin ich (in dieser Beziehung) auf die Hilfe der anderen angewiesen. Ich bin da sogar dankbar dafür, wenn gegebene Tipps konstruktiv sind. Nur war es eben so, dass bei meiner Lebensgeschichte die (von den Mitpatienten) gegebenen Ratschläge nicht allzu üppig waren. Lösungsansätze waren zwar da, -ja! Viele Patienten sagten ja selber, dass es in meinem Fall schwierig sei, Tipps zu geben. Und ich hatte wirklich oft (in Wermsdorf) mein Problem zur Diskussion gestellt.

Die Tipps reichten von: ich solle das Privatleben stärken, bis zu: ich solle mir ein Haustier kaufen. Dennoch: An all den Tipps war ein Funken Wahrheit. - Der Durchbruch war es aber nicht. Festgestellt wurde ferner, dass bei mir offenbar eine Schräglage vorlag, in der Wertung von dem Berufs- und Privatleben. Ich hätte ein viel zu großes Gewicht auf die Erfüllung meiner dienstlichen Aufgaben gestellt. Und dabei wäre (vereinfacht ausgedrückt) das Privatleben zu kurz gekommen. Bei mir war es faktisch so, dass ich keine Lebensberechtigung hätte, wenn ich nicht meinen Berufs - Verpflichtungen nachkäme. Das sah (der größte Teil) der Mitpatienten ganz anders, -sagten, dass man auch als Arbeitsloser ein gutes Leben führen könne. Und das das (sinngemäß) erst einmal die Grundlage wäre. Wenn die fehlt, geht auch alles andere nicht.

Aber ich dachte: na, -weit scheint es ja mit eurer Moralvorstellung nicht zu sein, -mit eurem Pflichtbewusstsein. Aber da lag ich sicher (wieder einmal) „daneben". Ein ausgewogenes Verhältnis wäre hier wünschenswert gewesen. Was aber nicht war. Ich hatte zwar die Lebensauffassung der anderen verstanden, respektierte sie aber nicht. Außerdem war die Therapiestunde (leider) auch schon wieder vorbei, ohne dass tiefgründigere Diskussionen möglich waren. Auch das wäre wichtig gewesen. In dem Zusammenhang kann hier ruhig noch erwähnt werden, dass noch eine andere Sache schlecht ist: Wenn man seine Rechte als Arbeiter (in diesen Staat) nicht genau kennt. Wie so ein Ping - Pong Ball wird man dann herumgeschubst. -Eiert unsicher herum. Und vielleicht resigniert man dabei sogar. Ich habe an anderer Stelle im Buch schon den Typ Menschen (Arbeitslosen) beschrieben, der sich „eingemottet" hat. Sich mit seinem Schicksal abgefunden hat, und fortan in der sozialen „Hängematte" des Staates hängt. So jemand wollte ich nicht sein. Ich kenne da genügend Fälle. Aber auch hier gilt: Man muss es von 2 Seiten sehen, es „idealerweise" selbst mitgemacht haben, um sich ein Urteil bilden zu können.

Nun komme ich nochmal auf den Anfang dieses Kapitels zurück, wo ich ein kleines bisschen „mogelte" (der Leser möge es mir nachsehen): Ich schrieb. „Wie schön ich mir das Leben doch einrichten könnte." -Das stimmt so nicht ganz. Dies wurde zwar so propagiert, -speziell für mich. Nämlich, seitens der Therapeuten her, und auch von meinen Mitpatienten. Gewissermaßen, als „Gegengewicht" zu meinen Selbstmordplänen. Wie schön das Leben doch sein kann. Aber, wie ich mich kenne, trifft dies auf mich nicht so sehr zu. Denn, ich habe in meinen Leben nichts geschenkt bekommen, und daran wird sich (aller Vorrausicht, nach) auch nichts ändern. Wie gesagt, wie andere Menschen (als Arbeitslose) ein glückliches Leben führen können, ist mir bis heute schleierhaft. Aber es interessiert mich auch nicht. Denn, hier geht es ja um mich.

Dazu bin ich viel zu streng erzogen worden, um nicht auch irgendwie immer eine Notwendigkeit in der (beruflichen) Arbeit zu sehen. Und der sozialistische Staat tat ein Übriges. Insofern gebe ich sogar Karl Marx recht: „Die Gesellschaft findet nun einmal nicht ihr Gleichgewicht, bis sie sich um die Sonne der Arbeit dreht." Das ist irgendwie logisch. Ich muss erst einmal selber irgendetwas (er)schaffen, bevor ich mich zur Ruhe setzen kann. Ein glückliches Leben wäre darum für mich (zwingend) verbunden gewesen, mit der Ausübung meiner Arbeit. In welcher Form, auch immer. Denn das Arbeitsamt hätte mich nie in Ruhe gelassen, wegen der Forderung eine Arbeitsstelle aufzusuchen.

Und im Privatleben (allein) hätte ich kein glückliches Leben führen können, weil ich dazu zu „taub" war. Das heißt, ich hatte dort keine Motive. Es machte für mich keinen Unterschied, ob ich nun Fernsehen schaue, oder mich sportlich betätige. In „Bewegung" war ich in beiden Fällen. Und der Weg vom Sport bis zu einer „klassischen" Arbeit ist ja nicht mehr weit. Außerdem war da ja noch das Schuldbewusstsein. Zwar war das jetzt schwer zu erklären, -aber ich denke, man versteht es (irgendwo). Der andere Fall ist der: Wenn ein junges Mädchen heute ein Kind bekommt (und das ist ja das Privatleben), und es dann großzieht, dann ist das das Motiv. Dort, z.B. sehe ich sehr wohl einen Sinn darin.

Also blieb nur noch das Arbeitsleben für mich übrig. Auch dies kann ein schönes Leben sein. Vorausgesetzt, die Arbeit ist nicht zu schwer, und macht Spaß. So, wie ich das als Zeitungszusteller erfahren habe. Plötzlich macht die Arbeit Spaß. -Und es gab nicht 1 Tag, wo ich bei den Zeitungen Zustellen schlechte Laune hatte. Auf die Frage, was mir an dem Zeitungen austragen denn so gut gefallen hat, antworte ich: Einfach alles! Ich glaube, man sagt dann dazu, dass der Mensch seine Bestimmung gefunden hat. Und ich bin froh, diese Erfahrung (im Leben) gemacht zu haben. Natürlich kann ich alles, dies, hier in den schillerndsten Farben ausmalen. Aber, es war wirklich so. Ich hätte nie gedacht, dass man so eine Leidenschaft für seine (berufliche) Arbeit entwickeln kann.

Auf der anderen Seite tun mir alle jene Menschen (ein bisschen) leid, die so etwas bei ihrer Arbeit nie empfanden. Ihnen ist etwas Wichtiges im Leben entgangen (ich berichtete!). Denn, bis vor wenigen Jahren dachte ich immer, das wären Schutzbehauptungen von Menschen. Aufgefallen ist mir dies, als ich damals ein Gespräch von 2 Akademiker(-innen) mitverfolgte. Die so sehr von ihrer Arbeit(!) schwärmten. Damals dachte ich, sie wollten nur kaschieren, dass sie ihr Studium als viel wichtiger einschätzten, als ihre (darauffolgende) berufliche Tätigkeit. Und dies nur verbergen wollten, um gesellschaftlich anerkannt zu sein. Heute denke ich anders darüber. Denn, viel wahrscheinlicher ist Folgendes: Das waren Menschen, die ihre wahre Bestimmung gefunden hatten. Wo es also „geklappt" hatte. Was bestimmt nicht sehr oft vorkommt. „Herzlichen Glückwunsch, -im Nachhinein!"

Ja, -auch bei mir gab es natürlich „Unstimmigkeiten". Z.B. warum ich 10 Jahre in die Schule ging, um dann diese (einfache) Tätigkeit auszuüben. Oder, dass es nur eine geringfügige Beschäftigung war. Aber darum geht es bei so etwas nicht. Das eine hat mit dem anderen nichts zu tun. Wenn die Arbeit „passt", ist der Rest egal. Dieses spezielle Glück lässt sich noch am ehesten mit einem jungen Menschen vergleichen, der seine wahre(!) sexuelle Bestimmung sucht. Und sie später vielleicht findet. Es kostet auch heute noch jede Menge Überwindungskraft, sich zu einer gleichgeschlechtlichen Partnerschaft zu bekennen. Obwohl wir in einer liberalen Gesellschaft leben. Aber darin liegt vielleicht auch gerade der besondere Reiz, wenn man seinen ganzen Mut aufbringt. Und die Liebe dann doch stärker ist, als die Meinungen der anderen Leute.

Jetzt schließt sich der Kreis, und ich komme zurück, zu meinen(!) Selbstverwirklichungsplänen. Mein Ideal war ja, -wie gesagt, das Bild aus dem Internet. Wo ein Zeitungsverlag warb, für junge Zusteller. Anmerkung: damit war die „Zielgruppe" klar. Abgebildet war darauf (eigentlich noch) ein Knabe. Doch der Illustrator der Zeichnung hat bei mir damit „voll ins Schwarze getroffen". Er verlieh (mit seiner Zeichnung) diesem Knaben genau den Ausdruck, den man sich als jungen Zeitungszusteller vorstellt (oder, auch wünscht?). Da war zunächst die Leichtigkeit, mit der er seine Arbeit offensichtlich ausführte. Als würde es ihm gar keine Mühe bereiten, die Zeitungen in die Briefkästen zu stecken. Eine Leichtigkeit, die so nur der Jugend vorbehalten ist.

Mehr noch: es machte ihm sogar Freude, die Zeitungen zuzustellen. Als benötigte er dafür nur 1 Hand, und würde trotzdem die von ihm gestellten Anforderungen zur Gänze erfüllen. Und mehr wurde schon gar nicht verlangt, -das wurde auf dem Bild auch noch deutlich. Ein junger Mensch eben, -aber vor allen „hip", wie man heute so schön sagt. Blaue Haare, rote Weste. Und, - nicht zu vergessen: das Smartphone mit dabei. Der Rest (der gesamten Arbeit) lag in seinem eigenen Entscheidungsspielraum. Ich glaube, die Verantwortlichen, die diese Werbeanzeige (für junge Zeitungszusteller) geschaltet haben, wussten sehr genau, womit sie Schüler für so eine Tätigkeit locken konnten. Was den Reiz dieser Arbeit ausmachte.

Das dies nur eine Werbe - Kampagne einer Zeitungs- Verteilungs- Firma war, weiß ich. Mir geht es aber um etwas anderes: Es fallen mir hier gleich mehrere Gedanken - Stichpunkte ein, auf die ich gerne kurz eingehen möchte.

Betrachtet man nämlich diese (Stellen-) Anzeige neutral, so stellt man fest, dass es sich nur um ein Angebot handelt (und noch dazu, -ein gut gemeintes). Man muss ja diese Möglichkeit nicht nutzen. Viele Menschen, über die ich mich über meine Zusteller Tätigkeit unterhalten habe, sagten zu mir: „Ja, das habe ich auch schon gemacht!" Es ist nun einmal der Lauf des Lebens, das nach der Schule (früher oder später) das Arbeitsleben kommt. Und es mag ja sogar auch so sein, dass ein Schüler, der aus armen Verhältnissen kommt, buchstäblich gezwungen ist, so eine Arbeit anzunehmen. Um sich sein Taschengeld aufzubessern. -Dann bedeutet das doch nur, dass er schon eher mit dem Ernst des Lebens konfrontiert worden ist.

Befragt man nämlich mehrere Menschen, wie sie zu dieser Tätigkeit stehen (was sie darüber denken), erhält man dazu ganz verschiedene Meinungen. -Die einen finden es sehr fortschrittlich (und eine persönliche Bereicherung), wenn man sich so einer Arbeit widmet. Und für die anderen kommt so etwas gar nicht in Frage. So unterschiedlich, wie die Menschen sind, ist auch ihre Auffassung, dazu. Ich selbst hatte zwar auch erst gemischte Gefühle, als ich diese Stelle annahm. Ich bin aber von folgender Überlegung ausgegangen: Diese Stelle war primär für Schüler vorgesehen. Also konnten die Anforderungen schon nicht so hoch sein. Anmerkung: man darf ab 13 Jahren bereits Zeitungen in Deutschland austragen.

Zudem hatte ich in meinem bisherigen Arbeitsleben immer dann gute Erfahrungen gemacht, wenn die dortigen Tätigkeiten mir nicht zu schwer waren, -vor allem, körperlich. Dies war z.B. in der Datenverarbeitungs- Firma so (ich berichtete!). Und dann war ja noch die Neugier: Was würde mich auf der neuen Stelle erwarten? -Bei dieser Tätigkeit ist es doch so (und ich denke, wie bei keiner anderen Tätigkeit), dass der Übergang von der Schule in die Erwerbstätigkeit dort ohne größere Reibereien erfolgen kann. Es als etwas ganz Normales anzusehen, -der eigene „Brot - Erwerb". Denn, was viel wichtiger ist, ist doch, dass der Jugendliche sich von nun ab selber verwirklicht. Die körperliche Arbeit (und, auch ein kleines bisschen, die geistige) sollte dort gar nicht so die Rolle spielen. Sondern, das er etwas dazulernt. Neue (Lebens-) Eindrücke sammelt, usw.

Wie gesagt, ich selbst habe diese Tätigkeit erst sehr viel später gemacht. Sie hat mir aber ein Teil meiner Jugendlichkeit zurückgebracht. Natürlich wird es nicht den Menschen geben, der quasi blauäugig sich der Schule abwendet, und nun Zeitungen austrägt. -So etwas gibt es nicht. Es werden immer zwiespältige Gedanken da sein. Aber vielleicht nicht so starke, wie bei mir. Wo ich doch schon eine Aversion gegen jede (berufliche) Arbeit ausgebildet habe. Vor allen Dingen aber gegen eine solche, mit „Anspruch". Gut, es mag Gründe dafür gegeben haben, oder auch nicht. Trotzdem drehte sich das „Rad der Geschichte" auch für mich weiter, -so, oder so!

Und darum bin ich auch der Meinung, dass man jeden Arbeitgeber erneut eine Chance geben sollte. Unabhängig davon, was man vorher für schlechte Erfahrungen gemacht hat. So, wie ich mir die Zusteller- Tätigkeit vorgestellt habe, war sie dann auch. Dazu beigetragen hat auch der junge Mann aus Brandis, der ebenfalls Zeitungen ausgetragen hat. Vieles habe ich mir von ihm abgeschaut. Und weil ich ein Mensch bin, der vieles durch Kopieren lernt, war es für mich ideal. Leider kamen die wichtigsten Erkenntnisse erst sehr spät in meinem Leben. -Zu spät, um im Arbeitsleben noch hätte Fuß fassen können. Die Vermutungen waren schon immer da, -ja! Aber leider konnte ich mich nie so richtig entfalten, -auch bedingt durch meinen „Karriereknick". Ich denke manchmal, dass (gerade) das Zeitungen austragen geradezu prädestiniert ist: für Schüler und Rentner. Und, -für die Kranken! Für die „Gestrauchelten". Wo irgendetwas im Leben nicht geklappt hat. Und sie aus dem Grund wenigstens noch Zeitungen austragen. Das man ihnen das letzte bisschen Menschlichkeit noch lässt (oh, hoffentlich habe ich jetzt nicht übertrieben!). Und mit der Ironie: Gepaart, mit Jugendlichkeit.

Natürlich kommt es auch immer darauf an was man in eine jeweilige Arbeitsstelle hineininterpretiert. Wie sehr man sie auslebt. Und ich tat dies schon ganz schön. Von Anbeginn war nämlich mein gesamtes Konstrukt so aufgebaut, das nichts schiefgehen konnte.

Denn, zum einen war die Arbeit kalkulierbar. Die Risiken waren abschätzbar. Und zum anderen, -und das war noch wichtiger, -konnte ich meine Arbeit frei gestalten, in folgender Form: So, wie ich es schon immer tat, bei meinem zahlreichen Chemie- Experimenten: Den „Löwenanteil" machten die Vorversuche aus. -Jeder Arbeitsschritt war nachvollziehbar und (im Notfall) auch wieder umkehrbar.

Darauf legte ich schon immer großen Wert, -bei meinen Experimenten, wie auch bei meiner (späteren) Beschäftigung.

Jetzt komme ich aber wieder zurück auf den Mai 2016. Zu dieser Zeit ging es mir schon sehr schlecht, wegen meiner Anorexie. Doch etwas war noch anders als sonst: Ich hatte nämlich überhaupt keinen Hunger, -und so etwas kenne ich von mir sonst gar nicht. Der Verdacht auf eine Psychose war da. Vor allen, an den letzten Tag (zu Hause) kann ich mich noch genau erinnern: wie mit meinen Eltern vereinbart, habe ich die Gunnera abgedeckt, sowie noch die anderen Pflanzen versorgt.

Natürlich hatte mein Onkel (pro forma) auf mich aufgepasst. Gesehen, dass es mir zusehends schlechter ging. Anmerkung: er war 1x in der Woche bei mir. Das letzte Mal, wo ich in den Supermarkt ging, war mir „kotzübel".

Und noch am selben Tag bin ich abends in die Wermsdorfer Klinik gefahren. Komisch: wenn man allein ist, und Verantwortung trägt, wird man erst zu einem vollwertigen Menschen. Ich hatte solche Schweißausbrüche. Und das habe ich auch der Ärztin, dort, wo ich ankam, alles erzählt. Mir war schon klar, dass ich dort hatte erst einmal nicht bleiben können, (wegen meines PKWs / - es gab dort keine kostenlosen Parkm6glichkeiten. -Die Schwester bot mir zwar an, sofort dort zu bleiben, aber es ging nicht. Stattdessen bin ich nach dem Aufnahmegespräch wieder nach Hause gefahren. Anmerkung: Es war die geschlossene Station, wo ich mich vorstellte. Die Ärztin, dort, wollte erst einmal einen Tablettenstatus machen, was alles da war. Außerdem fragte sie mich, welche Symptome ich hatte. Den nächsten Tag bin ich dann aber mit dem Taxi in die Klinik gefahren. Dazu hatte ich mir einen Einweisungsschein vom Hausarzt besorgt. Anmerkung: mein eigener Hausarzt war nicht da, also war ich bei der Vertretung. Aber alles klappte prima. Naja, und

dann gingen ja dann dort denen ihre Untersuchungen erst einmal los. Auf der geschlossenen Station ist das doch schon ein bisschen anders: dort ist der klinische Anteil höher, als auf der (Langzeit-) Psychotherapiestation. Die Ärzte interessierte hauptsachlich, was nachts „abging", -welche Träume ich hatte. Und in dem 1 Monat, wo ich dort war, sollte noch so einiges passieren Denn, in der Klinik hatte ich dann eine Psychose: Soll heißen, mir kam plötzlich ein Begriff in den Sinn: „Litfaßsäule". Und ich wusste nicht, wie ich darauf gekommen bin. -Dies war kein normaler psychischer Zustand mehr! Ich hatte zu dieser Zeit Angst, dass das für immer so bleiben würde. -Doch dem war nicht so.

Nach mehreren Monaten (unter Zuhilfenahme von Tabletten) gingen nämlich alle diese Symptome wieder weg. -Ich komme später noch einmal darauf zurück. An diese Zeit erinnere ich mich noch ganz genau: Da war so schlechtes Wetter. Und einmal kam mich mein Onkel mit der Stieftante dort besuchen. – Ich freute mich darüber sehr, wollte ich sie doch an diesem Tag in die Cafeteria einladen. -Das ging aber nicht, weil sie geschlossen war.

Auf dem Weg, dorthin, erzählte ich beiden, dass ich höchstwahrscheinlich Schizophrenie hätte, denn alle Symptome deuteten darauf hin. In Wirklichkeit wurde später Wahn diagnostiziert (und zudem noch eine schwere depressive Episode mit psychotischen Symptomen).

Es sollte das Letzte Mal sein, das ich meinen Onkel lebend gesehen habe…

Der Krankenhaus- Aufenthalt ging nach einen reichlichen Monat zu Ende. Diesmal war es aber so, dass ich die ganze Not dort sah. Eben, weil es die geschlossene Station war. Und auch mein Zimmernachbar war ein „Tunichtgut", der meine Jacke ruiniert und einiges anderes Unwesen getrieben hat. Doch (auch) er war ja letzten Endes nur ein kranker Mensch. Viel mehr zu sagen ist zu diesen Krankenhaus - Aufenthalt nicht. Denn die Ärzte haben ja meinen Gesundheitszustand (zunächst mit Tabletten) erst einmal wieder hinbekommen.

Eigentlich untypisch, doch es war so: -danach ging es für mich weiter in der Tagesklinik in Grimma (die ich bereits kannte). Dort wollte ich, dass dieser Aufenthalt nicht so lange dauert. Denn ich war ja (noch) in dem festen Glauben, das ich an Schizophrenie erkrankt wäre. Darin bestärkte mich noch die Einrichtungsleiterin, als dass sie mich als bipolare Persönlichkeit ansah. (Was dann aber beides nicht zutraf) Der Aufenthalt dort dauerte nur reichliche 2 Wochen. Und doch kann ich mich gerade an diesen Aufenthalt sehr gut erinnern. -Dort wurde eben viel unternommen: Aktivitäten im Wald, Sport und Spiel, usw. -Auch 1x Rostern gehörte dazu.

Aber eben alles Aktivitäten, die auf die „normalen" psychischen Krankheiten zugeschnitten waren, -nicht auf „mein" Patientenklientel: -das mit der Magersucht.

Warum ich dort nicht so lange bleiben wollte, hatte nämlich folgenden Grund: -Ich kannte dort alles schon ganz genau. Und ahnte schon, dass dort viele Patienten /-innen bereits Monate in dieser Einrichtung verharren. Anmerkung: Was dann ja auch so war... -Und so einen „Herdentrieb" hatte ich denn dann doch nicht.

Eine letzte Sache soll zu dieser Klinik noch Erwähnung finden: Den einen Tag wurde dort die Zufahrtsstraße frisch geteert. Und da ich mich zu den Menschen zähle, die sehr akribisch und genau sind, plante ich für den täglichen Anfahrtsweg (dorthin) genügend Zeit ein.

Es war so, dass die Zufahrtsstraße, wie ich sie sonst immer gefahren bin, gesperrt war. Naja, und dann kam schon bei mir Panik auf. Da ich ja auch kein Navigationsgerät im Auto hatte. Anmerkung: Ich hasse die Dinger! Also bin ich wie immer in solchen Fällen auf Sicht gefahren. Das ging auch. Das Problem bestand nur darin, dass ich über eine frischgeteerte Straße fahren musste. -Einem Fahren, was wohl eher einer Bootsfahrt glich...

Aber, was sollte ich denn machen? Ich musste ja noch rechtzeitig in der Klinik ankommen. Bei solchen Sachen habe ich immer panische Angst und reagiere konfus.

Zudem kam, dass die Radkästen meines Autos hinterher völlig mit Asphalt verdreckt waren. -Eine Reinigung war nur schwer möglich. Weiteres wusste ich nicht, dass die Schwestern der Tagesklinik (an diesem Tag) schon damit rechneten, das viele Patienten zu spät in der Tagesklinik erscheinen würden.

An diesem Tag, -und es war doch so brütend warm-, haben wir dort im Wald „Pfadfinderspiele" gespielt. Na, hat das, was so gemacht wird, in der Psychiatrie: z.B. in einen Sack greifen, und dort Dinge, die im Wald vorkommen, zu erraten. Oder auch ein großes Symbol aus Zweigen auf die Erde legen. -Und die andere Gruppe sollte erraten, was es darstellt. Solche Sachen, halt.

Menschen, wie ich, die prinzipiell „schlecht mit anderen Menschen können" (durch das Asperger- Syndrom), haben es bei solchen Unternehmungen besonders schwer, in der Gruppe „anzubinden". Aber irgendwie ging es eben doch!

Vielleicht auch, weil ich wusste, dass dieser Klinikaufenthalt sowieso nicht mehr lange gehen würde.

1000 Sachen gingen mir an jenem Tag durch den Kopf. Mein Auto konnte ich gar nicht am Klinikgebäude parken. Sondern ich wurde von einen Straßenbaumeister aufgehalten. Dieser bat mich (vornehm formuliert), mein Auto jetzt und hier, stehen zu lassen. -Auf einer kleinen Abstellfläche nahe der frisch geteerten Straße. Bis zum Ende konnte ich diese Straße jedenfalls nicht mehr fahren, und so schloss sich noch ein 700m langer Fußmarsch (bis zur Klinik) für mich an. Pünktlich war ich aber wohl dennoch gewesen, an diesen Tag, ja!

Die Zeit, als ich in dieser Klinik war, war für mich körperlich sehr anstrengend. Ich hatte nämlich parallellaufend noch Zeitungen ausgetragen, -am späten Nachmittag. Natürlich war es nur 1x in der Woche, aber es fiel mir so schwer! Zu diesen Zeitpunkt hatte ich zwar schon meinen Zeitungsroller. Aber es war so, dass durch eine Umstellung der Zeitungs-Vertriebsfirma von nun ab mehr Werbeprospekte den Zeitschriften beilagen. Und das waren eben dann riesen Bündel, die pro Haushalt zugestellt werden mussten. Es war nur noch eine

Schinderei für mich (jedenfalls zu diesem Zeitpunkt). Denn ich hatte ja auch meine Psychose noch nicht richtig ausgeheilt. -Dies kam erst später.

Und darum habe ich das Zeitungen Austragen ab Dezember 2016 ganz eingestellt. -Bis zum heutigen Tage. Es ging nicht anders! Ich erwähnte es bereits an anderer Stelle im Buch, das mich dies tief getroffen hat. Vielleicht, für spätere Zeit behalte ich diese Tätigkeit jedoch „im Auge". Man weiß ja nie, wie es im Leben einmal kommt…

So, und das war es auch schon, was es zu dieser Klinik zu erzählen gab.

Wie ich aus meinen Unterlagen entnehmen kann, schloss sich für mich noch im selben Jahr ein 1- monatiger Krankenhausaufenthalt in meiner „Lieblings-Klinik" in Wermsdorf an. Ich erwähne es deswegen, weil dort das 1. Mal die Diagnose „Borderline- Persönlichkeitsstörung" gestellt worden ist. Damit möchte ich sagen, dass doch jeder Krankenhausaufenthalt Überraschungen birgt. Und sei er auch noch so kurz.

Und das das Leben stets neue Herausforderungen für einen bereithält. War es (bei diesem Aufenthalt) eben nicht meine „Lieblings - Station", so war es eben eine neue (und für mich fremde) Diagnose. Zu mir hat einmal jemand gesagt, dass alles Schlechte auch immer ein kleines bisschen etwas Gutes hat. Und, er hatte wohl Recht damit!

An viele Sachen (gerade, was die Wermsdorfer Klinikaufenthalte angeht) kann ich mich auch gar nicht mehr so genau erinnern. -Nur an die langen Aufenthalte, die über Monate gingen, habe ich noch ausreichend gute Erinnerungen. Dies hängt damit zusammen, dass ich da stärker „geprägt worden bin", dass sich da eine Patientengruppe herausgebildet hat, mit der ich viel erlebt habe. Manchmal habe ich von dieser Klinik viele Fotos (vom Außenbereich) gemacht. Die habe ich alle zu Hause archiviert. Von diesen zehre ich oft heute noch.

Immer, wenn es mir (psychisch) besonders schlecht geht, krame ich die Fotos wieder hervor, und rufe mir so vieles davon wieder in Erinnerung. Ja, in Erinnerungen schwelgen, -das mache ich auch heute noch sehr gern…

Mein Schicksalsjahr 2016 ging dann trotzdem unspektakulär zu Ende. -Bis Mitte November noch der besagte Krankenhaus - Aufenthalt. Na, und Tabletten (gegen die Psychosen) musste ich ja trotzdem erst einmal weiter nehmen. Diese konnte ich erst 2017 vollständig absetzen. Die Geschehnisse waren ja auch nicht anders zu erwarten. Aber es war eben die Ungewissheit: Muss ich jetzt etwa mein ganzes Leben lang weiter diese Tabletten nehmen?

Ich möchte gern abschließend noch ein paar Worte über dieses Jahr verlieren. Weil es doch einen Wendepunkt in meinem Leben darstellt. -Die einfache Rechnung ging nicht auf: Das Jahr 1993, als ich meinen „Karriereknick" hatte, einfach in Anzahl Jahre zu verdoppeln, und dieses dann als „Sterbedatum" zu deklarieren. Und so lapidar spiegelte es mir auch ein junger Psychologe aus der (späteren) Uni- Klinik. Dies kann man machen, und das würden auch viele „durchziehen". Doch die andere Überlegung war die, dass mein Karriereknick doch schon so lange her ist. Und es (eigentlich) gar keinen Sinn mehr macht, an einem so lang gehegten Plan festzuhalten.

Ja, und es war so, dass ich genau über diesen Punkt immer mehr nachdachte, je näher mein (anvisiertes) Sterbedatum rückte. Und dann ging es mir ja auch noch schlechter, in diesem Jahr. Eben, durch die dazugekommene Psychose.

## Die darauffolgender Jahre 2017 - 2019, und die Sache mit meiner Hand

Den größten Teil des Jahres 2017 verbrachte ich wieder in der Klinik in Wermsdorf, -nämlich 4 Monate. Ich kann mich heute nicht mehr daran erinnern, auf welcher Station ich da war (Geschweige denn, was sich dort ereignet hat). -Es ist zu lange her.

Doch muss es in diesem Jahr zu einer (leichten) gesundheitlichen Verbesserung gekommen sein. Vor allem, in der Jahresmitte. Aber schon gegen Ende 2017 kam der nächste Hammer! Meine Eltern waren zu dieser Zeit wieder zu meinen Bruder nach Australien geflogen. Ich war also allein zu Hause. Naja, und um die Jahreswende 2017 - 2018 trug sich nun Folgendes zu:

Es war ja so, dass ich zu dieser Zeit immer einen so starken Harndrang hatte. - Laufend musste ich auf die Toilette. Und da bin ich auf die fixe Idee gekommen, zuerst mein Trinken (stark) zu reduzieren, -und dann ganz einzustellen. Diesmal war es also das Trinken, was im Fokus stand. Ich hatte mich nur noch von Milchbrötchen ernährt. Und, wenn überhaupt, dann nur so wenig Wasser, das es gerade zum Hinterschlucken reichte.

Anmerkung: Insgesamt aber, durch meine Magersucht, trotzdem zu wenig gegessen habe. Mein Hausarzt, mit dem ich mich über den Harndrang unterhielt, verschrieb mir daraufhin ein Antibiotikum. Dieses half jedoch nicht. Das mit dem Trinken ging dann ca. 14 Tage lang gut. -Der Körper muss fast völlig dehydriert gewesen sein, -die Falten im Gesicht sah man, usw.

Doch dann meldete sich eine alte Verletzung durch den Wassermangel wieder. -Es war meine rechte Hand. Und ich berichtete bereits, dass ich sie mir einmal verbrannt hatte. Bei einem meiner Versuche aus Jugendtagen. Also, es waren sehr starke Schmerzen. Zudem konnte ich die Hand kaum noch bewegen. Um es gleich vorwegzunehmen: Es mündete dann in einem erneuten Klinikaufenthalt in Wermsdorf. -Ja, richtig gelesen: in dieser psychiatrischen Klinik! Denn mein Hausarzt, von jeher ein Freund von Krankenhaus - Einweisungen hat dies für mich (erneut) arrangiert. Er war nämlich der

Meinung, dass die Blasenschwäche, sowie die Schmerzen in meiner Hand dort gleich mitbehandelt werden könnten. Zudem kam, dass er ja wusste, dass meine Eltern nicht da waren.

Der Aufenthalt dort dauerte von Febr. 2018 - Mai 2018. Zuvor waren für mich aber noch einige Wochen lang Schmerzen angesagt. Ich fuhr (mit meinem eigenen PKW) jede Woche 1x in das Wurzener Krankenhaus. Ich konnte kaum den Lenker des PKWs bedienen, mit 1 Hand. Aber es ging irgendwie doch. Und in dem Wurzener Krankenhaus gibt es dort so ein Ambulanz - Zentrum. Für alle Patienten, die nicht stationär aufgenommen werden. Dort war ich dann „Stammgast".

Das Novaminsulfon (als Tropfen) habe ich erhalten. Ein mittelstarkes Schmerzmittel. In der ersten Zeit, als ich die Tropfen nahm, konnte ich es kaum erwarten: -alle 8 Stunden gab es eine Dosis. Meine Schmerzen kamen aber schon nach 7 Stunden zurück. Was tun? Doch, wie bereits erwähnt, - irgendwie ging es trotzdem. Bei dem sich dann anschließenden Krankenhausaufenthalt gab es die Schmerztropfen nur noch auf Bedarf: die Ärzte drängten darauf. Und so wurde weiter reduziert.

Nun, an diesen Aufenthalt dort kann ich mich noch sehr gut erinnern. Zwar war ich diesmal nicht auf meiner „Lieblings - Station". Anmerkung: es ist die „Jugend - Station / P2", sondern mit vielen schon älteren Patienten zusammen. Aber ich habe dadurch viele neue Freunde kennengelernt Es war anders eben. Denn, die Inspiration, die von der Jugend ausgeht, war dort nicht.

Viele Menschen sind in ihren späteren Lebensjahren abgeklärter, kühler. Die Bedeutung der Gruppe (im Sinne, von „Jugendgruppe") spielte dort so gut wie keine Rolle. Aber es ist ja so, dass wir (allesamt) „etwas daraus machen mussten". Wer schon einmal eine Psychiatrie besucht hat weiß, dass so ein Aufenthalt (trotz Alledem) alles andere als langweilig ist, -dafür wird gesorgt. Viele Aktivitäten, Spaziergänge, -täglich etwas Neues. Eine „Miesepetrigkeit" einzelner ist weder gewünscht, noch habe ich sie so wahrgenommen. Dafür ist einfach „zu viel los". Und das ist gut so!

Die Schmerzen in meiner Hand hatte ich noch bis zum Ende dieses Aufenthaltes. Und ja, -auch hier wurde „mit heißer Nadel gestrickt". Das heißt: die Ärzte / Schwestern wollten, dass die Patienten möglichst schnell wieder die Klinik verlassen. Doch das hat und als Patienten nicht gestört - wir waren „eine dufte Truppe". Ich erinnere mich z.B. an die Rollstuhlfahrerin, der 1 Bein amputiert worden war. Sie musste die Klinik aufnehmen, -als bevorzugte Patientin. Und ich habe sie oft geschoben, -trotz Schmerzen in meiner Hand. Doch ein Schmerzmittel macht eben auch vieles wett. Und es waren ja auch so wenige Männer in der Gruppe. Ein 2. Mann, ich, und die Schwester wechselten sich beim Schieben des „Vehikels" ab, -so sah es aus!

Alles schöne Erinnerungen! -Oder an den Koch, der ein eigenes Buch geschrieben (und uns gezeigt hat, wie man Obst und Früchte richtig drapiert). Ja, da gewöhnt man sich schnell an die (Patienten-) Gruppe, und die Zeit verging wie im Nu. Und dann war ja auch das Wetter so schlecht, in dieser 1. Jahreshälfte.

Und dann, -in der Ergotherapie: Die alte Frau, die mir, und einer jungen Mitpatientin zeigte, wie richtig gestrickt wird. Dazu war genug zeitlicher Raum vorhanden. Wenn nur nicht die Schmerzen in meiner Hand gewesen wären… Denn, mit dieser „Klaue", -anders konnte man die Hand nicht bezeichnen-, war ein Stricken nur schwerlich möglich. Dort lag es also nicht so sehr an der Intelligenz, sondern an der „handwerklichen" Ausführung. -Das hat auch die alte Frau mitbekommen.

Und trotzdem: so werden von Patient zu Patient Fähigkeiten und Fertigkeiten weitergegeben. So kenne ich es gut aus der Ergotherapie in Wermsdorf.

Abschließend möchte ich noch eine junge Mitpatientin erwähnen. Sie war auf ihrer Stadt angestellt, -im Büro. Sicher eine ganz wichtige Person. Doch auch ihr Leben änderte sich jäh, als sie ihre Diagnose erfuhr: „Borderline-Persönlichkeitsstörung". Wie gesagt, so etwas sucht sich niemand aus. Doch dies hat dann weitreichende Konsequenzen für das restliche Leben. -Sie konnte schon allein mit dieser Tatsache nicht umgehen. Die Arbeit, -ihr Mann? -Was wird sich alles ändern? Wir konnten ihr dort nur tröstend beistehen. Sie war „wie aus allen Wolken gefallen", -wie man so schön sagt.

Doch die Diagnose selbst, ändert ja an dem Menschen nichts. Das Problem bei den „Borderlinern", besteht ja nun gerade darin, dass sie mit anderen Menschen nicht zurechtkommen. -Und mit sich selber aber auch nicht. Das machte die Sache so kompliziert, es ihr zu erklären. Zudem kam, dass viele aus unserer Patientengruppe selber „Borderliner" waren, -u.a. auch ich! Ja, und dann hielt sie noch so einen schönen Vortrag. Über eine sog. „Patientenverfügung", und unterstrich dessen Notwendigkeit. Und sie hat es so schön „gemeistert". Wir hatten ihr alle richtig Mut gemacht. Hoffentlich kam wenigstens ein bisschen davon bei ihr an…

Damit schließe ich auch dieses Kapitel ab, und es begann die 2. Jahreshälfte von 2018. Ich war wieder aus der Klinik „heraus", und hatte dann einen Termin bei einer ambulanten Neurologin in der Leipziger Südstadt. Immer noch wegen der Schmerzen in meiner Hand, und der (langzeitlichen) Nachbehandlung. Es war ja gar nicht so einfach, den richtigen Nervenarzt (Neurologen) für mich zu finden. Denn bei mir, -im ländlichen Raum gibt es keinen solchen.

Und in der Stadt: Leipzig gibt es zwar viele. Doch ich wollte es möglichst einfach machen, für meinen Vater. Wegen der schlechten Parkmöglichkeiten an manchen Facharzt - Praxen. Denn mein Vater ist ja nun auch schon über 80 Jahre alt. Und mit seinem Autofahren wird es eben auch nicht besser. Wir haben dann den besagten Kompromiss gefunden, -lange Wartezeiten (vorher) inklusive. Doch an dem Tag, wo wir dort waren, habe ich es genossen. -Ich hatte ja nichts zu befürchten. Und genug Erfahrungen mit Ärzten hatte ich ja bereits.

Mein Vater zeigte mir bei der Gelegenheit noch das Haus, wo seine Oma einmal gewohnt hat. Es war im Krieg ausgebombt worden, und danach nur noch wieder zur Hälfte rekonstruiert.

Letztlich verschrieben (von der Neurologin) wurde mir dann das Pregabalin. - Ein sehr gutes Schmerzmittel. Man muss aber aufpassen, dass man davon nicht süchtig wird. Und so ging auch dieses Jahr zu Ende. Es folgte das Jahr 2019. Auf dem Zeitstrahl, der dem Anhang dieses Buches beiliegt, sieht man alles sehr schön. Die Schmerzen in meiner Hand ließen peu à peu nach, sodass ich fortan kein Schmerzmittel mehr benötigte. Trotzdem stand wieder ein Klinik - Aufenthalt an. -In Wermsdorf, von Juni bis zum September. Es war das letzte Jahr, vor der Corona - Kriese, -doch viel zu berichten gibt es auch hier:

Ich war wieder auf „meiner" Jugend - Station. Zu dieser Zeit hatte man bereits den Eindruck, dass doch sehr vieles „zurückgegangen" war. Z.B. die Essenversorgung kam nicht mehr aus Leipzig, sondern wurde „vor Ort" auf den jeweiligen Stationen zubereitet. Neue Investitionen wurden ja nicht getätigt, -die Sporthalle zerfiel zusehends, sodass in ihr (zum Schluss) dort gar kein Sport mehr durchgeführt werden konnte.

An Nota (kleinen Budget) für das Kuchenbacken, welches die Patienten durchführten, änderte sich zwar nichts. Doch z.B. an der Art, wie sich die (Patienten-) Gruppe verhielt, merkte ich es. Jeder wurde dann „Einzelkämpfer". Offiziell zwar nicht, aber alles wurde irgendwie ärmlicher (im Sinne, von: keinen Spielraum mehr lassend). Zudem kam, dass wir dann auch noch einen Fall von Krätze bei uns auf der Station hatten. -Die Schwestern leiteten diesbezüglich sofort Infektions- Schutzmaßnahmen ein. Das Zimmer dieses Patienten wurde dann unter Quarantäne gestellt. Und Schutzkleidung für die 2 Patienten, die es betraf.

Erst später erfuhr ich durch die Schwester, dass man eine Krätze nur dann erhalten kann, wenn man ganz engen Körperkontakt hat. Leider wird dies nicht einfach so offiziell gesagt (sondern man muss danach fragen. Auch mit diesem Klinik - Aufenthalt verbinde ich schöne Erinnerungen. 3 von ihnen möchte ich gern erzählen:

Da war zunächst mal der junge Mann, -ebenfalls ein Mitpatient. Er hätte (unter normalen Umständen) mein eigenes Kind sein können. Jedenfalls, vom Alter her betrachtet. Doch er stellte sich immer schützend vor mich. Vor allem, bei so Therapien, wo ich als „Einzelredner" in Erscheinung trat. Zum Beispiel beim „Gruppensprecher". (Anmerkung: Jeder musste dieses Amt einmal innehaben.)

Das kann man wörtlich nehmen, denn von seiner kräftigen Statur her, setzte er sich (bei diesen Gruppengesprächen) immer „halblinks" vor mich. Sodass von mir erst einmal gar nicht so viel zu sehen war. Dies half mir schon, -war ich doch immer so sehr aufgeregt bei solchen Therapien. Er (selbst) war ja „Borderliner", und hatte damit sicher schon genug eigene Probleme. Trotzdem versuchte er mir damit zu helfen. Einmal, am Wochenende, stellte er mir seinen Sohn vor. Diesen schätzte ich auch 5-6 Jahre, und er war noch ganz schüchtern. Anmerkung: in der Klinik in Wermsdorf ist es an den Wochenenden immer etwas ruhiger, sodass man zuweilen den Eindruck gewinnt, eine kleine Familie vor sich zu haben. Dies sagte auch einmal die Schwester zu uns.

Ja, es ist eben gut, wenn man Freunde hat, und sich darauf verlassen kann. Sie werden sagen: „das sind ja auch alles nur Kranke!" -Das ist aber egal. Wo hat man denn heute (auch außerhalb der Klinik) den Idealmenschen, bei dem alles stimmt? -Nirgends!

Die 2. Sache, die ich erwähnen möchte, sind die vielen Kochtherapien. Sie begannen immer in den zeitigen Nachmittag - Stunden, sodass am Abend das Essen fertig war. Dafür wurden 2 Küchen zur Verfügung gestellt, -1 davon eine Therapieküche. Und das war ja auch so, dass das alles ganz aufwändige Gerichte waren. -Je aufwändiger, desto besser! Das Kochen dauerte oft Stunden. (Selbst) die Schwester gab uns Tipps zur Einstellung der richtigen Temperatur am Herd. Bei so einem langen Garvorgang. Selbst für mich, -als magersüchtigen Menschen, waren all diese Tätigkeiten etwas Beeindruckendes.

-Es wurden (im Vorfeld) Patienten eingeteilt, für den Einkauf, -das Kochen, und für das Saubermachen (hinterher). -Ich meldete mich meist zu Letzteren, - so hatte ich die Speisen selber nicht unmittelbar vor Augen (wegen der Magersucht). -So ging das eben alles. Und ich hatte auch nicht den Eindruck, dass unsauber gearbeitet worden ist. Weil ich doch so ein sauberkeitsliebender Mensch bin. Aber ich habe bewusst auch weggesehen, bei verschiedenen Arbeitsgängen. Um keine Ekelgefühle zu entwickeln.

Das was ich gemacht habe, -das Saubermachen der Töpfe hinterher, wäre nach meiner „Sauberkeitsnorm" (in meinem zu Hause) so nicht durchgegangen. Und darum bin ich auch nach der Methode verfahren: „Mache alles so sauber, wie du kannst, -und gut ist!" (Mehr geht eben nicht.) Der Erfolg gab mir dann Recht...

Und weil alle guten Dinge 3 sind, -hier noch abschließend eine Story aus diesem Aufenthalt:

Ich erinnere mich noch an den schönen Grillabend, den wir tätigten. -Bis spät, in die Nacht hinein. Wermsdorf wäre nicht Wermsdorf, wenn wir nicht (dabei) viel zu lachen gehabt hätten. Es war nämlich so, dass (wieder einmal) am Vortag etwas nicht richtig abgesprochen worden ist. Jedenfalls nicht, bis ins Detail. Und was dabei herauskam haben wir gesehen:

(Nahezu) jeder Patient hat sich vom Lebensmittel - Markt sein eigenes Paket Steaks und Bratwürste mitgebracht. In viel zu großer Anzahl. -Die Gefahr, von zu wenig Essen an diesem Abend bestand also nicht. Stattdessen war auch am nächsten Tag noch eine Masse Fleisch und Wurst übrig. Sodass alles gar nicht in den Kühlschrank passte, und eine Menge (davon) weggeschmissen werden musste. Sowohl schon in den Töpfen, als auch noch originalverpackt. Aber, -es kam noch schlimmer: Das, was wir an Fleisch zu viel hatten, fehlte an der Holzkohle.

Also zogen wir noch einmal los zum (nahegelegenen) Einkaufsmarkt. Wir wählten gleich eine Abkürzung durch Dickicht und Gestrüpp, -liefen „auf Sicht". Es war pures Glück, das wir uns unsere Kleidung nicht ruinierten (und das kein Zaun uns den Weg versperrte). -Ich kann Ihnen sagen…

Heraus kamen wir dann am (Behinderten-) Wohnheim. Anmerkung: von dort ist es dann nur noch ein kleines Stück zum Einkaufsmarkt. Dies gelang uns ja auch alles, bloß: Die Nacht brach bereits an, -die Schwestern hatten schon lange unseren Grillabend verlassen. Zum Schluss konnten wir buchstäblich „die Hand nicht mehr vor dem Augen sehen". -Und dann die Sache mit dem Grillanzünder (wie Lampenöl): immer wieder schüttete ein Mitpatient so viel davon auf die Holzkohle, damit diese schneller entfache. Die Flamme war 1m hoch. Gesund (für unsere Speisen) war das sicher nicht!

Dann kann mach ein Patient mit seinem Auto, „unterstützte" uns. Anmerkung: Es war einer von den Patienten, welche man einen „Leitwolf" nennt. Trotzdem ging der Abend harmonisch zu Ende, und es bleiben schöne Erinnerungen. Zum Schluss hatten wir sogar noch Probleme damit, wieder rechtzeitig auf der Station zu sein. Denn dafür gab es eine vorgegebene Zeit (Anmerkung: ich glaube 22.00 Uhr). Den Schlüssel für die Gartenlaube (wegen der Campingstühle) gab ich noch meinen Zimmernachbarn wieder zurück.

Anmerkung: In der Klinik Wermsdorf legt man Wert darauf, den Patienten wenigstens ein Stück Verantwortung zu geben. So hat er eine Aufgabe, und fühlt sich bestätigt (wenigstens, ein bisschen!). Damit ging das Jahr 2019 zu Ende.

## 2020-2022: 2 x Uni - Klinik Aufenthalt / Leipzig + 1 x in Wermsdorf (vorläufiger Schluss)

In diesem Jahr begann die Corona - Pandemie in Deutschland. Diese wird ganze 3 Jahre dauern. Und erst jetzt, wo ich diese Zeilen schreibe (April 2023), offiziell für beendet erklärt sein. Gefühlt war nichts mehr so, wie früher. Ich meine das, was den Klinikalltag betraf.

Die Restriktionen, die durchgeführt wurden, um die Pandemie zu unterbinden. Und objektiv wusste ja wirklich keiner, was hier hätte auf uns zukommen können. Es ist nur gut, dass die schlimmsten Prophezeiungen der Pandemieforscher nicht eingetreten sind. Ich werde hier nicht im Detail darauf eingehen, was unternommen wurde. -Nur 1 Beispiel: In kleinen Gruppen (max. 3 Personen) zur Ergotherapie, oder zum Rauchen gehen. Und zwar begleitet, - immer durch 1 Ergotherapeuten, Um dann wieder (genauso) abgeholt zu werden, Und in der Ergotherapie- Zentrale selber, mussten alle vereinzelt sitzen. -Es war nur ein eingeschränkter Betrieb möglich.

Nachmittags, wenn Freizeit war, nur einzeln zum Eis-Essen gehen (für 1 Std.) usw. Dieser Krankenhaus - Aufenthalt dauerte nur knapp einen Monat. Wahrscheinlich wollte man die Patienten lieber zu Hause sehen, als in der Klinik. -In dieser unsicheren Zeit. Auf der Station, wo ich war, war es etwas unpersönlicher, als auf „meiner" Jugend - Station. An die Zeit dort, kann ich mich nicht mehr gut erinnern, -auch darum, weil die Zeit so kurz war. Trotzdem musste der Klinikalltag ja irgendwie weitergehen.

Ich erinnere mich an eine ältere Frau, mit der ich mich gut verstand. Sie hatte so einen Rollator, -außerdem malte sie sehr gern Mandala - Bilder aus. Ich hatte zu diesem Zeitpunkt (dort) gerade Geburtstag. Und da schenkte sie mir einige ihrer Bilder. Und auch einen kleinen Blumentopf. Ja, ich wurde nicht vergessen. Und sicher saß das Geld bei ihr auch nicht so locker. Aber sie war eben routiniert auf dieser Station, -das merkte man.

Im Juli 2020 war ich dann das 1. Mal in der Uniklinik in Leipzig. Vorausgegangen war nämlich, dass ich in Wermsdorf nicht mehr untergekommen war. Anmerkung: vor allem, auf meiner „Lieblingsstation". Ich war dort wohl nicht mehr gern gesehen, -seitens vom Oberarzt, her. Oder diese Station war eben überbelegt. Das weiß ich nicht. Wie auch immer, -so war ich das 1. Mal in Leipzig. Und viel passieren konnte ja auch nicht, denn ich war ja schon ein „alter Hase" in der Psychiatrie.

Ja, gut, mein erster Eindruck war: diese Klinik war sehr viel kleiner, als in Wermsdorf. Ich musste mich auch erst einmal zurechtfinden, vom Weg, her. Und im Gebäudekomplex dann selber, drinnen. Und dann die vielen Corona - Maßnahmen: immer Hände desinfizieren beim Hereingehen in das Haus. Das war damals eben alles Pflicht.

Doch, im Grunde genommen, war es auch nicht viel anders, als in Wermsdorf: Der Therapieplan, die Tabletteneinnahme, die Schwestern, usw. Und dann früh immer die (Stations-) Visite mit den vielen Ärzten. Jedoch war ich stets gut gewappnet, und habe vor den Visiten Gesprächsnotizen (für mich) angefertigt. Ich hatte zuweilen den Eindruck, dass dies die Ärzte gar nicht wollten. -Sie wollten, dass man etwas unvorbereitet ist. Um etwaige Gesprächs- oder Kritikpunkte zu finden. -So nahm ich ihnen aber „den Wind aus den Segeln". Ja, -das ist jahrelange Routine in der Psychiatrie.

Seitdem gehe ich nie mehr unvorbereitet in eine Visite. Ganz in der Nähe dieser Klinik gibt es den sog. „Friedenspark". Anmerkung: man muss allerdings 5-10 min bis dahin laufen. Dazu muss man aber eine stark befahrene Straße überqueren. Einerseits ist es schön, dass die Klinik so einen großen Park hat. Wenn man Freizeit hat, kann man da z.B. super spazieren gehen. Auch befinden sich direkt in diesem Park ein Kräuter- und ein Apothekergarten.

Und ich empfehle jeden, der mal den Friedenspark besucht, sich die beiden (gepflegten) Gärten anzuschauen. -Es lohnt sich, zudem kostet es nichts.

Auf der anderen Seite ist es aber so, dass man sehr aufpassen muss, wenn man diese Straße überquert. Man ist ja leicht „benebelt" von den Medikamenten, die man verabreicht bekommt. Wenn wir (in der Gruppe) mit der Schwester die Straße überqueren, mochte dies ja noch gehen. Wenn man allein ging (und dies tat ich dort oft, -abends), schätzt man u.U. die Geschwindigkeit der herannahenden Fahrzeuge falsch ein. So kann es leicht zu einem Unfall kommen. Anmerkung: das sind so „Ampelschaltphasen". Manchmal sind wir dann einfach schnell über die Straße gerannt. Versichert ist man dabei zwar schon, -man darf aber nicht vergessen, sich in das Ausgangsbuch einzutragen.

In der Klinik fand auch ein sog. „Angehörigengespräch" statt. Also, die Ärzte, meine Eltern und ich unterhielten sich über meine Krankheit, und die evtl. Lösung des Problems. Dabei ist (letzten Endes) Folgendes herausgekommen: Es wurde 1. Das sog. „ambulant betreute Wohnen" empfohlen. Also ein Sozialbetreuer, der einen 1x in der Woche besucht (und nachschaut, wie man mit dem Wohnen daheim zurechtkommt).

Und 2. wurde das sog. „Essen auf Rädern" empfohlen. Das ist eine Firma, die einen das Mittagessen nach Hause liefert. Beide Empfehlungen erwiesen sich aber (in meinem Fall) als „Schrott", und wurden schon nach kurzer Zeit wieder eingestellt (ich berichte später darüber). Naja, -und wie in jeder (psychiatrischen) Klinik wurden auch Tipps zu Positiv-Aktivitäten gegeben, die wir zu Hause durchführen sollen. So., z.B. in die (örtliche) Stadtbibliothek gehen. Anmerkung: diese Aktivität mache ich wirklich, -jedenfalls dann, wenn es mir gesundheitlich einigermaßen gut geht.

Die Zeit dort, genoss ich v.a. an den Wochenenden. Denn da waren keine Therapien, und ich kam dann an diesen Tagen richtig zur Ruhe. Lediglich die Wochenend-Visite musste man noch mitmachen. Aber der Arzt kam gleich früh am Morgen durch die Zimmer.

Das nähere Umfeld der Klinik kannte ich übrigens schon von früher: Dort sind sowohl die „Deutsche Bücherei" als auch das alte Messegelände ganz in der Nähe. Und seit ein paar Jahren auch der Fernseh- Funkturm von Leipzig. Wie Sie wissen, interessiert mich dies alles sehr, weil ich so ein technikbegeisterter Mensch bin. Naja, und die Bibliothek und das Messegelände kannte ich noch aus „DDR-Zeiten".

Und, wie sich alles verändert hat! Dort ist auch die „Russische Kirche" (die man schon von weiten an ihrer goldenen Kuppel erkennt). In der (unmittelbar am Friedenspark angrenzenden) Kleingartensparte „Siegismund" gibt es auch eine kleine Gaststätte. Und diese nutzten meine Eltern und ich oft zur Besuchszeit am Wochenende, um dort Kaffeetrinken zu gehen.

Manchmal schloss sich hinterher noch ein kleiner Spaziergang im Park an. - Alles schöne Erinnerungen! Nur Fotos habe ich leider aus dieser Zeit gar keine. Anmerkung: im Gegensatz zur Wermsdorfer Klinik, -dort habe ich fast jedes Mal Aufnahmen gemacht. Ach ja: und mit den Parkmöglichkeiten war es direkt vor der Klinik problematisch. -Am Wochenende ging es aber.

In der Uniklinik war ich einen reichlichen Monat. Die Stationsärztin, dort, war noch eine ganz junge, unerfahrene. Ich will nichts gegen sie sagen, denn sie war sehr engagiert, und tat (im Rahmen ihrer Möglichkeiten) alles, um mir zu helfen. Doch bei meiner Magersucht waren ihr auch „die Hände gebunden", -

darin hatte sie nicht viel Erfahrung. Das merkte man. Und das ist ja nun mal die Hauptkrankheit von mir. Sie hatte mir zwar sog. „Antidepressiva" dort in voller Höhe verabreicht. Warum das für mich (im Nachhinein) gar nicht so gut war, darauf komme ich gleich.

Zu dieser Zeit war gerade Hochsommer. Ich hatte ja meinen Plan als „Rüstzeug" von der Klinik her, für zu Hause mitbekommen. Anmerkung: insbesondere das „ambulant betreute Wohnen". -Und so verließ ich mit einem „Rucksack" voller neuer Eindrücke ausgestattet, im August 2020 diese Klinik wieder.

Am 09. September hatte ich einen Termin bei einem Ohrenarzt hier, in der Region. Das war genau an dem Geburtstag von meiner Mutter. Es sollte eigentlich eine Routine - Behandlung werden. Nur das Ohrenschmalz (Cerumen) entfernen. Doch es kam dort zu einen kleinen „Betriebsunfall". Wenn man so will, zu einen „Ärztepfusch". Es hatte sich Folgendes zugetragen (ich kann mich noch genau daran erinnern):

Das war so ein warmer Sommertag, mittags. Die Sonne stand im Zenit. -Eine Gluthitze, ich musste ständig mit den Augen blinzeln. Nur im Auto ging es, weil dort die Scheiben getönt sind. Meine Eltern hatten mich mit ihren PKW mitgenommen, wollten selbst in das (dort befindliche) Einkaufscenter gehen. Den Arzt kannte ich schon von vor ein paar Jahren. Auch damals lies ich mir die Ohren von Ohrenschmalz befreien.

Die Krux bestand nun darin, dass er mir vor der „Behandlung" auch noch sagte, dass er vorsichtig vorgehen wolle. Dann begann er mit der Wasserspülung. Und ich hatte solche Schmerzen, während der Behandlung! Sehr, sehr große Schmerzen.

Doch ich traute mir nichts zu sagen, stand ich noch immer unter so starken Tabletteneinfluss. Mir war (de facto) alles egal! Ich vertraute auf ihn, dachte, er wüsste, was er tut. Er ist ja der Arzt, und weiß, wie weit er gehen kann. -Wie konnte so etwas nur passieren? Er war doch so ein erfahrener, routinierter Arzt. Aber er hatte ja auch so wenig Zeit, an diesem Tag (zumindest kam es mir so vor). Sicher wollte er schnell in die Mittagspause gehen. Oder lag es an Corona (Covid-19), -und er hatte nur Angst, sich bei mir anzustecken? Ich weiß es nicht.

Insofern habe ich sogar eine Mitschuld an diesem Geschehnis. Aber es sagte mir auch, dass bei dieser Art Tabletten (meistens) nicht viel Gutes dabei herauskommt. Ich meine, wenn man so „benebelt" ist. Aber jeder muss ja selber wissen, was er tut.

Und ich war ja auch selber froh, dass die Behandlung so schnell vorbei war. Aber ich merkte gleich im Anschluss, dass mit meinem linken Ohr etwas nicht mehr stimmte. -So ein „verwaschenes" Hören. Er sagte mir zwar, dass es daran läge, dass das Ohr (innen) noch nass sei. Doch das stimmte nicht. Anmerkung später wurde dann tatsächlich linksseitig eine Schwerhörigkeit bei mir diagnostiziert. Also doch!

Und es wurde mir (später) auch so erklärt, dass ein Hörgerät nicht helfen könne. Was auf der einen Seite schön ist, weil ich dazu zu eitel bin. Damit das, was in den nächsten Wochen und Monaten (nun) kam erklärt werden kann, muss ich Folgendes voranstellen:

Es ist so, dass ich sehr eitel (und empfindlich) bin, was meine Sinnesorgane betrifft. -Wenn dort ein Schaden zugefügt wird. Dies liegt zum einen daran, dass ich auf meinem rechten Auge schon von Geburt an ganz schlecht sehe (Amblyopie, -ich berichtete!). Somit sehe ich eh schon bloß die Hälfe gegenüber einem normalen Menschen. Zum anderen hatte ich während meiner Lehrzeit schon einmal einen „Unfall" beim Ohrenarzt.

Damals war das Trommelfell (rechtsseitig) perforiert worden. Ebenfalls beim Spülen mit Wasser. Dort hatte ich wenigstens keinen (bleibenden) Hörschaden erlitten. Aber mir kam das Wasser aus Nase und Mund heraus, -zudem hatte ich minutenlang keinen Gleichgewichtssinn. Die offizielle Verlautbarung damals: Ich hätte als Kleinkind eine Gehirnhaut - Entzündung gehabt, -dabei sei das Trommelfell in Mitleidenschaft gezogen worden. Beweisen kann man da nichts!

Wie gesagt, -so machte ich über die vielen Jahre so meine Erfahrung mit den Ärzten. Dies ist sehr traurig, -jedoch leider nicht (mehr) zu ändern. Wir werden gleich sehen, dass ich mich bei meinem letzten „Unfall" sehr schwer damit tat, wieder zu einer Normalität zurückzufinden.

Und schlussendlich gibt es noch einen Grund, warum ich so Wert auf den Erhalt meiner Sinnesorgane lege: Als naturwissenschaftlich „angehauchter" Mensch, -der ich nun einmal bin, ist es sehr wichtig über gute „Antennen" zu verfügen (und nicht „taub" durch die Welt zu gehen). Bei jedem Experiment, vor allem chemischen, möchte ich gern wissen: Wie riecht der Stoff? Was unterscheidet die Ausgangsstoffe von den Reaktionsprodukten? Wie (genau) läuft eine chemische Reaktion ab? -Und was unterscheidet sie von einem physikalischen Vorgang?

Das sind alles sehr wichtige Fragen für mich, und Sie können Gewahr sein, das ich genau hier, bei meinem Hobby (der Chemie) Bestätigung in meinem Leben fand. Wissen Sie, manchmal sind irgendwelche Sachverhalte klar zu erkennen. Meist ist es jedoch so, dass die Natur ihre Geheimnisse nicht freiwillig preisgibt. -Da ist schon etwas Arbeit vonnöten.

Doch wie ging es nun weiter, nach September 2020?

Natürlich habe ich an diesem Buch weitergeschrieben. Formal, jedenfalls. Ich bin einfach nicht über den Unfall beim Ohrenarzt hinweggekommen, -habe angefangen mit Trinken. 4 kleine Flaschen Wodka war keine Seltenheit. Meine Eltern hatten weder von meinen psychischen Problemen noch von meiner Alkoholsucht etwas mitbekommen. Doch, im Grunde genommen, war es ein Hilfeschrei! Ein geregelter Tagesablauf war aber trotzdem möglich, denn ich hatte ja zu dieser Zeit schon meine (befristete) EU- Rente. Und Buch schreiben mit Alkohol, -all dies ging.

Mir hatte ja auch keiner geholfen, -hat meinen Seelenschmerz gesehen. Oder einmal eine Hilfestellung, dass ich es juristisch angehen kann, den Unfall. Zumindest (überhaupt) einmal darüber sprechen, -all dies ging nicht. Ich meine, was es evtl. für Lösungsmöglichkeiten gegeben hätte.

Und ab dieser Zeit hatte ich ja auch die Sache mit dem „ambulant betreuten Wohnen". Vereinfacht ausgedrückt: diese Frau hatte selber Probleme. Wie hätte sie dann erst mir helfen können? Es war so, dass ich zu dieser Zeit schon ein Schriftstück „aufgesetzt" hatte, wo ich all das niederschrieb, was (aus meiner Sicht) beim Ohrenarzt passiert war. Später hätte ich dann nämlich dieses Schreiben schneller / einfacher zu meiner Krankenkasse schicken können. Anmerkung: was ich ein paar Monate später dann auch tat.

Anmerkung 2: doch habe ich meiner Krankenkasse mitgeteilt, dass ich (vorerst) nicht vorhabe, den Unfall weiter zu verfolgen. -Das der Unfall nur „eingelagert" ist. Später hätte dies noch eine Bedeutung erlangen können, wenn ich ein Hörgerät gebraucht hätte. So, jedenfalls, waren meine Überlegungen.

Die Mitarbeiterin von dem „ambulant betreuten Wohnen" las sich mein Schreiben zwar durch, und nahm es auch in ihre Firma mit. Doch sie wertete den Sachverhalt nicht, und gab mir keine Tipps. Klar ist es schwer, hier irgendjemanden einen Ratschlag zu geben. Bei einer so vertrackten Situation. Und gerade bei „Ärztepfusch" ist die Chance, vor Gericht Recht gesprochen zu bekommen, sehr gering.

All, dies, weiß ich ja auch! Jeder muss es für sich selber entscheiden, ob er es weiterverfolgt, oder nicht. Glücklicherweise sah ich dann eine Reportage über „Ärztepfusch" im Fernsehen. Die Betroffenen hatten dort eine (kleine) Selbsthilfegruppe gegründet. Dies machte mir Mut. Und so nach, und nach traute ich mich auch mit meinen Eltern über den Vorfall zu sprechen. -Und das es mir sehr viel bedeuten würde, mich für die missglückte Behandlung zu „rächen".

Meine Eltern unterstützten mich aber schlussendlich. -Worüber ich ihnen auch heute noch sehr dankbar dafür bin. Sie sagten nämlich Folgendes:

„Wenn es Dir so viel bedeutet, dann musst Du es buchstäblich machen, -den Unfall melden. Nur dann hast Du wieder Deinen Seelenfrieden, und kommst mit Dir wieder ins Reine". Und wir fanden dann gemeinsam den (schon erwähnten) Kompromiss, -es zwar zu melden, aber eine von einer Anzeige abzusehen.

Ich kann mich noch genau erinnern: schon am nächsten Tag war ich auf der Post, gab den (für mich) so wichtigen Brief per Einschreiben auf. Da fiel mir ein großer Stein vom Herzen.

Heute, wo ich diese Zeilen schreibe, sind seit dem Unfall fast 3 Jahre vergangen. Ich möchte gern an dieser Stelle noch auf etwas anderes hinaus: -Heute habe ich mich an diese (leichte) Schwerhörigkeit gewöhnt, -es tangiert mich nicht mehr. Denn es ist eben nun einmal so!

Aber zu dieser Zeit war es für mich wichtig, z.B. herauszufinden, wie gut ich (überhaupt) noch hören kann. Vergleichsweise, einem Tier, was weiß, dass es ein Teil seiner Sinnesfunktionen eingebüßt hat. Z.B. hörte ich meine Eltern im Treppenhaus deutlich leiser als früher, muss mich konzentrieren, um sie zu verstehen. Und das macht mich dann gleich wieder sehr schwermütig. Oder beim Arzt, -im Wartezimmer, wo ich mich heute konzentrieren muss, wenn mein Name aufgerufen wird. -Das waren für mich früher Selbstverständlichkeiten. Im Auto: meine Eltern unterhalten sich vorn, -ich verstehe hinten kein Wort, weil das Motorgeräusch die Sprache überlagert. Eine (menschliche) Vernunftbegabung zum Loslassen von Verlorenem gab es bei mir nur schwer.

Ich verhielt mich genau so, als hätte ich meine Wahrnehmungs- und Sinnesfunktionen für alle Ewigkeit gepachtet.

Im Nachhinein betrachtet war dies eine aufregende, weil sehr bewegte Zeit. Doch in Wirklichkeit ist da nur Schlechtes passiert. -Ich hatte jeden Tag früh im Bad geweint, -bitterlich geweint. Das war schon fast ein Ritual. Naja, und dann ging der Tag früh los, -Betrunkensein inklusive! Abends einfach nur Dasitzen, -eine Leere!

Das ging aber nur ¼ Jahr gut. Dann kam es bei mir zu einer sog. „Bauchspeicheldrüsen - Insuffizienz". Aufgefallen war es mir das 1. Mal auf dem WC: und zwar, das ein kleines Stück von meinem Exkrement oben, auf dem Wasser schwamm. -So etwas hatte ich noch nie gesehen. Und es war auch erst einmal nur, wie ein „Anflug", -ein Hauch, -eine Vermutung. Irgendetwas musste mit meiner Verdauung nicht (mehr) stimmen!

Anmerkung: Auch hier kam mir zu pass, dass ich alles so genau beobachte. Natürlich habe ich es ganz einfach die Toilette heruntergespült. Sozusagen, mit größerer Gewalt. Doch meistens (bei so etwas), da stimmt irgendetwas nicht. Und so war es dann auch. Die nachfolgenden Wochen oder (wenige) Monate veränderte sich der Stuhl von mir, zu einem sog. „Fettstuhl". Vereinfacht ausgedrückt: Öl bzw. Fett, was ich „oben" hereinschüttete, kam „unten" wieder unverdaut heraus. -Mein Körper konnte es nicht resorbieren. Das sind dann so kleine Fett - „Granalien" auf dem Stuhl. Außerdem sieht selbiger auch glänzender, -eben fettiger, aus. Und auch z.B. bei Salzgebäck tritt dieser Effekt auf. Man sieht dann erst einmal, wieviel Öl / Fett bei der Produktion dieser Nahrungsmittel verwendet wurde.

Zudem schwamm auf dem Urin eine (dünne) Fettschicht. Ich hatte mich wegen des Fettstuhls im Internet schlau gemacht, -darüber viel dazugelernt. Zu dieser Zeit bekam ich noch das sog. „Essen auf Rädern", -also mein Mittagessen angeliefert. Von einer Fleischerei aus dem Nachbarort. Wegen meiner Essstörung bestellte ich mir zwar meistens Nudeln.

Aber Achtung: Dieser Betrieb bereitete seine Speisen sehr deftig zu. Obwohl es nur eine Suppe war, wurde so gut wie kein Fett (davon) von mir verstoffwechselt.

Gelöst hat das Problem zunächst mein Hausarzt, welchen ich davon in Kenntnis setzte. -Er verschrieb mir das Pankreatan®, -ein Enzym. Es stellt (in Kapselform) zerriebenes Bauchspeicheldrüsen - Pulver vom Schwein dar. Damit ging es dann. Täglich überprüfte ich nun meinen Urin. Wie stark die Fettschicht darauf war. Und mit 2 Kapseln (pro Tag), wie es mein Hausarzt empfahl, kam ich ja eh nicht hin.

Am Ende waren es 6 Kapseln / Tag. Aber das(!) ging dann. Anmerkung: So stand es auch in der Packungsbeilage. Und Fett hätte ich sowieso gebraucht, schon allein, wegen der Energieaufnahme! Wie auch immer. Den Alkohol ließ ich ab diesen Zeitpunkt ganz weg. So verstrich das 1. halbe Jahr.

Im Juli 2021 war ich für 4 Tage im Krankenhaus Wurzen. Mein Hausarzt hatte eine Magenspiegelung angeordnet, um etwas mehr Klarheit über meinen „Fettstuhl" zu erhalten. Außerdem hatte ich (als über 50- jähriger) Anspruch auf eine kostenlose Darmkrebsvorsorge. -Da bot sich das eben an. Und genauso kam es dann auch.

In der Zwischenzeit hörte auch die Mitarbeiterin vom „ambulant betreuten Wohnen" in ihrer Firma auf. Und deswegen betraf es auch mich. Als Ersatz kam ein noch ganz junger (Wohn-) Betreuer. Mit ihm kam ich aber auch zurecht. -Der Betreuerin wünschte ich noch alles Gute. Und wenn sie sich beruflich verbessern konnte, ist ja alles gut. Im Krankenhaus Wurzen wurde auch eine Ultraschall - Untersuchung von meiner Bauchspeicheldrüse durchgeführt (bei der jedoch alles in Ordnung war). Ich solle stattdessen einmal ein Blutbild machen lassen. Außerdem wurden keine Auffälligkeiten des Magens und Darms festgestellt. Was (einerseits) sehr gut war.

1 Monat später (August 2021) bin ich erneut in die psychiatrische Uniklinik in Leipzig gegangen. Es ging vor allem darum, meinen „Unfall" beim Ohrenarzt aufzuarbeiten. Was ich dann auch ausgiebig tat. Außerdem war es auch eine Zeit der Rekonvaleszenz für mich. Denn ich hatte zu dieser Zeit immer noch mit meinem Fettstuhl zu kämpfen. Und wusste nicht, ob ich nun ein Lebtag fortan diese Kapseln nehmen müsse.

Glücklicherweise war dies nicht nötig: meine Bauchspeicheldrüse regenerierte sich wieder. Anmerkung: die Oberärztin der Uniklinik hatte es mir prophezeit, und so geschah es dann auch. Bei diesen 2. Aufenthalt war es aber besser:

Viele Dinge wurden im täglichen Klinikalltag vereinfacht. Und ich hatte den Eindruck, dass dann nicht mehr „die Hosen mit der Kneifzange angezogen wurden". Zum einen war es ein anderes Ärzteteam. -Ein junger Stationsarzt, der mehr Ruhe ausstrahlte (jedenfalls, auf mich!). Und nicht mehr so eine hektische Stationsärztin, die vieles „mit heißer Nadel strickte". Auch der (sog.) „Patientenpass" der Pflege (also, was die Schwestern zusätzlich machen sollten), wurde weggelassen. -Es war einfach zu viel.

Die Oberärztin war nach wie vor dieselbe. Bei dieser Klinik ist es so, dass es zwar eine etablierte (Diplom-) Psychologin gibt. Diese aber nur in Erscheinung tritt, wenn man ausdrücklich darum bittet. So hat eben jede Klinik ihre Eigenheiten…

Ich habe die Erfahrung gemacht, dass Ärzte, die im „Frontbereich" solcher Kliniken tätig sind, häufig wechseln. Es sind eben „Nahtstellen", und nicht jeder Arzt möchte sich den Stress auf so einer Position antun. Mit dem Stationsarzt kam ich gut zurecht, weil ich bei ihm den Eindruck hatte, dass er mich nicht bevormundet. Sondern sich sehr bemühte, alle Schritte mit mir abzusprechen.

So kam er auch, dass er nur sehr wenige Psychopharmakon bei mir anordnete. Und man hatte den Eindruck, dass er mir nur darum diese Tabletten gab, um (ärztlich) gehandelt zu haben. Der Hauptgrund war aber mein geschwächter Körper, den er (sicher) nicht noch zusätzlich mit Tabletten belasten wollte. Anmerkung: so etwas kannte ich schon aus Wermsdorf, und ich empfand dies als sehr angenehm. Somit bin ich nicht herumgelaufen, wie „besoffen".

Anmerkung 2: Außerdem werden bei der Magersucht (für gewöhnlich) keine Tabletten gegeben. -Nur dann, wenn noch eine Depression hinzugekommen ist. Leider wissen dies viele Ärzte nicht, denn dafür ist die Magersucht zu selten (und um die ging es ja hauptsächlich wieder einmal bei mir!).

Also, wir waren dort eine „dufte Truppe". Manchmal „stimmt eben die Chemie". Freilich: Patienten (mit Problemen) waren wir zwar trotzdem, doch manchmal gelang es uns, den „Alltagstrott" zu vergessen. Wir waren ja alles junge Leute. Ich zähle mich auch darunter, bin gern mit jungen Menschen zusammen, wie Sie ja bereits wissen. Vor allem, beim Sport kam viel Freude auf, und ich möchte es auch hier nicht versäumen, einen kleinen „Kalauer" aus der Klinik zum Besten zu geben.

Vorher aber noch ein paar Gedanken, im Zusammenhang mit der Uniklinik Leipzig. Wie bereits erwähnt, hat diese Klinik nur ein Bruchteil der Größe vom

KH Wermsdorf. -Und damit auch weniger Möglichkeiten / respektive Freiheiten (wenn man so möchte). Doch dieses Defizit wurde wettgemacht durch die Liebe (im Sinne, von Fürsorglichkeit) der Patienten untereinander. Klar, der Park war ja quasi das Einzige, was sie hatten, und dann noch über die Straße gehen! Anmerkung: dies war nur ein Beispiel. Sie wissen, wie ich was meine!

Wenn es schon so wenig Patienten sind, dann achten diese sich untereinander viel mehr. Man könnte es auch als Ärmlichkeit (oder Bescheidenheit) bezeichnen. Selbst, wenn sie „Uniklinik" hieß, waren ihre Fonds allesamt geringer. Das (Patienten-) Klientel in Leipzig war zumeist von höheren Schulbildungen geprägt, als in Wermsdorf. Ich punktete dort aber mit meinem höheren Lebensalter (und dadurch reicheren Erfahrungsschatz). Die Situation war (dort) auch eine andere, denn ein Patient, der selber studiert hat, tritt gegenüber einem (gleichfalls studiertem) Arzt ganz anders auf. Sozusagen „auf gleicher Augenhöhe".

Ich kann aber nicht sagen, dass es in dieser Beziehung je Streitereien gab. - Oder Kompetenzgerangel. Denn die Bildungslandschaft ist nun einmal heute so, dass höhere Schulabschlüsse der „quasi Standard" sind.

Im Privatleben hat dies eh keine Bedeutung, -nur im Berufsleben. Ich möchte hier keineswegs alles schönreden, -das liegt mit fern. Doch ich hatte den Eindruck, dass die Konzentration der Betrachtungsweise der Personen dort, auf dem Begriff „Mensch" lag (und sonst nichts).

Ich bin zwar schon im fortgeschrittenen Alter, aber in meinem Denken (und Fühlen) bin ich immer noch ein Kind. So habe ich mir einen Teil meiner Jugendlichkeit bewahrt. Ich vermute, das hängt irgendwie mit meinem Autismus zusammen.

Es gibt Menschen, die einen Großteil der Lebensenergie in ihre Jugend investieren. -Dann bleibt eben für das Alter nicht mehr so viel übrig. So war das auch bei mir: Wenn nämlich (später) im Leben etwas schief gehen sollte, hat man dann wenigstens die ersten Jahre gut gelebt. Anmerkung: das ist zu einfach erklärt, doch ich muss es hier leider abkürzen. Wie auch immer, -ich habe diesen Schritt nie bereut!

Außerdem zähle mich zu den Menschen, die über ein breites Repertoire an Gefühlen verfügen (jedenfalls bilde ich mir das ein). So denke ich, dass ich in bestimmten Bereichen über mehr Empfindungen verfüge, als eine Frau selber. Warum ich das sage, erkläre ich gleich. Ein Mann kann z.B. ein „Hüne" sein, -von stattlicher Statur. Aber trotzdem die Fähigkeit besitzen, mannigfaltige Empfindungen wahrzunehmen. Das eine hat mit dem anderen nichts zu tun.

Zudem kommt, dass „wir" in der Psychiatrie geradezu darauf getrimmt worden sind, unsere momentanen Empfindungen zu beschreiben. Dies macht Sinn, denn es geht ja primär darum, wie man sich augenblicklich fühlt, -nämlich gut oder schlecht. Ich erwähnte bereits, an vorheriger Stelle, warum ich ein kleines bisschen Stolz darauf bin, Sinneseindrücke gut erfassen zu können. Zum einen bin ich behindert (exakt: schwerbehindert). So etwas schärft ja bekanntlich die Sinne.

Na, und dann wegen meinem Faible zur Naturwissenschaft. Wahrnehmung ist (bei einem Experiment) der 1. Schritt eines Erklärungsmodells für das vorliegende Problem. Naja, und bezogen auf die Klinik war das nun so: Ich erwähnte es, glaube schon an voriger Stelle, dass ich etwas androgyn veranlagt bin. Dies wurde zwar in Wermsdorf testiert, gewusst habe ich es aber schon vorher. Dies hängt mit meiner Magersucht zusammen, dort steckt das sozusagen „von Hause aus" mit drin.

Androgyn heißt: männliche und weibliche Merkmale in sich vereint. Komisch: in Wermsdorf war mir die (nun) folgende Tatsache nie so stark aufgefallen, -in

Leipzig jedoch schon! Es muss wohl damit zu tun gehabt haben, dass wir bei letzterem näher „auf Körperdistanz" waren. Schon allein, der räumlichen Enge wegen.

Folgendes trug sich nun zu:

Zwar waren wir dort eine gemischte Gruppe, also Jung und Alt. Doch viele von denen waren Jugendliche. Na, ich sage mal, zumindest unter 30. -Und wir „brannten" alle so für den Sport, -mich eingeschlossen! Ich wusste bereits aus Wermsdorf, dass, wenn es irgendein „Zugpferd" in der Psychiatrie gab, dann war dies der Sport. Das machten Alle gern. In Leipzig war dies meistens das Volleyballspiel. Und obwohl ich schon der älteste (aus der Mannschaft) war, integrierten mich die anderen voll mit.

Ein Zugehörigkeitsgefühl, was ich so bisher nicht kannte, weil ich im Leben sonst immer der „Außenseiter" war. Doch das sollte von den Gefühlen, die ich dann dort erlebte, noch das Geringste sein…

Heute, wo ich dieses Buch schreibe, bin ich 53 Jahre. Ich hatte noch nie eine feste Partnerin. Dies führe ich darauf zurück, dass es sich bei mir im Leben nie ergab. Dann war ich „arbeitsmäßig" verhindert. Das hatte Vorrang. Vielleicht hatte ich auch etwas Angst vor der Bindung mit einer Frau. Naja, und dann wohne ich auch „auf dem Dorf", wo man „von Hause aus" weniger Bekanntschaften macht, als in der Großstadt.

Anmerkung: mein Wohnort „Brandis" ist aber trotzdem in Wirklichkeit eine Stadt. Mein Autismus tat sicher ein Übriges dazu, denn diese Menschen leben eh in ihrer eigenen Welt. Wie auch immer: Eine Bindung kam eben nicht zustande. Jedoch schon im Alter von 21 Jahren (als ich im Pflegeheim in Brandis arbeitete) erfuhr ich, dass dies bei Männern häufig vorkommt. -Das Leben „allein". Mein damaliger Arbeitskollege und ich konnten damals noch herzlich darüber lachen. Über einen Heimbewohner, welcher 80 Jahre (und homosexuell) war. Er habe noch nie eine Frau „getroffen", usw.

Doch mit den Jahren verschwand dann der Spaß bei mir. Denn es sollte irgendwie vorherbestimmt sein, dass auch bei mir nie eine Frau in mein Leben trat. Umso mehr war eben dann die Begierde da. Auf „unsere" Mädchen (oder junge Frauen) in dieser psychiatrischen Klinik.

Beim Sport (genau: beim Volleyball in der Sporthalle) trat nun folgendes Phänomen auf: Ich hatte dort mit enormen Schamgefühlen zu kämpfen. Anmerkung: Und Körperscham kann so ein starkes Gefühl sein! Bei mir ist es das stärkste Gefühl, überhaupt. Unfähig (in dem Moment, den eigenen Speichel herunterzuschlucken). Man möchte „im Boden versinken". Aber es geht nicht. Wie paralysiert.

Naja, beim Sport ist man ja auch nur halb bekleidet. Und, meinen eigenen Körper zeigen, -das ist so eine Sache. Ich laufe da rot an vor Scham (sehr verharmlosend ausgedrückt). Immer mir innerlich die Frage stellend, ob es den anderen wohl genauso gehen würde? Doch genau das Gegenteil musste der Fall gewesen sein. Denn die noch jungen Menschen, die dort waren (sagen wir einmal, in den 20gern) betrachteten es als ganz normal, sie dort bei Sport und Spiel zu betätigen.

In meinen Augen, eher wie Kinder. Die eine junge Frau, z.B., war „von oben bis unten" tätowiert. Wie hätte ich mich da geschämt, so herumzulaufen. Aber Ihr machte das scheinbar gar nichts aus. Ich habe mir das (alles) dann aber so erklärt, dass die meisten Menschen im Kindesalter schon „einen Knacks" wegbekommen haben, sodass ein (natürliches) Schamgefühl, z.B. bei ihnen erst gar nicht mehr aufkommt. Oder eben nur sehr wenig.

Zudem stand ich ja unter Tabletteneinfluss. Auch dies trug sicher zu dem beschriebenen Phänomen bei. Im Bezug auf die jungen Frauen (aus unserer

Sportgruppe) kamen bei mir auch noch jede Menge sexuelle Phantasien auf. - Ein Gefühlschaos bei mir sonders gleichen! Blos gut, dass ich mich auf die Bank setzen konnte. Zu einer anderen Mitpatientin, die nur einfach nicht mitspielen wollte. Anmerkung: auch das war für mich komisch. Dort habe ich mit ihr über „Gott und die Welt" gesprochen. Nur das niemand mitbekam, wie es wirklich in mir drinnen aussah. Mit meinen (durcheinandergebrachten) Gefühlen.

Meine Gefühle (Scham, Sexismus, Angst, und „weiß ich noch was, alles") habe ich dann auch gar nicht mehr auflösen können, -das war alles eins.

Gelöst habe ich dieses Problem dann dort so: ich hatte mich (seitens meiner Gliedmaßen) so verausgabt, dass ich eine Verzerrung in beiden Unterschenkeln binnen kurzer Zeit bei mir heraufbeschwor. Ich wurde fortan (von der Schwester) vom Sport „Unterricht" befreit. Bekam kühlende Umschläge, sowie Schmerzsalbe. Jedoch alle (selbst die Schwester) haben insgeheim darüber gelacht. Weil sie wussten, was der wirkliche Grund für meine Ausfälle bei der Sport- Therapie waren.

Ich kann nur hoffen, dass dort niemand meine wahren(!) Gedanken in Bezug auf den Sport („Körperertüchtigung") hat lesen können. Diese waren sicher noch sehr viel jugendlicher, als sie von den jungen Patienten und Patientinnen dort, selber produziert worden sind.

Und abschließend: Die eine junge Mitpatientin dort, hat es mir so erklärt: Ich wäre ein Mensch, der ganz generell in einer Gruppe mir jungen Menschen besser aufgehoben wäre. Und wenn ich ehrlich zu mir selber bin, dann ist das auch so! Sie meinte das nicht in Bezug auf das Arbeitsleben, und weil dann evtl. eine Notwendigkeit dazu bestünde. -Das war dort nicht gemeint. Und zu diesem Zeitpunkt verstand ich das auch schon, wie sie es meinte.

Denn wissen Sie, der Aufenthalt in den (vielen) psychiatrischen Kliniken ist für mich mittlerweile zur Gewohnheit geworden. Ich kenne eben beide Welten: Die Welt, „draußen", und die Welt innerhalb einer Klinik. Zu viele Jahre bin ich schon „dabei". Es macht mir nichts mehr aus. Den Großteil meiner letzten (Lebens-) Jahre habe ich in diversen Psychiatrien verbracht.

Die Menschen dort sind auch nicht anders, als die Menschen „draußen". - Lediglich die Hemmschwelle ist (etwas) herabgesetzt, wie sich die Menschen verhalten. D.h. sie verhalten sich (der Not gedrungener Maßen) einer Psychiatrie „freier". Als Beispiel führe ich hier auf: „promiskuitiv", d.h. sie haben häufig wechselnde Partner, oder haben parallel mehrere Partner. Das Menschliche kommt (hier) mehr zum Vorschein, und man lernt an Erfahrungen dazu.

So verbürge ich mich für 1 Fall, der sich in einer Klinik zugetragen hat: Eine (noch jugendliche) Patientin hat mit einer anderen gemeinsam im Bett gelegen, weil sie sie wegen irgendeiner Sache trösten wollte. Prompt ist sie von der Schwester „erwischt" worden. Und musste für 14 Tage die Klinik verlassen, - als Strafe.

Den (bis dato) vorläufigen Schluss meiner Klinikaufenthalte bildete ein 1,5-monatiger Besuch der Wermsdorfer Klinik. Dieser war aber nicht spektakulär, zumal viele Einschränkungen wegen der Corona- Krise noch nicht wieder aufgehoben worden sind.

...die Hubertusburg, das "Wahrzeichen" von Wermsdorf

...im Vordergrund Ausstellung K.H. Janke

## Ein Kapitel über meinen Hausarzt

An dieser Stelle möchte ich ein paar Worte über meinen Hausarzt, den Herrn Dr. Fischer, verlieren. Ich kenne ihn nun mittlerweile fast 15 Jahre. Im Herbst 2009 hatte ich das 1. Mal Kontakt mit ihm. -Dann aber gleich „richtig!"

Er diagnostizierte bei mir Magersucht. -Dies, in Verbindung mit „selbstverletzenden Verhalten". Und buchstäblich noch in derselben Woche besuchte ich das 1. Mal eine psychiatrische Klinik. Ich berichtete bereits an anderer Stelle darüber.

Er hat mich die vielen Jahre treu begleitet, und natürlich könnte man jetzt eine Laudatio darüber halten. Aber es war ja auch so, dass er bei vielen Krankheiten, die „zwischendurch" bei mir waren, immer mit Rat und Tat zur Seite stand. Z.B. wo die Sache mit der Bauchspeicheldrüsen - Insuffizienz („Fettstuhl") bei mir war. Das ist noch gar nicht so lange her, und glücklicherweise regenerierte sich mein Körper wieder.

Ja, da hat er schon viel Arbeit (bei mir) geleistet. Mein Hauptproblem bestand (und besteht!) ja in der zu geringen Nahrungsaufnahme. -Also, dass zu wenige Essen. Und weil er ein „Allgemeinmediziner" ist, ist das, was ich habe für ihn ein sog. „alimentärer Marasmus", -eine Mangelernährung. -Dies hat in Indien fast jeder 2. (leicht übertrieben). Diese Krankheit tritt aber auch (selten) in den Industriestaaten auf. Dort, wo eigentlich genug zu essen da ist.

Dann heißt die Krankheit „Anorexia nervosa" (AN). -Die Ursachen der zu geringen Nahrungsaufnahme sind (dort) andere, -das Resultat jedoch das Gleiche.

Da aber die „AN" zu den psychischen Krankheiten gezählt wird, verwendet er nicht diesen Begriff. Was aber (de facto) ein und dasselbe ist: Magersucht! Und ich zähle diese Krankheit zu den chronischen Krankheiten, da man sie das ganze Leben lang hat (jedenfalls ist das bei mir so). Das heißt im Umkehrschluss aber auch, dass meinem Hausarzt noch viel Arbeit bevorsteht. (Viele Grüße an dieser Stelle von mir an ihn)

Auch eine große Beharrlichkeit (von beiden Seiten) waren über die vielen Jahre notwendig, um alles zu „meistern". Und auch immer wieder Rückschritte (im Krankheitsverlauf) waren da. Im Moment habe ich diese Krankheit jedoch unter Kontrolle. Jedenfalls soweit, dass sie nicht in den lebensgefährlichen Bereich hineingeht.

Just in diesem Moment erinnere ich mich ein eine Gegebenheit aus dem Krankenhaus Wermsdorf: -wir hatten so Spiele am Abend gemacht, u.a. Zeitungen zerreißen mit den Füßen. Und da sagte ein (Mit-) Patient: „Das sollte man mal mit der „Kurve" machen. -Mit „Kurve", -das meinte eben die Krankenakte, die für jeden Patienten angelegt wird (in so Mappen). Und die zu jeder Therapie aufgeschlagen werden. Anmerkung: Und natürlich auch Notizen darin gemacht werden.

Ja, so einfach ist es leider nicht, die „Kurve" einfach zu zerreißen, und schon ist man wieder gesund. Na, jedenfalls haben wir uns dann angewöhnt (gerade zu den Therapien) einmal nicht an die Krankheit zu denken. -Sie einmal vergessen machen.
Das geht, -entsprechend starken Willen vorausgesetzt. In einer psychiatrischen Klinik laufen eben die Dinge noch einmal zum Stück weit anders, als in einer „normalen" Klinik. Und der Zusammenhalt der Patienten ist (dort) viel stärker. Aber, wie auch immer: ich möchte abschließend noch erwähnen, dass ich mit meinem Hausarzt nie „schlecht gefahren bin".

Denn er hat mir die Freiräume gegeben, und schritt nur dann ein, wenn dies unbedingt notwendig war. Zwar ist heute (2022 / 2023) eine ganz neue

Situation entstanden. Nämlich Corona - bedingt. Aber dafür kann er ja nicht. Doch darauf komme ich später noch.

Es ändert nichts an der Tatsache, dass er einen hervorragenden Arzt stellt. Und sich (nach, wie vor) viel Mühe gibt. Und dass bei manchen Krankheiten (auch bei meiner!) eine Heilung nur schwerlich möglich ist…

## Mein Lebenslauf in Kurzform aus der Sicht der Magersucht

Wie Sie bereits wissen, leide ich unter einer Essstörung, -genauer gesagt: Magersucht. Ich möchte Ihnen heute gern aus meinem Leben erzählen. Damit Sie sich ein Bild über mich machen können.

Denn, Sie wissen ja de facto gar nichts über mich. Und das soll sich heute ändern. Man kann solche Sachen, wie einen Lebenslauf nicht aus dem Kontext reißen. Vielmehr muss es ein logisches Ganzes ergeben. Und darum würde ich Ihnen hiermit meinen Lebenslauf in Kurzform erzählen.

Ich habe deswegen meine Magersucht als Thema genommen, weil sie mich fast mein ganzes Leben lang begleitet hat. Sie war fester Bestandteil meines Daseins.

Doch bevor es losgeht muss ich noch 2 Fachbegriffe erklären: Der 1. heißt Anorexie, und ist der wissenschaftliche Begriff für Magersucht. -Es gibt noch andere Kriterien, woran Magersucht „festgemacht" wird, doch das Wichtigste ist das Körpergewicht. Ab einen Body-Mass-Index von 17,5 spricht man von Anorexie.

Der 2. Fachbegriff den ich erklären möchte heißt: Kachexie. Er heißt übersetzt „schlechter Zustand" und bezeichnet eine krankhafte, sehr starke Abmagerung, schrumpfende Fettreserven und Abbau des Muskelgewebes. Wenn der Body-Mass-Index unter 18 liegt, spricht man von einer Kachexie. Kachexie kann zu einem vorzeitigen Tod führen. Oft vorkommend als sog. „Tumorkachexie". Aber auch bei meiner Krankheit, der Magersucht, ist die Kachexie miteingeschlossen.

Und darum ist für meinen Hausarzt die Diagnose immer Kachexie, weil er (nur) den körperlichen Zustand bewertet. Doch die Magersucht (Anorexie) beinhaltet mehr, -nämlich eine psychische Komponente. Weil er sich bei psychischen Krankheiten nicht so auskennt, ist für ihn meine Anorexie immer Kachexie.

OK, fangen wir einmal an: -Das war mein Leben in Kachexie! Gelebt habe ich nie, -aber existiert. Meine Psychiaterin (in Grimma) ist zwar fachlich nicht so versiert. –Sie ist aber ein lieber Mensch. Doch in 1 Beziehung sollte sie Recht haben: Bei einer Anorexie gibt es einen Auslösepunkt, einen Tag, an dem die Anorexie begann.

Und wie Recht sie hatte…

Ich habe als junges Kind im Alter von bis zu 8 Jahren schon immer einen schlanken Körper angestrebt. Zu so Etwas hatte ich a priori eine Affinität. Denn zum einen war mein Opa (väterlicherseits) sehr schlank gebaut und damit sehr alt geworden. Zum anderen war ich selbst ein Gegner der Völlerei. Es wäre gut, so entschied ich für mich, ein Leben in Kargheit zu führen. Dann kam der Tag, der mein Leben für immer verändern sollte. -Wenn es 3 schöne Tage in meinem Leben gab, dann gehört der mit Sicherheit dazu.

Ich war in der 3. Oder 4. Klasse, und bis zu meiner Pubertät sollten schon noch 5 Jahre vergehen. -An diesen Tag war alles perfekt. Ich arbeitete ja, wie bereits erwähnt schon seit geraumer Zeit auf mein Schlanksein hin. -Es fehlte bloß noch das i-Tüpfelchen an dem Tag. Und die Bestätigung kam! Das Lob. Ich erinnere mich wie heute daran. Was war geschehen?

Die Mitschüler in meiner Klasse bearbeiteten mich spielerisch. Ich lag auf der Schulbank. Sie untersuchten mich, neckten und bearbeiteten mich. Wie das Kinder eben so machen. Aber eben teils mit Erkenntnisgewinn für den späteren Übergang in die Erwachsenenwelt. Natürlich habe ich es negiert, so „bearbeitet" zu werden. Insgeheim habe ich es aber genossen. -Ja, und dann kam die Bestätigung: „Tibor, du hast einen schönen Arsch." Noch dazu, vom Klassensprecher. Ja, etwas schöneres konnte es gar nicht geben:

Ein Lob von einem fremden Menschen für meinen Körper zu erhalten! All das, was ich bis jetzt gemacht habe, war also richtig. Denn 1. wusste ich selber, dass ich einen schönen Arsch habe und 2. Bedeutete das für mich jetzt Folgendes: -Wie mein Leben fortan aussehen wird. Und zwar durch 2 Dinge bestimmt:

Ich würde immer den super - athletischen Körper haben (sogar, ganz ohne Sport), und weiter: Dies würde ein sehr karges, hageres, ja sogar krankhaftes Leben werden. -Ein Leben an der Existenzgrenze. Anmerkung: Wir Magersüchtigen nehmen selbst schwere Krankheiten in Kauf. Um unser Idealbild aufrechtzuerhalten. Meine Uroma sagte einmal zu mir: „Du bist ein bisschen magersüchtig" -und lachte dabei. Und in der Tat ist es so, das folgendes Phänomen im 1. Weltkrieg zum 1. Mal beobachtet wurde: Männer müssen sich nicht zwangsläufig wie Männer verhalten, sondern können nämlich sehr frauliche Züge annehmen. Die Magersucht ist da inbegriffen.

Mein Weg (in der Schule) war ja nun klar: wie bei einem Spitzensportler, der die Anlagen mitbringt, -den man nur noch fördern braucht und muss, -so war das bei mir. Die Anlagen für den tollen Körper waren da, -jetzt musste ich nur noch darauf aufbauen. Vor allen Dingen war das aber Potenz, wo ich damit arbeiten konnte. -Die gehörte mir. Wenn man so will: -eine besondere Eigenschaft von mir.

Denn ich (!) bin von einem fremden Menschen vor der ganzen Klasse gelobt worden, und niemand anderes. Dieser Tag war also richtungsweisend für mein späteres Leben. In der Tat kann man die Anorexie zu sehr vielen Sachen im Leben gebrauchen, obwohl sie eine schwere Krankheit ist: Zum Beispiel, um einen schönen Körper zu haben, -als Möglichkeit sich (ad hoc) umzubringen, oder, wie jetzt bei mir: zur Erlangung der Rente.

Unter uns Magersüchtigen ist ein Sprichwort verbreitet: „Einmal essgestört, immer essgestört!" Da ist sicher etwas dran. Der Absatz, den ich jetzt schildere, ist ein kleines bisschen im Spaß gemeint: Ende der 70ger, -Anfang der 80ger Jahre wurden so erstmals Versuche durchgeführt, einen Mann als Frau „umzupolen", -oder ein Junge als Mädchen. Und das geht auch einwandfrei: ich bilde mir ein (früher, sowie heute) sehr mädchenhaft zu denken, -sehr komplex. Diese Versuche hatten jedoch von Anfang an die „Nebenwirkung" der Anorexie. Was für eine Kreatur ich heute bin, sieht man bei mir.

Die restlichen Jahre in der Schule machte ich mir dann zur Aufgabe, die Mädchen in meiner Klasse zu beobachten. Anmerkung: ich habe Abschluss: 10. Klasse. Die Mädchen verhielten sich nämlich ganz anders, wie von Rundfunk und Fernsehen propagiert worden war. -Eher prüde, tröge, asketisch, rezessiv. Vielleicht habe ich hier nicht die richtigen Worte dafür. Ich versuche es zu erklären: -Als hätten sie nichts von dem Zeitgeist mitbekommen, der in dieser Zeit vorherrschte. Vor allen, zu Beginn der 80ger Jahre, wo die Befreiung der Schwulen- und Lesbenbewegung war, der unser aller Leben bestimmte! -Als würden sie noch schlafen, im Dornröschenschlaf der 70ger Jahre.

Vergleichsweise, wie ein Tier, dem die Umgebung egal ist, was nur bedacht ist, seine materiellen Grundbedürfnisse, allem voran, Trinken und Essen, zu befriedigen. Ich sprang aber auf den Zug des Zeitgeistes auf. Als würden die Mädchen „vorprogrammiert" sein, -ihr ganzes Leben „vorprogrammiert" sein, -schon in diesem jungen Alter.

Um die Jungs in der Klasse ging es mir nie, es ging (nur) um die Mädchen! -Die hatten nämlich eine Eigenschaft, die ich nicht hatte: sie konnten Kinder bekommen. Anmerkung: ich gestehe, dass dies auch heute noch ein Defizit von mir ist, und dass ich über diesen Sachverhalt oft nachdenke. -Die Jungs konnten ja nur ihr Spermium dazugeben. Also habe ich diesen Fall übernommen, -das perfekte Mädchen in meiner Klasse zu sein. So, wie es von Rundfunk / Fernsehen vorgegeben worden ist: spindeldürr, -die perfekte Hausfrau, und noch dazu Kinder bekommen.

Anmerkung: ich weiß selber, dass Frauen, die an Anorexie leiden, biologisch keine Kinder bekommen können. -Aber es sind die Mädchen, die ich so sehr anhimmele. Ein Arzt (aus dem Internet) brachte es einmal auf dem Punkt, im Bezug, auf die Anorexie:

1. ist dieses Patientenklientel nicht einsichtig, und
2. bleibt dies (trotz alledem) eine schwere Krankheit,

nämlich, wegen der Folgekrankheiten, die entstehen, vor allem, das Herz ist betroffen, und die Lunge

Wie ging es dann mit mir weiter? -In der 8. Klasse stand die Berufswahl an. Ich wurde 1/2 Jahr vorgezogen, weil ich ein sog. „Rehabilitand" bin, -also ein körperlich behinderter Mensch. Ich sehe auf meinem rechten Auge nur 5-10 %, -was aber ein Problem des Gehirns ist, der Sehnerven. Dies hier zu erklären, würde aber zu weit führen. Die DDR machte das eben so, dass die

Behinderten bevorzugt Lehrstellen bekamen. So etwas nannte man: Berufslenkung. Und da ging das Problem auch schon los:

Eigentlich wollte ich immer zur Armee gehen, dies war mein Berufswunsch. Jedoch wussten meine Eltern nichts von meinem insgeheimen Wunsch. Zudem kam, dass mein Vater generell ablehnend einer militärischen Laufbahn gegenüberstand. Ja, dass, -Militärchemiker werden, oder Chemielehrer. - Wegen meines Interesses für die Naturwissenschaft Chemie. Aber viel blieb ja nicht übrig, nach dieser Berufsberatung, wegen meiner Behinderung. Letzten Endes blieb der Fachverkäufer für mich übrig. Mit der Spezialisierungsrichtung: „Verkauf von Möbeln". Meine Eltern sagten, ich solle erst einmal die Berufsausbildung als Verkäufer zu Ende machen, -später können wir allemal noch etwas anderes für mich suchen. Dies war ein guter Tipp für mich.

Denn schon 1/2 Jahr nach Beendigung meiner Lehre wechselte ich in den Bereich Chemie. Genaugenommen sogar in einem agrochemischen Forschungsbetrieb. Dort wurden so Versuche mit Pflanzenschutzmitteln und Schädlingsbekämpfungsmitteln an Pflanzen durchgeführt. Diese Arbeit dort gefiel mir auch sehr gut.

Das war im Jahr 1989. Da kam die (politische) Wende, -die DDR wurde aufgelöst. Und darum war ich in diesen Betrieb nur 1,5 Jahre beschäftigt. Der Betrieb wurde 1992 fast vollständig aufgelöst und ich wurde entlassen. Meine sicher geglaubte „Lebensstellung" ging jäh zu Ende. Obwohl dieser Betrieb aufgelöst wurde finden jährlich sog „Feld Tage" statt. Immer im Sommer. Dort geben sich die „Großen der Chemie", wie z.B. Bayer „die Klinke in die Hand", werben für ihre Produkte. Und jedes Jahr, wenn ich Zeit habe, nehme ich dort mit daran teil.

Ich war ja ehemaliger Mitarbeiter von dort. Über die vielen Jahre ist das schon. Man kann dann dort so kostenlose Werbeprodukte erhalten, wie z.B.

Kugelschreiber, Feuerzeuge, Messer, etc. Aber auch Informationsmaterial wird dort kostenlos gegeben. Dies nur als Randinformation! Weiter ging es mit mir, gleich nach der „Wende" mit einer sog. „Arbeitsbeschaffungsmaßnahme", auch ABM genannt. Ich hatte Glück, gar nicht groß arbeitslos zu werden. Dort war ich im Pflegeheim in Brandis eingesetzt. In meinem Heimatort. Und zwar als Gärtner zum Pflegen der Parkanlage. Dies hat auch Spaß gemacht.

War ich doch dort zusammen mit einem älteren Mitarbeiter, -fast schon Rentner. Wir verstanden uns auf Anhieb gut. Vor allem hatte ich dort aber auch erstmals Kontakt mit vielen Menschen, lernte, wie in einem Pflegeheim richtig gearbeitet wird. Freilich, -es gab Phasen in meinem Leben, wo die Anorexie nicht so deutlich zu Tage trat, -so richtig weggehen tat sie aber nie!

An dieser Stelle möchte ich „einen kurzen Abstecher machen", ganz einfach darum, weil es sich jetzt, hier im Buch gut einpflegt. Es geht um die 3 schönsten Tage in meinem Leben. Den 1. Tag haben Sie ja schon erzählt bekommen. Der 2. schönste Tag war eine Fahrt nach Leipzig mit meiner Oma. Sie war damals Verkaufsstellen-leiterin in meinem Ort für Textilwaren. Ich bin mit ihr zum sog. „Abkauf" gefahren. Das heißt, sie hatte dort im Großhandel für ihre Filiale Waren eingekauft. Und da hat sie mich eben (als Kind) mitgenommen. Nach Beendigung des „Dienstlichen" sind wir noch in den Zoo gegangen, sowie in den sog. „Leipziger Kaffeebaum", -einem Kaffee in der Innenstadt.

Ich erinnere mich noch wie heute, -es war so ein warmer Sommertag. Dort haben wir eine Tasse Kaffee getrunken und ein Stück Torte gegessen. Und ich habe es genossen! -Der Kaffee ging; -bei dem Stückchen Torte: das bereitete mir damals schon Unbehagen, wohl wissend, was für ein Leben mir künftig bevorstehen sollte. -Von mir aus so interpretiert: dass ich das Stückchen Torte noch einmal genieße.

...dies soll ein kleiner Computertomograf sein (aus Ton)

Und der 3. Schöne Tag in meinem Leben war ein Experiment im Steinbruch (im Winter). -Sie haben sicher so viel Phantasie, dass Sie sich vorstellen können, um was für ein Experiment es sich handelte.

Wir müssen uns bei der Anorexie immer vor Augen halten, dass viele Mädchen (mit dieser Krankheit) noch nicht einmal 25 Jahre alt geworden sind. Dort war die Krankheit eben stärker ausgeprägt. Mein Hausarzt hat es mir so erklärt, dass es in meinen Fall das Beste ist, jeden Tag einfach nur zu leben (im Sinne, von „den Tag ableben"). So kämen wir am weitesten. Und er sollte Recht damit behalten. Nun aber erst einmal zurück, zu meinen Lebenslauf. Also, nach dem befristeten 1 Jahr im Pflegeheim hatte ich Glück und ich fand schon alsbald eine Stelle als Verkäufer für Möbel.

Und zwar bei der Firma NOVA- Möbel in Kleinpösna. Und das ging dort das 1. Jahr auch gut. Doch dann passierte der schwerste Schicksalsschlag in meinem Leben: Was war geschehen?

Weil es mir schwerfällt, darüber zu sprechen, erkläre ich es kurz aber dennoch verständlich: -Ich wurde zur Nachmusterung für die Armee einberufen. Natürlich freute ich mich schon darauf, endlich zur Armee gehen zu dürfen, sollte es doch ein fester Bestandteil in meinem Leben werden. Wie ich bereits an vorangegangener Stelle im Bericht erwähnte. Denn, soviel war klar: wenigstens meinen Grundwehrdienst konnte mir keiner wegnehmen. Bin ich doch noch in der DDR das 1. Mal als „diensttauglich" gemustert worden. Mit Dienstausweis.

Auf die Erlebnisse bei dieser Nachmusterung gehe ich hier nicht ein, -nur so viel: es war der schwärzeste Tag in meinem Leben. Ich bin nämlich dort ausgemustert worden. Wegen meines schlechten Gesundheitszustandes. Die BRD hatte andere Gesundheitsvoraussetzungen (für die Armee), wie die DDR.

-So, und das war es dann auch schon: mein Entschluss, mich langfristig umzubringen stand fest. An diesen Tag machte ich nämlich „eine einfache Rechnung auf": „Tibor, -so alt wie jetzt wirst du nicht noch einmal." Ich wollte also mit spätestens 46 Jahren sterben. Und das hätte auch beinahe geklappt, -doch dazu kommen wir später (die Anorexie hätte dazu eine gute Grundlage gebildet). An dem besagten Tag war ich „fix und fertig", -eigentlich hätte ich an dem Tag der Nachmusterung schon sterben können, denn mein Leben war ab diesen besagten Tag sinnlos geworden. Völlig erschöpft erreichte ich wieder die Arbeitsstelle.

Natürlich merkten die Mitarbeiter, das mit mir etwas nicht mehr stimmte. Und dies führte dann auch dazu, dass ich (dort) nur wenige Monate nach diesem Tag von dieser Möbel-Verkaufsstelle entlassen wurde. -Mein Verhalten war einfach zu psychotisch. Von da an ging es nur noch bergab in meinem Leben. - Der einst geglaubte „Superstern" war erloschen. Ich war damals 23 Jahre alt.

Die darauffolgenden Versuche mit Arbeitsstellen scheiterten allesamt, doch ich möchte sie der Vollständigkeit halber erwähnen: Von 1994-1997 arbeitete ich bei einem Sanitärhandel in Trebsen. -Als Lagerarbeiter. Gekündigt wurde ich auch dort, -mein Verhalten war einfach zu „abnorm". Außerdem war Alkohol im Spiel. In manchen Jahren, die folgten, war meine Anorexie stark ausgeprägt. Ich erinnere mich an den 1 Sommer, wo meine Eltern fortgefahren sind, in den Urlaub. Natürlich habe ich auch noch chemische Experimente durchgeführt, zu Hause, ja! Aber das alles half nicht, meine schwere Depression zu beseitigen.

Und in diesen Sommer war das so: -Ich ernährte mich fast ausschließlich von Verdünnungssaft. Ja, das geht! Und man merkt den Unterschied beim Sirup, ob er 50 kcal / 100 ml, oder 5 kcal / 100 ml enthält. Zudem kam, -wir hatten damals noch einen Garten-, dass ich oft in der warmen Mittagssonne gesessen habe, und immer so stark müde war. Eine Müdigkeit, wie von einem alten Mann. Als wenn das schon das Ende war. So, des Lebens müde, halt. Aber meine berufliche Tätigkeit ging ja nun auch weiter. 1998-1999 folgte dann 1 Jahr bei einer Wachschutz - Firma in Leipzig. Da war ich 29.

Erstmalig erfolgte eine Entlastung dort, mein Leben auf die strikte Armee - Laufbahn zu sehen. Es gab nämlich nun etwas Vergleichbares, was ich als Alternative einsetzen konnte. Freilich kann man nach so einen schweren Schicksalsschlag sein Leben nicht einfach so weiter fortsetzen. Und so war das auch bei mir! An meinem Plan, mit 46 Jahren sterben zu wollen, hielt ich unbeirrt fest.

Diese Wachschutzfirma ging 1999 in Konkurs (obwohl es mir bei dieser Firma sehr gut gefallen hat). Im Jahr 2000 machte ich eine Weiterbildung zur sog. „geprüften Werkschutzfachkraft". Gestützt, durch das Arbeitsamt und aufbauend auf meinen Kenntnissen als Wachmann. Danach hatte ich eine 3-jährige Anstellung bei einer Geldtransportfirma in Leipzig inne. Auf Grund meines schlechten Sehvermögens war ich dort aber nicht als Geldbote eingesetzt, sondern in der sog. Geldbearbeitung. Also im Innenbereich der Firma. Der „Glanz" des Wachmanns (oder Geldtransporteurs) war dort natürlich dann nicht da für mich. Aber es war solide Arbeit. Vor allem aber hatte ich nette junge Menschen kennengelernt. Mitarbeiter.

Das war auch die Zeit, wo ich auf Mallorca im Urlaub war. Dort war alles perfekt, -wirklich alles! (Und, wenn ich das schon sage…) Ich habe viele Fotos gemacht, zehre heute noch davon. Aber eine Sache ging auch dort nicht, und die war das Essen. -Eine Hand voll Kekse, naja… Anmerkung: und sie schmeckten so gut.

Bis zu meinem „Sterbedatum" hatte ich ja noch einen riesigen Fond an Zeit vor mir (So glaubte ich damals, doch die Zeit verging schneller, als gedacht). Die Jahre zuckelten so dahin: immer einmal eine Maßnahme vom Arbeitsamt, usw. Natürlich wusste niemand von meinen (insgeheimen) Wunsch, mit 46 Jahren sterben zu wollen. Im Jahr 2008 hatte ich meine letzte „richtige"

Arbeitsstelle. Sie ging ebenfalls 1 Jahr und war in Leipzig. Das war bei einer Datenverarbeitungsfirma namens „Syntela". Das hat noch einmal richtig Spaß dort gemacht. Ich war in der Belegbearbeitung beschäftigt. Also, mit dem Vorsortieren von Formularen.

Zu diesem Zeitpunkt befand ich mich schon in schwerer Anorexie. Selbst der Betriebs - Chef dort sagte zu mir: „Herr Lorenz, jedes Mal, wenn ich Sie sehe, sehen sie dünner aus." Anmerkung: da dies ein überwiegender Frauenbetrieb war spielte das Thema „Magersucht" dort schon eine latente Rolle. Auch, wenn ich derjenige dort war, der am meisten damit zu kämpfen hatte. Denn: sollte ich wirklich mit 46 Jahren eines „natürlichen Todes" sterben wollen, musste mein Gesundheitszustand schon noch schlimmer aussehen.

Von da ab sollte es noch 1 Jahr (2009) dauern, bis die Vorboten kamen. Ich fing an, mich selber im Gesicht zu verletzen. Erst zu kratzen an der Stirn und am Kinn. Doch das reichte schon bald nicht mehr. Die Wunden mussten tiefer sein. -Weil sie sonst zu schnell heilten. Sollte denn niemand (auf dieser Welt) mein Leiden sehen? Meine Qual? Darauffolgend wurden zur Selbstverletzung immer größere Werkzeuge benutzt: -zuerst Vaseline, dann eine Raspel (die eigentlich zum Entfernen von Horn an Füßen ist), -zum Schluss eine kleine (Hand-) Schleifmaschine. Oft blutete es so stark nach, dass ich nicht gleich aus dem Haus gehen konnte. Dies alles, unter Zuhilfenahme von Vodka und Schmerztabletten. Doch niemand in meiner Umgebung schien daran Anteil zu nehmen.

Im Oktober 2009 kam dann der Zusammenbruch. Ich ging wegen einem vermeintlich harmlosen Furunkel an einer Zehe zum Arzt. Anmerkung: ich hatte zu diesem Zeitpunkt noch keinen festen Hausarzt. Es muss wohl Blut von meinem Gesicht gewesen sein, was auf den Zehennagel getropft ist. -Ich hatte es nicht gleich weggemacht. Und da muss es wohl zu einer Entzündung gekommen sein (jedenfalls sah es aus, wie „Lochfraß"). Ich wollte von dem Arzt, der dort gerade da war, nur das behandelt haben, -und sonst nichts.

Anmerkung: dies sollte dann mein Hausarzt werden. Er sah aber meine Verletzungen im Gesicht. Außerdem sagte er: „Stellen Sie sich einmal bitte auf die Waage!" -Dann war es heraus: selbstverursachter Gewichtsverlust.

Der Arzt wollte noch in derselben Woche meine Eltern sprechen, denn es bestand Lebensgefahr. So kam es dann auch, -an einem Herbstabend in der Stube. Der Arzt, meine Eltern und ich im Gespräch. Herausgekommen (dabei) ist, dass er mich noch am selben Abend in eine psychiatrische Klinik eingewiesen hat. Also fuhren meine Eltern und ich mit dem Auto in die besagte Klinik. Komisch ist, dass ich meinen Hausarzt auch heute noch 1 Sache übelnehme: Denn, wenn mein Gesundheitszustand so bedenklich war, hätte er mich in ein (etabliertes) Krankenhaus einweisen müssen, und nicht in die Psychiatrie.

Er sah dies wohl anders, und darum entschieden wir uns nach langen Hin und Her eben so. Denn später, so meinte er, könnten wir allemal noch etwas Anderes machen. Und er behielt mit seiner Theorie Recht. Da war er also: Mein 1. Aufenthalt in der Psychiatrie. Um es gleich vorwegzunehmen: Es war keine „Erlösung". Viel mehr war es so, dass die Ärzte, (dort) mit mir nicht allzu viel anzufangen wussten. -Bei einem Drogenmädchen, -ja. Aber bei jemanden, der sich durch eine Essstörung langsam umbringen möchte? Dies schien außerhalb des Bereichs des Möglichen.

Patient/-innen mit einer Anorexie werden nämlich bei den meisten Ärzten nicht gern gesehen. -Weil sie sich antisozial verhalten (neuhochdeutsch). Fakt ist, das viele Mädchen mit Anorexie, die in so eine Klinik kommen, nur aus dem Grund dort mitssen, weil sie wieder nach Hause wollen. -So war das auch bei mir. Der Klinikaufenthalt dauerte 3 Monate, man hatte damit den maximal möglichen Zeit-Rahmen ausgeschöpft. Die Ärzte taten alles daran, meinen Gesundheitszustand wiederherzustellen. Dort hatte ich den einen Tag (vornehm ausgedrückt) auch die Möglichkeit, vor einer Ärztekommission „Rede und Antwort zu stehen". Zu meinen sozialen Verhalten.

Die Quintessenz des Gespräches war, das ich zudem unter einer autistischen Störung leide (die später als Asperger- Syndrom diagnostiziert wurde). Der Krankenhausaufenthalt ging zu Ende und im Anschluss daran folgte der Aufenthalt in einer Tagesklinik (in Grimma). Zu dieser Klinik gibt es nicht viel zu sagen, bis auf das ich 2 Freundschaften schloss, die aber allesamt wieder einschliefen. Natürlich machten wir dort auch Spaziergänge, aber dadurch, dass die Anorexie eine Sonderstellung unter den psychischen Krankheiten einnimmt, war das dort auf mich nicht so „zugeschnitten".

Was nun kam, waren die schönsten Jahre in meinem Leben, in Bezug auf die Arbeitswelt. (Wenn man es so nennen möchte). Ich suchte mir nämlich eine Tätigkeit als Zeitungszusteller. Zwar als geringfügige Beschäftigung, ja! Doch diese Tätigkeit hielt über 5 Jahre an. Ein für mich (bis dato) astronomischer Zeitraum. -Eine Vollzeit-Arbeitsstelle hatte ich ab diesen Zeitpunkt nie wieder inne. Vielmehr galt ich ab dann als juristisch krank. Wegen der Anorexie. Unter einem Zeitungsausträger (für Werbung) kann sich jeder etwas vorstellen, also erkläre ich es hier nicht. Und doch noch 2 Bemerkungen dazu: Ich mochte diese Arbeit wirklich, -auch, wenn es manchmal schwer war. sommers wie winters.

Und das 2.: ich würde diese Arbeit auch gern wieder machen, sofern es mein Gesundheitszustand zulässt. Im Moment „hänge" ich aber dafür zu stark in der Anorexie. Es geht weiter: meine Selbstverletzungen führte ich auch aus, während meiner Tätigkeit aus Zeitungszusteller. Im Jahr 2014 kam es bei mir erneut zu einem schweren Zwischenfall. Der mir beinahe schon vorzeitig das Leben gekostet hätte. Es ereignete sich Folgendes: An einem Vorabend hatte ich mich wieder einmal so schwer verletzt im Gesicht. -Ich blutete schon ganz schön. Na, jedenfalls legte ich mich ins Bett schlafen (besser: ruhen).

Ich hatte mir es immer zur Angewohnheit gemacht, ein großes Handtuch auf mein Kopfkissen zu legen, um das Blut aufzusaugen. Damit das Kopfkissen nicht verschmutzt wird. Ich merkte aber schon am zeitigen Morgen, das es diesmal mehr war, -die Blutung hörte nicht auf in der Nacht. Ganz dickflüssiges Blut rann aus meinem Gesicht. Wahrscheinlich hatte ich ein Blutgefäß verletzt. Am Morgen dann das Dilemma: Meine Eltern waren zu diesem Zeitpunkt gerade einkaufen gefahren. Ich war also allein im Haus. Als ich aufstehen wollte, ging das nicht. Mir war schlecht, ganz schwummrig. Zeitweise wurde mir schwarz vor den Augen. Stehen ging nicht, nur auf „allen 4ren krabbeln", durch die Wohnung ging. Und auf den Boden setzen. (Alles andere ging nicht!)

Ich war einfach zu schwach. Komisch (daran) war, dass, wenn ich mich in eine Ecke setzte, dass es mir dann noch den Umständen entsprechend gut ging. Also rief ich den Notruf an. Und die kamen dann auch gleich mit dem Sanka gefahren. Da ich nicht imstande war, die Treppe hinunterzulaufen, warf ich den Haustürschlüssel aus meinem Fenster der 1. Etage. So, dass die Sanitäter diesen auf den Fußweg aufnehmen konnten. Das hatte super geklappt. So kamen sie zu mir hoch in die Wohnung.

Es bestand Lebensgefahr, denn die Ärztin in der Notaufnahme sagte: „Vielleicht können wir einen Schock verhindern." Ich hatte einen Puls von 90:60. Noch im Krankenwagen wurde eine Infusion gelegt, -im Krankenhaus dann an beiden Armen. Nachdem mein Puls wieder stabilisiert war, kam ich auf die Intensivstation. Wohl 3 Tage. Es wurde sogar eine Bluttransfusion durchgeführt. Im Anschluss wurde ich in das Krankenhaus nach Wermsdorf verlegt, -einer psychiatrischen Klinik. Dort stand für mich ein 3-monatiger Aufenthalt an. Anmerkung: ich gehe hier nicht darauf ein, -es ist für den Lebenslauf ohne Belang. Danach ging „meine Zeitungen austragen" zu Hause weiter. Dann kam das Jahr 2016. Das Jahr, wo ich eigentlich tot sein wollte. - Natürlich ging auch dieses Jahr vorbei, jedoch nicht ganz ohne Zwischenfälle. Im Herbst ging es mir körperlich so schlecht (Anorexie), trotzdem trug ich weiter Zeitungen aus. Aber irgendetwas war noch anders als sonst. -Ich hatte solche starken Kopfschmerzen und auch gar keinen Hunger. Im Gegenteil, ich

…und hier das Original

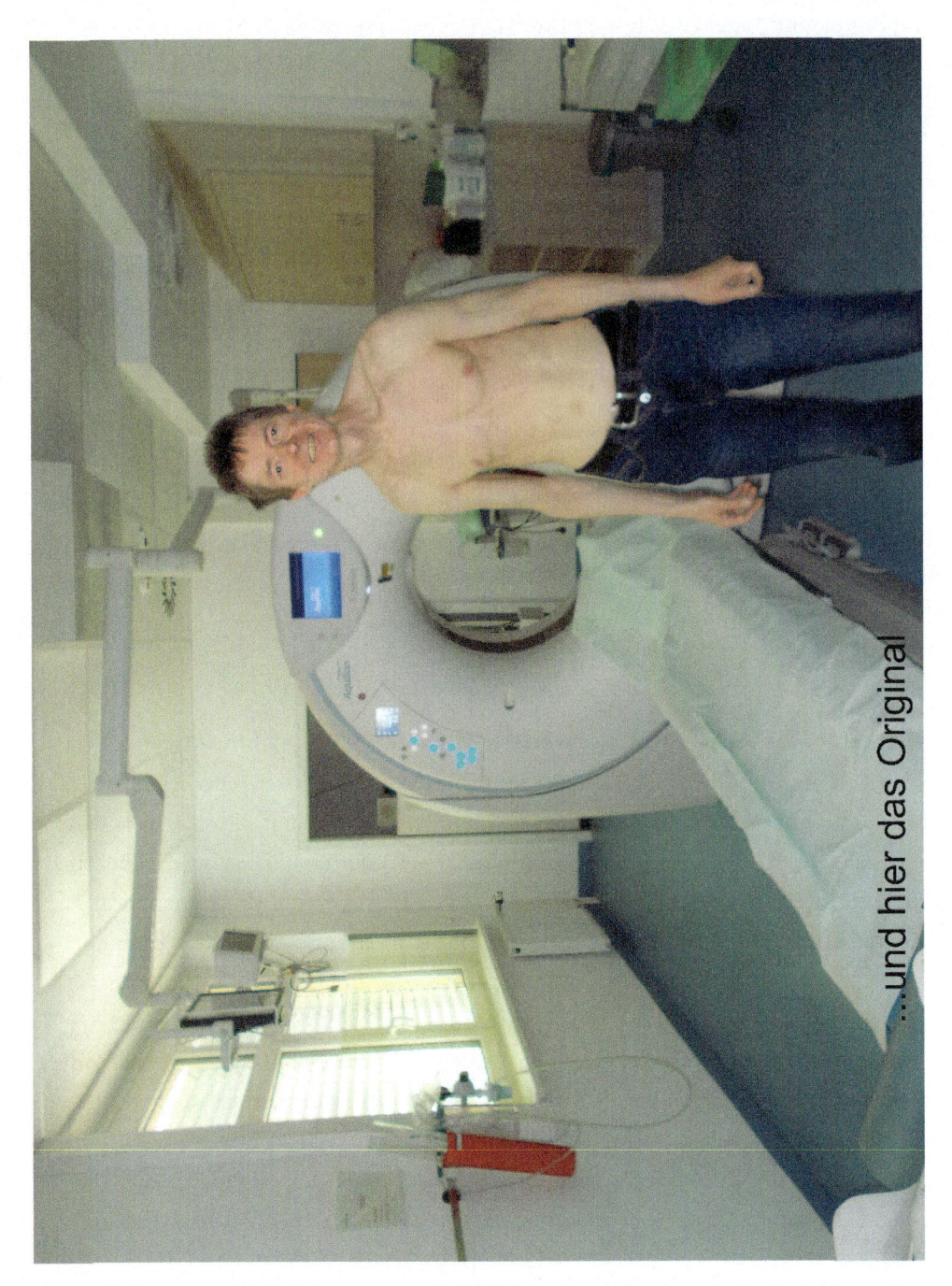

musste mich zwingen, etwas zu essen. Sonst wäre das Gewicht noch weiter heruntergegangen (Und so etwas kenne ich sonst gar nicht).

Meine Eltern waren zu der Zeit bei meinem Bruder in Australien. Mein Onkel sollte in der Zeit auf mich aufpassen. Und mich wieder in die Klinik nach Wermsdorf schicken, sollte es mir gesundheitlich sehr schlecht gehen. Jeden Tag ein Gefühl wie Erbrechen. Und dann noch das ständige Frieren dazu… Buchstäblich den letzten Tag, wo ich noch zu Hause war, -daran erinnere ich mich noch ganz genau. Ich hatte (im Auftrag meiner Eltern) alles winterfest gemacht am Haus. Alle Pflanzen hereingeholt. Und wie vereinbart, die Gunnera abgedeckt. Und Bilder gemacht, wie alles aussieht, -diese nach Australien geschickt.

Mir war „kotzübel", das Gehen zum Einkaufsmarkt: wie in Trance. -Es lag der Verdacht auf Schizophrenie nahe. Ich hatte wahnartige Zustände. Zu dieser Zeit hatte ich mich gar nicht so stark verletzt. Mein Geruchs- und Geschmackssinn waren verändert, und ich hatte Schweißausbrüche. Also bin ich noch am selben Tag in die Klinik gefahren. Es war ja schon Abend, und ich bin mit meinem eigenen PKW angereist. Also konnte ich dort erst einmal nicht bleiben. Aber ein erstes Gespräch mit der Ärztin (auf der geschlossenen Station) war möglich. Sie hätten mich ansonsten auch gleich dortbehalten.

Am nächsten Tag bin ich dann aber mit dem Taxi (und einen Einweisungsschein vom Hausarzt) dort hingefahren, und geblieben. Die Ärzte wollten z.B. auch wissen, was bei mir nachts „abgeht". Dort ging es dann auch mit der Psychose los: z.B. hatte ich den einen Tag einen Begriff im Kopf (namentlich: Litfaßsäule), und wusste nicht, wie ich darauf gekommen bin, wie ich ihn hergeleitet habe. Oder ich sah ein Hotel und ein buntes Polizeiauto. Gegen diese Störungen erhielt ich Olanzapin. -Damit gingen diese Symptome weg.

Das Olanzapin musste ich noch Monate später nehmen. Schlussendlich hieß aber die Diagnose: „Depression mit Wahn". -Dieser Aufenthalt dauerte 2 Monate. Danach war ein Zeitungsaustragen zu Hause nicht mehr möglich. Die Anorexie meldete sich verstärkt wieder. Zudem kam, dass durch eine Umstellung bei der Zeitungszustellung ein erhöhter Mehraufwand auf mich zukam. Trotz meines „Zeitungsrollers", den ich zum Schluss hatte. Also musste ich diese Tätigkeit erst einmal einstellen.

Parallellaufend hatten (zu dieser Zeit) meine Eltern und ich sich entschlossen, für mich eine Rente zu beantragen. Der (Allgemein-) Gesundheitszustand für eine normale Arbeitsstelle war einfach zu schlecht. Anmerkung: und ist dies bis heute. Auch hatte ich dafür Unterstützung von meinem Hausarzt erhalten. Soweit er Hilfe leisten konnte. Zudem kam, dass bei mir noch eine 3. Diagnose geschrieben worden ist: Borderline- Persönlichkeitsstörung! Was wir zu diesem Zeitpunkt noch nicht wussten war, was dies für ein schwerer Kampf werden würde (in Bezug auf die Rente).
Herausgekommen ist letztlich eine sog. „Arbeitsmarktrente", -erstmals bewilligt Oktober 2018. Diese Rente war befristet auf 3 Jahre, weil ich noch nicht so alt bin. Diese Art Rente hat auch noch einen 2. „Pferdefuß": sie ist nämlich nur zum Teil auf Grund meines schlechten Gesundheitszustandes bewilligt. -Der andere Teil entfällt auf die schlechten Verhältnisse auf dem Arbeitsmarkt.

Üblich ist, dass so eine Rente 3x verlängert wird, bevor sie in eine „richtige" Rente übergeht. Doch sei weit bin ich noch nicht. Seit nunmehr 5 Jahren zuckelt mein Rentner - Dasein nun so dahin. Immer einmal ein (psychiatrischer) Klinikaufenthalt…

Ab November 2020 hatte ich für 1,5 Jahre das sog. „ambulant betreute Wohnen" in Anspruch genommen. Ich kam aber nicht damit zurecht. Darum habe ich die Firma wieder gekündigt. In Wirklichkeit waren es medizinische Gründe, die mich zu diesem Schritt bewogen. An dieser Stelle im Buch möchte ich noch auf etwas anderes eingehen. -Dadurch, dass ich nun schon ein älterer Mensch bin (beim Schreiben 52), gleicht meine Magersucht derjenigen, als ich noch ein Kind war. Vor allen sind es die Gedanken, die ich habe, in Bezug auf meine Einstellung zum Essen. Ich kann es nicht genau beschreiben, aber z.B. das „Spiel" mit dem Essen spielt dort mit hinein.

Eine Art Freiheit. Vielleicht auch die Lebensansichten generell. Ein Mensch merkt auch, wenn seine Zeit gekommen ist. Das kann im Alter von 80 Jahren, oder, wie in meinem Fall im Alter von 50 Jahren sein. Ich habe einmal scherzhafterweise gesagt: „Ich bin wahrscheinlich der einzige Mann in der Bundesrepublik Deutschland mit Anorexie in diesem Altem". Meine Anorexie hat nun (Gegenwart) eine neue Qualität erreicht. Ich verwende jetzt ein Abführmittel. Und später möchte ich auch noch ein Mittel gegen Fettleibigkeit ausprobieren. Die Gründe gebe ich dafür hier nicht an. Doch ist die Anorexie eine sehr körpernahe Krankheit, und jeder möge sich dazu seinen Teil denken. Ich meine, selbst, wenn man die Folgekrankheiten der Anorexie nicht berücksichtigt.

Da wir jetzt am Ende des Kapitels angekommen sind, ist der richtige Zeitpunkt einen kleinen Ausblick (über mich) zu geben. Natürlich bin ich wegen meiner Rente von der Arbeitswelt befreit. -Dies nimmt viele Sorgen ab. Wer aber jetzt denkt, dass ich „heraus" bin, vergleichsweise, dass mir alle „mal den Buckel herunterrutschen" können, den muss ich leider enttäuschen. „Heraus" bin ich nicht! Für mich stehen nämlich immer einmal solche Dinge an, wie Ergotherapie zu Hause, „ambulant betreutes Wohnen", ja selbst für „Maßnahmen in Werkstätten für behinderte Menschen" kann ich eingesetzt werden. Also alles andere, als zu Hause „auf der faulen Haut liegen".

Mein Hausarzt hat mir aber einen für mich gangbaren Weg aufgezeigt: Er sagte: „Suchen Sie sich doch auf unserer Stadt eine ehrenamtliche Tätigkeit." Diesen Ratschlag werde ich weiterverfolgen.

Liebe Leser dieses Buches! An dieser Stelle möchte ich mich dafür bedanken, dass Sie mir bis hierhin die Treue gehalten haben. Ich wünsche allen Anorexie Patienten/-innen viel Kraft und Durchhaltevermögen. Es ist ein schwerer Kampf, -ein lebenslanger Kampf. Soviel kann ich aus eigener Erfahrung sagen. Doch mein Leitspruch lautet: „Leben heißt kämpfen!" An den ich mich mein Leben lang gehalten habe. In diesem Sinne wünsche ich Ihnen alles Gute. Es verbleibt hochachtungsvoll:

Ihr Tibor Lorenz

## Schlussworte und Ausblick

Jetzt ist es Zeit, hier im Buch, Resümee zu ziehen. Wir haben jetzt August / September 2023. Und die Frage ist doch: Was will ich im Leben (noch) erreichen, -wo will ich hin?

Der geneigte Leser mag es schon ahnen, dass ich hier wieder einen konkreten Plan vor Augen habe. Das heißt, wenn alles nach meinen Vorstellungen so weiterläuft. Erfahrungsgemäß kommt es ja meistens anders als man denkt. Ich bin jetzt 53 Jahre. Und das ist ja eigentlich noch kein hohes Alter. Aber Achtung: z.B. auch viele Prominente von Rundfunk und TV (mit denen ich mich vergleiche) waren in diesem Alter bereits tot.

Das biologische Alter ist eben nicht die Prämisse. Nimmt man nur meine Magersucht, so ist dies eine chronische Krankheit. Die (nahezu) unheilbar ist. Anmerkung: Ich weiß, die Ärzte sagen etwas anderes.

Abgesprochen mit meinem Hausarzt ist nun folgender Plan: Wenn es mir gesundheitlich etwas besser geht, werde ich natürlich wieder gern anfangen,

Zeitungen auszutragen. Wie ich bereits an anderer Stelle im Buch schilderte, war es eine der 3 Stellen, die meinem Leben einen Sinn gaben. -Wahrscheinlich sogar die Wichtigste! Ich erklärte auch, warum dies so war.

Ob mit Auto, oder (von mir aus) mit dem Handkarren, -ob mit Rente, oder ohne, usw. All dies spielt nur eine untergeordnete Rolle. Denn darum geht es hier nicht. Sie wissen, wie ich es meine! Mir sagte einmal ein junger Psychologe im Therapiegespräch: „Herr Lorenz, Sie können noch denken!" Und er hatte wohl sehr Recht, damit. Doch damals verstand ich das noch nicht (in vollem Umfang). -Heute schon.

Denn, ansonsten bin ich ja behindert, von „oben bis unten". Und darum bin ich auch froh, dass wenigstens noch ein Teil meiner Gesundheit da ist. Die ich gerne schützen (und bewahren) möchte. Anmerkung: Ich dachte früher anders darüber. Meine (EU)- Rente läuft noch bis Mitte 2024, danach werden wir weitersehen.

Sehr geehrter Leser/in, ich komme jetzt zum Schluss dieses Buches. Ich hoffe, es hat Ihnen ein kleines bisschen gefallen. Vieles wäre noch zu sagen gewesen. Doch das hätte den Rahmen dieses Buches gesprengt. Vielmehr konnten es nur Anregungen für eigene Gedanken sein.

Ich habe versucht, Ihnen die Welt eines autistischen Menschen etwas näher zu bringen. Wissen Sie, ein ehemaliger Mitpatient (aus Wermsdorf) brachte es auf den Punkt. Er sagte: „Jeder Lebenslauf ist anders." Und dies lässt zwar Auslegungsspielraum in jede Richtung zu. Doch die Primär- Aussage „steht". Und nur darauf kommt es an! Bei der Endkontrolle meines Buches, um es für den Druck fertig zu machen, fiel mir noch eine wichtige Sache auf:

Das wichtigste (chemische) Experiment von mir kam nicht zur Sprache. Leider! -Und es ist der Tatsache geschuldet, das auch ich bei diesem Buche mit einem „Drop Dead Date" arbeitete, -also einem (festen) Abgabetermin. Ja, die schnelllebige Zeit, heute…

Es war aber das Experiment meines(!) Lebens. Und darum möchte ich hier auch noch kurz darauf eingehen: Und es war gar nicht einmal so besonders spektakulär (von „außen" betrachtet). Doch ich war wieder einmal ganz nah mit der Natur „auf Du und Du". Exakt: Am nahesten von allen Experimenten, die ich machte. Ich verbrannte Blei (oder Zinn) an der Luft. -Mit 10 Jahren, in der elterlichen Küche.

Und warum das alles (gerade für mich) so sehr spannend war, -ich meine damit meine Empfindungen, und für die anderen nicht: Das möchte ich gern noch in einem 2. Buch erklären. Sofern noch eins entsteht. Ich habe nämlich mein Interesse für die Schriftstellerei entdeckt.

Doch dies geht nur, solange meine Gesundheit einigermaßen mitspielt. -Und genug „Stoff" für ein neues Buch muss ja auch da sein.

Abschließend möchte ich Ihnen gern noch einen Tipp auch für Ihren weiteren Lebensweg geben (für den ich Ihnen alles Gute wünsche). Ich weiß, es kommt mir nicht zu, Sie zu agitieren, doch dies mache ich nun mal besonders gern: Also, Folgendes: Es ist eine Sache, die ich von einem ehemaligen Mitarbeiter (schon in sehr jungen Jahren) gesagt bekommen habe. Doch diese Aussage hat sich in den vielen Jahren Psychiatrieaufenthalt, die ich mittlerweile hinter mir habe, verfestigt und bestätigt.
Er sagte zu mir Folgendes: „Solange, wie ein Mensch noch Laufen kann, und nicht bettlägerig ist, ist es gut." -Die Bewegung (von mir aus auch Sport) muss etwas ganz Wichtiges (im Leben eines Menschen) sein.

Wir können die biologischen Prozesse zwar versuchen, zu verlangsamen (so, wie ich es gern tue). Ganz aufhalten können wir sie aber nicht! Eben, weil ich mit so vielen Menschen (gerade in der letzten Zeit) zusammen war. Und die mir diese Tatsache in mannigfaltiger Weise bestätigten…

Es verbleibt hochachtungsvoll

Ihr Tibor Lorenz

## Über den Autor

Mein Name ist Tibor Lorenz. Ich wurde am 03.04.1970 in Leipzig geboren. Ich wohne seit meiner Geburt in Brandis. Einer Stadt, ca. 20 km östlich von Leipzig. Das Haus, wo ich wohne, ist eine Doppelhaus- Hälfte. Diese gehört meinen Eltern. Und sie haben davon die 1. Etage an mich vermietet. Bis zum Jahr 2007 lebten meine Großeltern (mütterlicherseits) noch. Bis dahin gehörte ihnen die Haushälfte.

Ich habe auch einen Bruder, Roman, der jedoch 1998 nach Australien ausgewandert ist. Nach Abschluss meiner Schulzeit (10 Klassen) machte ich eine Lehre als Fachverkäufer für Möbel in Leipzig. Dies deshalb, weil ich „berufsgelenkt" war. Also behindert. Diese Menschen wurden in der DDR bevorzugt behandelt.

Meine wirklichen Berufswünsche waren aber zur Armee gehen oder etwas im Bereich Chemie, -meinem Hobby. In dieser Reihenfolge. Chemielehrer wäre auf alle Fälle etwas für mich gewesen, doch dazu hätte ich Abitur gebraucht.

Dass das mit der Armee nicht gleich sein musste, war nicht so schlimm. Denn sie lief mir ja nicht weg (so glaubte ich damals jedenfalls). Denn ich war ja zu dieser Zeit bereits als diensttauglich gemustert.

Nach Ende der Verkäuferlehre (ich gestehe, ich habe nur mit „befriedigend" abgeschlossen, -und das galt in der DDR schon als schlecht) habe ich noch ein halbes Jahr dort gearbeitet. Dann ging ich aber in den Bereich „Chemie". Genauer gesagt, in einem Forschungsbetrieb, wo Pflanzenschutzmittel getestet worden sind. Es war der größte Betrieb dieser Art in der DDR, und er befand sich in Cunnersdorf.

Das ist ca. 10 km von meinem Wohnort Brandis entfernt. Ich arbeitete dort aber nur 1,5 Jahre, denn dann kam die Wiedervereinigung Deutschlands. Und dieser Betrieb wurde (fast) vollständig aufgelöst.

Es sollte aber keinen Monat dauern, bis ich wieder in Arbeit war. Im März 1991 bekam ich eine Arbeitsbeschaffungsmaßnahme (ABM) im Pflegeheim Brandis als Gärtner. Diese war zwar auf 1 Jahr befristet. Doch sie sollte zu den 3 schönsten (Arbeits-) Stellen zählen, die ich in meinem Leben kennenlernen durfte. Alles war neu -es war ja die „Wendezeit". Und ich war jung, -alles schien möglich! Die Details schildere ich im Hauptteil dieses Buches.

Im Sommer 1992 machte ich 2 Lehrgänge:

Einmal einen vom Arbeitsamt (von März - April), eine sog. §41a -Maßnahme. Oder: „Wie bewerbe ich mich richtig?" Das war schon erst mal sehr spannend dort für mich. Anmerkung: es war in der ehemaligen Teppichfabrik in Wurzen. Auch: neue Menschen kennenlernen und so. Wir haben dort zusammen viel gelacht. Doch hauptsächlich war dies aus einem anderen Grund interessant für mich. Heute, rückwirkend betrachtet.

Nämlich, an dem ganzen Prozedere der Bewerbung (für das Arbeitsleben) hat sich de facto so gut, wie gar nichts geändert. Bis heute. -Die Bewerbungen schreiben am Computer (OK, der war nun wirklich neu für uns!), -uns mit der Videokamera filmen, wie wir dasitzen beim Bewerbungsgespräch (und die Auswertung hinterher). Ja selbst ein Besuch beim Arbeitsgericht Leipzig war in diesem Lehrgang enthalten. Dort sahen wir zum 1. Mal, wie eine „richtige" Gerichtsverhandlung geführt wird (bei einem Arbeits-Streit-Prozess).

Der Dozent des Lehrgangs war übrigens ein ehemaliger Russischlehrer, für dem es nach dem Ende der DDR sonst scheinbar keine andere Arbeit mehr gab.

Den 2. Lehrgang bestritt ich selber. Das war im Juli 1992, -mein erster Computerlehrgang!!! Er war in Leipzig. Zu der Zeit hatte ich noch keine PKW-Prüfung. Stattdessen bin ich mit meinem Moped nach Leipzig „hereingefahren". An einem Tag hatte ich eine Panne, -musste mein Moped schieben. Ich kam aber dort mit 4 Ingenieuren aus einem Fremdbetrieb zusammen.

Und damals war gerade das MS-DOS© 5.0 auf den Markt gekommen. -Alle staunten über die neuen Funktionen dieses Betriebssystems. Daran erinnere ich mich wie heute.

In der Zeit, -schon wo ich in Cunnersdorf gekündigt wurde, war aber noch etwas anderes charakteristisch für mich: Arbeiten wollte ich schon. Aber nicht irgend Etwas. Ich orientierte von Anfang an auf die (für mich) attraktiven Beschäftigungen. Denn „der Letzte sein" wollte ich nicht. So nicht, und so nicht! Wahrscheinlich habe ich das „abkopiert" von unseren Frauen in Cunnersdorf (in dem Forschungsbetrieb). -Die zwar „nur" Gärtnerinnen waren. Aber dadurch, dass sie im Gewächshaus des Forschungsbetriebes arbeiteten, schon etwas Besonderes.

Den Frauen wurde, als Cunnersdorf aufgelöst wurde, nämlich eine schnöde Arbeit in einer etablierten Gärtnerei angeboten. Worauf diese dann (soweit ging) dieses Angebot ablehnten.

Anmerkung: man muss die Verhältnisse in der ehemaligen DDR kennen, wie sie waren, um das zu verstehen. Und bei mir war das so, dass ich (im Wesentlichen) 2 Sachen auf meinem „Radarschirm" hatte: Zum einen das NOWEDA in Taucha. Ein Pharma- Großhandel, welcher in Windeseile aus dem Boden gestampft worden ist. Anmerkung: dieses Werk stand bereits, als ich noch in Cunnersdorf arbeitete.

Es gab dort 400 Bewerbungen, -gesucht wurde aber nur ein Hausmeister - Ehepärchen. Ich wollte dort ins Labor / ggf. auch ins Lager. Keine Chance (auch bei späteren Bewerbungen nicht)! Zudem munkelte man, es sei ein halber Familienbetrieb…

Die 2. Sache war ein Feuerlöscher-Refill-Service. Der Bedarf (auch) an Feuerlöschern war ja nach der „Wende" enorm. Das ist eine Sachverständigen-Tätigkeit, -oder zumindest daran angelehnt. So etwas reizte mich schon immer. Obwohl der Chef (dieser Firma) wusste, dass ich mich dafür interessiere, stellte er mich nie ein. Seine Firma war wohl doch zu klein, und seine Auftragslage zu wenig. Und auch hier: Auch später nicht.

Dennoch sollte es für mich (zunächst) positiv weitergehen: Ich bewarb mich als Möbelverkäufer, und wurde genommen. Oktober 1992 bei NOVA Möbel in Kleinpösna. Ich ließ das dort auch in Ruhe anlaufen. Meine Begeisterung für diese Tätigkeit hielt sich aber in Grenzen. Anmerkung: so ehrlich kann ich heute sein. Natürlich habe ich mir davon nichts anmerken lassen. Es lag ja schon irgendwie „in der Luft", dass ich schon sehr bald zur Armee eingezogen werde. Denn zu dieser Zeit wurden sehr viele junge Männer einberufen.

Und was ich da auch alles für Phantasien (besser: Träume) hatte: z.B. zu den Fallschirmspringern zu kommen, wegen meines geringen Gewichts usw. Und der Einberufungsbefehl sollte dann auch kommen. Doch zuvor hatte ich noch die Möglichkeit, schon einmal ein bisschen eine Armee Tätigkeit „zu üben".

Ich hatte nämlich (in Absprache mit meinem Chef) zusätzlich noch eine geringfügige Beschäftigung angenommen. Immer an den Wochenenden.

Bei einer Wachschutzfirma, die den ehemaligen Flugplatz Waldpolenz zu bewachen hatte. Im Auftrag des Landes Dresden. Oder mit anderen Worten: die zurückgelassene Garnison der GUS- Streitkräfte. Dort war viel zu bewachen. Der geneigte Leser kann sich vorstellen, dass das ganz nach meiner Couleur war. -Mit Verantwortung für das Asylantenwohnheim (damals schon!) etc. Ja, -in seinem Beruf / seiner Tätigkeit sich voll zu entfalten, ist etwas Wunderbares!

Im September 1993 kam dann der Einberufungsbescheid der Bundeswehr. Um es kurz zu machen: ich wurde ausgemustert. Dies war der schwärzeste Tag in meinem Leben. Und ich schreibe es hier auch anders / nicht chronologisch. Ausgemustert, aus gesundheitlichen Gründen. Denn die BRD hatte andere gesundheitliche Zugangsvoraussetzungen als die (ehemalige) DDR. Pech gehabt, -das hatte ich nicht einkalkuliert. Ich verweise hier auf den Hauptteil dieses Buches. Dort schildere ich alles „haarklein".

Ab diesem Tag hatte mein Leben (eigentlich) keinen Sinn mehr, und am liebsten hätte ich mich noch am selben Tag umgebracht. Leider muss ich den (geneigten) Leser jetzt noch mit 2 Sachen quälen. -Für das Verständnis der weiteren Geschehnisse in meinem Leben. Ich war damals 23. -Noch „blutjung". Anmerkung: das stimmt nicht (ganz), -doch nach heutigen Verhältnissen ist es so.

Umgebracht habe ich mich nicht, doch ich schmiedete noch am selben Tag den Plan, wenigstens mit 46 Jahren zu sterben (oder noch vorher). Folgende „Rechnung machte ich auf": Du bist jetzt 23 Jahre, -noch einmal so alt wirst du nicht! Um mich selber zu bestrafen, -das Lebensrecht verwirkt zu haben. Und es lag ja (damals) noch ein riesen Zeitfond vor mir. Dies sollte aber dann eine Rolle spielen, je näher mein geplantes Sterbejahr (2016) rückte.

So, nun zurück zu der Möbel-Verkaufsstelle „NOVA- Möbel". Das ging dort noch ½ Jahr. Dann kündigte man mir. Mein Verhalten war wohl zu psychotisch. März 1994 war (dort) Schluss. Objektiv(!) arbeitsfähig war ich ja eh nicht mehr. Vorher hatte ich aber noch meinen Wachdienst beim Flugplatz Waldpolenz gekündigt.

Die Jahre, die jetzt folgten, waren allesamt „Essig" für mich. D.h. eigentlich nicht erwähnenswert (von 2 Ausnahmen abgesehen). Doch ich erwähne sie deswegen, weil sie einen Großteil meiner (Lebens-) Zeit darstellen. Nämlich die nun folgenden 30 Jahre. -Bis heute, wo ich dieses Buch schreibe. Ich meine, -reduziert man es nur auf das Arbeitsleben. Oft begleitet von Arbeitslosigkeit, - später Krankheit. Also: Von 1994-1997 arbeitete ich als Lagerarbeiter in Trebsen.

Danach sollte die Sonne für mich wieder scheinen. Aber nur für kurze Zeit. Ich war Sommer 1997 als Wachmann in Leipzig beschäftigt (zumindest für 1 Monat / Fa. Mühle Wach und Schließ). Anmerkung Ich habe auf Anraten eines Bekannten dort selbst wieder gekündigt. Obwohl es mir dort gut gefiel. Ja, Leipzig hatte in dieser Zeit großes Potential, was den Wachschutz betraf, - überall wurde gebaut. Und viele Baustellen wurden dort bewacht. Genau das, was heute „Synergieeffekte" genannt wird, -die Verzahnung der Branchen untereinander, war damals noch da (Kunststück, bei einer Großstadt).

Die Verantwortung für so eine große Baustelle zu haben (zumindest nachts), - das war doch etwas! Heute, beim Durchsehen meiner Unterlagen stelle ich fest, wie schnell die Zeit doch vergangen ist. Und an viele Sachen kann ich mich leider gar nicht mehr im Detail erinnern. Dann kam schon als Nächstes Dez. 1997. Bei der Wachschutzfirma Eva Dressler (DLS) / Leipzig. Dort war ich 1 Jahr in der Bewachung tätig. Leider ging die Firma danach Konkurs. Doch es war die 2. (berufliche) Tätigkeit, die eine Bedeutung für mich hatte.

Eigentlich war es sogar ein bisschen Zeit der Rekonvaleszenz für mich.- Der Versuch, einer (gesundheitlichen) Genesung, wenn man so möchte. Echte Tränen habe ich beim Abschied von der Firma aber trotzdem nicht vergossen. -Diese Zeit wohne nämlich eine große Dynamik inne: Silvester `98 eben noch ein Hotel in Halle bewacht, ging es schon Febr. `99 mit einem Lehrgang (vom Arbeitsamt) weiter. Er hieß: „Weiterbildung zur Werkschutzfachkraft". -In Leipzig, -für 1 Jahr.

Jeder, der mich kennt, weiß, dass ich auch gern in die Schule gehe (auch heute noch). An dieser Stelle schicke ich gleich noch einen Kalauer hinterher (der geneigte Leser möge mir verzeihen): Die Klasse der Werkschutzmitarbeiter, dort, war diejenige, wo das das 1. Mal ausprobiert worden ist, -dieser Lehrgang. Entsprechend zog sich das „Niveau" durch den ganzen Lehrgang. Ein Beispiel gefällig? -Aus Ermangelung an den „richtigen" Lehrern wurden wir z.B. in solchen Fächern, wie „Haustechnik" unterrichtet.

Nach Ende dieses Lehrganges (2000) hatte ich für 3 Jahre eine Anstellung bei einer Geldtransportfirma, -ebenfalls in Leipzig (vormals ADS). Dort jedoch leider nicht als Geldbote, sondern im Stammbetrieb (zum Geld abpacken / für die Zentralbank). Aufgrund des schlechten Sehens auf meinem rechten Auge setzte man mich nicht als Fahrer ein. Dafür gab es genug „kerngesunde" Fahrer (die dann hatten auch schnell genug fahren können). Und in dieser Firma war das nun so:

Nach 2,5 Jahren, als die Möglichkeit (auch für mich) bestand, mich als Werkschutz-Meister weiter zu qualifizieren, wählte man einen anderen Kollegen. Anmerkung: ich muss hier alles vereinfacht darstellen, um nicht zu weit „auszuholen". Nur als „graue Maus" in dem Betrieb weiterarbeiten? Wofür hatte ich die 2,5 Jahre (dort) investiert? Dafür war ich (mir) zu wertvoll. Eine (Weiter-) Qualifikation, im Sinne, eines aufstrebenden jungen Menschen wäre für mich zwingend notwendig gewesen. Deswegen sagte ich dann dort

„Adiós!". Trotzdem lernt man bei jeder Stelle dazu, und so schlecht war es ja denn dann dort auch nicht.

Ich hatte einen Mitarbeiter als Freund kennengelernt. Er war zwar jünger als ich, aber schon lebenserfahrener. Von ihm habe ich vieles gelernt. Er kam aus Halle, und diese Menschen sind „von einem besonderen Schlag". Anmerkung: Und darauf bin ich auch ein kleines bisschen neidisch. Er selbst hat übrigens vor mir dort gekündigt, hat sich selbstständig gemacht (Leider auch hier: es sollte nicht von Dauer sein).

Nach 1 Jahr Arbeitslosigkeit war ich für 3 Monate (Jan. 2005) befristet bei der Securitas-Wachfirma. Im Bildermuseum in Leipzig. Das war zwar schön dort, ging aber leider nicht länger. Dann: Wieder 1 Jahr Arbeitslosigkeit. Es ging weiter bei der Telekom in Leipzig (10/2006) als Call Center Agent. Anmerkung: selbst, wenn immer wieder Arbeitslosigkeit (gerade) diese Jahre „durchzogen", so war ich trotzdem nicht untätig. -Dann besuchte ich eben regelmäßig die Leipziger Volkshochschule.

Ja, -der Call Center Agent, -das war auch nur ein Versuch. Man mochte mich offenbar nicht. Denn ich war ja als Leiharbeiter dort. Und diese Personen wurden von der Stammbelegschaft alsbald wieder „raus- geekelt". Aber erzwingen kann man ja nichts. Abermals 1 Jahr Arbeitslosigkeit. Danach war ich: 10/2007-10/2008 bei Syntela Leipzig (einer Datenverarbeitungsfirma) angestellt. -Als Mitarbeiter der Poststelle / Belegverarbeitung.

Zu dieser Zeit ging es mir schon sehr schlecht. Ich war einfach zu stark untergewichtig. Syntela war zwar eine Firma mit überwiegenden Frauenanteil (…und darum war auch das Thema „Essstörungen" dort präsent, -ja.) Doch der krankste von allen, war ich! Es war gut, dass ich mich einvernehmlich trennte. Zudem hatte ich 1 Jahr (dort) gearbeitet. Und dadurch wieder Anspruch auf Arbeitslosengeld, -kam so aus der „Arbeitslosenhilfe" heraus.

Anmerkung: damals hieß das so. Alleine schon die Autofahrt (bis zur Firma) war risikobehaftet.

Es sollte schon die letzte (sozialversicherungspflichtige) Tätigkeit sein, die ich innehatte. Danach begann die „Odyssee der Krankenhaus - Aufenthalte" in meinem Leben. Heute, wo ich dieses Buch schreibe (2023), sind seitdem schon wieder 14 Jahre vergangen. Ja, so schnell vergeht die Zeit…

Doch es gab noch ein letztes „Aufbäumen" von mir, -einen letzten Versuch. Ich erzähle es deshalb, weil ich dieses Ereignis noch so plastisch vor Augen habe. Als wäre es erst gestern geschehen. Im April 2009 bewarb ich mich für das Bewachen des „Wave-Gotik-Treffens" auf dem Agrargelände in Leipzig (als Ordner). Die beiden zuständigen Firmen dafür waren die b.i.g. und die WIS. Zur Bewachung (selbst) kam es jedoch nicht mehr.

Von den vorausgegangenen Jahren sah ich vor meinem geistigen Auge immer noch die Hinterlassenschaften dieser Open Air Veranstaltung auf dem Gelände liegen. Den Müll. Daraus habe ich dann Ableitungen gezogen, von den Teilnehmern, dort, wie sie waren. Ich meine, weil ich doch immer so gern mit jungen Menschen zusammen war. -Auch, wenn sie vielleicht „queer" waren, wie man heute sagt. Und so habe ich mir mein Weltbild eben zusammengebaut. Bei solchen Ereignissen, wenn mich etwas ganz besonders freut, ist es so, als ob die Zeit stehenbleiben würde (oder sich nur minimal weiterbewegt). Zudem speichere ich alles auf „Langzeit" ab. Und kann mich (so) selbst Jahrzehnte an die kleinsten Details erinnern.

Der geneigte Leser mag der Meinung sein, das ich übertreibe. Doch dem ist nicht so, -und dies hängt mit meinem Autismus zusammen (genauer: dem „Asperger-Syndrom"). Dieser Personengruppe werden solche komischen Inselbegabungen ja nachgesagt.

Noch eine Bemerkung, hierzu: damals musste man sich als Ordner (oder Wachmann) immer direkt bei dem Veranstalter vorstellen bzw. bewerben. Das hatten „die" gerne so. So hatte man gleich eine persönliche Bindung hergestellt, und die Organisatoren (Veranstalter) wussten, mit wem sie es zu tun haben. Da gehörte (meinerseits) auch viel Mut dazu. Doch ich hatte dies von einem Arbeitskollegen genau so gelernt bekommen.

Ende 2009 ging es für mich weiter mit den besagten Klinik - Aufenthalten. Ich gehe hier nicht darauf ein, denn die die meisten Menschen wissen, wie ein Krankenhaus von innen aussieht. Stattdessen verweise ich (wieder) auf den Hauptteil dieses Buches. Nach der 2. besuchten Klinik hatte ich schon viel Routine, es war nichts mehr Neues für mich. Und an dem Gesundheitszustand hätte sich je eh nicht mehr viel geändert. Darum suchte ich mir eine geringfügige Tätigkeit.

Das war das Zeitungen - Austragen. Die Gelegenheit war günstig, -meine Eltern waren gerade bei meinem Bruder in Australien. Da hatte ich also zu Hause „sturmfreie Bude". 03/2011 begann ich mit dieser Tätigkeit. Es sollten dann fast 6 Jahre werden, die ich Zeitungen austrug (ein für mich ungekannter Rekord). Und dies war nun die 3. Stelle, die in meinem Leben eine Bedeutung hatte. Es war das, was zu dieser Zeit objektiv noch möglich war. Vom Anforderungsniveau her. Doch das machte mir nichts aus, stattdessen gefiel mir diese Arbeit gerade.

Nur durch meine 1. Psychose (mit nachfolgender halbjähriger schwerer Krankheit) konnte ich diese Tätigkeit erst einmal nicht mehr ausüben. Zurzeit schreibe ich ja dieses Buch. Und durch meine (befristete) Rente habe ich momentan auch ein bisschen „Schonfrist". Und dann kam ja auch das mit meiner Lunge dazu…

Doch ich verspreche: sollte es mir halbwegs (gesundheitlich) besser gehen, werde ich diese Tätigkeit wieder aufnehmen. Allein schon deshalb, weil sie gut bezahlt wurde. Nach dieser Tätigkeit gingen die Krankenhaus - Aufenthalte (wie gehabt) weiter. Denn es war immer mal etwas anderes, z.B. die Schmerzen in meiner Hand (wegen Wassermangel).

Ich komme nun langsam zum Schluss dieses Kapitels. Wie meine Pläne für die Zukunft aussehen (wenn man es so nennen möchte) erfahren Sie im Kapitel „Schlussworte und Ausblick".

Es kommt aber noch 1 Sache, die ich für wichtig halte, um mich Ihnen noch etwas besser zu beschreiben: Nämlich die Vorstellung, die ich von meiner (etwaigen) Lebenspartnerin hätte. Wie sie aussehen sollte. Anmerkung: auch in meinem (schon etwas höheren) Alter versuche ich immer noch eine Partnerin fürs Leben zu finden. Da ich an Magersucht leide, wäre jetzt folgendes Szenario zumindest komisch: Ich würde (meinem Alter entsprechend) eine normal entwickelte Frau suchen. Da ist etwas Anderes realistischer. Der Leser möge sich dazu bitte sein eigenes Bild machen…

# Lebenslauf von Tibor Lorenz

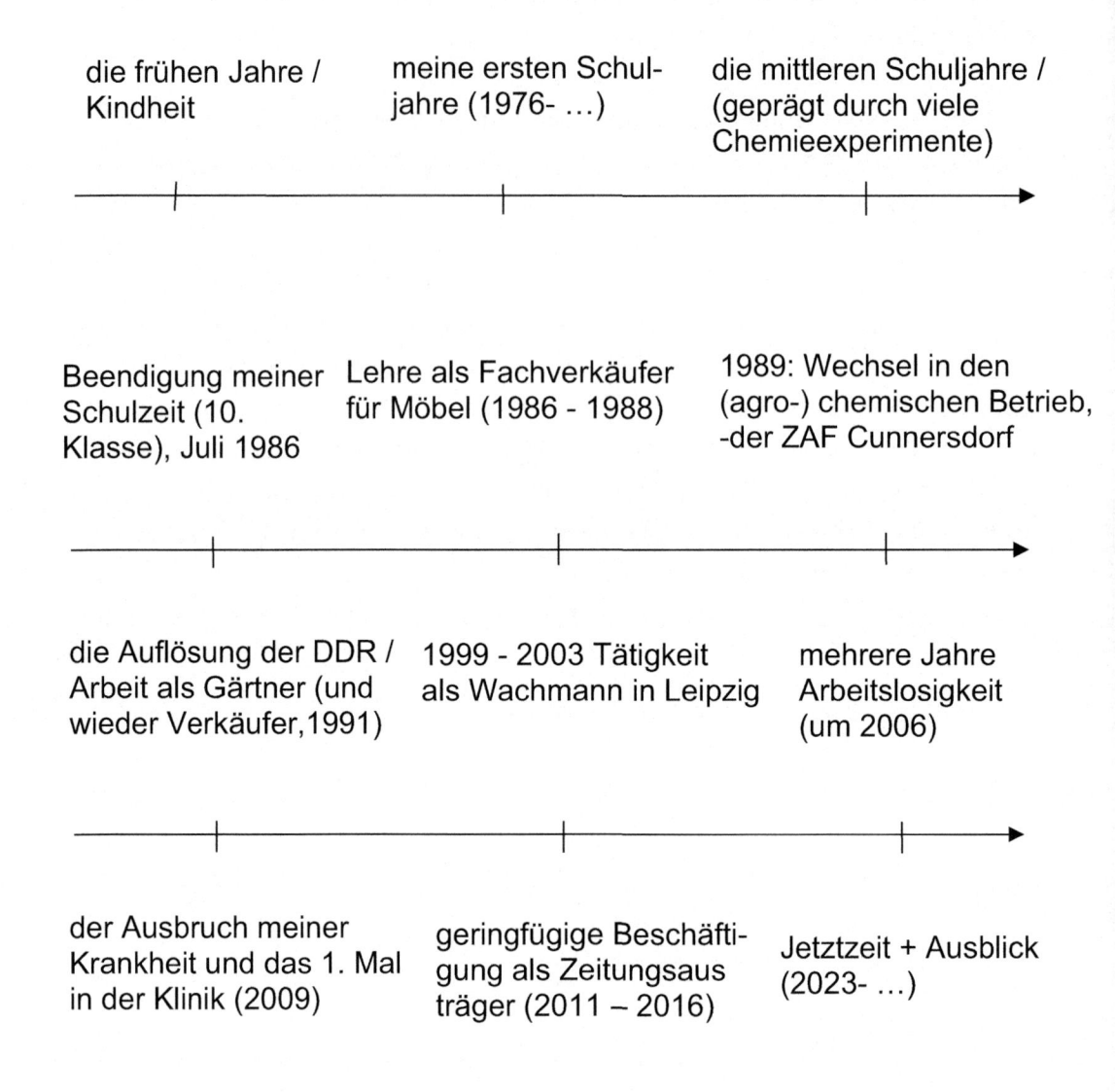

die frühen Jahre / Kindheit

meine ersten Schuljahre (1976- ...)

die mittleren Schuljahre / (geprägt durch viele Chemieexperimente)

---

Beendigung meiner Schulzeit (10. Klasse), Juli 1986

Lehre als Fachverkäufer für Möbel (1986 - 1988)

1989: Wechsel in den (agro-) chemischen Betrieb, -der ZAF Cunnersdorf

---

die Auflösung der DDR / Arbeit als Gärtner (und wieder Verkäufer, 1991)

1999 - 2003 Tätigkeit als Wachmann in Leipzig

mehrere Jahre Arbeitslosigkeit (um 2006)

---

der Ausbruch meiner Krankheit und das 1. Mal in der Klinik (2009)

geringfügige Beschäftigung als Zeitungsausträger (2011 – 2016)

Jetztzeit + Ausblick (2023- ...)

**Buchrückseite**

Mein Leben mit Asperger- Syndrom und Anorexia nervosa

…in diesem Buch schildere ich meinen Lebensweg, den ich bis dato beschritt. Angefangen mit einer unbeschwerten Kindheit und Jugend, die ich erleben durfte. Ich führe die wichtigsten Begebenheiten aus meiner Schul- und Lehrzeit auf, und stelle sie so plastisch, wie möglich dar.

Die Kindheit war dann zu Ende. Doch durch einen beruflichen „Karriereknick" im Jahr 1993 (ich durfte nicht zur Armee gehen), änderte sich mein Leben abrupt. Doch das Leben musste ja weitergehen…
Und nun kommt (sozusagen) der 2. Teil des Buches: Nämlich, wie dann mein Leben weiterging. Es mündete dann (viele Jahre später) mit einem Aufenthalt in der Psychiatrie. -Ein Mensch muss in seinem Leben viele Prüfungen bestehen. Und ich musste lernen, dass es im Leben oft nicht so kommt, wie man es gern hätte.

Ein separates Kapitel habe ich meiner Anorexia nervosa gewidmet, weil diese eine lebenslange Begleiterin von mir war (besser: ist!).

Trotzdem möchte ich mit meinem Buch Mut machen. Mut für all jene, die so schwere Schicksalsschläge hatten. Und die so mit ihrem Leben ringen…
Doch Leben ist eben mehr, als eine Aneinanderreihung von Diagnosen. - Auch dies versuche ich in dem Buch zu verdeutlichen. Und dass sich es trotzdem gelohnt hat, zu leben. In diesem Sinne wünsche ich Ihnen eine gute Unterhaltung.

Aufrichtig, Ihr

Tibor Lorenz

Printed in Great Britain
by Amazon